Bodhichitta -
Das erwachte
Herz

Troll, Pyar
Bodhichitta – Das erwachte Herz
Aurum Verlag in © J. Kamphausen Verlag
& Distribution GmbH
info@j-kamphausen.de
www.weltinnenraum.de

Lektorat: Richard Reschika
Umschlag-Gestaltung:
Shivananda Heinz Ackermann
Typografie, Satz: Wilfried Klei
Druck & Verarbeitung:
Westermann Druck Zwickau

Die Deutsche Bibliothek – CIP-Einheitsaufnahme
Ein Titeldatensatz für diese Publikation
ist bei der deutschen Bibliothek erhältlich.

1. Auflage 2005

ISBN 3-89901-042-6

*Dieses Buch wurde auf 100% Altpapier gedruckt und ist alterungsbeständig.*
*Weitere Informationen hierzu finden Sie unter www.weltinnenraum.de*

Alle Rechte der Verbreitung, auch durch Funk, Fernsehen und
sonstige Kommunikationsmittel, fotomechanische oder vertonte Wiedergabe
sowie des auszugsweisen Nachdrucks vorbehalten.

Pyar Troll

# Bodhichitta – Das erwachte Herz

Das Sieben-Punkte-Geistestraining für Weisheit und Mitgefühl

Intro ........................................................... 7

## I. Teil: Entdecken und experimentieren

1. Grundlegende Übungen ............................................. 12
2.A Die zentrale Praxis – Realität und Traum ............... 31
2.B Die zentrale Praxis – Mitgefühl ............................. 58
3. Umwandlung widriger Umstände in den Bodhipfad . 83
4. Anwendung der Praxis im Leben und im Sterben .. 117
5. Anzeichen des Geistestrainings ............................. 128
6. Schwert des Geistestrainings ................................. 138
7. Richtlinien des Geistestrainings ............................ 179

## II. Teil: Tieferes Verstehen

8. Die Basis .............................................................. 216
9. Das Zentrum – Weisheit und Mitgefühl ................. 231
10. Das Wunder der Umwandlung ............................... 255
11. Leben, Sterben, Freude und Ausrichtung ............... 273
12. Zeichen der Klarheit ............................................. 300
13. Der Wahrheit im Leben treu sein ......................... 305
14. Hilfen auf dem weglosen Weg ............................... 314

Die Slogans ................................................. 331
Glossar ........................................................ 337
Bibliografie ................................................. 341

# Intro

Dieses Buch ist meinem brennenden Herzen entsprungen. Zwar benutze ich einen uralten, weisen tibetischen Text als Grundlage, doch ist alles hier Gesagte oder Geschriebene vollkommen neu und frisch und oft recht „pyarig".

Atishas „sieben Punkte des Geistestrainings" sind ein Grundlagentext tibetischer Weisheitsliteratur aus dem 11. Jahrhundert n. Chr. Man nennt die darin enthaltenen Aussagen auch Losungen oder Lojongs. Seine sehr praktischen Ratschläge und Unterweisungen sind jedoch nicht veraltet, sondern gerade für den modernen Menschen und den Menschen aus dem westlichen Kulturkreis eine wunderbare Hilfe und praktische Anweisung auf dem weglosen Weg. Die Texte sind so vollkommen, dass ich stets staunend und in tiefem Respekt davor stehe. Sie gänzlich auszuloten und ihren Nektar bis zum letzten Tropfen zu genießen, scheint ein unendliches Unterfangen zu sein. Diese Losungen Atishas sind mir selbst seit langem immer wieder Anregung, Hinweis und Herausforderung.

Eines meiner Anliegen ist es, Suchern und Schülern immer wieder Werkzeuge an die Hand zu geben, die in der Meditationspraxis und im Alltag anwendbar sind, um zu mehr Bewusstheit und Mitgefühl zu gelangen. Daher nutzte ich diesen bekannten Text Atishas 2003 als Grundlage für ein längeres Sommerretreat, an dem 120 Menschen teilnahmen. Dieses Retreat erwies sich für alle Teilnehmer als sehr tief gehend und weit greifend. Zu meiner großen Freude stellte sich in den folgenden Monaten heraus, dass mehr als zuvor die Menschen bereit waren, die angebotenen Werkzeuge zu nutzen, damit zu experimentieren und eigene Erfahrungen damit zu sammeln. Weil dabei auch immer wieder Fragen und auch Missverständnisse auftauchten, beschloss ich, ein Vertiefungsseminar zum selben Text anzubieten.

Dieses Buch entstand aus Mitschriften dieser beiden Retreats. Wie schon bei meinem letzten Buch „Poesie der Stille, Tanz des Lebens" waren es auch dieses Mal eine Reihe Schüler und Teilnehmer, die um eine Veröffentlichung baten. Und wieder waren es viele Menschen, die mir mit so viel Geduld und Freude halfen, diese Mitschriften redaktionell zu bearbeiten, zu kürzen, in lesbares Deutsch zu verwandeln. Insbesondere Abhijat, Nirdoshi und Kranti waren mir dabei unschätzbare Hilfe und Unterstützung. So entstand ein Buch, das ich selbst als spannend zu lesen empfinde.

Ein wesentlicher Aspekt in Atishas Text ist die Erweckung von Bodhichitta, von Erleuchtungsgeist. Im Erleuchtungsgeist kommen Weisheit und Mitgefühl zusammen. Bodhichitta ist das Aufkeimen und Wachsen des Entschlusses, Befreiung zum Wohle aller Wesen zu erlangen. Deshalb freute es mich besonders, dass mich die Menschen dieses Mal auf eine Veröffentlichung der Texte ansprachen, da sie für noch viel mehr Menschen hilfreich sein könnten. Bodhichitta begann zu wirken ...

Das Buch enthält die Vorträge, in denen ich jeweils am Anfang der Satsangs die einzelnen Punkte Atishas erläuterte, sowie einzelne Gespräche mit Teilnehmern, die zu weiterer Vertiefung der Themata, zu praktischer Verknüpfung mit dem täglichen Leben und Erfahren der Menschen führten. So wehen der Hauch der Weite, des Friedens, des Mitgefühls und immer wieder Lachen und Humor durch dieses Buch.

Wichtig ist mir, vielen Menschen diesen (und auch andere) Weisheitstexte wieder zugänglich zu machen und aufzuzeigen, dass sie auch in unserer modernen Welt nichts an ihrer Aktualität verloren haben und jetzt im täglichen Leben hilfreich sind. Mein Bestreben ist daher, sie in eine moderne Sprache zu „übersetzen" und sie für unser Leben in diesem Jahrtausend praktisch anwendbar zu machen. Weisheit und Mitgefühl sind die zentralen Themen dieses Textes, und sie sind zu allen Zeiten wie zwei Flügel, die uns auf unserem weglosen Weg tragen. Sie ermöglichen die Erfüllung der tiefsten Sehnsucht aller Wesen nach Befreiung von Leid und dem Erfahren von unerschütterlichem Glück, Frieden und Stille.

Gerade Atishas Text ist ein Schatz, der uns sowohl herausfordert als auch Hilfestellung für viele Aspekte des menschlichen Seins bietet – vom täglichen Leben und unserem Umgang miteinander bis hin zur Meditationspraxis und dem Erkennen und Leben letztendlicher Wirklichkeit und des Mitgefühls – so weit wie der Himmel.

Ein weiterer wichtiger Aspekt, der sich wie ein roter Faden durch diesen Text zieht, ist die Alchemie der Umwandlung. Atisha beschreibt und erklärt, wie wir alles, was uns begegnet, in Heil, Fruchtbarkeit und segensreiche Herausforderung zum Wachsen nutzen können. Seien es Gefühle und Gedanken im Innen, seien es Umstände im Außen, selbst wenn sie äußerst unangenehm oder widrig sind, alle und alles ist nutzbar, um in Weisheit und Mitgefühl zu wachsen. Und alles ist verwandelbar in den Pfad des Erwachens. Das ist die tiefste Alchemie. Was für eine gute Botschaft!

Noch einige Sätze, die das Verständnis oder den Einstieg erleichtern:

- Ich entschloss mich, dieses Buch in zwei Teile, entsprechend den beiden Retreats aufzuteilen. Da das zweite Retreat ein Retreat mit denselben Teilnehmern war, hatte ich die Freude und Gelegenheit, mit diesen Menschen den Text tiefer zu ergründen. Unter anderem begann ich den Text zu „verweben", das heißt, bereits bei der Besprechung des 1. Kapitels zitierte ich immer wieder Abschnitte aus späteren Kapiteln. So fand ich es sinnvoller, euch, liebe Leser, zunächst dem Faden des ersten Retreats und anschließend dem des Vertiefungsretreats folgen zu lassen – genau wie die Teilnehmer auch. Dieses Verweben und Zusammenhängeherstellen erwies sich als sehr fruchtbar, und ich bin überzeugt, dass es auf diese Weise auch für euch fruchtbar sein wird. Daher ist es empfehlenswert, das Buch auch in dieser Reihenfolge zu lesen.

- Die einzelnen Sätze des Geistestrainings werden Losungen oder Slogans genannt. Diese Slogans habe ich der Übersichtlichkeit halber im ersten Teil immer an den Anfang eines Kapitels gestellt.

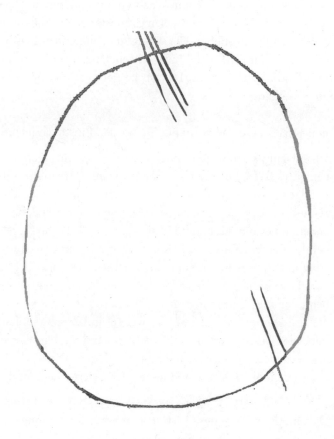

# I. Teil:

# Entdecken und experimentieren

# 1. Grundlegende Übungen

### 1. „Zunächst übe dich in den Grundlagen, den Vorbereitungen."

Als Grundlage dieses Retreats habe ich einen Text ausgewählt, der mich selbst seit fünfzehn Jahren begleitet: Atishas sieben Punkte des Geistestrainings. Atisha kam um das Jahr 1000 n. Chr. von Indien nach Tibet. Zu dieser Zeit war der Buddhismus in Tibet bereits verbreitet, es gab Schulen und Klöster.

Atisha war lange Jahre Schüler bei drei Meistern. Beim ersten lernte er Meditation und wurde still, er erfuhr Nicht-Verstand, Göttlichkeit, die Buddha-Natur. Nachdem er Stabilität in der Meditation und Weisheit entwickelt hatte, schickte ihn der Meister weiter mit den Worten: „Zu deiner Verwirklichung fehlt noch etwas Wesentliches, nämlich Mitgefühl. Das könnte ich dir zwar auch nahe bringen, aber es gibt einen Meister, einen Freund von mir, dessen Spezialität die Vermittlung von Mitgefühl ist." So reiste Atisha zu seinem zweiten Meister nach Indonesien, bei dem er fünfzehn Jahre verbrachte. Zuletzt lernte er noch bei einem dritten Meister. Deshalb wird Atisha der dreifach Gesegnete genannt, und er wurde in Indien zu einem großen, bekannten Meister. Die Menschen in Tibet erfuhren von seiner großen Weisheit und seinem Mitgefühl, und so reiste eine Delegation aus Tibet zu ihm und bat ihn, den Dharma in Tibet zu lehren. So kam Atisha nach Tibet.

Kurz nach seiner Ankunft in Tibet begegnete er einem Meister von großer Weisheit, Tiefe und Stille. Er unterhielt sich mit ihm und geriet in Zweifel, was er in Tibet überhaupt noch lehren solle, da doch dieser wunderbare Meister bereits hier war. Aber dann stellte Atisha diesem Meister folgende Frage: „Was ist die Verbindung und das Verhältnis von Meditation und Leben?" Der Meister antwortete: „Meditation ist

Meditation, und Leben ist Leben." Da wurde Atisha klar, warum er in Tibet war und was so notwendig war, dort zu lehren.

Atishas Text „Sieben Punkte des Geistestrainings" ist in sieben Kapitel unterschiedlicher Länge eingeteilt. Er beginnt im ersten Kapitel mit vorbereitenden Übungen, um dann, einem Paukenschlag gleich, mit dem zweiten Kapitel in die absolute Wahrheit, Leerheit und in Mitgefühl einzutauchen, und er endet mit sehr praktischen, simplen Ratschlägen. Atisha beginnt also mit der tiefsten Wahrheit, fährt dann mit einfacheren Dingen fort und führt uns zurück ins Praktische, ins Leben. Dieser Text bildet auch einen Kreis oder ein Webstück. Ich verstehe ihn auch als Landkarte, und entsprechend der Stelle, an der man sich gerade befindet, betrachtet man eine bestimmte Stelle der Landkarte. Ihr werdet sehen, wie uns der Text immer wieder an den Anfang führt und wie alle Punkte miteinander verwoben sind.

Atishas Anliegen und das zentrale Thema dieses Textes sind die Verbindung von Meditation und Leben, die Verbindung von Stille und Leben, die Verbindung von Leerheit und Fülle, von Weisheit und Mitgefühl.

Im Umgang mit den Worten Atishas ist es immens wichtig, nicht mit Konzepten behaftet an sie heranzugehen. Wird dieser Text zum Beispiel aus einer kirchlichen Konditionierung heraus gelesen, dann könnte er einem moralistisch vorkommen. Das ist aber nicht der Fall, denn er kommt aus einem völlig anderen Verständnis. Er kommt aus demselben Verständnis, das auch Jesus hat, nicht aber aus dem Verständnis der Kirche. Sätze, Losungen, die Atisha verwendet, wie „Sei nicht eifersüchtig!", sind nicht moralisch, sind keine Regeln, sondern kommen aus tiefem Verstehen und verlangen von uns tiefes Verstehen. Also ist es wichtig, zunächst die innere Tafel leer zu wischen, damit Atisha darauf schreiben kann. Nur so kann sich diese wunderbare Blume entfalten.

Das erste Kapitel beinhaltet nur einen Satz: **„Zunächst übe dich in den Grundlagen, den Vorbereitungen."** Wir sollten es nicht so verstehen, dass wir diesen Punkt eins abhaken, zu Punkt zwei fortschreiten und dabei Punkt eins hinter uns lassen, sondern Punkt eins bleibt die ganze Zeit über bestehen. Vorbereitung verlangt immer weitere Praxis, sie bleibt die ganze Zeit über im Hintergrund.

Ich werde euch in diesem Retreat nicht soviel über die traditionellen vorbereitenden tibetischen Übungen erzählen – vielleicht kommt das später –, sondern ich versuche, euch die grundlegenden Übungen in einer „pyarigen" Art nahe zu bringen. Es ist einerseits wie eine Übersetzung, denn der Inhalt, die Essenz der Vorbereitung, der Grundlage, ist natürlich dieselbe wie in der Tradition und ist andererseits einfach die Übermittlung meines eigenen Erfahrens, meines eigenen Übens.

Was sind diese Grundlagen, die Vorbereitungen?

1. Loslassen von Konzepten, von Moralvorstellungen, von Ideen und Wissen.

2. Die innere Bereitschaft, wirklich selbst zu „brennen" und in dieser Bereitschaft rückhaltlos zu sein.

3. Offenheit, Berührbarkeit. Ein offenes Herz – eine weiche Stelle, die berührbar ist in dir und wächst und wächst. Die Berührbarkeit lässt dein Herz überfließen in Dankbarkeit, auch wenn du das Risiko eingehst, gesehen zu werden und auch gelegentlich Schmerz zu erfahren.

4. Die Kostbarkeit der menschlichen Geburt.

5. Den Hintern hochkriegen.

6. Ausrichtung, Dringlichkeit, Entschlossenheit, Rückhaltlosigkeit, Treue. Und diese müssen wachsen, je mehr sich dir die Kostbarkeit des Einen enthüllt.

7. Ehrlichkeit. Kein spirituelles Mäntelchen, sondern direkte nackte Begegnung mit dem, was ist – im Innen und Außen.

8. Dableiben, nicht Fliehen. Sich nicht abwenden, nicht verstecken.

9. Die Bereitschaft, immer am Anfang zu stehen und einen Schritt nach dem anderen zu tun. Immer ein Schritt von genau dem Punkt aus, an dem ich stehe.

10. Nicht wissen.

11. Nicht immer um sich selbst kreisen. Mehr und mehr aufhören, in Ich und Ich und Ich zu denken, und anfangen, für das Ganze zu sein.

12. Innehalten, still sein.

13. Absichtslosigkeit. Ausrichtung bei gleichzeitiger Absichtslosigkeit. Hier keimen Hingabe und Geduld.

14. Respekt und Dankbarkeit. Respekt vor dir, vor allen Wesen, vor der Erde, der Natur, diesem wunderbaren Netzwerk der Existenz und vor dem Mysterium, das kein Ende hat. Dieser Respekt drückt sich auch in konkretem Handeln aus.

Zunächst einmal, wie schon erwähnt, *das Loslassen von Konzepten, das Loslassen von Moralvorstellungen, von Ideen und Wissen.* Moralvorstellungen töten das ursprünglich Lebendige, Liebevolle, Respektvolle so leicht und werden schnell zur Regel, zur Krücke, zu Gift. Dieses Gift tragen viele Menschen in sich, sie leiden daran und kämpfen damit. Spuckt es aus! Was lässt einen an diesem Gift festhalten, selbst wenn man bereits die Giftigkeit und Dummheit darin erkannt hat? Vielleicht ist es manchmal die leise Furcht, es könnte die Hölle doch geben, oder die Hoffnung: Vielleicht, wenn ich ganz, ganz brav bin und immer den Kopf einziehe, hilft es ja doch und ich erreiche den Himmel. Aufgrund dieser Furcht und dieser Hoffnung können euch so manche Strukturen von außen unterjochen.

## Konzepte

*Frage: Könntest du bitte erklären, was uns überhaupt dazu bringt, Konzepte aufzustellen? Was für einen Zweck haben sie? Was sind die Auslöser? Und welche geschickten Mittel habe ich, um wachsamer zu werden, wenn sie auftauchen?*

Pyar: 1. Zunächst einmal sind Konzepte bequem. Man weiß, wo es langgeht, und man muss nicht selbst denken, muss nicht selbst erforschen. Man muss nicht selbst ein Licht anzünden. Konzepte sind geborgt. Konzepte sind bequem. Und da mag ja die eine oder andere Wahrheit in manchen dieser Sätze stecken, seien sie jetzt katholisch oder advaitanisch. Aber ich muss sie doch erst einmal untersuchen, bevor ich sie übernehme. Diese Untersuchung ist nicht analytisch und theoretisch, sondern ein Selbstversuch am eigenen Leib, mit dem eigenen Empfinden und mit dem eigenen Geist. Das ist ein wissenschaftliches Vorgehen, und so war auch das Vorgehen Buddhas, Oshos, Jesu. Selbst denken, selbst schauen, selbst erforschen, und nicht nachplappern. Der erste Vorteil von Konzepten ist ihre Bequemlichkeit. Das hat Mama schon gesagt und das hat Papa schon gesagt, oder das hat der Guru gesagt, dann wird es schon stimmen.

2. Durch Konzepte wähnt man sich auf der guten und sicheren Seite. George W. Bush hat Konzepte, und seine islamischen Gegenspieler haben Konzepte. Und jeder nimmt an, er sei auf der guten Seite. Dann kommt es zur Explosion, zu Krieg und Gewalt. Keiner hinterfragt: Bush nicht den Prediger, der ihm anscheinend seinen spirituellen Input gibt, und die Islamisten hinterfragen auch nicht. Das heißt, dass es bei beiden nichts Eigenes, nichts Erprobtes, nichts Erfahrenes ist – nur Geborgtes, nur Konzepte. Es mag ja sein, dass man beim Hinterfragen vielleicht an dem einen oder anderen Punkt am Ende zur selben Erkenntnis gelangt, die man schon immer vertrat. Aber dann weiß ich: „Oh ja, das war ein Goldkorn." Und es wird zu meinem eigenen Goldkorn. Das heißt, dass es nicht darum geht, prinzipiell alles in Bausch und Bogen zu verurteilen, was Mama, Kirche, Papa, Guru und so weiter gesagt haben. Aber es geht darum, sich zunächst zu verunsichern, sich den Boden unter den Füßen wegzuziehen, jede Krücke wegzuwerfen, um dann zu sehen, was wirklich ist, was wahr ist, was anwendbar ist.

Das sind die zwei hauptsächlichen Attraktionen von Konzepten: Sie sind einfach und sicher. Beides stimmt natürlich nicht, denn in Wirklichkeit bringen sie uns ständig in Teufels Küche, und Sicherheit gibt es nicht. Trotzdem glaubt man immer wieder daran. Wenn man dann von einem Konzept frustriert wurde, gerät man oft in die nächste Falle, indem man denkt: „Ich brauche ein besseres Konzept", anstatt Konzepte ganz fallen zu lassen und es zu wagen, der Soheit

der Dinge, dem Jetzt, der Situation ungeschminkt, nackt, ungeschützt und berührbar zu begegnen. Das neue Konzept wird natürlich auch nicht funktionieren. Und es schneidet euch wieder, genau wie das alte, von der Präsenz und von der Wahrnehmung der
Präsenz ab. Und damit schneidet es auch vom Potenzial ab. Eure
Augen sind von Konzepten verschleiert, und ihr könnt nicht sehen,
was tatsächlich an Nützlichem vorhanden wäre. Konzepte hindern
euch, neu zu entdecken. Konzepte machen alt, machen viel älter
als Falten und graue Haare. Es ist eigenartig, trotz seiner grauen
Haare wirkte Osho total jung. Selbst als er sehr krank war, wirkte
er jung. Das kommt daher, dass er auf jeden Moment frisch zuging.
Und auch Ramana sah recht jung aus, oder?

3. Zu den geschickten Mitteln im Umgang mit auftauchenden
Konzepten: Als Erstes ist Wachsamkeit notwendig, um das Auftauchen eines Konzeptes überhaupt zu bemerken. Dann brauchen wir
Ehrlichkeit. Ich muss mir eingestehen, dass ich einem Konzept gefolgt bin, anstatt der Wahrheit. Dann setzt ihr eure Bereitschaft ein,
etwas zu ändern. Als Nächstes benutzt all euren Mut und all eure
Neugier. Sie befähigen euch, das Konzept beiseite zu lassen und der
Situation direkt und ungeschützt zu begegnen. Dann untersucht und
beobachtet den Unterschied. Wie fühlt es sich an, wie schmeckt es,
wenn ich durch die Konzeptbrille auf die Welt schaue, und wie
schmeckt es, wenn ich ungefiltert, unwissend, unschuldig, neu
schaue? Diese Untersuchung hilft wiederum, das Auftauchen eines
Konzeptes beim nächsten Mal noch früher zu bemerken.

## Die Lampe entzünden

F: *Osho schreibt in dem Buch „Der Rabbi und die Katze", dass Menschen, die einem Guru folgen, das Licht nur borgen. Wenn der Guru
irgendwann geht, wird die Dunkelheit noch schlimmer sein als vorher.
Das hat mich sehr berührt. Was sagst du dazu? Ich möchte vermeiden,
mir etwas auszuborgen. Ich möchte nicht den Fehler machen, in
deinem Licht zu stehen und darüber zu vergessen, mein eigenes
anzuzünden. Das ist mir wichtig ...*

P: Diese Herausforderung nehme ich mit Freuden an, denn genau dies ist mir ein großes Anliegen und war auch Oshos großes Anliegen. Weißt du, es ist möglich, in Menschen – auf welche Art auch immer (da gibt es mehrere gangbare Methoden) – eine sehr klare Einsicht hervorzurufen, ein Satori, eine direkte Erfahrung der Leerheit, oder auch ein ozeanisches Gefühl, ein Schweben in Stille. Das ist überhaupt nicht schwierig, aber sehr gefährlich, denn es macht abhängig, und der Schüler bleibt ärmer und ohne Werkzeug zurück. Das wäre geborgtes Licht. Ich tue das nicht, sondern ich halte mich an Buddha, der sagt: „Sei dir selbst ein Licht!" Ich sage zu dir: „Hier ist eine Kerze, da sind Streichhölzer. Jetzt experimentiere damit! Und dann komm in drei Wochen wieder und sage mir, wie es geht."

Das ist deine Herausforderung an mich und deine Herausforderung an alle. Und sie ist ganz wunderbar. Versucht nicht, Licht zu borgen, sondern zündet euer Licht selbst an! Dabei kann es jedoch durchaus hilfreich sein, miteinander in Stille zu sitzen und zuzulassen, in diese Stille, die hier präsent ist, zu fallen. Und dennoch ist es immer dein eigenes Zulassen. Es ist durchaus hilfreich, mit einem leeren Spiegel zusammen zu sein. Das ist meine Funktion. Und meine Funktion ist es, so gut wie möglich auf den Mond zu zeigen und dir Streichhölzer in die Hand zu geben, dich herauszufordern, sie zu benutzen, und da zu sein.

Manchmal erzählen mir Menschen, es sei so leicht, im Retreat oder in meiner Gegenwart in Stille zu kommen. Das ist wahr. Es ist ein Resonanzphänomen, und dennoch ist es deine Stille, sie ist nicht geborgt. Hier ist ein Klang der Stille, der in dir Resonanz findet, und zwar genau dort, wo kein Unterschied, keine Trennung zwischen dir und mir besteht. Und was dabei in dir in so wunderschöne Resonanz gerät, war immer schon da und wird auch da sein, wenn ich morgen sterbe. Es hängt auch davon ab, mit welcher Haltung, mit welcher Motivation du zum Guru gehst. Willst du dir etwas borgen? Oder willst du selbst lernen, wachsen, entdecken? Und falls jemand kommt, um zu borgen, dann bekommt er vielleicht sogar etwas, nur um später festzustellen und zu lernen, dass Geborgtes nicht hält.

Ich bin nicht zu Osho gegangen, um mir etwas auszuborgen, sondern um zu lernen. Schülerschaft heißt Lernen. Ich bin nicht zu ihm gegangen, um irgendwo auf „Wolke Sieben" zu schweben, denn von dieser Wolke fällt man schnell und tief herunter.

## Die Geschichte vom Rabbi und der Lampe

Es mag dem einen oder anderen erscheinen, als verließen wir gerade den Faden des Textes von Atisha, aber ihr werdet sehen, dass es ganz wesentlich zu den vorbereitenden Übungen gehört. Die chassidische Geschichte, auf die sich deine Frage bezog, erläutert, worum es bei dem ersten Kapitel Atishas *„Studiere zunächst die Voraussetzungen, übe dich zunächst in den Grundlagen"* geht. Mit Studieren meint er, mit klarer, eigener Einsicht einzudringen und zu erforschen. Mit Studieren ist hier nicht ein Universitätsstudium gemeint, bei dem man viele Bücher liest und Exzerpte macht, sondern essenzielles, existenzielles Studieren.

Und nun die Geschichte, die Martin Buber so schön erzählt und die Osho in seiner Diskurs-Serie „Der Rabbi und die Katze" erläutert:

*„Ein junger Rabbi klagt dem Rabbi von Rizhyn sein Leid: ,Während der Stunden, da ich mich meinen Studien widme, fühle ich Leben und Licht; aber sobald ich aufhöre, ist alles weg. Was soll ich tun?'"*

Kommt euch die Frage bekannt vor? Es ist dieselbe Frage, um die es sich bei Atisha dreht. Wie bringe ich das Licht ins Leben? Nur wenn wir Meditation, Stille, Friedlichkeit ins Leben bringen und sie nicht als Flucht vor dem Leben missbrauchen, wird die Meditation auch unser Leben begleiten und erhellen, in jedem Moment.

*„Der Rabbi von Rizhyn erwiderte: ,Das ist, wie wenn jemand in dunkler Nacht durch den Wald geht und für eine Strecke Wegs begleitet ihn ein anderer, der eine Lampe hat. An der Wegkreuzung aber trennen sie sich, und der erste muss jetzt allein weitertappen. Aber wenn einer sein eigenes Licht mit sich trägt, braucht er sich vor keiner Dunkelheit zu fürchten.'"* Schöne Geschichte, nicht?

## Sich selbst ein Licht sein – selbst brennen

F: *Ich habe gemerkt, dass ich mich schon in Oshos Licht stellte, weil Osho so viel gegeben hat.*

P: Ich weiß, dass es manchen in einem Sangha und mit einem Meister so erging und manchen sicher auch immer wieder so ergehen wird. Vielleicht ist das manchmal auch unausweichlich. Aber ich weiß auch, dass es nicht so sein muss. Schaut her: Wir haben hier zwei Kerzen. Eine brennt, die andere nicht. Die nicht-brennende Kerze kann sich einfach von der brennenden Kerze beleuchten lassen, kann sich natürlich ins Licht der brennenden Kerze stellen. Sie könnte dabei sogar die Illusion entwickeln, dass sie selbst brenne, aber nur so lange, wie die erste Kerze brennt. Wird die erste Kerze ausgeblasen, verschwindet das Licht – es wird dunkel. Es gibt manchmal Kerzen, die finden es ganz schick und bequem, sich ein wenig anleuchten zu lassen. Hinzu kommt noch, dass sich um eine brennende Kerze oft viele nicht-brennende versammeln. Und dann sagt die eine Kerze zur anderen: „Ich werde aber ein bisschen mehr angeleuchtet als du." Und das alte Spiel geht weiter. Und sie haben längst vergessen, dass sie selbst Kerzen sind mit dem Potenzial, zu leuchten.

Und hiermit kommen wir wieder zu den *Vorbereitenden Übungen*. Eine weitere Grundlage und Vorbereitung ist *die innere Bereitschaft, wirklich selbst zu brennen und in dieser Bereitschaft rückhaltlos zu sein.* Diese wilde Bereitschaft bewirkt eine Öffnung, einen Spalt im Panzer der Persönlichkeit. Du wirst bereit, *offen zu sein, berührbar zu sein,* zu brennen. Die Rückhaltlosigkeit in dieser Bereitschaft ist bereits ein Widerhall der Bodenlosigkeit der Unendlichkeit. Und die Rückhaltlosigkeit dieser Bereitschaft sagt: „Ja, ich will brennen, egal, was es kostet." Und schließlich kostet dieses Brennen die Kerze ja tatsächlich etwas, nämlich ihr Wachs, ihr ganzes Kerzen-Dasein … Es ist also eine Frage der eigenen inneren Haltung, der eigenen Motivation.

Die nicht-brennende Kerze mit dieser Bereitschaft und Haltung nähert sich also der brennenden Kerze, dem Licht, der Wahrheit, dem Meister, der Stille. Und sie ist ja auch eine Kerze mit Docht und Wachs und allem, was notwendig ist, und da ist auch noch die Bereitschaft, zu verbrennen. Sie wird Feuer fangen.

Wesentlich ist, festzustellen und zu würdigen, dass ein Docht in euch ist, dass da etwas ist, was selbst brennen kann. Diese Erforschung und Entdeckung gehört zu den vorbereitenden Übungen. Ihr entdeckt *die*

*Kostbarkeit der menschlichen Geburt*, entdeckt das Potenzial der Bewusstheit. Ihr entdeckt diese wunderbare Chance, die jetzt gegeben ist. Also nähert ihr euch der brennenden Kerze, und es wird warm, wird heiß. Die Kerze stellt voller Erschrecken fest: „Huch, da schmilzt man ja! Aua! Oh, da lass ich mich doch lieber noch ein bisschen bescheinen, anstatt selbst zu brennen." Dann irgendwann versucht es die Kerze wieder, denn ihre grundsätzliche Bereitschaft ist vorhanden. Sie kommt ein bisschen näher zum Licht, kommt näher „… ääh! Nein, zu heiß!" So geht das eine Weile. Geduld bei gleichzeitiger Ausrichtung ist hier wichtig! Und irgendwann hat die eine oder andere Kerze den Mut, ganz nahe zu kommen. Und dann brennt sie, und ihr Licht ist genau dasselbe. Eine andere Kerze, vielleicht eine andere Farbe, aber dasselbe Licht. Und wenn jetzt die erste Kerze verlischt, dann bleibt doch das Licht da. Also, wo ist das Problem? Das Problem ist nicht das Licht. Das Problem ist nicht, dass da eine Kerze brennt und man jetzt Angst haben müsste, sich Licht zu borgen. Die Herausforderung ist vielmehr, die eigene „Kerzenhaftigkeit" zu entdecken und den Mut zu finden, tatsächlich zu brennen.

Eine weitere Grundvoraussetzung und grundlegende Übung ist, *den Hintern hochzukriegen*. Sonst brauchen wir gar nicht weiterzumachen. *Innere Entschlossenheit* ist notwendig, und zwar eine Entschlossenheit, die nicht zielgerichtet ist. Einfach: Okay, ich bin bereit, mit dem zu sein, was ist, jetzt, ohne Wenn und Aber. Ich bin bereit, offen zu sein, ehrlich zu sein. Das sind die Voraussetzungen: *Offenheit, Ehrlichkeit*. Ich bin bereit, still zu sein. Und ich bin bereit, hier und jetzt *dazubleiben*, nicht abzuhauen – weder in die Träumerei der Vergangenheit noch in die der Zukunft, noch in ein abgehobenes „spirituelles" Erleben. Ich bin da und offen, bin bereit, mich der Angst zu stellen. Ich bin bereit, jetzt einen Schritt zu tun. Und dann den nächsten. Aber jetzt steht *ein* Schritt an. Ich denke jetzt nicht über den zehnten Schritt nach, sondern ich tue den ersten. Und es ist immer der erste. Jeder Schritt, den wir tun, ist der erste. Denn die vergangenen Schritte sind nicht mehr da. Also ist jeder Schritt immer der erste. Und das ist eine weitere Voraussetzung: *Die Bereitschaft, immer am Anfang zu stehen*. Dieser Anfang ist immer weiter, tiefer, weiser, liebevoller, ja, aber es ist immer Anfang. Die Unendlichkeit ist immerfort.

Zurück zur Geschichte von dem Rabbi. Osho erläutert dazu: „Solange du dich nicht um dein eigenes Wachstum kümmerst, bleibt diese Geschichte wahr." Knallhart. Das heißt, solange du nicht selbst schaust, selbst bereit bist, deinem Inneren zu begegnen, bleibt diese Geschichte wahr. Diese Begegnung mit dem Inneren, die Erforschung des Inneren, ist zunächst oft auch eine Erforschung des inneren Mangels, des Abgrundes in einem, dem man normalerweise durch alle möglichen Projektionen und Konzepte auszuweichen versucht. Dieser Mangel, den man entweder zu stopfen oder zu vermeiden oder hintanzustellen versucht hat, zeigt sich als Erstes, wenn man sich nach innen wendet.

Osho beschreibt weiter, wie Menschen ihm zuhören, im Diskurs mit ihm sitzen und dabei Licht und Leben empfinden. Und er fragt die Menschen: „Welche Meditation bekommt dir am meisten?" Und viele antworten ihm: „Der Vortrag morgens." Das stört Osho irgendwie, denn aus einer solchen Antwort schließt er, dass dieser Mensch keinen Frieden erfährt, sobald er alleine sitzt. Das heißt, er hat zwar die Resonanz des Klanges der Stille wahrgenommen, aber dann nicht in seinem eigenen Inneren nachgeforscht, nicht praktiziert. Er meditiert nicht selbst, sondern er verlässt sich darauf, im Diskurs Stille zu finden. Er bemüht sich nicht.

Das Licht muss in deiner Form erscheinen; keine Nachahmung, keine Nachfolge, sondern das Eigene, das sich wohl an einem anderen entzünden kann und dann dasselbe Licht ist, und doch völlig authentisch, völlig eigen. Osho geht so weit, zu sagen: „Wenn du dir *nur* Licht borgst, ohne dich ernsthaft und wahrhaftig zu bemühen, deine eigene Lampe sich entzünden zu lassen, dann wäre es noch gescheiter, in der Dunkelheit zu gehen, denn das ist dann wenigstens deine."[1] Ja, das ist einer der Diskurse, in denen Osho seine Sannyasins packt und rüttelt und schüttelt und beißt und kneift und ruft: „Eh, Leute! Aufstehen! Es ist Zeit!"[1]

---

[1] Zitate aus: Osho: The True Sage, Pune, India 1976. Deutsche Ausgabe: Osho, Der Rabbi und die Katze, Edition OSHO im Innenwelt Verlag, 1999. © Osho International Foundation. Erlaubnis zum Abdruck erteilt durch: Osho International Foundation, Switzerland, www.osho.com

## Nicht immer um sich selbst kreisen und die Geschichte von Ananda

Es gibt da auch eine Begebenheit aus dem Leben Anandas. Ananda war einer der engsten Schüler Buddhas. Er war 40 Jahre lang immer bei ihm. Er hörte alle seine Reden. Und doch war er so ein Typ, der den Hintern nicht hochgekriegt hat. Irgendwas ließ ihn immer zaudern. Er war ein äußerst treuer Schüler Buddhas, er sorgte für Buddha, kochte ihm Essen, brachte ihm Wasser. Ihr erinnert euch an die Geschichte, als er am Teich saß und beobachtete, wie der Schlamm sich setzt. Er hatte tiefe Einsichten, aber den letzten Schritt tat er nicht. Ananda war auch derjenige Schüler Buddhas, der das beste Gedächtnis von allen hatte. Er hatte alle Reden Buddhas wortwörtlich in seinem Kopf. Als Buddha starb, hatten sich viele seiner Schüler bereits zu Bodhisattvas entwickelt und viele hatten Erleuchtung erfahren – Ananda jedoch nicht. Einige Zeit nach Buddhas Tod wurde von seinen erleuchteten Schülern eine Versammlung einberufen, um den Kanon der Worte Buddhas festzulegen, um niederzulegen, welche Worte original von Buddha sind. Eine sehr wichtige Angelegenheit. Es gab ja keine elektronischen Aufzeichnungen wie zu Oshos Zeiten, und mitgeschrieben hatte auch niemand. Und von Ananda wusste man, dass er ein absolutes, wortgenaues Gedächtnis hatte. Seine Freunde waren alle erleuchtet, er nicht. Daher kamen sie zu ihm und sagten: „Ananda, wir halten eine Versammlung ab, in der aber nur die erleuchteten Schüler Buddhas vertreten sein sollen. Diese Versammlung ist sehr wichtig für alle Menschen, und wir brauchen dich dazu. Die Versammlung ist in einer Woche, also setze dich jetzt auf deinen Hosenboden!" Ananda hat sich hingesetzt und zwei Stunden vor Beginn der Versammlung – die Erleuchtung.

So eine tiefe Geschichte! Was geschah? Bis zu jenem Zeitpunkt hatte Ananda sich immer um sich selbst gedreht, um Buddha und sich. „Buddha und ich; ich und Buddha." Und jetzt, in dieser Aufforderung seiner Freunde, gab es die Herausforderung, über sich selbst hinauszugehen, einmal seine Bequemlichkeit, vielleicht sogar seinen eigenen Wunsch nach Erleuchtung hintanstehen zu lassen und sich um das Ganze zu kümmern. Sie sagten: „Eh, wir brauchen dich! Aber so können wir dich noch nicht brauchen." Das heißt, dass seine Motivation, sich daraufhin wirklich hinzusetzen und wirklich die Illusion zu durchschneiden, Bodhichitta war, das Erwachen von Mitgefühl nach dem Arschtritt seiner Freunde. Und das ist wunderschön. Das entzündete sein Licht endgültig. Das ist eine weitere Voraussetzung, die bereits hineinführt in die Dinge, die Atisha später sagt: *Nicht immer nur um sich selbst kreisen;* sei es jetzt familiär, sei es materiell, sei es spirituell. Sondern sich immer wieder des Ganzen besinnen. Das öffnet.

## Nur ein kleines Licht ist nötig – immer ein Schritt auf einmal

Osho erzählt weiter:

> „Die ganze Welt braucht nicht mit Licht gefüllt zu sein, damit du gehen kannst – nur dein eigenes Herz, eine kleine Flamme, und das genügt. Denn sie wird genug vom Weg erhellen, damit du gehen kannst."[2]

Das ist auch oft so ein Konzept, dass ein Riesenlicht nötig wäre, eine Rieseneinsicht, bevor ich bereit bin, mich zu bewegen. Ja, es reicht, wenn wir gerade bis vor unsere Füße sehen können.

> „Niemand tut mehr als einen Schritt auf einmal. Eine kleine Flamme der Bewusstheit im Herzen, der Achtsamkeit, Dhyana, Meditation. Eine kleine Flamme, und das ist genug. Sie erhellt deinen Pfad ein wenig. Dann gehst du, und das Licht geht dir wieder voraus. Lao Tse sagt: ‚Einen Schritt zur Zeit machend, kannst du zehntausend Meilen zurücklegen.' Und so weit ist Gott gar nicht weg. Gott ist genau da, wo du jetzt gerade bist."[3]

Das ist auch so etwas. Manchmal überschlagen sich Menschen, sie purzeln durch die Gegend und versuchen, tausend Schritte auf einmal und vor allem den dritten vor dem ersten zu tun. Das misslingt natürlich

---

2/3 Zitate aus: Osho: The True Sage, Pune, India 1976. Deutsche Ausgabe: Osho, Der Rabbi und die Katze, Edition OSHO im Innenwelt Verlag, 1999. © Osho International Foundation. Erlaubnis zum Abdruck erteilt durch: Osho International Foundation, Switzerland, www.osho.com

und Frustration tritt ein. Dann heißt es: „Dann mache ich gar nichts mehr." *Immer ein Schritt auf einmal.* Ein Schritt auf einmal reicht. Es muss nicht das Ganze auf einmal sein.

## Dringlichkeit – Entschlossenheit, Treue

Osho:

> „Mein Blut ist wie deins. Mein Fleisch ist genau wie deins. Ich bin ebensoviel Staub wie du. Und dieser Staub wird zu Staub zerfallen, so wie dein Staub zerfallen wird. Wenn etwas so Unsagbares diesem Menschen möglich wurde, kannst du zuversichtlich sein. Dann brauchst du nicht zu zögern. Auch du kannst den Sprung wagen. In diesen Tagen, solange ihr mit mir zusammen seid, werde ich versuchen, euch mit meinem Licht zu begleiten. Aber merkt euch: Genießt es, aber verlasst euch nicht darauf. Erfreut euch daran, aber verlasst euch nicht darauf. Genießt es, damit euer eigener Drang, euer eigenes Verlangen zur Dringlichkeit wird, zu einem Muss wird, anzukommen ..."[4]

Eine weitere Voraussetzung oder Grundlage ist die Sehnsucht, dieser Drang, der eigentlich auch nicht sagen kann, was das Ziel ist. Das bewirkt die *Dringlichkeit, die Ausrichtung, die Treue,* die 100 Prozent.

## Die Bereitschaft, berührt zu sein und zu berühren

Manche Menschen haben das Konzept, Offenheit und Aktivität würden sich widersprechen. Warum diese strikte Trennung zwischen rezeptiv und aktiv? In der Kommunikation miteinander ist beides da, zu gleicher Zeit. Das Berühren und das Berührt-Werden zugleich, nicht hintereinander, nicht abwechselnd – sondern gleichzeitig.

---

[4] Zitate aus: Osho: The True Sage, Pune, India 1976. Deutsche Ausgabe: Osho, Der Rabbi und die Katze, Edition OSHO im Innenwelt Verlag, 1999. © Osho International Foundation. Erlaubnis zum Abdruck erteilt durch: Osho International Foundation, Switzerland, www.osho.com

*Die Bereitschaft, zu berühren und berührt zu werden,* ist eine weitere grundlegende Übung. Sich nicht zu entziehen, offen zu sein, empfänglich, auch verletzlich, und in der Lage und bereit zu sein, zutiefst in der Seele, im Herzen berührt zu sein, ist wesentlich. Ohne diese Grundlage könnte manches, was Atisha später sagt, zu einer Flucht, zu einer Vermeidung missbraucht werden. Und die Berührbarkeit, inklusive der Verletzlichkeit, ist so schön, so lebendig und so menschlich, und sie befähigt uns, Mitgefühl zu entwickeln.

Es bestehen viele Illusionen über menschliches Zusammensein, über Kommunikation, Gemeinschaft, Partnerschaft, Beziehung. Und ich habe den Eindruck, ein großer Prozentsatz menschlicher Gemeinsamkeit ist vorgetäuscht, ist nicht echt. Ihr seid nicht wirklich berührt, sondern ihr versucht euch zu schützen, zeigt Masken und reagiert auf Masken. Nur merkt es keiner der beiden oder keiner der fünf oder keiner der hundert, die da zusammen sind. Und es bleibt unecht, solange nicht die Bereitschaft da ist, selbst in jedem Moment zutiefst berührt zu sein.

Das war das erste Kapitel. „Studiere die Grundlagen. Übe die Grundlagen." Wobei diese Grundlagen sehr weit gehen, oder?

F: *Du hast eben gesagt, offen sein bedeutet, in jedem Moment auch tief berührbar zu sein. Da habe ich viel zu viel Angst davor.*

P: Also fange an, dich zu trauen! Schritt für Schritt für Schritt. Genau darum geht es hier, darum geht es Atisha, und darum geht es auch in dieser Geschichte vom Rabbi. Wie sonst willst du deine Lampe anzünden? Ich stelle mir die Lampe so vor, wie man sie im 19. Jahrhundert hatte, mit Glas außen herum. Sie hatten einen Schieber, und man muss diesen Schieber aufmachen, denn wie soll man sonst den Docht entzünden? Vielleicht ist Öl in der Lampe und auch ein Docht – alles wäre vorhanden. Vielleicht brennt schon der ganze Wald rundherum! Aber solange der Schieber zu ist ...

F: *Ja, was hindert mich daran ...?*

P: Du könntest brennen!

F: Ich habe Angst, dass mich dann Wut mitreißt. Ja, ich habe Angst, dass ich mich dann nicht mehr unter Kontrolle habe.

P: Genau. Wenn du dich nicht mehr unter Kontrolle hättest, was würde dann aus dem Bild von dir?

F: Das wäre das Chaos!

P: Du musst dir begegnen und deinen Gefühlen, deiner Wut, deinem Hass und deiner Liebe. Und deiner Angst natürlich auch. Die Angst ist nicht das Problem. Sie ist da, und man kann sie fühlen. Aber du folgst dem *Gedanken* der Angst, der dir sagt, „Tu's nicht!", der dich in den alten Strukturen festhalten will. Oder traust du dich trotzdem?

F: Manchmal, wenn ich mich traue, geht es mir besser.

P: Super! Lass dich berühren. Sei berührt. Und berühre deine eigenen Gefühle.

## Mitgefühl

F: Als das Wort Mitgefühl fiel, traf es mich im Herzen und mir wurde klar, dass mir das vollkommen fehlt.

P: Nehmen wir einmal an, du hättest ein Herz aus Stein. Gut, akzeptiert. Dann werden wir uns das jetzt genauer anschauen. Weißt du, es mag ja Herzen aus Stein geben, aber selbst dann ist der Stein immer nur Ummantelung, äußere Schicht.

F: Ich habe schon erlebt, dass der Stein schmelzen kann. Aber je mehr ich in Akzeptanz, in Gelassenheit komme, desto weniger wird mein Mitgefühl. Es regt mich nichts mehr auf, und ich denke: „Es ist alles Gottes Wille, und wenn es diesem Menschen jetzt schlecht geht, dann ist es einfach so."

P: Hier ist genau der Punkt, wo Atisha dich abholt.

F: Ja, seit vielen Monaten habe ich jetzt das erste Mal starkes Herzklopfen gekriegt. Vorher war es fast ein wenig langweilig, dieses „Nichts-Tun-Können". Und trotz Akzeptanz war es so weit weg von Glückseligkeit. Friede, aber irgendwie so lauwarm. Und jetzt höre ich auf einmal das Wort Mitgefühl, und ich denke mir: „Ah, das ist wirklich das Aufgehen des Herzens."

P: Das ist total schön. Hier geht es um Bodhichitta, Erleuchtungsgeist. Erleuchtungsgeist ist die Vereinigung von Weisheit und Mitgefühl. Bodhichitta ist in jedem Wesen vorhanden. Es geht nur darum, es zu wecken oder die Panzer, Schichten und Masken davon wegzunehmen.

F: *Ich glaube, ich kann nichts dafür tun. Es kann nur passieren.*

P: Natürlich kann man etwas tun. Das ist eines der Konzepte, die man auch loslassen muss. Das ist ein Advaita-Konzept, das genauso giftig ist wie alle anderen Konzepte. Immer dann, wenn es unbequem wird, immer dann, wenn es vielleicht darum ginge, sich zu öffnen, immer dann, wenn ich vielleicht verletzt werden könnte, immer dann, wenn es vielleicht weh tun könnte, sagen die Leute: „Ja, aber ich kann ja nichts tun." Wenn es darum geht, Eiscreme aus dem Kühlschrank zu holen, sagt das keiner. Keiner sagt: „Vielleicht kommt die Eiscreme ja auf den Tisch, aber ich kann nichts dazu tun." Du kannst wirklich in deiner Haltung immer wieder bereit sein. Du kannst dich öffnen, immer wieder und immer mehr. Es ist *deine* Haustür.

## Erinnerung an vergangene Erfahrung hindert

F: *Vor zwanzig Jahren war ich, nachdem ich durch den Tod eines meiner Kinder durch tiefen Schmerz gegangen war, ein Jahr lang in einem Zustand tiefen Seins. Seither hatte ich das nie wieder. Diesen Zustand möchte ich eigentlich wiederhaben.*

P: Vergiss es!

F: *Ja. Ich weiß, dass ich das vergessen muss. Aber ich weiß nicht, wie das wieder herstellbar ist.*

P: Gar nicht. Das ist wie bei dem besonderen Gefühl, das du hattest, als du als Kind zum ersten Mal am Meer warst und eine Sandburg bautest. Wenn du jetzt ans Meer fährst, ist es anders. Es ist wunderschön, aber es ist anders. Wenn du jetzt versuchst, dieses alte Gefühl wiederherzustellen, dann erfährst du nicht, was *jetzt* an Geschenken zur Verfügung steht. Und das Alte ist trotzdem nicht wieder herstellbar. Verstehst du? Genau dieser Versuch des Wiederherstellens einer noch so spirituellen Erfahrung steht im Weg. Er panzert dich.

Es ist ja als Erinnerung vorhanden. Neben vielen anderen Erinnerungen. Es ist jetzt Erinnerung, es ist Gedanke, mehr nicht. Auch das gehört zu den vorbereitenden Übungen, zu sehen, was Gedanke ist und was nicht. Hier ist ein Gedanke, eine Erinnerung, die du gelegentlich aus deinem inneren Schatzkästchen holst, betrachtest und dann wieder einpackst. Genau wie die Erinnerung an deinen Hochzeitstag oder an deine Scheidung oder alle anderen alten Postkarten. Dagegen ist nichts einzuwenden, solange man weiß, dass man jetzt eine nette halbe Stunde mit seinem Fotoalbum verbringt, und dann wieder offen und bereit ist für: „Was ist jetzt?"

Dein Festhalten an der Erinnerung dieser Erfahrung und deine Anstrengung in dem Versuch, das, was einmal war, wiederherzustellen, hindern dich. Wenn du jetzt einfach hier sitzt, hörst du zum Beispiel Klappern von Geschirr im Hintergrund, du sitzt bequem. Was fehlt denn jetzt, wenn du da bist?

F: *Nichts.*

P: Sobald du dann die Erinnerung hervorkramst, verblasst auf einmal die Gegenwart. Und die Erinnerung nimmt Gestalt an. Und dabei wirst du selbst genauso zweidimensional wie die Erinnerung.

F: *Und wenn ich im Jetzt bin und alles habe, dann brauche ich eigentlich die Erinnerung nicht mehr. Dann könnte ich sie wirklich ernsthaft lassen.*

P: Richtig. Du brauchst sie nicht. Du kannst sie lassen als das, was sie ist: Vergangene Erfahrung, Erinnerung, ein Gedanke, abgespeichert und archiviert in den Tiefen der Hirnwindungen. Als Archiv, als Erinnerung, als Foto, als Notiz ist es ja in Ordnung. Nur, die Illusion setzt immer da ein, wo wir etwas anderes daraus machen, als was es ist. Jetzt ist es einfach ein Gedanke, der vorbeizieht wie ein Hauch.

## Bequemlichkeit

F: *Ich bin zum ersten Mal in meinem Leben wirklich einfach zufrieden, und das ist wunderbar. Und ich mache seit einigen Wochen über-*

*haupt keine spirituelle Übung mehr. Ich würde aber gerne wieder meditieren oder Yogaübungen machen.*

P: Ja, dann tu's doch.

F: *Ich kriege den Hintern nicht hoch im Moment. Ich habe keinen Leidensdruck. Ich bin zufrieden ...*

P: Das heißt, du meditierst nur, wenn es dir schlecht geht. Du meditierst nur, wenn du unzufrieden bist. Weißt du, Meditation beginnt erst, wenn da keine Unzufriedenheit ist, nichts ist, was du damit bezweckst. Da geht es erst los. Weißt du, du erntest mit der Zufriedenheit jetzt vielleicht eine Frucht, eine karmische Frucht deiner Meditation von vor ein paar Jahren. So ist das. So ist das in kurzen Zyklen und in langen Zyklen. Und wenn damals deine Motivation, dich hinzusetzen, zu meditieren, folgende war: „Ich will meine Unzufriedenheit loswerden, ich muss mich zentrieren, weil ich gerade irgendein Drama habe ...", dann wirst du natürlich in dem Moment, wo Zufriedenheit auftaucht, keinen Sinn mehr in der Meditation sehen.

F: *Richtig.*

P: Und das wiederum ist auch eine karmische Frucht. Es ist die Frucht der falschen Motivation, die Frucht falschen Verstehens. Deshalb sage ich immer: „Dreht euch nicht nur um euch selbst!" Auch bei der Meditation, dreht euch nicht um euch selbst, nicht nur um euer Wohlbefinden.

## 2.A Die zentrale Praxis – Realität und Traum

2.1. „Betrachte alle Phänomene als Träume." Oder: „Denke, dass alle Phänomene wie Träume sind."

2.2. „Erforsche die Natur des ungeborenen Gewahrseins."

2.3. „Lass sogar das Gegenmittel, die Medizin selbst, natürlich wegfallen."

2.4. „Ruhe in der grundlegenden Natur, der Basis, der Essenz von allem, in Alaya."

2.5. „Zwischen den Sitzungen betrachte Phänomene als Phantome." Oder: „Zwischen den Sitzungen sei wie ein Zauberer."

Gestern sprachen wir über das erste Kapitel, das nur aus dem einen Satz besteht: „Zunächst übe dich in den Grundlagen." Das zweite Kapitel ist schon ein wenig länger und heißt: **„Die zentrale Praxis."** Ja, Atisha fällt fast mit der Tür ins Haus. Die zehn Losungen dieses Kapitels kann man in zwei Abschnitten betrachten. Der erste enthält das, was er bei seinem ersten Meister lernte: die zentrale Praxis der Leerheit, des Still-Seins, des Nicht-Verstandes. Im zweiten Abschnitt geht es um die zentrale Praxis des Mitgefühls, die er bei seinem zweiten und dritten Meister lernte. Er serviert hier also das, was er selbst in circa fünfzehn bis zwanzig Jahren intensivsten Lernens und Praktizierens erkannte, in zehn Sätzen. Seid euch dessen bitte bewusst! Dieser Text ist sehr kondensiert – kondensierter geht es nicht. Es ist wichtig, wahrzunehmen, aus welcher Weite, auch aus welcher zeitlichen Weite diese Weisheit kommt. Es sind nicht einfach nur ein paar Sätze, die jemand zwischen Frühstück und Mittagessen aufgeschrieben hat, sondern sie sind wirklich die Essenz eines Meisters. Ich nehme an, dass Atisha irgendwann diese Losungen für seine Schüler als eine Art Gedächtnisstütze in dieser Form niederschrieb. Sicherlich hat er mit seinen Schülern ausführlich und immer wieder darüber gesprochen und sie in ihrer Praxis begleitet. Seine Schüler waren lange mit ihm zusammen und haben reiche Frucht getragen. Ihr seht – Geduld ist notwendig auf dem weglosen Weg.

### 2.1. „Betrachte alle Phänomene als Träume." Oder: „Denke, dass alle Phänomene wie Träume sind."

Hier ist es sehr wichtig, dass wir die Grundlage der Offenheit haben, von der wir sprachen – die Grundlage der Bereitschaft, zu berühren und zugleich berührt zu sein. Von was auch immer. Wenn diese Grundlage nicht vorhanden ist, dann könnte diese Praxis oder Methode gefährlich werden, weil sie dann als Fluchtmittel dienen kann, als Möglichkeit, sich auf eine nihilistische Sichtweise zurückzuziehen, um sich vor der Realität der Soheit der Dinge zu schützen. Das wäre Eskapismus. Okay, ihr seid offen, berührbar, berührt zum Beispiel vom Wind. Ihr berührt Wind. Das ist die Grundlage. Dieses Phänomen „Wind" dann wie einen Traum zu betrachten heißt, ich nehme die Idee von Festigkeit heraus. Die Festigkeit, die wir in unserer Vorstellung den Dingen, den Phänomenen verleihen, ist ein reines Konstrukt. Sie existiert nicht. Und wir vergessen meistens im Kontakt, in der Wahrnehmung von Phänomenen innerer oder äußerer Art die Vergänglichkeit, die Beweglichkeit, die Veränderlichkeit, das Fließende in allen Phänomenen.

### Fließend, flüchtig, zusammengesetzt und bedingt – ohne Muscheln keine Berge

Auch Berge fließen, sie fließen eben ein wenig langsamer. Aber sie fließen. Das Geröll bröselt herunter. Berge zerbröseln im Lauf der Zeit. Irgendwann einmal waren sie nicht da. Irgendwann einmal waren hier Meer, Ozean, Muscheln, Korallen, ganz viele Muscheln und Korallen und sonstiges Getier mit vielen Chitin- und Kalkpanzern. Auch sie sind geflossen und gestorben, so wie alles andere auch. Ihre Reste haben sich am Meeresboden abgelagert, mehr und mehr und mehr. Ihr müsst euch mal vorstellen, wie viele Muscheln nötig waren, um diese majestätischen Berge zu bilden. Und irgendwann zerbröseln die Berge wieder, irgendwann ändert sich die Struktur auf der Erde. Vielleicht ist dann hier wieder ein Ozean und woanders sind Berge, dort, wo jetzt Ozean ist.

Nichts ist fest, alles flüssig, fließend. Eine vorübergehende Erscheinung. Diese Flüchtigkeit, Beweglichkeit, Veränderlichkeit, Sterblichkeit, Nicht-Festigkeit ist eines der Merkmale der Traumhaftigkeit der Phänomene. Was auch immer, es ist flüchtig. Und das zweite Merkmal ist: Kein Phänomen ist selbstständig. Nichts, was wir wahrnehmen, kein Ding existiert aus sich selbst heraus. Die Berge stehen nicht einfach so aus sich selbst heraus hier herum. Ohne die Muscheln keine Berge. Ohne das Meer und ohne die Sonne gäbe es keine Wolken. Und alle Phänomene sind zusammengesetzt. Sie sind keine solide Angelegenheit.

## Färbung der persönlichen Wahrnehmung

Der andere Aspekt der Unwirklichkeit, der Traumhaftigkeit kommt aus dem menschlichen Geist. Wir werfen eine Art Netz über die Dinge. Dieses Netz besteht aus der persönlichen Färbung der Wahrnehmung. Der eine mag Berge. Der andere mag Berge nicht. So wird die Wahrnehmung desselben Berges bei zwei Menschen verschieden sein. Der eine hat seine erste Liebe in den Loferer Steinbergen erlebt. Der andere ist dort einmal verunglückt. Da also verschiedene Erinnerungen mit demselben Berg verknüpft sind, ist die gegenwärtige Wahrnehmung unterschiedlich. Das macht es traumhaft. Ähnlich wie wir die Träume der Nacht zweier Menschen nicht vergleichen können, weil sie gefärbt und sehr persönlich sind, ist es auch mit den Wahrnehmungen untertags. Sie sind gefärbt durch Erfahrung, Gefühl, Erinnerung, durch Abneigung, durch Zuneigung, durch Wollen und Nicht-Wollen.

Wenn Bewusstheit wächst und wir diese persönlichen Färbungen, die Festigkeit, das Konzept, das Wissen weglassen können, dann taucht die Wirklichkeit in all dem auf. Der Berg ist dann immer noch da. Er verschwindet nicht. Im Gegenteil, die Wirklichkeit des Berges wird erstmals offensichtlich. Phänomene als Träume zu betrachten, heißt also nicht, dass die Berge verschwinden oder der Wind verschwindet, der jetzt gerade weht. Ganz im Gegenteil, dieses Phänomen von zarter, berührender Bewegung auf meinem Gesicht ist dann einfach dieses Phänomen von zarter, berührender Bewegung auf meinem Gesicht – ohne Namen, und ist völlig neu in jedem Moment. Strahlend aus sich selbst. Manchmal ist es jedoch nicht so leicht, sofort in dieses direkte Erfahren des Moments einzutauchen. Ein gutes Hilfsmittel, eine Methode, eine Praxis besteht dann zunächst darin, die Phänomene als traumhaft zu betrachten, zu denken, sie seien wie ein Traum. Das durchschneidet die Konzepte, die Festigkeit. Aber das ist nur *ein* Schritt. Versteht ihr?

F: *Kann man den Begriff Phänomen eventuell gleichsetzen mit dem Begriff „Sichtweise"?*

P: Nein. Sichtweise ist etwas anderes. Das Sanskritwort hier ist „Dharma". Betrachte alle Dharmas als Träume. „Dharmas" wird in diesem Zusammenhang durchgängig von allen mit Phänomenen übersetzt. Dharma bedeutet in diesem Zusammenhang nicht Wahrheit oder Lehre, sondern „alle Dinge". Nicht die Art, wie du draufschaust, sondern wirklich die Dinge. Alle Phänomene. Alles, was kommt und geht. Grundlegende Eigenschaft aller Phänomene ist ihre Unbeständigkeit, ist ihre Veränderlichkeit, ist ihre Abhängigkeit von Ursache und ihr Eingebundensein in Ursache und Wirkung, und die Interdependenz, die zwischendingliche Verbindlichkeit zwischen allem, die Vernetztheit und wechselseitige Bedingtheit. Und das gilt für Sachen, das gilt für Gefühle, das gilt für Gedanken, das gilt für jegliche Art von Zuständen. Und für alle Wesen.

## Zwei Meister treffen sich

Zwei Meister treffen sich. Beide haben viele Schüler, die sich natürlich ein erhebendes Gespräch zwischen den Meistern erwarten und sich um die beiden gruppieren. Sie achten darauf, gerade so viel Abstand zu halten, um nicht aufdringlich zu wirken, aber doch noch genau hören zu können, was die beiden Meister vielleicht auszutauschen haben. Die Meister sitzen gemütlich auf ihren Gartenstühlen und sagen nichts. Sie schauen so in der Gegend herum, schauen sich gegenseitig an, sie freuen sich und sagen nichts. Irgendwann fängt der eine lauthals zu lachen an. Als ihn der andere anblickt, sagt er: „Das da drüben, das nennen die Leute einen Baum." Woraufhin der andere auch in schallendes Gelächter ausbricht. Ja, und dann sitzen sie wieder und sagen nichts.

## Die kleine 180° Kehrtwendung

„Betrachte alle Phänomene als Träume." Dieser Satz führt zu einer Kehrtwendung. Normalerweise fokussiert man seine Wahrnehmung stark nach außen und hangelt sich von einem Moment zum anderen: von einem eingefrorenen Moment zum nächsten, von einem nicht-fließenden Moment zum anderen, in der Hoffnung, irgendwo anzukommen. Immer mit dem Fokus nach draußen. Der Fokus richtet sich auf andere Menschen, auf Dinge, auf Gefühle, auf Erfahrungen. Und jetzt sage ich einfach zu mir: „Okay, nehmen wir mal an, alles da draußen an Dingen und Phänomenen und auch alles hier drinnen, was an Gefühl angenehmer oder unangenehmer Art auftauchen mag, ist einfach nur ein Traum." Einfach als Hypothese. Das bewirkt eine Wendung, diese kleine Hundertachtzig-Grad-Kehrtwendung: Ich kann mich nicht mehr irgendwo da draußen festhalten und werde nach innen katapultiert. Dort finde ich erst einmal nichts. Und das ist okay.

### 2.2. „Erforsche die Natur des ungeborenen Gewahrseins."

Jetzt kommt der nächste Schritt mit dem zweiten Satz: „*Erforsche die Natur des ungeborenen Gewahrseins.*" Hier, ganz innen, ist Gewahrsein, ein leerer Spiegel, der jetzt auch gar nichts zu spiegeln hat. Hier ist nur die Spiegelnatur des Spiegels und sonst nichts. Ohne Inhalt. Ohne Objekt. Diese Spiegelnatur, dieses Gewahrsein, Bewusstsein, Wachsein hat keinen Anfang. Es ist ungeboren, sagt Buddha, nicht gemacht, nicht geworden, nicht abhängig. Einfach da. Immer da gewesen, und wird immer da sein. Nur ist es oft verstellt und getrübt durch all die Spiegelungen, all die Illusionen. Diese Natur des ungeborenen Gewahrseins zu erforschen, ist lohnend. Die Erforschung ist keine Analyse, sondern ein schmeckendes Erforschen, ein Tauchen in Das oder ein Fliegen in Dem. Und dann kommen die Dinge in die richtige Dimension: Wenn

ich aus diesem ungeborenen Gewahrsein heraus den Wind wahrnehme, der immer noch weht, erhält dieses Hauchen des Windes auf einmal die Wirklichkeit, die ihm zusteht. Jetzt ist es nicht mehr die Wirklichkeit, die ich mir ausgedacht hatte oder die ich als Konzept oder als
Gelerntes übernommen habe, sondern es ist die Natur des Windes
selbst, ohne den Rattenschwanz der Erinnerung, ohne den Rattenschwanz des Wissens. Jetzt leuchtet die Wirklichkeit und strahlt aus sich
selbst – höchst lebendig, nichts Totes, nichts Abgeschnittenes. Das ist
höchst lebendig und zutiefst teilnehmend.

### 2.3. „Lass sogar das Gegenmittel, die Medizin selbst, natürlich wegfallen!"

Dritter Schritt: „Lass sogar das Gegenmittel, die Medizin selbst, natürlich
wegfallen." Sobald wir da sind, ruhend in Gewahrsein und die
„Windigkeit" des Windes genießend, müssen wir die Methode fallen
lassen. Die Methode war der erste Schritt: „Betrachte alle Phänomene
als Träume." Jetzt brauchen wir die Methode nicht mehr. Wenn wir uns
jetzt an der Methode festhalten, hindert sie uns. Dann wird es tot. Man
muss immer rechtzeitig wieder damit aufhören, die Medizin zu nehmen,
und zwar dann, wenn sie ihren Zweck erfüllt hat. Wenn man sich dann
weiterhin vorsagen würde, „Alle Phänomene sind Träume", kann man
die „Windigkeit" des Windes nicht respektieren und nicht würdigen,
und man verschließt sich. Die Methode war nur der Impuls für den
Anfang.

### 2.4. „Ruhe in der grundlegenden Natur, der Basis, der Essenz von allem, in Alaya."

Dann der vierte Schritt: „Ruhe in der grundlegenden Natur, der Basis, der
Essenz von allem." Das Gegenmittel wurde losgelassen. Jetzt können wir
einfach da sein, spielen, feiern, ruhen, tanzen, leben. In Frieden, in der
Essenz, in der Heimat, in der Leerheit, die Fülle ist. Das indische Wort
für Basis, Essenz und grundlegende Natur ist „Alaya". Alaya bedeutet
Heimat. Himalaja bedeutet „die Heimat des Schnees". Einfach daheim
sein in der grundlegenden Natur von allem. In der „grundlegenden
Gutheit" nennt Chögyam Trungpa das, insbesondere auch in der grund-

legenden Gutheit eurer selbst. Diese Stabilität, das ist Alaya. Alaya ist die Basis, die Abflugbasis, die Startrampe. Und sie ist garantiert in jedem vorhanden.

### 2.5. „Zwischen den Sitzungen, betrachte Phänomene als Phantome!"

Fünftens: „Zwischen den Sitzungen, betrachte Phänomene als Phantome." Gut. Ihr sitzt und betrachtet Phänomene als Träume, erforscht die Natur des ungeborenen Gewahrseins, lasst das Gegenmittel los und ruht in der grundlegenden Natur. Dann steht ihr wieder auf und geht in die Küche und ihr ruht nicht mehr in der grundlegenden Natur. Dann beginne wieder bei Punkt eins: „Betrachte Phänomene als Phantome." Das ist sehr wichtig, denn erfahrungsgemäß hält das einfach – und das wiederholen alle Meister – zunächst nicht so lange. Ja, da kommt ein Aufblitzen von „Aaaahhhhhhh! Wow! Jaaa! So ist das!" In dem Moment warst du genau an dem Punkt, den Atisha als „Ruhen in der Essenz von allem" beschreibt. Aber es verblasst zuerst mal immer wieder. Ihr fallt heraus, das kennt ihr, oder? Und das ist völlig normal, denn schließlich handelt es sich hier ja um eine Praxis, um ein Üben. Ihr fallt heraus, ihr müsst den Wind wieder benennen, ihr seht die Berge wieder als fest, ihr seid wieder eingesperrt in eurem Gefängnis von konzeptionellem Denken. Sobald ihr es merkt – okay, fangt ihr wieder an: „Erstens, betrachte Phänomene als Phantome." Dieser Satz wird auch manchmal übersetzt als „zwischen den Sitzungen sei ein Zauberer" oder mit „zwischen den Sitzungen sei ein Kind der Illusion". Das heißt: Du gehst raus und nimmst die Phänomene wahr, nimmst vielleicht noch die fließende Natur, das Nicht-Feste, das Wehende, das Verbundene, das Nicht-Getrennte wahr. Dann spiele damit. Gehe nicht einfach zur Tagesordnung über, sondern lass die Einsicht der Meditation ins Leben fließen. Und zaubere, spiele wie ein Kind. Entdecke, ob man auch Kartoffeln schälen kann, ohne das Konzept von Kartoffel und indem man die scheinbare Festigkeit beiseite lässt. Viele Menschen haben Angst, dass sie ohne das Netz der Illusion, das sie über die Wirklichkeit werfen, nicht funktionieren würden. Also muss man ausprobieren und spielen wie ein Kind oder wie ein Zauberer. Und zwar im Alltag. Kann ich im Alltag sein wie ein Kind, immer neugierig, ausprobierend und unbelastet von Altem? Kann ich das Gewahrsein, die Achtsamkeit, die Weisheit, die sich mir in der Sitzung eröffnet haben, außerhalb der Sitzung und zwischen den Sitzungen praktizieren? Damit das stabil werden und zu einem dauerhaften Sein in der Wirklichkeit werden kann, ist es unerlässlich, dies zu erforschen.

F: *Das erinnert mich an ein Bild, vor dem ich mal ganz fasziniert stand. Das Bild bestand aus vielen roten Punkten auf weißer Fläche. Die roten Punkte waren in Reihen angeordnet, zwanzig in der ersten Reihe und neunzehn in der zweiten, und dann wieder zwanzig. Wenn man vor diesem Bild stand, bildeten sich automatisch Linien. Sie veränderten sich ständig, aber ohne Zusammenhänge war das Bild schließlich nicht wahrnehmbar.*

P: Oder erinnert euch an diese Bilder, auf die man unfokussiert draufgucken muss. Erst sind es nur Farbflecken, und dann schaust du und es kommt zum Beispiel ein Pferd zum Vorschein. Wow! Das ist auch das Zauberhafte daran, ja? Deshalb steht in der 5. Losung des 2. Kapitels: „Zwischen den Sitzungen, sei wie ein Zauberer." Du kannst damit spielen, wenn du weißt, was du tust und es nicht zu ernst nimmst. Du lässt die Bilder spielen, du lässt das Pferd herausspringen. Das ist okay.

### Potemkinsche Dörfer

Kennt ihr die Geschichte von den Potemkinschen Dörfern? Sie spielt im Russland der Zarenzeit. Potemkin war wohl irgendein Verwalter oder kleiner Herzog. Es lief nicht sonderlich gut in seinem Distrikt. Die Menschen waren sehr arm, die Hütten waren verfallen, es stank überall. Eines Tages kündigt sich überraschend der Zar zu Besuch an. Aber anstatt aufzuräumen oder dem Zaren einfach die Problematik offen darzulegen, was ja vielleicht hilfreich hätte sein können – was macht der Kerl? Er baut Fassaden vor die Hütten. Pappmaschee, Disneyland. Dahinter waren immer noch die verrottenden, fauligen, stinkenden Hütten und vorne hübsche Fassaden. Der Zar muss auch ein wenig dumm gewesen sein: Er ließ sich hereinlegen und sagte nie: „Ich möchte mal in ein Haus hineingehen!", sondern er war wohl auch ganz froh, dass alles in Ordnung schien und er schnell wieder nach Petersburg heimkehren konnte.

Normalerweise hält man zunächst an Potemkinschen Dörfern fest. Das ist die Illusion. Sie wird wie eine Fassade vor der Realität aufgebaut. Das heißt aber nicht, dass es nicht eine Realität hinter den Fassaden gäbe. Dass ihr so oft denkt: „Dann bleibt ja nichts", liegt unter anderem daran, dass ihr diese Potemkinschen Dörfer für derart real haltet, dass ihr euch gar nicht vorstellen könnt, dass es etwas anderes dahinter geben kann – nämlich die tatsächliche Realität. Und manchmal besteht auch, wie bei Potemkin, die Befürchtung, es könnte dahinter stinken. Dann werden wir, sobald wir dem zu begegnen bereit sind, sehen, wie man damit umgeht. Auf der Basis von Alaya ist es möglich, mit allem umzugehen, so wie es ist, ohne Illusion, ohne Traum, ohne zu fliehen. Und ganz lebendig.

Ein anderes Bild dafür ist vielleicht auch der Pawlowsche Hund. Ein Großteil auch menschlicher Verhaltensweisen sind Pawlowsche Reflexe, die auf falschen Verknüpfungen beruhen und mit der Realität nichts zu tun haben. Mit diesem berühmten Hund wurde ein Experiment durchgeführt. Viele Tage lang wurde jedes Mal, wenn er Futter erhielt, eine Glocke geläutet. Wie ihr wisst, läuft Hunden und auch Menschen beim Anblick des Futters der Speichel im Mund zusammen. Nun, nach einer Weile wurde nur noch die Glocke geläutet – ohne Futter. Und siehe da – der Speichel läuft dem Hund beim Klang der Glocke aus dem Maul, als ob es tatsächlich etwas zu fressen gäbe. Das ist eine falsche Verknüpfung, das ist Traum, das ist Illusion. Aber täuscht euch da nicht – derartige Dinge passieren ständig!

## Wie man mit dem Verstand redet

Eine der grundlegenden Illusionen, die aus der Wirklichkeit einen Traum macht, ist der Glaube an Beständigkeit, wo keine ist. Alles geht vorbei. Und versucht nicht, ein Programm gegen das andere zu setzen, den positiven Gedanken gegen den negativen, denn dadurch füttert ihr nur den Mechanismus!

Sagt eurem Verstand etwa Folgendes: „Ich finde es total nett von dir, wie du dich bemühst und wie du versuchst, mir ein angenehmes Leben zu schaffen ..." Das versucht er ja wirklich! Es geht bloß immer nach hinten los. Ihr könnt ihm sagen: „Es ist okay, und ich respektiere dein Bemühen, aber es kümmert mich nicht. Du kannst dich ausruhen! Du musst nicht an der Realität herumstricken! Mir ist die Realität recht, so wie sie ist."

Das wäre so, wie wenn der Zar in das Dorf kommt und zu Potemkin sagt: „Aha, finde ich total nett von Ihnen, dass Sie mir einen angenehmen Tag machen wollen, aber ich habe keine Angst vor der Realität. Und jetzt lass uns mal die Häuser von innen inspizieren." Dann hört diese Verbündung auf, ja? Der Zar verbündet sich nämlich mit Potemkin. Der eine auf Grund seiner Bequemlichkeit, der andere auf Grund seiner Angst. Und dann kommt keiner mehr aus dem Lügengebäude heraus.

## Zusammengesetztheit der Phänomene

Und dann sind da all diese zusammengesetzten Erfahrungen, die zu einem festen Ding verbunden werden. Das ist letztlich das, was mir als Kind klar wurde mit der Kuh, die ein Dackel war, oder dem Dackel, der eine Kuh war. Dort drüben auf dem Hang laufen zum Beispiel Wollknäuel herum. Und diese Wollknäuel bimmeln. Viele weiße Wollknäuel und ein schwarzes Wollknäuel sind zu beobachten. Alle diese Wollknäuel haben unten vier Stecken, und diese Stecken bewegen sich, und dann bewegt sich das ganze Wollknäuel. All diese Wollknäuel gehen hinauf und herunter und haben die Tendenz, immer beieinander zu sein. So viel kann ich aussagen. Das ist kein Traum, sondern simple Beobachtung. Die Benennung ist bereits Illusion. Wer sagt dir, dass das wirklich Schafe sind? Ja, wir setzen aus verschiedenen vergangenen Erfahrungen ein Bild zusammen und geben ihm einen Namen, was ja manchmal für das tägliche Leben sehr praktisch ist, aber nicht unbedingt richtig sein muss.

F: *Dann habe ich das ganz falsch verstanden mit den Träumen, wird mir jetzt plötzlich klar. Das heißt, nur so, wie ich es sehe, ist es ein Traum.*

P: Du träumst da deine Idee von Schaf auf die Tatsächlichkeit drauf.

F: *Das heißt, ich brauche gar nicht dieses Gefühl zu haben, dass alles nur schattenhaft sei. Jetzt habe ich es verstanden, ja.*

P: Das ist sehr wichtig!

## Wissen reicht nicht

F: *Ich weiß zwar, dass die Phänomene Träume sind, trotzdem ... Gedanken sind ja auch Phänomene, und doch lösen sie Reaktionen aus.*

P: Natürlich lösen sie Reaktionen aus. Fangen wir mal bei deinem ersten Satz an. „Ich weiß zwar, dass Phänomene Träume sind." Was heißt das?

F: *Ich habe es so oft gehört.*

P: Das gilt nicht. Vergiss es! Du weißt gar nichts. Wenn du jetzt den Satz und alles, was du gehört hast, einfach weglässt, was ist dann? Wir fangen einfach wieder von vorne an.

F: *Ich habe es oft gehört, aber ich habe es auch erfahren. Ich kenne die Leere und habe auch erfahren, dass die Gedanken einfach nur erscheinen, kommen und gehen. Aber ich verstehe nicht, dass sie trotzdem diese unheimliche Macht über mich haben.*

P: Zwischen den Sitzungen, ja. Deshalb heißt es: „Zwischen den Sitzungen, sei ein Kind der Illusion." Du kennst die Erfahrung von Leerheit. Gut, die ist jetzt Erinnerung, kein aktuelles Erfahren, und insofern einfach Gedanke. Können wir eigentlich abhaken. Natürlich kann man diese Erfahrung gelegentlich benutzen, aber jetzt ist sie nicht da. Jetzt ist da dieses konditionierte Reagieren in einer bestimmten Situation. Diese Glocke klingelt, du sabberst. Dann besteht die Herausforderung in diesem Moment darin, nicht irgendwelche philosophischen Sätze wie „Ich weiß ja, das ist alles Traum", heranzuziehen, sondern achtsam genau mit diesem gegenwärtigen Erfahren zu sein, offen und berührbar von diesem Erfahren.

F: *Du meinst achtsam mit der Erfahrung des Sabberns?*

P: Mit dem Sabbern und auch mit dem Erkennen und Erfahren der Vernetztheit und der Reflexe in deinem Verstand. Erforsche das und sieh: „Ah! So ist das! So funktioniert der!" Und im Verstehen kann es sich auflösen. Es löst sich sicher nicht auf, indem du einen Satz darüber legst wie: „Ach ja, ist ja gar nicht wahr, ich weiß ja, dass Phänomene Träume sind." Hier kommen wir auch zu dem zurück, was ich zu Kapitel eins sagte, zu den vorbereitenden Übungen. Es ist sehr wichtig, immer wieder dahin zurückzukommen. Wenn man die vorbereitenden Übungen überspringt – hier die Ehrlichkeit, Offenheit, Neugier, Berührbarkeit, das Immer-wieder-von-vorn-Anfangen, das Immer-am-Anfang-Stehen, die Bereitschaft, immer weiter und weiter zu lernen, die Bereitschaft, nicht zu wissen – und sich gleich in Punkt eins des zweiten Kapitels „Betrachte alle Phänomene als Träume" vertieft, dann besteht die Gefahr, auszuweichen und der aktuellen Erfahrung einen philosophischen Satz, ein „Ich weiß zwar, dass ..." überzustülpen. Und das ist purer Traum. Verstehst du das?

F: *Ja, das verstehe ich. Nur, es kommt dann immer wieder.*

P: Dann braucht man ein bisschen Geduld. Dann fangen wir einfach wieder bei Punkt eins an.

F: *Also, es ist nicht so, dass ich dann etwas falsch gemacht habe ...?*

P: Nein, gar nicht. Das ist ja so schön bei Atisha in diesem ersten Absatz des zweiten Kapitels, dass er sogar diese Schleife mit beschreibt. Er sagt, dass es notwendig ist, immer wieder zu Punkt eins zurückzukommen, solange man immer wieder herausfällt. Das nennt man Praxis, Übung, Erinnern. Und damit kommen wir zu immer tieferem Verstehen.

## Phänomene als Träume betrachten
## und zugleich berührt sein

F: *Wenn ich Phänomene als Träume betrachte, wird alles, was ich wahrnehme, mit einer anderen Qualität erlebt. Man hat überhaupt keinen Halt, keinen Boden. Wenn ich das Jetzt als Traum erlebe, dann kann ich nicht mehr mich hier und dich dort sehen. Das kann auch ganz wunderschön sein, aber oft kommt Angst auf.*

P: Okay. Angst taucht auf. Was wäre, wenn die Angst auch ein Traum ist?

F: *Sie hat zunächst mal eine solche Intensität, dass ich keine Distanz zu ihr habe.*

P: Es muss auch keine Distanz da sein. Du darfst dich von der Angst berühren lassen. Ich mag dieses Wort Berührung, weil es Sanftheit beinhaltet. Auch Sanftheit auf deiner Seite.

Ja, Atisha kommt gleich mit einem Paukenschlag: „Betrachte alle Phänomene als Träume." Angst taucht auf. Das ist zunächst, glaube ich, unvermeidlich. Du musst nicht versuchen, dich davon zu distanzieren. Das würde auch nicht gelingen. Von dieser Angst könntest du dich tatsächlich nur distanzieren, indem du wegrennst. Und das ist ja nicht das, was du ursprünglich wolltest. Also probiere mal, dich von der Angst berühren zu lassen ... Lass dich von der Angst berühren, wie von den Flügeln eines schwarzen Schwans.

F: *Jetzt kommt keine Angst, aber dieses Gefühl „Nicht zu wissen, was ist" ist schon da ...*

P: Ah, das ist wunderbar. „Nicht wissen, was ist" ist No-Mind, Nicht-Verstand. Das ist die richtige Haltung, um sich dem Mysterium zu nähern. Und mit Gewahrsein nicht zu wissen – davon spricht Atisha hier.

### Was macht den Traum zum Traum?

F: *Was ist die Realität – was ist der Traum?*

P: Schau mal diese Trommel an. Jetzt gerade siehst du sie recht klar als das, was sie ist. Aber ich kann mir vorstellen, dass an dieser Trommel auch Erinnerung hängen kann, Hoffnung hängen kann, Wünsche hängen können – „hoffentlich gibt es nachher ein schönes Trommelsolo" – oder Abneigung, „um Gottes Willen, hoffentlich trommelt heute keiner mehr, das mag ich nicht". Da würde bereits etwas hineingeraten, was nicht jetzt ist, was nur dein Geist produziert und hinzufügt. Das wäre Traum.

F: *Ich bemühe mich im Moment, das Jetzt zu sehen. Und wenn ich dich jetzt anschaue, sehe ich dich, jetzt, und du bist da, ganz real.*

P: Ja, und doch flüchtig, fließend.

F: *Aber im Moment hoffentlich nicht.*

P: Oh doch, alles fließt genau jetzt, ist flüchtig, veränderlich, bedingt genau jetzt. Dieses Fließen ist nicht ruckartig. Die Existenz bewegt sich nicht ruckweise, sondern es ist ein permanentes Fließen. Ihr kennt sicher Webcams, die zum Beispiel das Wetter an Urlaubsorten aufzeichnen. Die Bilder, die man dabei im Internet zu sehen bekommt, werden meist alle halbe Stunde erneuert. Du siehst also zum Beispiel eine halbe Stunde lang ständig Sonnenschein in Reichenhall, obwohl es in Wirklichkeit bereits längst gewittert. Dann siehst du eine halbe Stunde Gewitter, obwohl inzwischen bereits wieder die Sonne scheint. Das ist ruckweise Veränderung – und das ist nicht real. So ungefähr funktioniert hier der kleine Geist. Zu langsam, zu ruckartig, um die permanente Veränderlichkeit wahrzunehmen. Die Veränderlichkeit und das Kommen und Gehen geschehen in jedem Moment – auch jetzt. Nichts ist fest. Alle Atome haben sich jetzt schon wieder ein paar Tausend Mal um sich selbst gedreht, haben sich neu zusammengesetzt. Du kannst nichts halten – mich nicht, die Trommel nicht, dein Erfahren nicht. Alles ist flüchtig. Inzwischen sind ein paar Millionen Atome aus der Trommel herausgeflogen. Und du sitzt relativ nah. Das eine oder andere Trommel- oder Holz- oder Kohlenstoffmolekül der Trommel könnte inzwischen in deiner Kniescheibe gelandet sein. Und umgekehrt. Es ist sehr fließend. Der kleine Geist hat die Vorstellung von Abgegrenztheit, Festigkeit und Stabilität. Ja, er gestattet wohl Veränderung, aber nur gelegentlich, ruckartig. Man denkt einmal im Jahr daran, wenn man Geburtstag hat oder an Sylvester oder wenn jemand stirbt. In Wahrheit ist in jedem Moment alles fließend und flüchtig wie ein Traum, aber höchst real. Wenn du dich dem aussetzt und nicht sagst: „Na, das lass ich jetzt mal lieber", dann ist, wie gesagt, diese kleine 180°-Wendung möglich, die man Meditation nennt. Weil du in dem Moment aufhörst, dich an deine flüchtigen Erinnerungen zu klammern, deine flüchtigen Verknüpfungen, deine flüchtigen Hoffnungen, deine flüchtigen Befürchtungen, deinen flüchtigen Körper, deine Gedanken oder Gefühle. Dann kommst du zurück zur ungeborenen Natur des Gewahrseins, zur Heimat, Alaya, Basis, Essenz. Und von da, wow! Probiere es! Das ist eine Frage der Praxis, nicht eine Frage der Erklärung. Ich erkläre zwar, und Atisha erklärt und Osho erklärt, aber eigentlich nur, um euch zu verlocken, es selbst auszuprobieren.

F: Das Bewusstsein, dass alles flüchtig und fließend ist, bringt mich aber eigentlich schon vom Wahrnehmen weg. Wenn ich jetzt auf den Berg dort draußen schaue und dabei denke, dass er fließend und vergänglich ist, dann schaue ich den Berg ja gar nicht mehr an.

P: Nein. Nein. Da ist dein Haken. Es ist ein Missverständnis des kleinen Geistes, zu denken, eine Sache wäre dann wirklich, wenn sie fest und permanent wäre. Und dann macht er sie zumindest für einen Moment fest und blendet die Bewegung, die Vergänglichkeit, die Veränderlichkeit aus. Genau das ist auch Illusion, wenn man das ausblendet. Damit bist du von der Wirklichkeit weg, denn die Vergänglichkeit, Veränderlichkeit und gegenseitige Abhängigkeit sind nun mal in Wirklichkeit die Natur der Dinge. Sie sind real und gegenwärtig genau *in* ihrer Flüchtigkeit.

Betrachte es einfach mal als die Herausforderung eines alten Meisters. Auf diese Herausforderung haben sich viele Menschen in den letzten tausend Jahren mit Erfolg eingelassen. Also, probiere es aus. Und dann reden wir. Sag nicht vorher: „Wenn ich ..., dann ...", sondern probiere es aus, und schau! „Betrachte die Dinge als Traum" ist Methode und Praxis. Und dann gehe nach innen und untersuche: Was ist ungeboren? Was ist das ungeborene Gewahrsein? Wo ist die Heimat? Wo ist die Essenz, die nicht kommt und geht? Und dann lass uns den Berg noch einmal von da aus angucken. Verstehst du? Probier's! Das ist die klare Anweisung Atishas. „Erforsche die ungeborene Natur des Gewahrseins." Und dann schauen wir ...

Was macht den Traum zum Traum? Wenn wir den nächtlichen Traum untersuchen, dann ist es für mich primär die Flüchtigkeit. Sie ist sehr auffällig. In einer halben Minute hast du ein ganzes Leben geträumt. Sehr flüchtig. Bilder im Kopf. Flüchtiges Erfahren, aber im Erfahren, im Traum, sehr reell. Im Traum sind die Stühle und die Berge ja auch fest. Die Flüchtigkeit, die Durchsichtigkeit und das schnelle Ändern der Szenerie machen den nächtlichen Traum aus. Und das ist ja im wirklichen Leben auch so. Im Leben tagsüber ändern sich die Szenen. Ja, du kannst nur *jetzt* sein. Aber Traum bedeutet *nicht* „nicht vorhanden". Chögyam Trungpa formuliert das an irgendeiner Stelle so: „Die Dinge sind dann nicht da, aber es ist nicht so, dass sie nicht da wären." Hier kommen wir mit Worten nicht weiter.

F: *Und man kommt auch nicht weiter, dies mit dem Verstand verstehen zu wollen.*

P: Eben. Der Verstand kommt nur so weit, wie Worte kommen. Wo wir mit unseren Worten nicht hinreichen, reichen wir mit dem Verstand auch nicht hin. Also sind wir hier genau an der Stelle, wo sich die Frage stellt: „Bin ich bereit, in die Transzendenz zu gehen, oder nicht?" Und diese Frage stellt Atisha klugerweise gleich am Anfang. Das heißt, er schleppt nicht einen Haufen mit, bei dem keine Bereitschaft vorhanden ist. Lasst euch von Atisha in die Gegenwärtigkeit werfen!

## Es braucht Zeit

Was wir jetzt heute Vormittag in zwei Stunden besprachen, war für Atisha bei seinem ersten Meister das Übungsfeld für ungefähr zehn Jahre. Bitte vergesst das nicht! Also auch da, seht die Dinge, wie sie sind. Gesunder Realismus. Es geht hier um Wirklichkeit. Wenn ihr das nicht in zwei Stunden vollständig verdaut, ist das völlig normal. Das ist ja nur ein Anstoß, eine Verlockung, eine Herausforderung, selbst zu experimentieren und zu üben, damit eure eigene Lampe brennen kann. Es geht nicht darum, dass Atisha euch leuchtet und euch dann alles klar wäre, sondern es geht darum, euch Werkzeug zur Verfügung zu stellen, um eure Lampe anzuzünden. Na, und da muss man halt ein bisschen üben, damit das Licht nicht geborgt bleibt. Auch deshalb setzt Atisha diese Herausforderung an den Anfang. Er fragt: „Bist du bereit, aufs Ganze zu gehen?"

### Phänomene als flüchtige, spielerische Erscheinung

Betrachte alle Phänomene als flüchtige, spielerische Erscheinung, als Träume. Dein Atmen, mein Atmen, die Grillen, deine Füße, Beine auf dem Boden, Knarren, Husten, Rascheln. Alles, was hörbar ist, sichtbar ist, tastbar ist, fühlbar ist, schmeckbar ist, denkbar ist, taucht auf und geht – flüchtig wie ein Traum –, egal, ob ihr das Phänomen gerade mögt oder

nicht. Angenehmes Phänomen, unangenehmes Phänomen, es taucht
auf ... und geht. Gedanken tauchen auf ... und gehen. Gefühle tauchen
auf ... und gehen. Jegliche Form von Erfahrung taucht auf ... und geht.
Und jegliche Form von Erfahrung und Erfahren ist verknüpft mit allen
anderen Erfahrungen. Dein Hören reicht zurück bis zur Entwicklung des
Ohrs vor langer, langer Zeit. Und was täte man mit dem Hören, wenn es
keinen Ton gäbe? Und wozu sollten Grillen zirpen, wenn es kein Hören
gäbe? Alles kommt und geht. Und alles hängt mit allem zusammen.

Wenn ihr diese Leichtigkeit des Kommens und Gehens zulasst, flüssig, leicht, bewegt, veränderlich, immer neu, dann könnt ihr euch wirklich von allem berühren lassen und alles berühren. Es kommt und es
geht sowieso. Warum nicht jetzt ganz erfahren, was ist? Und dann geht
es und hinterlässt keine Spur. Der Spiegel bleibt leer. Er spiegelt ganz,
ohne Rückhalt, und bleibt leer. Und das gilt für jegliche Form des Erfahrens: innerlich, äußerlich, emotional, angenehm, unangenehm.

In dieser Leichtigkeit des vollkommenen Berührtseins und Berührens, des Kommen- und Gehenlassens geschieht eine Wendung hin zu
dem Spiegel selbst, dem Gewahrsein. Reines Gewahrsein. Der Ozean
unter den Wellen, der immer da ist, egal, ob Wellen vorhanden sind
oder nicht. Die Stille vor dem Husten, während des Hustens und nach
dem Husten – immer gleich – ungeboren, immer da. Ruhend in diesem Gewahrsein ist immer noch Grillenzirpen, Rascheln, Klopfen,
Klirren, Zwitschern, Husten wahrnehmbar. Es kommt, es geht, ist immer neu und ist jetzt derselbe Ozean, dieselbe Essenz, dieselbe Heimat:
Alaya. Im Zwitschern, im Hören, in dir, in dem Auto. Keine Trennung.
Du verschwindest in das Ganze hinein. Die Phänomene tauchen auf
und vergehen wie Wolken am Himmel. Und der Spiegel bleibt leer. Da
ist unglaubliche Leichtigkeit, Freude. Buddhanatur, Bodhichitta – das
erwachte Herz.

## Josef und die Projektion

Ihr wisst, am Retreat nehmen auch zwei Hunde teil – Josef, der große,
und Aaron, der schwarze Hund. Vorhin habe ich Josef beobachtet. Der
arme Kerl dient mir immer als Beispiel. Aaron ging am Haus entlang,
und Josef war am Zaun festgebunden. Josef hat ein Problem mit Aaron.

Ich glaube, Josef hat ein größeres Problem mit Aaron als Aaron mit Josef. Josef spielt sich auf, reißt an der Leine und bellt. Aaron zieht sowieso schon den Kopf ein, und nach einer Weile verlässt er das Grundstück. Josef ist aber immer noch in seinem Film. Der Film fängt aber schon viel früher an. Ich habe versucht, es ihm zu erklären, aber er hat's noch nicht ganz verstanden. Aber so geht es mir mit euch auch manchmal.

Sein Film, sein Traum, beginnt so: Tatsächlich ist hier ein relativ großes Gelände, und es ist genug Futter für alle da. Josef jedoch ist von den letzten beiden Retreats daran gewöhnt, dass er hier der einzige Hund ist, und auch zu Hause ist er natürlich der Herr im Haus – mühsam gebändigt von seinem Frauchen. Und er ist ein Rüde wie der andere Hund auch. Auf einmal taucht in diesem Retreat dieser Aaron auf, und Josef wittert Gefahr. Er weiß nicht so recht, was eigentlich in Gefahr ist, aber Gefahr ist da, das scheint ihm sicher zu sein. Die Notwendigkeit, sich zu verteidigen, taucht auf. Er greift ja schließlich nicht an, er verteidigt sich. Das ist der Traum. Es ist genug Wasser für zwei Hunde da, genug Futter für zwei Hunde, genug Platz für zwei Hunde, zu viel Liebe für nur zwei Hunde, zu viel Menschen für nur zwei Hunde, aber trotzdem. Irgendwas scheint da in Gefahr zu sein. Aaron hat sich inzwischen längst verdrückt, ein wenig frustriert, denn Aaron würde eigentlich ganz gern nur spielen. Aaron ist ja noch ein Kind, erst ein halbes Jahr alt. Josef ist schon älter. Vielleicht will Aaron irgendwann auch irgendwas erobern. Er weiß nur noch nicht so recht, was, aber als möglicher Traum ist das natürlich schon angelegt.

Gut, diese beiden Träume wittern sich natürlich, und ab diesem Zeitpunkt ist die Kommunikation zwischen Aaron und Josef nur noch eine Kommunikation zwischen zwei Träumen. Aaron träumt vom Spielen und davon, vielleicht später irgendwas zu erobern. Josef träumt von Gefahr und Verteidigung, von Beißen und Bellen. Jetzt ist Aaron schon weg, und Josef sitzt immer noch in seinem Traum: Gefahr, Gefahr, Gefahr. So bleibt ihm nichts anderes übrig, als den einen Menschen zu verbellen, der zufällig in derselben Richtung steht, in die Aaron verschwand.

Dann taucht seine Besitzerin auf. Sie merkt, was los ist, geht zu Josef und vollführt eine Geste, die Josef kennt und bei der er weiß, dass er sich hinlegen muss, was er dann auch tut. Und komischerweise wird er ruhiger, kaum dass er liegt. Ja, man sagt ihm: „Heh, stopp mal!" Aber es ist noch nicht ganz vorbei, der Traum zuckt noch nach, und es dauert eine Viertelstunde, bis er aufhört. Josefs Besitzerin hatte noch einen guten Trick. Da Josefs Traum nicht aufhörte, hat sie ihn mit einem anderen Traum gelöscht. Dieser Traum heißt „blaues Handtuch". Man nennt es auch Ablenkung. Sie schwenkte das blaue Handtuch vor Josef, damit er mit ihm spielen kann und den anderen Traum vergisst.

Das ist Traum. Und das passiert euch andauernd. Es geschieht nicht nur den Hunden – bei Menschen vielleicht sogar häufiger. Das ist der Traum. Und im Traum ist kein Kontakt möglich, nur Kontakt zwischen Traum und Traum, und man denkt, da wäre Kontakt, aber da ist keiner ...

## Wachsamkeit

F: *Ich merke immer erst im Nachhinein, wenn ich mich in einem Film oder in einem Phänomen verloren habe.*

P: Mit zunehmender Übung wirst du es früher sehen. Im Rückblick kannst du nichts machen. Das ist eine Frage des Übens von Wachsamkeit und Achtsamkeit – beim Sitzen *und* im Alltag. Da sein, präsent sein, wach sein, immer wieder. Du schläfst wieder ein, dann weck dich wieder auf! Und du schläfst wieder ein, weck dich wieder auf!

F: *Mir fällt es meistens erst wieder auf, wenn ich irgendwo Spannung verspüre. Aber während es abläuft ...*

P: Na ja, das ist dann eben ein bisschen spät, denn das Kind ist dann schon in den Brunnen gefallen. Da können wir nichts mehr machen, darüber braucht man auch gar nicht zu diskutieren oder nachzudenken. Das Einzige, was daraus folgt: Trainiere Wachsamkeit, sei präsenter, sei mehr da! Dann wirst du es irgendwann rechtzeitig bemerken. Ich benutze dafür das Bild von Haken und Ösen. Du hast eine Menge Ösen, und es nähert sich ein Haken. Er hakt ein und dann passiert etwas mit dir. Und du merkst es erst, wenn der Haken festsitzt. Aber du kannst es bereits bemerken, wenn sich der

Haken nähert, und da wäre Anhalten noch möglich. Und ich bin sicher, dass du das kennst. Also weißt du auch, dass es möglich ist.

F: *Ja, aber es ist die Ausnahme.*

P: Egal. Du weißt, dass es möglich ist, also hast du keine Ausrede. Damit ist auch deine Frage eigentlich rhetorisch. Du weißt es, es braucht nur dein Engagement. Verstehst du? Die Praxis muss folgen.

## Blumen am Himmel

Dogen, ein großer Zen-Meister des 13. Jahrhunderts, verwendete für den Traum einen so schönen Ausdruck: „Blumen am Himmel". Ihr malt Blumen in den Himmel und glaubt, ihr könnt sie pflücken. Es ist okay, Blumen in den Himmel zu malen, wenn man weiß, dass man Blumen in den Himmel malt und damit spielt und damit zaubert und weiß, dass man zaubert. Blumen von Gefahr und Angriff und Verteidigung, Blumen der Hoffnung, Blumen der Vergangenheit oder Blumen der Zukunft. Wenn ihr aber glaubt, jemals an diesen Blumen riechen zu können, habt ihr verloren. Wenn ihr mit solchen Blumen spielt als das, was sie sind: Blumen am Himmel, eine Spielerei des Geistes – wunderbar. Das kann Spaß machen. Ich habe heute Nachmittag zusammen mit einem Freund mit einem Stein gespielt. Wir haben uns alles Mögliche vorgestellt, was dieser Stein sein könnte, und kamen auf alles Erdenkliche: eine Eidechse auf einem Felsen zum Beispiel. Blumen im Himmel: Das ist Spielen mit der Kreativität und Fantasie des Geistes. Wunderbar, wenn man gleichzeitig gewahr bleibt, dass man spielt. So macht es richtig Spaß.

## Was ist der Verstand?

F: *Was ist eigentlich der Verstand? Mal wird er als Teufel verschrien, oder es wird gesagt, man solle nicht auf ihn hören. Dann wieder heißt es, ihn aus der Distanz zu beobachten, als ob er überhaupt nicht zu mir gehörte. Du hast gestern gesagt: „Es ist ein Geist, ist nicht geteilt." Auch heißt es ja, man solle dem Verstand keine Energie geben*

*und sich nicht mit ihm identifizieren. Aber woher kommt eigentlich
diese Kraft, die der Verstand bekommt?*

P: Erstens ist der Verstand ein Körperteil, das Hirn. Aber wir behandeln ihn nicht wie andere Körperteile. Das ist schon mal ein Problem. Er ist in seiner Funktionalität ein wunderbares Instrument, ein Kunstwerk der Natur. Unglaublich, was man alles damit machen kann. Aber wir behandeln ihn nicht wie Darm und Herz, sondern setzen dieses Instrument an die falsche Stelle. *Und* wir setzen uns damit gleich. Zweitens: Der Verstand hat etwas von Geist und hat etwas von Natur, von Form, von Biologie. Er steht irgendwo dazwischen: Auf der einen Seite die Begrenztheit des dualistischen Denkens und auf der anderen Seite Klarheit, Nicht-Verstand oder die klare Natur des Geistes. Ein kleiner Widerschein der klaren Natur des Geistes ist ja auch im Verstand oder im kleinen Geist vorhanden. Und dieser Widerschein des klaren Lichts der wahren Natur des Geistes verleitet dazu, den kleinen Geist als oberste Instanz einzusetzen. Und dann entsteht starke Identifikation mit dem Verstand, insbesondere wenn man Nicht-Verstand oder die klare Natur des Geistes noch nicht erfahren hat und nur den Widerschein kennt. Und drittens ist natürlich in dem kleinen Geist, da er ja alles abspeichert, auch jede Menge an Schrott, an Mustern, Glaubenssätzen, Konzepten, Ideologien, Schutzmechanismen abgespeichert, die eigentlich hinderlich sind. Der kleine Geist wiederum setzt sich dann auch mit diesen Schutzmechanismen gleich. Und du setzt dich mit diesen Schutzmechanismen gleich und denkst, das seiest du. Und so wird alles immer enger. Und diese Verhärtung und Verengung einer eigentlich sehr flexiblen und lebendigen Angelegenheit, nämlich des Denkens, könnte man auch als Ego bezeichnen. Das ist dann nur noch ein Konglomerat, eine Zusammenballung von Schutzmechanismen, von immer wiederholten Geschichten, immer wiederholten Filmen, immer wieder das gleiche Ding.

F: *Wer, wenn das Ego ein Konzept ist, gibt dem Konzept die Energie?*

P: Es braucht kein Wer. Es ist der eben beschriebene Mechanismus, der alles verengt und verhärtet und dein Herz einspinnt und dein Wesen erstickt. Dein Wesen hat kein Interesse daran. Es ist einfach

Dummheit, Verblendung. Ich würde das nicht als Energiephänomen sehen, sondern einfach als Verblendung. Und wenn du, und da spreche ich jetzt zu deinem Wesen, bereit bist, diese Verblendung zu durchblicken und zu durchschneiden, auch wenn es gelegentlich aufgrund der Identifikation weh tut, dann taucht mehr Licht auf: „Geist ist mehr, ich bin mehr als dieses Konglomerat." Dann taucht die Bereitschaft auf, durchzublicken, durchzuschneiden und still zu bleiben. Aber trotzdem tut es weh, weil du immer noch glaubst, diese Verstrickung zu sein, und das dauert auch eine ganze Weile. Deshalb tut es weh, sie zu durchschneiden. Die Identifikation damit löst sich im Lauf der Zeit, und dann verschwindet auch der Schmerz.

## Der kleine Geist

F: *Bei mir geht es in letzter Zeit sehr dramatisch zu, eine Seifenoper mit zwei Schauspielern. Der eine ist der kleine Geist, und der andere ist der Körper. Der Geist sagt: „Ich muss mich dauernd schämen, weil du keine Tabus kennst, Körper", oder: „Ja, ich muss leiden, weil du Schmerzen produzierst", oder: „Ich muss Panik leiden, weil du den Löffel abgeben wirst."*

P: Es ist eine eigenartige Geschichte mit dem kleinen Geist, der bei dir im Kampf ist. Er wäre gerne etwas Besseres als der Körper, würde gerne irgendwie darüber stehen und wäre gerne unsterblich. Ist er aber nicht. Er ist einfach eine Funktion, die in diesem Organ Hirn passiert. Eine Funktion genau wie Verdauen oder Blut pumpen – die Hirnfunktion. Und dieser kleine Geist braucht überhaupt nicht zu denken, dass er den Löffel nicht abgeben wird. Er wird mitsamt dem Rest entsorgt.

F: *Entsorgt?*

P: Ja, entsorgt. Er muss sich gar nicht aufspielen oder produzieren. Aber sein Dilemma ist, dass er aufgrund seiner geistigen Funktion und seiner gleichzeitigen Beschränktheit zwischen der Weite der klaren Natur des Geistes und der Beschränktheit der Dualität steht. Er hat so eine leise Ahnung auf Grund seiner potenziell vorhandenen Fähigkeit, ein Diener des Nichtverstands zu sein. Diese Ahnung kann zweierlei auslösen: Entweder sie führt zu Kampf und zu Arroganz des kleinen Geistes, der dann denkt, er wäre der große Geist, was er nicht ist, oder aber zur Disziplin des kleinen Geistes. Disziplin bringt ihn in die Lage,

a) im Rahmen seiner Funktion selbst glücklich zu werden. Es gibt glückliche Mägen, und es gibt auch glückliche Hirne. Und

b) wirklich seinen Job zu machen und wie ein Bindeglied zwischen dem Nicht-Verstand, zwischen dem Bodhichitta und der Form zu werden. Trotzdem wird auch dieses Bindeglied den Löffel abgeben.

Aber solange er da ist, kann er so hilfreich sein wie zum Beispiel mein kleiner Geist, sonst könnte ich hier nicht sprechen. Und er ist in Frieden damit. Aber dazu braucht es eine gewisse Disziplin des Geistes. Und das ist genau das, worum es unter anderem bei diesen sieben Punkten des Geistestrainings geht. Es ist dasselbe, was Josefs Besitzerin macht, wenn ihr Hund in sein Drama geht. Sie haben miteinander Disziplin geübt. Das war nicht so einfach. Aber jetzt weiß Josef, dass er sich hinlegen muss, wenn eine bestimmte Geste ausgeführt wird. Und das können wir mit unserem Geist auch! Stopp! Hinlegen …

Atishas Name für dieses Buch ist: „Geistestraining in sieben Punkten". Es ist sogar ein Training für den kleinen Geist, in die Lage zu kommen: a) seine Grenzen zu erkennen und b) irgendwann einmal vielleicht ein Werkzeug für den Nicht-Verstand zu werden. Der kleine Geist kommt hier also noch nicht einmal zu kurz, und das finde ich Spitze. Er ist ja auch kein Feind, er ist nur sehr beschränkt.

## Der kleine träumende Geist schnappt zu

F: *Ich bin ganz schön zu, ich merke das.*

P: Nein, du bist jetzt gerade gar nicht zu. Jetzt im Moment ist der Satz „Ich bin ganz schön zu" auch ein Traum, eine Illusion, ein Konzept, denn jetzt gerade bist du nicht zu, sondern ich sehe riesige Ohren und ich sehe große Bereitschaft. Ich sehe auch Neugier, oder täusche ich mich?

F: *Nein.*

P: Merkt ihr – und es geht euch oft genau so, oder? –, wie der kleine Geist, der träumende Geist immer wieder zuschnappt? Es sind Kleinigkeiten. Der Satz „ich weiß schon, ich bin zu" ist eigentlich gut gemeint, wie eine Art Beichte. Aber er ist jetzt gar nicht wahr. Du hast ihn noch nicht einmal in der Vergangenheitsform gesagt. Du hast nicht gesagt: „Ich weiß schon, ich bin oft ..." oder „normalerweise ..." oder „bisher zu gewesen", sondern: „Ich weiß schon, ich bin zu." Das ist einfach ein Traum. Und dann glaubt man das auch noch selbst. Genau durch diesen Satz fängt der kleine Geist, der träumende Geist, der Traum an, wieder die Macht über dich zu kriegen. Und dann folgst du wieder dem Konzept, dem Traum. Hier braucht es Disziplin, Training. „Sieben Stufen des Geistestrainings." Oder: „... eh! Was läuft hier? Ist das wahr?" Und immer überprüfen.

## Es ist gut, zu wissen, wo der Werkzeugkasten ist

F: *Ich schätze Atishas Werkzeugkasten, aber im Moment kann ich gar nicht damit experimentieren. Ich will gar nichts tun. Ich möchte jetzt auch gar nicht die Blumen am Himmel definieren. Wenn ich irgendwas ansehe, kommt der Gedanke, „ja, das ist eine Blume im Himmel", aber das ist mir schon zu viel Tun. Es ist besser, die Blume nur so vorbeiziehen zu lassen.*

P: Klar, wenn du das kannst – wunderbar. Weißt du, wenn alle Bilder an der Wand hängen und alle Glühbirnen eingeschraubt sind, dann brauchen wir keinen Werkzeugkasten. Dann wäre es dumm, mit einem Hammer herumzulaufen. Wenn aber irgendwo ein Nagel fehlt, ist es gut, zu wissen, wo man einen Werkzeugkasten hat, und auch gut, gelernt und geübt zu haben, wie man das Werkzeug benutzt. Das ist kein Widerspruch. Das eine widerspricht dem anderen nicht, sondern ergänzt und unterstützt sich. Es ist einfach gut, zu wissen, es gibt einen Hammer und einen Werkzeugkasten. Wo ist er? Und wie benützt man ihn? Wenn ich gerade kein Werkzeug brauche, kann ich den Werkzeugkasten da lassen, wo er ist, muss mich aber nicht darüber aufregen, dass es einen gibt. Es wäre auch dumm, den Werkzeugkasten wegzuwerfen, nur weil jetzt gerade kein Hammer benötigt wird. Aller Erfahrung nach braucht man doch irgendwann mal einen Hammer.

## Übe, wenn morgens Pferde an dein Zelt stupsen

Einige Teilnehmer schliefen in Zelten und waren morgens durch ein wild gewordenes, aus der Weide ausgebrochenes Pferd geweckt und erschreckt worden.

Diese Slogans oder Lojongs, wie sie auf Tibetisch heißen, sind in jeder Situation zu trainieren, nicht nur beim Sitzen oder hier im Retreat, sondern genau dann, wenn morgens Pferde an dein Zelt stupsen und du erschrickst. Genau da könnt ihr beobachten, was die Realität ist und was ihr daraus macht. Die Erde, die Welt, das Pferd verschwinden nicht, selbst dann nicht, wenn du sie in dem Moment vielleicht gar nicht wahrnimmst. Vielleicht hat einer von euch in den Zelten einfach weitergeschlafen und gar nicht gemerkt, dass ein Pferd da ist. Das Pferd war trotzdem in seiner eigenen Würde und in seiner eigenen „Istigkeit" da. Aber die Worte verschwinden, der Traum verschwindet. Wenn es einem nicht gelingt, die Spalte zu finden zwischen dem, was (allerdings oft fest miteinander verwobener) Traum und Illusion ist, und dem, was die „Istigkeit", die tanzende, lebendige „Istigkeit" des Moments ist, wäre eine Methode, erst einmal *alles* zurückzuweisen. Man sagt sich: „Angenommen, das Pferd gibt es gar nicht, ist nur ein Traum, ist nur in meinem Kopf ...", dann wird sich, wenn man das ernsthaft macht, sehr schnell herausstellen, was überhaupt zurückweisbar ist und was nicht. Ich kann sozusagen hemmungslos kauen, die Zähne bleiben. Alles, was dazwischen ist, alles, was kaubar ist, wird zerdrückt. Aber die Zähne bleiben. Die Wirklichkeit wird sich nicht zurückweisen lassen. Du kannst vor einem Baum stehen und sagen: „Okay Baum, du bist nur in meinem Kopf, ein Traum. Ich bin in meinem Kopf, und du bist in meinem Kopf, das sind alles nur Blitze zwischen Neuronen in meinem Kopf ..." Das wirst du nicht lange aufrechterhalten können. Der Baum wird anfangen zu rauschen. Vielleicht fällt dir ein Ast auf den Kopf und du wirst feststellen, er existiert. Das ist einfach eine praktische und erfolgreiche Möglichkeit, die Lücke zu finden, die anfangs manchmal recht schmal sein kann.

Und noch ein Beispiel dazu, eine Beobachtung von heute: Wir haben ja schon festgestellt, Aaron und Josef leben miteinander in einem Traum und begegnen sich nicht. Zusätzlich geschieht aber dies: Die Menschen schließen sich diesem Traum an. Sie schließen sich nicht der Wirklichkeit an, sondern dem Traum, und werden dann zum Beispiel wütend. So spinnt man das Spiel, den Traum weiter. Diese zwei Wesen sind schon in ihrer Illusion, in ihrer Dummheit gefangen. Und Tiere haben da kaum eine Möglichkeit, auszubrechen. Ein Merkmal des tierischen Bereichs ist die Dummheit, sagt man im Tibetischen, ist dieses Nicht-ausbrechen-Können aus so einem Muster. Sie haben da wenig Chancen. Manchmal kommt es vor, aber es ist selten, dass ein Tier die Lücke oder den Ausgang aus dem Traum, aus dem Spiegelkabinett findet und die Wirklichkeit sieht. Menschen haben die Möglichkeit, und sie sollten sie nutzen. Wenn also Menschen sich einem solchen Traum anschließen, ergreifen die einen vielleicht die Partei des einen Hundes, die anderen die Partei des anderen Hundes. Die einen denken sich: „Der arme schwarze Hund darf nicht mitspielen", die anderen denken sich: „Der arme große Hund ist jetzt der Böse." Manche Menschen geraten dann in Schuldgefühle, weil sie sich irgendwie mit einer der Parteien näher verbunden fühlen. Und so spinnt sich der Traum weiter. Das zu verstehen, ist sehr wichtig. Ich sage euch das, weil das nicht nur für die näheren Verwandten oder die Familien der Hunde Gelegenheit ist, sondern für jeden von euch, dieses Schauspiel, das uns diese Tiere großzügigerweise zur Verfügung stellen, zu nutzen und zu durchschauen. Ihr könnt beobachten, wo packt es mich, wo gehe ich in das Spiel rein, wo werde ich parteiisch, wo trenne ich mich ab? Und unser Job hier ist, aus dem Spiel auszusteigen. Wenn ihr merkt, dass es euch packt, dass ihr wütend werdet oder auf die eine oder andere Art Partei ergreift, dann anhalten: „Blumen am Himmel." Erst wenn „Blumen am Himmel" als solche erkannt werden und ihr wieder unparteiisch in der Natur des ungeborenen Gewahrseins ruht, ist es möglich, von da aus mit der Situation zu arbeiten. Alles andere ist blindes Reagieren, genauso wie es die Hunde auch tun. All die Pferde, Hunde, die Ameisen, die in eure Tassen kriechen, all die Wesen, die uns hier unterstützen, sind sehr wertvoll, und ihr alle natürlich auch.

# 2.B Die zentrale Praxis – Mitgefühl

2.6. „Übe dich im Austauschen, im abwechselnden Nehmen und Geben."

2.7. „Tu das, indem du auf dem Atem reitest."

2.8. „Drei Objekte, drei Gifte, drei Grundlagen der Tugend."

2.9. „Übe mit den Slogans in allen Aktivitäten und Situationen."

2.10. „ Beginne das Üben des Austauschens mit dir selbst."

Gestern Abend bekam ich dieses wunderschöne Gedicht, das einer von euch schrieb und das genau die Überleitung vom ersten zum zweiten Absatz des zweiten Kapitels beschreibt:

„Wenn die Liebe ist, ohne dass wir ihren Anfang kennen,

dann hat sie doch auch kein Ende und ist immer während.

Gehen, auch geboren werden, leben, sterben in ihr auch.

Angst vor dem Anfang oder Ende hört auf.

Alles fließt ineinander ohne Bruch."

Das ist genau das Ergebnis der Praxis des ersten Absatzes des zweiten Kapitels: Alles fließt ohne Bruch ineinander. Es ist nur der Traum, nur die Illusion, die den Bruch scheinbar entstehen lässt: Die Parteien, die Notwendigkeit, zu verteidigen oder anzugreifen, die Notwendigkeit, abzuhalten, die Notwendigkeit, herzuholen – alles das entsteht aus dem Wort, aus dem Traum, aus der Interpretation.

*„Darf die Liebe glänzen, strömen, so geht sie ein und*

*über in Mitgefühl und Barmherzigkeit.*

*Dann ist dies das Ende von schrecklichen Grausamkeiten, Kriegen,*

*sich gegenseitigem Wehtun.*

*Härte wird weich. Wir bekommen ein weiches Fell."*

Das ist so wunderschön.

*„Schmerz ja, ohne daraus ein Leiden zu machen –*

*Beendigung des Leidens.*

*Ist so unser Hiersein, der Mensch, gedacht?"*

Ja, genau so! Jetzt im zweiten Absatz der zentralen Praxis geht es genau darum, das Harte weich werden zu lassen, alles ohne Bruch ineinander fließen zu lassen. Härte wird weich, wir bekommen ein weiches Fell. Das ist die Sanftheit und Weichheit und Empfindsamkeit der Berührung mit was auch immer.

## 2.6. *„Übe dich im Austauschen, im abwechselnden Nehmen und Geben."*

## 2.7. *„Tu das, indem du auf dem Atem reitest."*

Dieses Austauschen nennen die Tibeter Tonglen. Tonglen heißt Austauschen. Die Grenzen verschwinden. Der erste Absatz handelte von Prajna, Weisheit, der zweite Absatz dieses Kapitels von Mitgefühl, Karuna. Das eine ohne das andere wird schief und giftig. Mitgefühl und Austauschen, ohne die Weisheit der Leere, der Leerheit, ohne den Realismus wird Märtyrertum. Weisheit ohne Mitgefühl wird gleichgültig und kalt und verliert damit ihre Weisheit. Mitgefühl ohne Weisheit wird dumm und verliert damit auch das Mitgefühl. Beide sind also immer eins. Ganz, ganz wichtig.

Austauschen und auf dem Atem reiten ist eine einfache Methode. Nehmt als Beispiel die Situation mit den beiden Hunden Aaron und

Josef. Ihr erlebt – sei es jetzt als Freund eines der Hunde oder sei es als distanzierter Zuschauer – den Kampf zwischen den beiden. Ihr erlebt die Verwirrung der Tiere, ihr erlebt den Schmerz beider Tiere. Könnt ihr das spüren? Es geht also darum, sich für dieses Geschehen empfänglich, empfindsam zu machen, sich nicht herauszuziehen, sondern mitten darin zu sein, sich dafür zu öffnen, selbst ein weiches Fell zu kriegen – keinen Panzer, sondern ein weiches Fell. Ihr steht da, die Hunde kläffen sich an, und irgendwie tut es weh. Das ist eine eher harmlose Situation. Deshalb üben wir jetzt erst einmal mit ihr.

Normalerweise versucht man, solchen Erfahrungen zu entfliehen. Dafür gibt es verschiedene bewährte Strategien und Taktiken. Wenn ich das nicht spüren will, nehme ich eine Haltung der Abwehr oder der Verleugnung ein. Ich werde zornig, denn ich denke, die Hunde seien Schuld, dass es mir schlecht geht. Dann werde ich wütend auf die Hunde oder auf einen von beiden. Und ich agiere es aus, entweder direkt oder eine Stunde später bei einer ganz anderen Gelegenheit. Irgendjemand kriegt plötzlich die Tasse an den Kopf und weiß natürlich gar nicht, wie ihm geschieht. Kennt ihr das? Die eine Möglichkeit, ungeliebte Empfindungen zu umgehen, ist also Ausagieren oder Abwehr, die andere Möglichkeit ist Wegschieben: Ich schaue in den Himmel und tue so, als sei alles okay, „was für ein schöner Tag heute ...". Natürlich gibt es viele Abwandlungen und Methoden dieser prinzipiellen Möglichkeiten des Entfliehens.

Die dritte Möglichkeit, damit umzugehen – und das ist die simple Möglichkeit –, ist die Möglichkeit, die Bodhichitta wählt: einfach dableiben. Da herrscht dieses unangenehme Gefühl, das auch unangenehm bleibt, und hier bin ich mit der Kapazität, es zu fühlen und mit ihm zu sein. Die Grenzen verschwinden, alles fließt ineinander ohne Bruch. Das ist Austauschen, das ist Geben und Nehmen. Josef und Aaron geht es schlecht, sie sind im Film gefangen und leiden darin. Und ich nehme mit meinem Einatmen diesen ganzen Mist in mein Herz, ohne irgendetwas damit zu bezwecken. Einfach so, einatmen. Das mag sich heiß oder kalt anfühlen, dunkel anfühlen, schwer anfühlen, schmerzhaft oder stachelig, es ist verschieden, aber du nimmst es in dein Herz. Das Herz besitzt ein unglaubliches Wandlungspotenzial, es ist ein Transformator, ein Um-wandler. Im Ausatmen atmest du alles, was du an Angenehmem finden kannst, aus, alles an Freude, an Friedlichkeit, an Überfluss und Freundschaft, ohne Rückhalt. Man muss nichts für Notfälle aufheben. Du atmest alles an Streit und Hass und Ärger und Zähnefletschen und Sich-gegenseitig-zerreißen-Wollen ein. Und atmest wieder Friedlichkeit und Freude und Überfluss aus, ohne irgendetwas im Einatmen zu vermeiden und ohne irgendetwas im Ausatmen zurückzuhalten. Zunächst ist das ein Geben und Nehmen im Wechsel mit dem Atem, wird aber mehr und mehr zu einem Vertauschen. Die Grenzen verlieren sich. Wo fängt Josef an, wo hört Josef auf, wo fange ich an, wo höre ich auf? Es wird *ein* Herz. Das ist Mitgefühl. Ganz einfach.

### 2.10. „Beginne das Üben des Austauschens mit dir selbst."

Jetzt muss ich schon mal den 10. Satz vorziehen, denn er ist sehr wichtig. *„Beginne das Üben des Austauschens mit dir selbst."* Ja, wir müssen immer mit uns selbst anfangen. Unsere eigenen Unannehmlichkeiten, unsere eigenen Gefühle zulassen, rein lassen, sie uns wirklich berühren lassen, ihnen begegnen. Und einatmen und Freude zu uns selbst hin ausatmen. So erfahren wir die Kraft dieser Transformation. Osho nannte diese Technik „Atishas Heart".

### Die weiche Stelle – Zorn als Tor benutzen

F: *Ich habe noch viel Unzufriedenheit in mir. Das ist manchmal sehr dramatisch, ich kann dabei richtig ausflippen. Und da sind eine ganz starke Sehnsucht und auch ein starker Selbstzweifel. Und manchmal weine ich bittere Tränen. Irgendwas zerrt und zieht mich hin und her, und ich habe keine Ahnung, was das ist. Ich spüre viel Schmerz in mir selbst.*

P: Diesen Schmerz in dir kennst du schon lange. Ein alter Bekannter. Auch das Gezerrtsein kennst du schon lange, auch die Wut kennst du schon lange. Was wäre, wenn der Schmerz einfach ein Mitbewohner ist? Vielleicht bleibt er. Wäre das machbar?

F: *Das ist schon ganz schön hart, weil ich manchmal an den Punkt komme, wo ich gar nicht weiterzuleben bräuchte. Auf der anderen*

*Seite liebe ich das Leben und genieße es auch. Es könnte laufen, aber irgendwie habe ich keinen Zugriff, und es mangelt manchmal auch an ein paar Dingen. Und das bringt mich dann aus dem Hier und Jetzt raus. Und das ist sehr bitter, verstehst du?*

P: Das ist bitter, ja. Aber du bist da an einer sehr weichen Stelle, und an die kommst du immer wieder. Genau das hat seine eigene Schönheit und ist eine Tür. Genau hier bist du berührbar von deinem eigenen Schmerz, von dem eigenen bitteren Geschmack, der jetzt da ist. Genau hier kannst du Tonglen mit dir selbst üben. Kannst du diese Qualität von Weichheit, von Sanftheit, von Berührtheit gleichzeitig mit all dem Schmerz und all der Bitterkeit wahrnehmen?

F: *Ja.*

P: Wie wäre es, wenn du einmal den Fokus deiner Wahrnehmung auf die Weichheit und Sanftheit richtest, obwohl der Schmerz da ist?

F: *Ich weiß nicht, ob das funktioniert …*

P: Du kannst zweierlei mit dem Schmerz tun. Du kannst entweder auf hundertundeine Art versuchen, ihn endlich loszuwerden. Und dann wirst du natürlich in Frust und in Zorn geraten, wenn du ihn nicht loswirst. Oder du kannst den Schmerz als Tür benutzen, als Tür in dein Mitgefühl.

F: *Ja, da wird mir ganz heiß. Es kocht.*

P: Ja, jetzt hast du die Tür ein Stückchen geöffnet. Dann wird es heiß. Das war gut. Lass den Schmerz da sein, nimm ihn mit dem Einatmen in dein Herz. Und atme alles, was du in dir an Freude und anderen guten Sachen finden kannst, zu dir selbst hin aus – genau dahin, wo der Schmerz sitzt. Das ist die Praxis von Tonglen.

F: *Ja. Ich habe manchmal das Gefühl, ich kann dem Schmerz gar nicht mehr ausweichen.*

P: Das ist super. Aber bereits bevor du ihm nicht mehr ausweichen kannst, mache die Tür auf!

## Weisheit und Mitgefühl zugleich

F: *Ich kann mir noch nicht vorstellen, wie Weisheit und Mitgefühl gleichzeitig vorhanden sein können. Zum Beispiel höre ich Aaron winseln, und es entsteht so etwas wie „oh Gott, der Arme". Dann denke ich: „Ah ja, Traum, Blume am Himmel". Im selben Moment gehe ich auf Distanz, es schmerzt nicht mehr und gleichzeitig verschließt sich etwas in mir. Dann merke ich, dass ich anfange, Kontakte zu vermeiden, insgesamt auf eine größere Distanz zur Welt gehe. Ich habe das Gefühl, es ist wie ein Kippbild, ich kann entweder in Weisheit oder in Mitgefühl sein.*

P: Das ist ein Missverständnis von Shunyata, von Leerheit. Shunyata oder Weisheit und das Erkennen der Blume am Himmel als Blume am Himmel in der Flüchtigkeit der Erscheinung verlangt, dass du nichts zwischen dich und diese flüchtige Erscheinung stellst. Also eigentlich genau das Gegenteil dessen, wie es dir im Moment erscheint. Was du gerade beschreibst, nennt man Shunyata-Gift. Das geschieht öfter, ist aber ein Missverständnis. Shunyata, Leerheit, heißt einfach ganz pragmatisch, ganz realistisch die Dinge zu sehen, wie sie sind. Nichts draus zu machen, kein Drama, keine Geschichte, keine Worte, keine Beurteilung – nichts Eigenes hinzuzufügen und auch keine Festigkeit oder Eigenständigkeit hinzuzufügen, die die Phänomene nun mal nicht haben. Da ist einfach das Winseln der Hunde, und du versuchst nicht, dich davor zu schützen, indem du irgendetwas von dir hinzufügst, du fühlst es. Gleichzeitig weißt du aus deiner inneren Sicht, aus deiner Einsicht, aus deiner Meditation heraus, dass sowohl das Winseln als auch der Schmerz, der dahinter steht, kommen und gehen. Der Schmerz wird wieder aufhören. Du weißt, dass das Winseln und der Schmerz, der hinter dem steht, nicht für sich alleine stehen, sondern verknüpft und verbunden und bedingt sind, nichts Eigenständiges haben, sondern Teil des Netzes von Ursache und Wirkung und gleichzeitiger Bedingtheit im Jetzt sind. Der Hund würde nicht winseln, wenn der andere nicht da wäre und so weiter. Das heißt: Du siehst und erfährst das Phänomen direkt – ohne irgendeinen Filter dazwischen. Und zugleich siehst und weißt und erkennst du es in seiner Flüchtigkeit, in seiner Leerheit, in seiner nicht inhärenten Existenz, wie die Buddhisten sagen. Das heißt, es ist sehr wohl existent, aber nicht aus sich selbst heraus bestehend. Normalerweise nimmt man an, die Dinge würden aus sich selbst heraus bestehen, auch wenn man weiß, dass es nicht so ist. Man nimmt das die ganze Zeit an, und das ist eine der Ursachen für Unachtsamkeit. Wenn ich mir dessen jedoch bewusst bleibe, wie eines durchgängigen Fadens, dann kann ich mit vielen Dingen nicht so schlampig umgehen. Das ist Shunyata. Shunyata ist nicht Vakuum, ist nicht Nichtexistenz, sondern ist das Anerkennen der Existenz genau als das, was sie wirklich ist unter Weglassung all dessen, was sie nicht ist. Aber diese Innensicht zu trainieren, braucht Disziplin. Und diese Disziplin kann auch mal einfach die Disziplin des Zurückweisens sein, die Disziplin, zu sagen: „Blumen am Himmel." Und dann schau, was passiert. Die Wirklichkeit wird zurückschlagen. Vielleicht fällt dir ein Ast auf den Kopf. Und wenn du ehrlich und bereit bist, ganz offen und auch verletzbar zu sein, dann merkst du genau, wenn das Missverstehen, das Shunyata-Gift, hereinkommt. Das macht dich ja dann so verzweifelt. Du spürst das Harte, das bleibt, „ja aber verdammt noch mal, der Hund winselt ja immer noch". Das ist genau der Ast, der dir auf den Kopf fällt und zu dir sagt: „Dieser Schmerz ist jetzt da, lauf nicht weg vor ihm, weise ihn nicht ab!" In dieser uneingeschränkten Begegnung und mit dem gleichzeitigen Realismus, zu sehen, dass das Phänomen eine flüchtige Erscheinung ist, geschieht zwangsläufig die Zurückwendung zum eigenen Gewahrsein. Und im noch tieferen Sehen stellst du dann ganz realistisch und unromantisch fest: Diese ungeborene Natur des Gewahrseins fließt durch. Sie ist in mir. Sie ist in dem Hund, auch wenn er es nicht weiß. Sie ist in der Luft. Sie ist ungetrennt, ungeteilt, so wie die Liebe auch. Ja, Weisheit und Liebe gehören zusammen. Und dann findest du einen grundlosen Boden. Das ist kein Boden, der irgendwie fest wäre. Es ist ein grundloser Boden, weil er ewig ist. Er hat keine Grenzen, keine Begrenzung. Er ist vollkommen grundlos und ohne Festigkeit und gleichzeitig beständig – Alaya. Von da aus, ruhend in dieser Einsicht, entspringt Weisheit, ganz unprätentiöse Weisheit, und entspringt tiefes Mitgefühl. Und dann: das Winseln des Hundes … Gibt es dann noch einen Widerspruch? Ist es dann noch ein Kippbild zwischen Weisheit und Mitgefühl?

F: *Ich glaube, ich habe etwas verstanden. Ich hab mit dieser Anweisung das Gegenteil von dem gemacht, was gemeint war. Ich habe genau etwas dazwischen geschoben, habe es an den Himmel gehängt, oder was „Nichtsiges" dazwischen getan.*

P: Genau, was „Nichtsiges" dazwischen getan. Das ist super formuliert. Das ist wichtig, weil diese Falle immer wieder auftaucht.

## Die Gefahr des Shunyata-Giftes – Unsicherheit fürchtet der Verstand wie der Teufel das Weihwasser

F: *Ich nehme mir einfach den Satz „alle Phänomene sind Träume"!*

P: Dieser Satz ist ja schon nicht richtig zitiert. Der Satz heißt: „Betrachte alle Phänomene als Träume." Ich merke, dass viele von euch den Satz anders abspeichern, als er hier steht. Hier steht nicht: „Alle Phänomene *sind* Träume", sondern „betrachte alle Phänomene *als* Träume". Osho übersetzte noch klarer: „*Denke*, dass alle Phänomene *wie* Träume sind." Nirgendwo steht, dass nichts existiert. Es ist eine Übung: „Betrachte alle Phänomene als Träume", heißt: Weise es einfach mal zurück und schau, was übrig bleibt.

F: *So konnte ich das Fühlen überspringen. Es ist so einfach, luftig zu werden ...*

P: Ja, es ist einfach, luftig zu werden. Dieses Shunyata-Gift ist süß und leicht zu schlucken, aber früher oder später wirft es dich mit dem Hintern auf den Boden. Und das ist wunderbar, denn dann bist du wieder da. Es gibt Menschen, die diese Runde öfter machen. Lass die Unsicherheit bestehen, lass die Offenheit bestehen, lass dir den Boden unter den Füßen wegziehen. Keine neue Sicherheit – Leere. Was bleibt? Alles ist unsicher, fließend, staunenswert, neu, abenteuerlich.

F: *Es gibt diesen Moment des Staunens, aber irgendwas mache ich dann, und die Tür geht sofort wieder zu. Und ich stehe vor verschlossener Tür.*

P: Die Gewohnheit des kleinen Geistes ist es, sofort wieder neue Schachteln auszubilden, in die er das jetzt packen kann, und dann weiß er, „ah, das geht also jetzt so, und nächstes Mal weiß ich, wie es geht". Gegen diese Gewohnheit hilft Übung. Man fängt dann einfach wieder bei 2.1. an: „Betrachte alle Phänomene als Träume", als flüchtige Erscheinung, als Blumen am Himmel, und zwar ganz praktisch. Zum Beispiel mit diesem Phänomen der geschlossenen Tür, das du in dem Moment empfindest. Dann lässt das Greifen nach der Leere nach, das Greifen nach den Satoris nach. Manchmal ist dabei etwas zu fühlen, manchmal nicht. Gefühle sind auch kein durchgängiger Zustand, sie haben Lücken.

F: *Also im Moment empfinde ich eigentlich nur große Unsicherheit.*

P: Das ist ein wunderbarer Umstand, den man allerdings erst einmal nicht so gerne hat. Aber Unsicherheit und die Bereitschaft, unsicher zu sein, sind der Beginn von Bodhichitta, sind die Öffnung ins Unbekannte. Der kleine Geist fürchtet sie wie der Teufel das Weihwasser, also muss der Unsicherheit etwas wie Weihwasser anhaften. Es muss etwas vom Jenseits in der Unsicherheit sein. Wie ist es, wenn du die Unsicherheit bedingungslos da sein lässt, ohne Ausflucht, ohne nach irgendeinem neuen Griff zu suchen?

F: *Ich hatte gerade so das Bild von Zerbröseln und gleichzeitiger Weite.*

P: Gestatte es dir.

## Ist die Reihenfolge wichtig?

F: *Am Anfang hat mich am meisten angestrengt, genau die Reihenfolge einzuhalten: den ersten Teil, den ersten Satz, den zweiten Satz, den dritten Satz usw. Im zweiten Kapitel gibt es ja eine Unterteilung zwischen Weisheit und Mitgefühl, und zuerst wird die Weisheit erwähnt. Ist diese Reihenfolge wichtig?*

P: Das ist nicht so wichtig. Es ist nur deshalb in dieser Reihenfolge, weil es für Atisha in dieser Reihenfolge kam. Wenn das Leben so gespielt hätte, dass Atisha zuerst bei seinem zweiten Meister gewesen wäre und dann bei dem ersten, dann würde es in dem Text wahrscheinlich andersrum stehen. Ob du jetzt auf dem Weg des Mitgefühls kommst oder auf dem Weg der Weisheit, das ist egal, nur irgendwann müssen sie zusammenkommen.

## Zu viel Leid? Mit Einfachem anfangen!

F: *Ich kenne Tonglen und hatte damit bei meiner Arbeit im Hospiz Riesenprobleme. Dieses unglaubliche Elend, wenn ein Mensch voller Krebs ist, aufzunehmen, war einfach zu viel. Ich hab mich nicht getraut und hatte immer das Gefühl, da bleibt etwas hängen. Das ist immer noch so.*

P: Es ist gut *einfach* anzufangen. Das war vielleicht ein zu heftiger Einstieg in diese Methode. Fang lieber mit den Hunden an.

F: *Das ist kein Problem.*

P: Also ist es eine Frage der Quantität und nicht der Qualität. Bleibt jetzt etwas hängen, wenn du es mit den Hunden übst?

F: *Überhaupt nicht.*

P: Gut. Warum soll dann bei etwas Größerem etwas hängen bleiben? Was ist der prinzipielle Unterschied?

F: *Eigentlich keiner.*

P: Das heißt, es ist nur eine Befürchtung. Wenn etwas hängen bleiben würde, müsste auch bei dieser harmlosen Hundegeschichte ein wenig hängen bleiben, und bei einer schlimmen Geschichte würde viel hängen bleiben. Wenn aber bei der Hundegeschichte nichts hängen bleibt, bleibt auch bei einer großen Geschichte nichts hängen.

F: *Ja, das ist absolut einleuchtend.*

P: Dennoch muss sich das Vertrauen da hinein entwickeln, indem du ausprobierst, experimentierst, übst und schaust und dich nicht damit überforderst. Verstehst du?

F: *Wahrscheinlich war es einfach zu viel.*

P: Mit zu wenig Anleitung und zu wenig Begleitung. Das ist nicht so gut.

## Mitgefühl und Handeln

F: *Wenn ich z. B. Jugendliche sehe, die Drogen nehmen, oder sonstiges Elend, dann taucht der starke Impuls auf, nicht nur zu fühlen, sondern praktisch etwas zu unternehmen.*

P: Ja, dann tu es um Himmels willen! Nein, nein, es muss nicht beim Fühlen bleiben. Aber erst kommt das Fühlen. Sonst könnte auch dein Handeln dem Versuch entspringen, deinem eigenen Schmerz zu entgehen.

Mitgefühl muss nicht beim Fühlen stehen bleiben. Es gibt die Empathie, das einfache Fühlen des Schmerzes. Und sich dabei an die Stelle des anderen zu setzen. Und es gibt aktives, handelndes Mitgefühl, beides. Und beides ist gleichwertig und kann sowohl gleichzeitig wie auch abwechselnd sein. Da braucht es wiederum die Weisheit, auch eine ganz praktische Weisheit der Unterscheidung. Es gibt eine Geschichte von Ramakrishna. Er saß in Satsang mit seinen Schülern, als vor der Tür ein Hund geschlagen wurde. Plötzlich schrie Ramakrishna schmerzlich auf: „Hört auf, mich zu schlagen!" Die Schüler fragten, was los sei. Er sagte: „Ich wurde hart geschlagen, seht. Und bitte schaut nach dem Hund." Und er zeigte ihnen eine frische Wunde an seinem Brustkorb. Als die Schüler vor die Tür gingen, sahen sie, dass der Hund an genau der Stelle geschlagen worden war, an der Ramakrishna verletzt war. Das ist Empathie, das bedeutet, sich an die Stelle des anderen zu setzen, das ist Austauschen. Und dann ist vollkommen klar, ob darüber hinaus Handeln angebracht ist oder nicht.

Und du musst immer wieder zum 1. Abschnitt des 2. Kapitels zurückkehren: „Betrachte alle Phänomene als Träume. Erforsche die Natur des ungeborenen Gewahrseins. Ruhe in der grundlegenden Natur, der Essenz von allem." Und du musst tiefer und tiefer damit gehen, auch mitten in der Situation, dann wird in dir Klarheit darüber sein, was jetzt adäquat ist, und du wirst das richtige Werkzeug in der Hand halten. Es ist einfach klar, und du wirst handeln oder wirst nicht handeln, je nach dem, was die Situation erfordert oder was jetzt wirklich fürs Ganze wohltuend ist. Damit bewegst du dich mit Eleganz und Anmut. Wirklich, die Bodhisattvas haben Anmut.

Du bewegst dich mit Anmut auf diesem Grad zwischen Aktionismus und Nichtstun. Das ist wunderschön, und darin ist auch Geschmeidigkeit und jede Möglichkeit in jedem Moment. Das ist wichtig!

## Der Panther

Heute Nachmittag hat mich zeitweise ein Gedicht verfolgt. Ich habe kürzlich Rilke wieder entdeckt, und als Teenager war das Gedicht vom Panther mein Lieblingsgedicht. Manche Themen von heute Vormittag haben mich an dieses Gedicht erinnert.

> *„Sein Blick ist vom Vorübergehn der Stäbe*
> *so müd geworden, dass er nichts mehr hält.*
> *Ihm ist, als ob es tausend Stäbe gäbe,*
> *und hinter tausend Stäben keine Welt.*
>
> *Der weiche Gang geschmeidig starker Schritte,*
> *der sich im allerkleinsten Kreise dreht,*
> *ist wie ein Tanz von Kraft um eine Mitte,*
> *in der betäubt ein großer Wille steht.*
>
> *Nur manchmal schiebt der Vorhang der Pupille*
> *sich lautlos auf. Dann geht ein Bild hinein,*
> *geht durch der Glieder angespannte Stille –*
> *und hört im Herzen auf zu sein."*

Warum hab ich das als Teenager so gerne gemocht? Weil ich diesen Zustand so gut kannte, es so gut kannte, wie es ist, durch Stäbe zu blicken. Ich kannte die betäubte Kraft so gut, das gelegentliche Aufblitzen, und ich hatte auch dieses Gefühl, wie wenn sich gelegentlich ein Vorhang hebt und die Wirklichkeit hereinkommen kann, und – das weiß ich nicht mehr genau, aber es könnte sein –, dass es sich auch so angefühlt hat, als ob dieses Bild im Herzen aufhören würde zu sein. Und ich kann mir vorstellen, dass es manchen von euch auch so geht, dass euer Blick manchmal müde ist vom Vorübergehen der Stäbe, dass ihr manchmal das Gefühl habt, als ob es tausend Stäbe gäbe und hinter tausend Stäben keine Welt. Aber Rilke setzt das in den Konjunktiv, ja, bitte zu bemerken: *als ob es tausend Stäbe gäbe* und als ob es keine Welt *gäbe* hinter den tausend Stäben. Das heißt: Es gibt keine tausend Stäbe. Und es ist die Freiheit dieses großen Wesens, das, was es für seinen Käfig hält, loszulassen, es ist die Freiheit dieses großen Wesens, die Sicherheit der Betäubung aufzugeben. Auch Betäubung ist eine Sicherheit, wie die Spritze beim Zahnarzt. Und es ist die Freiheit dieses großen Wesens, das, was vielleicht gelegentlich aufblitzt, nicht fest-, sondern in Ehren zu halten, es nicht zu halten, aber auch nicht in den Ritzen versickern zu lassen.

## Die Verwirrung, wenn die Stäbe des Käfigs als nicht real erkannt werden

Für einige von euch ist es vielleicht so, als ob Atisha und Pyar dahergekommen wären und euch die Stäbe durcheinander gebracht hätten. Die Welt war so klar gestreift. Man wusste, wo man ein bisschen durchlinsen kann, und man wusste, wo ein Stab ist – so weit war alles ganz gut sortiert. Jetzt sind die Streifen verrutscht. Das liegt daran, dass Atisha und ich dabei sind, die Stäbe ein wenig aufzubiegen oder zu sagen: „Hey, guck mal, ist da überhaupt ein Stab?" Und dann ist auf einmal gar keiner da. Aber dann stimmt das gewohnte Muster nicht mehr. Verwirrung taucht auf, weil sich der Panther immer noch in diesem allerkleinsten Kreis dreht. Der Panther dreht diesen allerkleinsten Kreis seit langer, langer Zeit. Er hat wohl die Sehnsucht im Herzen, und doch ist er recht verwirrt, wenn die Streifen nicht mehr stimmen. Also taucht in diesem Prozess Verwirrung auf. Jetzt habt ihr – falls es euch im Moment so ergeht – die Wahl. Denn ihr seid immer noch das große Wesen, und es ist eure Freiheit, die Stäbe entweder wieder so zu ordnen, dass die Streifen wieder stimmen, oder weiterzuforschen, ob es die Stäbe überhaupt gibt. Wenn Menschen – und das kommt immer wieder vor – die Stäbe wieder sortieren: Macht nichts! Atisha ist stur, und Pyar ist auch stur. Wir kommen wieder und bringen die Stäbe erneut durcheinander. Versteht ihr, was ich meine? Also „stur" ist vielleicht nicht ganz das richtige Wort ...

Wenn Menschen an diesem Punkt, wo Verwirrung einsetzt, weil das Streifenmuster durcheinander kommt oder verschwindet, bereit sind, jetzt aufs Ganze zu gehen – wunderbar! Dann braucht es einfach nur Bereitschaft zu Unsicherheit, Bereitschaft zu „keine Stäbe, nichts zum Festhalten", zu Offenheit, Ehrlichkeit, zu Immer-wieder-Anfangen. Aber nicht anfangen, die Stäbe neu zu sortieren! Und aufhören, diesen allerkleinsten Kreis zu drehen! Dieser allerkleinste Kreis ist immer der Kreis um „ich und ich und ich und ich". Die Welt kann nicht herein, solange der Panther sich im Kreise dreht. Und hier ist die Verbindung von Weisheit und Mitgefühl so wichtig. Die Verbindung des Erkennens der Natur der Phänome und der Natur der letztendlichen Wirklichkeit mit der Praxis von Mitgefühl, die das Territorium und die Begrenzung von Ich auflöst.

Immer wieder anfangen und immer tiefer verstehen! Einsicht und Verstehen nicht im Sinne von „Streifenmuster anordnen" und „so geht jetzt das" und „bei Zebrastreifen darf man über die Straße gehen" usw., sondern ich kann das nicht anders nennen als „existenzielles Verstehen". Könnt ihr nachvollziehen, was ich damit meine: existenzielles Verstehen? Ein Verstehen, das durchaus auch das Hirn mit einschließt, aber in keiner Weise auf das Hirn beschränkt ist, sondern jede Faser eures Wesens betrifft, von den Haarspitzen bis zu den Zehennägeln, jede Zelle, die Zwischenräume zwischen den Zellen, jedes Atom, das ganze Wesen. Da bleibt kein Rest, keine Distanz in diesem Verstehen. Das gängige Verstehen ist ein Verstehen aus Distanz. Ich lese ein Buch *über* ..., ich lerne etwas *über* ..., das heißt, ich bin immer darüber. *Existenzielles* Verstehen ist ein Verstehen ohne Distanz, mittendrin, ein Verstehen ohne Trennung, direkt. Das kann – und ich weiß, dass es manchen von euch so geht – erschreckend sein, weil es total ist. Da besteht keine Möglichkeit, Reste als kleine Sicherheit für alle Fälle zurückzubehalten, falls es mit Gott nicht funktioniert. Wenn ihr aus dieser Totalität heraus hört, wenn ihr ohne Distanz, offen und ehrlich hört, dann werden nicht so viele Missverständnisse auftauchen. Aus der Totalität offen und ehrlich zu hören, heißt, auch ehrlich zu sich selbst zu sein, zu wissen, wo ich stehe, und von genau hier aus den nächsten Schritt zu tun, immer einen, wie Osho, gesagt hat: Ein Schritt, und dann ein Schritt, und dann wieder ein Schritt, immer von genau da aus, wo ich stehe.

## Mitfreude

Wir sind immer noch beim zweiten Kapitel, zweiter Abschnitt: Tonglen. *Übe dich im Austauschen, im Nehmen und Geben abwechselnd. Tu das, indem du auf dem Atem reitest.* Was man dabei nicht vergessen darf, ist die Mitfreude. Sie ist sehr wichtig. Zum Beispiel: Die Nachbarin, die du vielleicht gar nicht so gern magst, hat im Lotto gewonnen, und du freust dich mit ihr. Du denkst nicht: „Die blöde Kuh, hätte nicht ich ..." oder: „Der andere Nachbar hätte es doch viel nötiger gehabt" oder irgend so etwas, sondern du lernst, dich mitzufreuen und das Glück eines anderen zu teilen.

## Absichtslosigkeit und Leichtigkeit im Tonglen

Um einige mögliche Missverständnisse zu beseitigen:

1. Man darf bei Tonglen die Absichtslosigkeit nicht außer Acht lassen. Wenn ich beginne, mit Tonglen zu üben, den Schmerz ein und das Glück ausatme und mir denke: „Jetzt wird der dann schon bald gesund werden, na?" oder „ja, warum hört der jetzt immer noch nicht zu weinen auf?", dann ist irgendetwas schief. Absichtslosigkeit ist hier unabdingbar notwendig, damit es erstens keine neue Sicherheit gibt und um zweitens die Leichtigkeit zu erhalten. Das bringt uns natürlich wieder in das wunderschöne Paradoxon, das auch im Bodhisattva-Gelübde enthalten ist: Du tust etwas, was ohnehin schon irrwitzig ist, und tust es dann auch noch ohne zu erwarten, dass es etwas hilft. Aber genau das ist der Gag. Das macht es aber auch leicht. Ohne Erwartung, einfach nur, weil es so ist. Ganz wichtig: ohne Erwartung, was den Erfolg angeht, und ohne Erwartung, was einen selbst angeht, sowieso. Das heißt, auch hier wieder loslassen!

2. Dieses Die-Grenzen-wegfallen-Lassen im Austauschen bedeutet nicht, in den Film des anderen einzusteigen. Das passiert sehr

leicht! Man nennt das dann Mitleid, denn dann bist du sofort im Leiden. Wieder am Beispiel unserer lieben Hunde: Ihr fühlt mit dem Hund, und wenn ihr dabei in das „Movie" des Hundes mit einsteigt, habt ihr vielleicht das Gefühl, jetzt so richtig mittendrin zu sein. Ihr macht euch dabei die Gedanken, die Geschichte, das Drama des anderen – oder eurer selbst, wenn ihr Tonglen mit euch selbst übt – zu Eigen. Das würde Leiden nur vermehren. Also nicht in den Film einsteigen, nicht in das Drama einsteigen, nicht in die Story einsteigen, sondern einfach nur das Aufnehmen der Tatsächlichkeit eines Erfahrens ohne „Rattenschwanz". Deshalb ist das Umwandeln auch so leicht, weil da kein Rattenschwanz von Geschichte, Drama, Vergleich und Urteil dran hängt. Und es ist auch etwas zum Spielen: Ausprobieren! Sehr machtvoll!

### 2.8. „Drei Objekte, drei Gifte, drei Grundlagen der Tugend."

Es gibt prinzipiell *drei* Klassen von *Objekten*. Ganz einfach: Die, die man mag, die, die man nicht mag, und die, die einem egal sind, denen gegenüber man indifferent ist. In diese drei Klassen kann man alles einteilen. Die Objekte bleiben prinzipiell immer dieselben, nur die Art, wie ihr darauf zugeht, ist unterschiedlich: Mal mit Wollen, mal mit Nicht-Wollen, mal mit Gleichgültigkeit. Also: Bereits die Unterteilung in diese drei Klassen von Objekten ist genau genommen die Beschreibung der drei Haupt-Filterscheiben vor eurer Wahrnehmung. Derselbe Berg: Der eine sagt „schön", der andere sagt „furchtbar", der dritte sagt „mir egal". So werden aus diesem einen Berg drei verschiedene Objekte. Sie werden völlig verschieden wahrgenommen. Das ist der Traum. Dieselbe Frau: Der eine sagt „mmh, super, wie krieg ich die nur rum", der andere sagt, „Bissgurke". Und der Dritte sagt: „Mh, Frau?" Das sind die drei Objekte. Dieser Begriff „drei Objekte" taucht in buddhistischen Belehrungen immer wieder auf. Jetzt wisst ihr, was es heißt.

Daraus folgen *drei Gifte*: Das eine Gift ist Gier, das andere Gift ist Aversion und das dritte Gift – bitte nicht zu vergessen – ist Gleichgül-

tigkeit, Ignoranz. Gier und Aversion sind ja noch recht leicht nachzu-
vollziehen, aber die Gleichgültigkeit ist eine harte Nuss. Wir sprachen
bereits über das Shunyata-Gift – das ist zum Beispiel solch ein Gift der
Gleichgültigkeit. Manchmal kann sich Gleichgültigkeit einschleichen,
dieses „Mir-egal-Gefühl". Dieses Gefühl ist ebenso ein Filter wie die
Gier und wie die Ablehnung. Aus der Gleichgültigkeit kommt Ignoranz,
und Ignoranz ist Dummheit, und Dummheit führt zu Unwissen und
Verschleierung. Gleichgültigkeit ist ein sehr dichter Schleier, der manchmal schwieriger zu durchschneiden ist als die Filter von Gier oder Aversion, denn Gier und Aversion schmerzen schneller. Das ist wie bei anderen Krankheiten auch. Bei schmerzhaften Krankheiten geht man
schneller zum Arzt. Hohes Cholesterin zum Beispiel tut nicht weh, und
das ist eine blöde Sache. Gleichgültigkeit, diese Betäubtheit, dieses
„Egal-Gefühl", verschleiert dicht, aber ist zunächst schmerzlos. Irgendwann aber schnürt es einem den Hals ab und macht einen so leblos.
Kennt ihr das? In diesem Spinnennetz der Gleichgültigkeit kann man
sich natürlich ganz gut verstecken. Manchmal wird Gleichgültigkeit mit
Gleichmut verwechselt, aber Gleichmut wirkt überhaupt nicht betäu-
bend. Gleichmut ist sensitiv, fühlend, empfindsam, berührbar und überhaupt nicht unklar.

*Drei Grundlagen oder drei Samen der Tugend.* Wie gehe ich mit den
drei Giften um? Die drei Gifte sind, wie gesagt, drei unterschiedliche
Arten, auf dasselbe Objekt zu schauen, drei unterschiedlich gefärbte
Filter – sagen wir einmal ein rosaroter, ein giftgrüner und ein grauer
Filter. Die Medizin dagegen ist dieselbe: Mitgefühl, anhalten, ehrlich
sein, genau hinschauen. Hierzu sind hundert Prozent Bereitschaft nötig, klar zu schauen und klar zu fühlen, ohne Polster. Zum Beispiel: Gier
taucht auf, ist fühlbar und wahrnehmbar. Und ihr seht das Objekt der
Gier, seht oder spürt den Magnetismus und nehmt die Gedankenket-
ten wahr, die sich bereits bilden: „Wie komme ich zum Objekt der
Begierde?" Was die Gedanken betrifft, genügt innehalten, beobachten:
„Ah, Blumen am Himmel." Was das Gefühl angeht, genügt mitfühlen-
des Fühlen ohne Drama – und Großzügigkeit ausatmen. Auch Gleichgültigkeit geht mit Mitgefühl nicht zusammen. Das heißt, wenn ihr
anfangt oder bereit seid, euch darauf einzulassen, Mitgefühl zu kulti-

vieren, dann wird Gleichgültigkeit keine Chance haben. Mitgefühl ist stärker. „Kultivieren" finde ich ein schönes Wort, es bedeutet „gießen" und „düngen" und „dafür sorgen" – Mitgefühl kultivieren. Aber es ist notwendig, „die weiche Stelle" oder „die wunde Stelle" – wie Chögyam Trungpa das nennt – eures Herzens offen zu halten. Jeder hat diese wunde Stelle, hat zumindest eine Stelle, wo er berührbar ist. Es ist die Stelle, an der die Pupille des Panthers aufgeht, wo etwas reingeht. Jeder hat diese Stelle, an der die ursprüngliche Berührtheit, Berührbarkeit, Empfindsamkeit, Weichheit, das weiche Fell, wie es gestern jemand von euch so wunderschön benannte, da ist. Von dieser Stelle aus kann das weiche Fell weiter wachsen, wenn wir nicht immer versuchen, Pflaster darüber zu kleben, um uns zu schützen. Diese weiche Stelle ist sehr wertvoll, und wenn ihr viele weiche Stellen habt: umso besser. Nur, in diesem sich Einlassen auf dieses Training gibt es keine Sicherheit. Und so, in dieser Art des Umgangs, wird aus den drei Giften die Grundlage, der Same neuer Tugend. Aus Gier wird Großzügigkeit, aus Hass wird Mitgefühl, echte Freundlichkeit, Respekt und Akzeptanz, aus Ignoranz wird Einsicht und Interesse.

Der normale Reflex ist, Unangenehmes nicht hereinzulassen, es nicht einzuatmen – fest „ausgeatmet" zu bleiben. Bleib mir ja vom Leib! Damit verkrampft sich sowieso schon alles in einem, und man trennt sich ab. Atisha sagt: „Reite den Atem!" Leistet keinen Widerstand, lasst es rein, schafft Platz! Vielleicht ist es unangenehm, vielleicht dunkel, heiß, kratzig oder schmerzhaft, aber du lässt es rein im Vertrauen darauf, dass dein Herz, dein Wesen die Fähigkeit der Transformation hat. Das Vertrauen dazu wächst natürlich mit der Übung, weil man entdeckt, dass es *tatsächlich* geht. Man lässt es rein, und es mag sich anfühlen, als wäre alles voll mit diesem Schmerz, und dann braucht es ein bisschen Wachheit, zu sehen, dass da ja immer noch Stille, Frieden und Freude vorhanden sind, und in dem widerstandslosen Nehmen dessen, was man normalerweise ablehnt, löst sich ja sowieso schon der Hass automatisch auf, d.h., das ist schon Transformation in sich. Und in dieser Transformation, in diesem Umwandeln und Austauschen, wandelt sich auch das, was schmerzhaft war, um. Das muss nicht immer sofort passieren, und es ist auch nicht immer so, dass das mit einem Atemzug erledigt wäre. Es kann auch einmal länger dauern. Gleichzeitig geschieht auf der anderen Seite das Loslassen, das Herschenken, das Geben von all dem, was man normalerweise nicht loslassen will. All die guten Knochen. So werden auf jeden Fall das Muster und die Gifte der Gier und der Ablehnung auf sehr natürliche, fließende, einfache Art aufgelöst, und auch das Gift der Gleichgültigkeit kann sich in diesem Üben auf Dauer nicht halten. Denn in der Offenheit, in der Bereitschaft, mich wirklich allem zu öffnen und es hereinzunehmen, und in der Bereitschaft, alles loszulassen und herzuschenken, ist Interesse im wahrsten Sinne des Wortes vorhanden. Es ist ein Drinsein, ein Dazwischensein, ein Dabeisein, auch Neugier (ja wie ist denn das, schauen wir mal, wie sich das anfühlt) – Inter-esse, keine Gleichgültigkeit. So werden die drei Objekte und die drei Gifte auf ganz fließende, unverkrampfte, ja auf ganz wunderbare Art zu drei Samen der Tugend. Trainiert damit, probiert es aus!

## Gleichgültigkeit

F: *Was ist Gleichgültigkeit?*

P: Gleichgültigkeit hat etwas Dumpfes, Uninteressiertes. Du weißt, wie es ist, wenn kein Interesse da ist.

F: *Die beiden Hunde haben mich z. B. überhaupt nicht interessiert. Ich mag zwar die Hunde, und sie mich auch, trotzdem hat mir das Hin und Her keine Gefühle verursacht.*

P: Das ist ja nur eine Gelegenheit, etwas zu spiegeln. Wenn sich da nichts spiegelt, weil die Hunde da ein Spiel spielen, das bei dir nicht schwingt, ist das okay. Das Eigenartige ist – und das beobachte ich öfter –, ich weiß genau, dass du nicht gleichgültig bist. Ich kenne dich mittlerweile und kenne auch einige Aspekte deines Lebens. Das Eigenartige ist, und das ist bei vielen solchen Dingen so, dass die Menschen, die nicht gleichgültig sind, sich Sorgen machen, sie könnten gleichgültig sein. Menschen jedoch, die gleichgültig sind, stellen diese Frage gar nicht. Ich beobachte das an vielen Punkten.

Ich habe eine Geschichte über Atisha gelesen. Er war zu der Zeit bereits ein erleuchteter Meister. Bevor er nach Tibet ging, wurde ihm erzählt, dass die Tibeter so wahnsinnig freundliche und nette Menschen seien. Sie wollten ihn scheinbar locken. Atisha dachte sich aber: „Das ist sehr gefährlich. Wenn alle so nett sind, geht mir die Möglichkeit ab, meine Achtsamkeit und Gelassenheit zu überprüfen." So hat er, weil er Angst davor hatte, in Tibet sonst einzuschlafen, eigens einen Teejungen aus Bengalen mitgenommen, der ein furchtbar nerviger Mensch gewesen sein muss. Atisha war ja bestimmt ein sehr wacher Mensch und bereit, jeden eventuell vorhandenen blinden Fleck zu sehen, bereit, allem zu begegnen, was auch immer. Und ausgerechnet er hegt Befürchtungen, er könnte „einschlafen", und nimmt sich deshalb diesen Bengalen mit. Irgendein anderer Mensch, der sowieso schon fest schläft, denkt gar nicht daran, sich einen bengalischen Teejungen mitzunehmen.

### 2.9. „Übe mit den Slogans in allen Aktivitäten und Situationen."

Ganz wichtig. Alles, was Atisha sagt, was er bisher sagte, und alles, was noch kommt, ist dazu gedacht, ständig trainiert zu werden. Nicht Sonntagnachmittag von vier bis fünf, auch nicht täglich von drei bis vier, sondern die ganze Zeit über, und zwar insbesondere dann, wenn es scheinbar schwierig ist, genau dann, wenn ihr denkt: „Nein, jetzt nicht, nachher, das arbeiten wir dann hinterher auf, oder wir erzählen es Pyar im nächsten Retreat." Nein, immer, sofort in allen Aktivitäten und Situationen.

### 2.10. „Beginne das Üben des Austauschens – mit dir selbst."

Und natürlich ist es, wie immer, klug, damit bei sich selbst anzufangen. Ein Phänomen, ein Gefühl taucht in einem selbst auf, und dieses Mal versucht man nicht, es zu sublimieren oder wegzurationalisieren oder auszuagieren oder zu unterdrücken, sondern man lässt die wunde Stelle – wie Chögyam Trungpa das nennt – da sein und atmet das ein und atmet auch da Freude und Friedlichkeit und Heil-Sein aus. Ohne Rückhalt.

F: Ist Tonglen jetzt ein Spielzeug für mich selbst?

P: Ja, es ist auch ein Spielzeug für dich selbst. Und eine Methode für dich selbst, ein Werkzeug, ein Boot, ein Auto, ein Fahrzeug.

F: Ist es so einfach? Ja, dann ist es gut.

P: Ein beliebter Gedanke: „Das ist so einfach, deshalb kann es nicht stimmen." Einfach stimmt. Meistens. Von Einstein stammt dieser wunderschöne Satz: „Mache die Dinge so einfach wie möglich – aber nicht einfacher."

## Nach Gebrauch das Werkzeug wieder weglegen

F: Ich habe Tonglen heute probiert. Es geht wunderbar. Aber ich habe das Gefühl, es gibt einen Punkt, an dem ich nicht mehr rauskomme. Ich konzentriere mich und konzentriere mich und werde sehr intensiv damit ...

P: Das ist ungefähr so, wie wenn du versuchst einzuschlafen und damit Probleme hast. Du hast „Schäfchen zählen" gelernt, und wenn du dann eingeschlafen bist, hörst du auf zu zählen, oder? Das ist alles. Das ist der Satz 2.3: *Lass sogar das Gegenmittel selbst natürlich wieder los.* Das heißt, das Werkzeug, das du benutzt hattest, um deinen Verstand zur Ruhe zu bringen, lässt du dann wieder los, wenn die Ruhe eingetreten ist.

## „Hier werden Sie geholfen"

F: Kann man gleichzeitig im Gewahrsein verweilen und Tonglen im Ein- und Ausatmen praktizieren?

P: Exakt. Es geht eigentlich sogar nur gleichzeitig.

F: Wenn ich Tonglen mit mir selbst praktiziere, habe ich den Eindruck, dass ich mich in zwei spalte, und zwar in denjenigen, der gütig ist und den anderen pflegt, und den, dem Hilfe zuteil wird. Ist diese Abspaltung nötig?

P: Nein. Sie ist noch nicht einmal nötig, wenn du Tonglen mit jemand anderem übst. Im Gegenteil, sie ist äußerst hinderlich.

F: *Bei mir hat dieses Tonglen noch etwas Künstliches.*

P: Genau, das fühlst du sehr gut. Durch diese Abspaltung hat es noch etwas Künstliches.

F: *Es ist so, als müsste ich es „gut" machen. Wenn ich aber einfach ein- und ausatme und weit bin, dann brauche ich gar nicht „gut und böse" oder „jemand helfen" denken.*

P: Es geht nicht um Helfen. Habe ich jemals das Wort „helfen" benutzt? Das ist deine Interpretation. Hier kommt das Künstliche und kommt die Trennung in den Helfer und den Geholfenen rein – „hier werden Sie geholfen". Denn da ist eben kein Unterschied, kein Oben, kein Unten, kein Helfer, kein Geholfener – es ist *ein* Herz.

## EIN Herz

Tonglen ist ganz fließend, weich, ist eigentlich so natürlich wie der Atem selbst. Deshalb sagt Atisha: „Tue es, indem du auf dem Atem reitest!" Dieses Missverstehen kommt anscheinend häufiger vor. Jemand berichtete mir einmal, dass bei ihrem Lehrer tibetischer Tradition gesagt wurde, man müsste sich, wenn man Tonglen mit sich selbst übt, dabei vorstellen, man wäre zwei. Der eine sei die Buddhanatur, die das Gute ausatmet, und der andere sei der, der den Schmerz empfindet. Nein, das muss ein Missverständnis sein. Es ist Atmen. Physiologischerweise ziehen wir ja nicht die Luft gewaltsam hinein, sondern das Zwerchfell bewegt sich nach unten. Dadurch entsteht in der Lunge ein Unterdruck, Raum entsteht, und in diesen Raum geht ganz von selbst, das, was vorhanden ist, hinein. Es ist einfach ein Öffnen, ein Raumschaffen und kein Widerstandleisten. Und ich halte die Luft nicht in der Lunge fest, weil sie so gut ist und ich sie nicht mehr hergeben mag, sondern ich lasse sie wieder los. So schafft man wieder Raum, Luft geht wieder rein, man lässt wieder los, dann geht es wieder raus, ganz fließend. Das ist Atmen. Und auf dieselbe Art üben wir Tonglen. Deshalb sagt Atisha: „Tue es, indem du auf dem Atem reitest!" Tue es so, wie du atmest. Dabei entsteht *keine* Spaltung, weder wenn ihr Tonglen mit euch selbst übt, noch wenn ihr es mit anderen praktiziert. Im Gegenteil, die Territorialgrenzen des Ichs verschwinden – EIN HERZ.

## Mitgefühl und Mitleid

F: *Was ist der Unterschied zwischen Mitgefühl und Mitleid?*

P: Mitleid vermehrt das Leiden, denn dann leiden zwei. Und das macht keinen Sinn.

F: *Jemand erzählt mir sein Leid, ich fühle mit und dann leide ich doch auch mit. Ich kann das nicht unterscheiden.*

P: Okay, das können – fürchte ich – manche nicht, und doch ist da ein himmelweiter Unterschied. Erstens ist Mitleid klebrig. Es hat so etwas Zuckriges, Unechtes. Hinter Mitleid verbirgt sich oft ein riesiges Ego, ein mitleidiges Ego, das besonders gut ist und dadurch besonders groß. Mitleid geht von oben nach unten. Ich bin groß und gut und edel, und du bist arm und schlecht und mickrig, und ich der Große, Gute, Edle habe Mitleid mit diesem armen, mickrigen Kerlchen – das ist Mitleid. Es macht den anderen klein und unwürdig. Das Ego ist groß auf Seiten des Mitleidigen. Und dieses mitleidige Ego ist von dem mickrigen Würstchen völlig abhängig, denn wie könnte es sich so gut fühlen, wenn es all dieses Leid nicht gäbe! Mitgefühl hingegen ist absolut gleich auf gleich, keine Trennung, kein Oben, kein Unten. Und ich kann deshalb mitfühlen, weil ich das Gefühl kenne – kein Unterschied. Im Mitgefühl kann oft Schmerz fühlbar sein, aber es ist kein Leiden!

F: *Jetzt ist gut, jetzt habe ich es begriffen.*

## Tonglen mit Gedanken geht nicht

F: *In der Meditation quält mich der Verstand mit unzähligen Gedanken und Selbstgesprächen. Ich habe experimentiert, habe den Verstand eingeatmet und Stille ausgeatmet. Zwischendurch kommt dann ein kurzer Moment von Sein, aber das ist sofort wieder weg. Sofort kommt der Verstand: „Jetzt ist es da, bababa …"*

P: 1. Verstand einzuatmen funktioniert nicht. Da funktioniert eher „Blumen am Himmel". 2. Nachdem du festgestellt hast, dass es an dem Punkt losgeht: „Jetzt ist es da", heißt das, es geht da los, wo du ein Ziel als erreicht definierst. Also wäre die passende Medizin hier:

„Immer am Anfang!" Sobald der Gedanke kommt – okay, fangen wir von vorne an.

F: *Das mache ich natürlich. Dann habe ich mir gedacht, ich kann doch den Verstand auch beobachten. Er trägt mich ja nicht weg, also kann das auch ein Mittel sein, aber ich weiß nicht, wie ich das anwenden kann?*

P: Genau so, wie du es gerade gesagt hast.

F: *Was habe ich jetzt gesagt?*

P: „Ich kann ihn ja beobachten", d.h., nicht auf die Gedanken draufspringen, ihnen nicht folgen und mitmachen, sondern sie sehen wie Blumen am Himmel. Ja, da kommen Gedankenwolken, ein permanentes Selbstgespräch. Beobachte es einfach als ein Phänomen, das irgendwann angefangen hat und auch irgendwann aufhören wird. Auch das ist kein Hindernis, sondern Herausforderung.

## Atem – Grundlegende Übungen

F: *Ich kann nicht so schnell austauschen wie mein Atem geht …*

P: Atisha gibt ein Hilfsmittel mit diesem Satz: *„Reite dabei auf dem Atem."* Wesentlich ist der erste Satz: *„Übe dich im Eintauschen, im abwechselnden Nehmen und Geben."* Es geht darum, dieses Unangenehme einzuatmen und Glück auszuatmen. Atme einfach fünf Atemzüge lang das eine aus und fünf Atemzüge lang das andere ein. Das Revolutionäre, das Umwendende, bei dem die Grenze zwischen dir und mir verschwindet, ist das Eintauschen. Normalerweise versucht man es ja umgekehrt: Man versucht, sich das Gute zu nehmen und das Schlechte loszuwerden, oder? Hier ist die genaue Umkehrung. Es geht darum, dieses Muster, das Gute behalten und das Schlechte loswerden zu wollen, aufzulösen.

F: *Ja, nicht immer um sich selbst kreisen.*

P: Womit wir wieder bei den vorbereitenden Übungen wären: Erstes Kapitel! Der Faden des ersten Kapitels Atishas geht vom Anfang bis zum Ende durch. Der Faden des zweiten Kapitels geht vom zweiten Kapitel bis zum Ende durch und so weiter. Wir dürfen nie vergessen, die Fäden, die schon da sind, zu beachten. Viele Schriften der Meister sind in dieser Art gewebt. Deshalb lasse ich auch niemanden später ins Retreat kommen. Es ist schwierig, später einzusteigen. Also vergesst nicht, worüber wir vorgestern und gestern sprachen – die vorbereitenden Übungen: die Offenheit, die Ehrlichkeit, das Sich-Öffnen, das Immer-am-Anfang-Sein und das Nicht-ständig-um-sich-selbst-Kreisen, die Berührbarkeit. Jetzt kommen der Faden der Weisheit, der Leerheit und der Faden des Mitgefühls hinzu. Im zweiten Kapitel kommen die Essenz der Übermittlungen seiner Meister und gleichzeitig zwei sehr praktische Übungen hinzu. Und das Ganze in zehn Sätzen. Könnt ihr die Kostbarkeit dessen wahrnehmen?

## Das erste und zweite Kapitel müssen ständig präsent bleiben

Ihr werdet sehen – und das finde ich faszinierend an Atisha –, das erste und zweite Kapitel müssen ständig präsent bleiben. Sonst wird das dritte bis siebte Kapitel ein reiner „Mindfuck". Das Geistestraining so aufzuziehen ist sehr raffiniert von Atisha. Er führt nicht langsam hin, sondern fängt mit einem Paukenschlag an. Und daraus folgt dann alles Weitere. Das ist wunderbar, auch wenn es euch den Boden unter den Füßen wegzieht, aber das ist ja gesund. Denn diesen Boden gab es nie, er ist ein Traum. Man ist die andere Methode gewöhnt, die weit verbreitet ist und auch ihre Berechtigung hat: Erst üben wir die einfachen Dinge, die bei Atisha später kommen, und irgendwann kommen wir dann zur Leere, zum Mitgefühl. Atisha macht es umgekehrt. Erst zieht er den Boden unter den Füßen weg, und wenn das erledigt ist, können wir uns den Rest von dort aus in Ruhe betrachten. Ja? Atisha fragt auch: „Seid ihr bereit? Wollt ihr wirklich Liebe, Wahrheit, ohne Beschönigung, ohne Traum, ohne alles, einfach nackt?"

# 3. Umwandlung widriger Umstände in den Bodhipfad

3.1. *„Wenn Übel die unbelebten und belebten Universen füllt, dann verwandle widrige Umstände in den Bodhipfad."*

3.2. *„Gib einem alle Schuld!"*

3.3. *„Sei jedem dankbar!"*

3.4. *„Verwirrung und Hinderung als die vier Kayas anzusehen, ist der unübertreffliche Shunyata-Schutz."*

3.5. *„Die vier Übungen sind die besten Methoden."*

3.6. *„Was auch immer dir unerwartet begegnet, verbinde es sofort mit Meditation."*

Wir fangen heute Morgen mit dem dritten der insgesamt sieben Kapitel an: „Umwandlung widriger Umstände in den Pfad der Buddhas." Da ist eigentlich schon alles dazu gesagt, eigentlich reichen die ersten zwei Kapitel. Die anderen fünf Kapitel sind weitere Erläuterungen, aber sie beziehen sich immer auf die ersten beiden.

Jetzt wird es praktisch. Aber bevor wir in diesen und in die folgenden Teile eintauchen, ist es wichtig, sich noch einmal daran zu erinnern, was wir ganz am Anfang sagten: Eines der grundlegenden Dinge oder vorbereitenden Übungen, kein Konzept aus irgendetwas zu machen, keine Moral, keine Regel, sondern alles, was Atisha als Werkzeug zur Verfügung stellt, als etwas Weiches, Fließendes zu sehen – nicht als starres Gebot. Wenn wir das nicht beachten, werden ganz eigenartige Dinge daraus entstehen, und ich denke, dass in der Tradition manchmal eigenartige Dinge daraus wurden. Ohne diese Einstellung könnte daraus etwas rein Moralisches, durch Regeln Geprägtes, ja sogar etwas Masochistisches oder Märtyrerhaftes werden. Diejenigen von euch, die aus tibetischen Traditionen kommen, kennen das vielleicht. Ein Merkmal dieses Sanghas ist es, dass er ein wild zusammengewürfelter Haufen ist, und ich liebe Haufen, je wilder und bunter, umso besser. In diesem Haufen haben sich Menschen aus den unterschiedlichsten spirituellen Wegen zusammengefunden. Also lasst es fließend und weich sein!

## Das Buch der Weisheit

Ganz offensichtlich ist Atishas Text eine „Atombombe" und absolut geeignet, Illusion, Traum und Ego sehr schnell zu durchschneiden. Und er ist einfach eine glasklare Übermittlung absoluter Wahrheit und wahrscheinlich für fast alle Situationen ein Werkzeugkasten. Mit diesem kostbaren Werkzeugkasten muss man nicht stur, also nicht im Sinne von Regeln umgehen, sondern im Sinne von neugierigem Experimentieren. Ich hoffe, dass ihr die Kostbarkeit dieser Übermittlung begreifen könnt. Es ist wirklich ein sehr kostbarer Text. Es gibt nicht viele davon, und ihr befindet euch in der seltenen Lage, diese Kostbarkeit trinken zu können. Osho hat im Laufe seiner Diskurse über diesen Text gesagt: „Ich nenne ihn das Buch der Weisheit." Wenn Osho eine solche Aussage trifft, dann hat sie Gewicht. Der Text ist wirklich ein Buch der Weisheit, und es ist empfehlenswert, sich davon nichts entgehen zu lassen. Ich spüre, dass der Text sehr Unterschiedliches bei einigen von euch auslöst. Hier sind Menschen, die schon fünf Retreats besucht haben. Andere sind zum ersten Mal da. Es sind Menschen hier, die in diesem Leben schon lange auf dem Bodhipfad gehen, und Menschen, die gerade auf den Pfad springen, die ihre ersten Schritte tun. Und alle sind gleich wertvoll. Das ist eine Herausforderung an mich und an euch. Die alten Hasen sind zum Beispiel herausgefordert, sich nicht zurückzulehnen und zu sagen: „Ach, das kenne ich ja schon", oder „das ist aber jetzt langweilig, ich geh einstweilen eine rauchen!", oder „ich mache inzwischen ein Nickerchen", sondern dazubleiben. Die jungen Hasen sind herausgefordert, sich nicht von dem Gespenst der Überforderung erschrecken zu lassen. Jeder verdaut das, was für ihn verdaulich ist. Der Rest sind Samen, die jetzt einfach gesät sind und irgendwann aufgehen werden. Da ist kein Problem. Und ich weiß gleichzeitig, dass euer Herz, eure Essenz immer gleich berührt ist, und das ist sowieso das Wesentliche. Versteht ihr das, ihr alten und ihr jungen Hasen?

## Widerstand im Innen und Außen
## Ehrlichkeit als Voraussetzung des Umgangs
## mit widrigen Umständen

Prinzipiell gibt es zweierlei Sorten widriger Umstände: Widrige Umstände, die in einem selbst auftauchen, wie eine Blockade im Innen, und widrige Umstände im Kontext einer Situation, also mehr von außen. Die beiden sind nicht immer ganz genau unterscheidbar, aber es sind zwei verschiedene Geschmäcker von Widrigkeit. Widrige Umstände könnte man auch übersetzen mit Widerstand. Widerstand in einem selbst oder Widerstand, der von außen auf einen zukommt. Was mache ich nun, wenn widrige Umstände auftauchen? Das ist eine wesentliche Frage, denn erfahrungsgemäß tauchen immer wieder widrige Umstände auf, und die Existenz lässt nicht zu, dass wir drüberspringen oder drüberwischen oder uns auf Dauer betäuben oder trösten oder sie auf später verschieben. Oder glaubt hier irgendjemand von euch noch, dass das funktioniert? Wenn ich euch so etwas frage, dann ist es auch ein Appell an eure Ehrlichkeit. Das ist schon der erste wesentliche Punkt im Umgang mit widrigen Umständen. Ich muss mir ja erst einmal eingestehen, dass da einer ist. Bevor ich nicht zugebe, dass hier etwas widrig ist oder unverständlich, unüberwindlich oder unerträglich scheint, bevor ich da nicht ehrlich mit mir bin, habe ich überhaupt keine Möglichkeit, damit umzugehen. Wieder ein Punkt, an dem wir die Wichtigkeit und Notwendigkeit der vorbereitenden Übungen – hier der Ehrlichkeit und Offenheit – sehen können. Ohne Ehrlichkeit und Offenheit können wir gar nicht anfangen, widrige Umstände in den Bodhipfad zu verwandeln.

## Ausweichtaktiken – Blumen am Himmel

Also: Widrige Umstände tauchen auf oder Widerstand taucht auf. Wir können sagen: „Widerstand? Da ist kein Widerstand!" Das kommt immer wieder vor. Das wäre unterdrücken, nicht hinschauen, verschieben, vertagen, vertuschen. Die nächste Möglichkeit ist: „Widerstand? Heute habe ich keine Zeit für so was, ich muss noch die Blumen gießen", oder „Nicht schon wieder dieses Gefühl – ich mag nicht". Das alles sind Taktiken, um dem Vorhandensein von Widrigkeit zu entgehen, das heißt, die Augen zu verschließen oder sich abzuwenden und sich vor dem Erfahren des Widrigen zu schützen. Das kennt ihr alle. Jeder hat es versucht, und irgendwann stellt man fest, es funktioniert nicht, es holt einen von hinten ein. Es kommt nicht wirklich von hinten, aber ihr habt euch inzwischen umgedreht und habt deshalb das Gefühl, es sitzt euch im Genick. Aber man kann sich wieder umdrehen und geradeaus schauen, den Dingen ins Gesicht sehen. Widerstände, Widrigkeiten sind irgendwie auch wie Pflanzen und haben die Eigenschaft zu wuchern, wenn man sich nicht gleich darum kümmert. Aufschieben macht es im Allgemeinen nicht besser, genauso wenig wie das Aufschieben des Unkrautjätens im Garten. Lernt, experimentiert und entdeckt: Wie kann ich mit Widerstand oder widrigen Umständen zaubern? Widerstand und ein widriger Umstand fühlen sich erst einmal sehr stabil an, sehr fest, sehr undurchdringlich. Aber wie wir in Kapitel zwei, erster Absatz gehört haben, gibt es nichts in der Welt der Phänomene, was wirklich stabil und undurchdringlich wäre. Es sind Blumen am Himmel. Auch der Widerstand ist in Wahrheit durchsichtig, löchrig. Was ihn stabil und fest erscheinen lässt, sind die eigenen Gedanken, die man darüberstülpt – so wie bei allem anderen auch.

## Widriger Umstand der Sprache – Segen des Miteinander-still-Seins

Ich habe permanent mit einem widrigen Umstand zu tun, was die Übermittlung angeht: die Sprache. Mir geht es eigentlich in jedem Satsang so, in manchen mehr, in manchen weniger. Hier in meinem Herzen und meinem Geist ist etwas ganz Klares, kristallklar, absolut kristallen, und mein Job hier ist, das irgendwie in Worte zu fassen oder zumindest auf diese Klarheit zu deuten. Und wenn ich dann höre, was aus meinem Mund herauskommt, ist es permanent ein: „Oh, nein!" Das ist ein echter widriger Umstand, der in der Natur der Sache liegt und den ich nie werde beseitigen können. Auch darüber bin ich mir natürlich klar, trotzdem ist da das ständige Bemühen. Wirklich, was mein Herz an Weisheiten teilen will, kommt aus meinem Mund nur als Abklatsch heraus. Trotzdem sind die Worte nicht unwesentlich, denn die Worte können deuten und durchaus große Hilfe sein. Aber es gibt auch Übermittlung ohne Worte. Auch jetzt, während ich spreche, ist sie vorhanden, aber natürlich ist sie ungestörter in den Satsangs, in denen ich nicht spreche. Durch den Satsang mit Worten wird alles Mögliche in euch aufgewühlt und angeregt. Ihr werdet still, aber manchmal werdet ihr auch aufgewühlt, manchmal taucht Widerstand auf, manchmal ist Hingabe möglich, das ist immer wieder verschieden. Und dann sitzen, einfach still sein mit dem, was ist, empfinde ich als sehr wesentlich. Deshalb haben wir zweimal am Tag ein längeres gemeinsames Sitzen ohne Worte, und ich finde es schade, dass einige von euch nicht daran teilnehmen. Wenn ihr nämlich nur die eine Hälfte nehmt, habt ihr gar nichts, außer vielleicht Wissen. Und still zu sein, muss geübt werden. Ich weiß auch, dass es Menschen gibt, für die diese Methode des Sitzens oder „Zazen" nicht die optimale ist, sondern die durch achtsames Gehen oder achtsames Arbeiten einen leichteren Zugang haben. Trotzdem ist das jetzt im Rahmen dieser Retreats die Meditation, die angeboten wird. Ihr seid natürlich frei, aber ich lege euch das ans Herz.

### 3.1. „Wenn Übel die unbelebten und belebten Universen füllt, dann verwandle widrige Umstände in den Bodhipfad."

Atisha benützt da eine Technik, die ich auch gerne verwende, nämlich zunächst einmal von der schlechtesten Möglichkeit auszugehen: Was ist das Schlimmste, was passieren könnte? Und wie wäre es dann? Übel füllt alle unbelebten und belebten Universen – alles ist Übel. Selbst dann, und gerade dann verwandle diese widrigen Umstände in den Bodhipfad. Atisha zerstört damit natürlich jegliche Pippi-Langstrumpf-Vorstellung von: „Ich mache mir die Welt, so wie sie mir gefällt." Jeder hat schon versucht, sich die Welt zurechtzuschnitzen, so wie sie ihm gefällt – und jeder ist gescheitert. Atisha sagt genau das Gegenteil: Versuche nicht, die Welt dir anzupassen, versuche nicht, deine Vorstellung über die Welt zu legen. Im Gegenteil! Lass all deine Vorstellungen weg, und selbst wenn dann alles ganz übel ist, widerstehe dem nicht, sondern wende auch da die Praxis an, indem du offen bist, ehrlich bist, nicht wissend, neugierig bist, die Phänomene als flüchtig betrachtest, als Traum, als Blumen am Himmel – und einatmest und ausatmest. Hinterher können wir schauen, ob es etwas zu tun gibt. Das kann durchaus der Fall sein, wie gestern jemand zu Recht sagte. Aber erst still sein, erst zur Natur des ungeborenen Gewahrseins zurückkommen, erst bereit sein, den Schmerz wirklich zu fühlen, ihn reinlassen und alles, was an Schönem da ist, loslassen, herschenken. Dann haben wir eine gute Position, eine gute Ausgangslage, um wirklich klar zu sehen, ob ich da irgendwelche Vorschläge habe, ob ich aktiv werden muss, ob etwas anzupacken ist oder wie man etwas besser gestalten könnte. Wenn man auf widrige Umstände immer gleich mit dem Willen zur Veränderung, mit Widerstand reagiert, dann erzeugt das einen Aufprall zwischen der Situation und meiner Vorstellung, meinem Wunsch und meiner Ablehnung, meiner Angst. Das erzeugt Krieg. Es führt zu einer falschen Motivation und Sichtweise, nämlich zu Aktionismus. Irgendetwas passiert, was wir als widrig empfinden, und wir wollen diese Widrigkeit nicht erfahren, und *deshalb* handeln wir. Das ist weder die beste noch die effektivste Motivation. Atisha sagt: Sei erst still damit, sieh es als das, was es ist, sieh es mit Klarheit, sieh es als flüchtig an, wie es kommt und geht. Begib dich nicht in Distanz zum tatsächlichen Erfahren, aber sehr wohl in Distanz zu deiner Vorstellung, in Distanz zu deinem Wollen und Nichtwollen. Und sei einfach berührbar, einatmend und ausatmend. So wird unser Handeln nachher nicht ein Handeln, das aus Vermeidung oder Flucht resultiert, sondern ein Handeln aus Offenheit, Klarheit und Mitgefühl. Manches Handeln wird auch wegfallen, aber das, was dann zu tun ist, ist dann klar auf den Punkt gebracht und keine Übersprungshandlung, keine Flucht, kein wildes Um-sich-Schlagen. Ihr seht, Verwandeln im Sinne Atishas wendet keine Gewalt an, ist kein sich Zurechtbiegen der Welt, sondern fordert ein sich Einlassen, fordert Hingabe.

### 3.2. „Gib einem alle Schuld!"

Aber nicht im Sinne von: Ich bin an allem schuld und der schlechteste Mensch aller Zeiten. Deshalb sind die Kapitel 1 und 2 vorher so notwendig! „Gib einem alle Schuld!", ist zumindest in zweierlei Hinsicht bedeutsam:

Erstens heißt es, ich übernehme die Verantwortung für mich. Ich höre auf zu projizieren. „Du bist schuld, dass es mir schlecht geht", ist so ein gewöhnlicher Reflex. Der Hund Josef denkt, dass seine Besitzerin schuld sei, wenn er leidet, weil sie ihm keine Semmeln gibt oder nicht ständig mit ihm schmust. Das ist ein ständiges Nach-außen-Schauen. Dann versucht man, das zu erreichen, was man zu brauchen glaubt, um glücklich zu sein. Und wenn es nicht funktioniert, ist der andere schuld. Daraus entstehen auch die ständigen Beziehungsdramen. Jeder von uns ist prinzipiell erst einmal für sich selbst verantwortlich. Leiden entsteht nicht, weil irgendjemand irgendetwas mit mir tut oder nicht tut, sondern Leiden entsteht aus meiner eigenen Haltung. Und es gibt eine Freude, die nichts mit „Schmerz und Freude" als Gegensatzpaar zu tun hat, sondern eine bleibende Freude ist. Sie ist nicht von irgendetwas da draußen abhängig, sondern sie ist unsere innerste Natur, die aufscheint, wenn der Widerstand verschwindet – der Widerstand, den man Ich nennt.

Und das ist der zweite Aspekt dieses Slogans: Das ganze Schlamassel kommt aus der Illusion von Abgetrenntheit, der Illusion von Distanz, aus der Illusion von „Eigen". „Gib einem alle Schuld", heißt dann praktisch: Irgendetwas passiert, irgendjemand benimmt sich auf eine bestimmte Art, und das löst ein Gefühl in mir aus. Dann kann ich sehen, okay, da mag irgendwas passiert sein da draußen. Es hat etwas in mir ausgelöst, aber jetzt ist es *mein* Gefühl. Schließlich ist es ja in mir drin, und es könnte durchaus sein, dass ein anderer Mensch in derselben Situation ein völlig anderes Gefühl empfindet. Es besteht also gar kein direkter zwingender Zusammenhang zwischen dem Ereignis und meinem Gefühl. Aber von diesem Zusammenhang gehen wir normalerweise immer aus, und dann sagen wir: „Du bist schuld!" Wenn ich mein Gefühl wieder zu mir zurücknehme, dann erfahre ich es und fertig. Und auch hier gilt wie bei „Wenn Übel alle Universen erfüllt ...", *danach* können wir schauen, ob es irgendwas zu klären gibt, ob es irgendetwas zu besprechen oder klarzustellen gibt. Der Satz bedeutet auch nicht, dass man nicht klar sehen oder nicht klar aussprechen könnte, wenn irgendjemand einem anderen Schaden zufügt. Im Gegenteil, das geht viel klarer, wenn ich erst einmal mein Gefühl in meine Verantwortung übernehme.

### 3.3. „Sei jedem dankbar!"

Erstens sind wir alle zumindest mal eine „große Familie", zweitens, wie Buddha sagt: „Dies ist, weil jenes ist. Dies ist nicht, weil jenes nicht ist." Das heißt: Der Schmetterling da draußen ist, weil ihr hier seid, und ihr seid hier, weil der Schmetterling da ist. Und das heißt es wirklich, das ist kein Bild. Seht, alles, was jetzt ist, ist Eines, ist *eine* Musik, aus der wir nichts herausnehmen können. Wir können nicht sagen, ich finde alles ganz nett, nur diesen Teil möchte ich rausschneiden, der gefällt mir nicht. Das funktioniert nicht, denn es ist Eins. Deshalb sei *allem* dankbar!

Der zweite Aspekt: Wenn jemand nett und freundlich zu uns ist, dann sind wir sowieso meistens dankbar, darüber braucht man nicht zu reden. Wenn aber jemand nicht nett zu uns ist oder nervt oder unsere so wohl gepflegte Ruhe durcheinander bringt, dann wird es interessant, denn genau dieser Mensch oder dieses Wesen bietet einfach Gelegenheit zu üben. Das ist eine Gelegenheit, zu prüfen: Wo stehe ich? Es ist eine Chance, klarer zu sehen: Wo genau erwischt mich diese Schwingung, wo ist bei mir die Stelle, in die dieser Störenfried „einhaken" kann? Deshalb sind solche Menschen oder Umstände, die nervig sind, äußerst wertvoll. Wir brauchen diese Reibung. Wir brauchen die Gelegenheit, zu spiegeln, zu prüfen, dazubleiben und Gelassenheit zu üben. Deshalb nahm Atisha den bengalischen Teejungen nach Tibet mit.

Wenn wir all dies wirklich beherzigen, lernen und üben, jedem dankbar zu sein, dann verschwindet auch die Unterteilung, das Urteil darüber, was jetzt wirklich für mich gut und was schlecht ist. Denn ich kann ja alles nutzen. Und die Dankbarkeit wächst weiter. Die Dankbarkeit selbst ist ein wunscherfüllendes Juwel. Und ich habe das wirklich ausprobiert und probiere es auch ständig mit allem. Ich finde definitiv nichts, was nicht nutzbar wäre. Ich suche weiter. Wenn ich etwas finden sollte, werde ich es euch sagen. Bis jetzt finde ich jedoch nichts an Erfahren in mir und nichts in dem, was mir widerfährt, was nicht nutzbar wäre, was nicht verwandelbar wäre, was man nicht in den Bodhipfad verwandeln könnte, worin kein Schatz läge. Ihr wisst, dass ich kein sonderlich romantischer Mensch bin. Wenn ich also sage, dass alles nutzbar ist, decke ich damit nichts Beruhigendes darüber, sondern ganz im Gegenteil: Mitten in dem kratzigen, unangenehmen Begegnen, in tiefster Berührtheit und Verletzbarkeit stellt man fest: Da ist ja eine Gelegenheit, etwas Wertvolles enthalten, und in meinem Erfahren verschwindet dann die Unterscheidung.

Zu sagen „in meinem Erfahren" ist dabei ganz wichtig. Wenn ich so spreche, dann spreche ich davon, wie es *mir* mit irgendwas geht, was *mir* widerfährt. Ich spreche nicht so, wenn es um das unangenehme Erfahren eines anderen Menschen geht – das wäre zutiefst respektlos. Wenn jemand krank oder seelisch verletzt ist, würde ich nie sagen: „Das ist jetzt ein Schatz für dich." Wenn mich jemand danach fragt, kann ich ihn natürlich herausfordern oder darauf hinweisen, dass er das vielleicht für sich entdecken kann. Aber mir ist wichtig, auch seinen Schmerz zu würdigen als das, was er ist.

### Geschichten im Leben wiederholen sich wie Blumen am Himmel

Eine Teilnehmerin berichtet von einer Situation mit Handwerkern, bei der sie sich betrogen fühlte.

P: Es kommt öfter vor, dass der Geschmack der Geschichten sich wiederholt. Das ist das Rad von Samsara. Ähnliche Situationen, in denen du dich auch betrogen gefühlt hast, kennst du vielleicht schon. Das zieht sich dann wie ein roter Faden immer wieder durch dein Leben, und immer wieder hattest du Recht, und immer wieder haben sie dich trotzdem betrogen. Es ist, als ob die Mauern deines inneren Kellers feucht sind. Man muss tief graben, um sie wirklich trocken zu legen. Und dazu dienen die Losungen von Atisha. 1. Ehrlich sein. Sag dir: „Okay, mag sein, dass ich Recht habe, aber meine inneren Wände sind auch feucht, irgendwas ist da faul." 2. „Blumen am Himmel." Häuser kommen, Häuser gehen, und das

Gewahrsein bleibt. Wieder anhalten, zurückkommen, ruhen in der grundlegenden Essenz. Das beruhigt die Aufregung. Und wenn du das ernsthaft praktizierst, löst du diesen widrigen Umstand auf. 3. Du nimmst deine Bitterkeit, deinen Hass, deine Wut, deine Hilflosigkeit und dein Dich-betrogen-Fühlen zu dir herein. Du leistest keinen Widerstand mehr, es reinzulassen. Mache Platz in dir! Du lässt es rein, und alles, was an Gleichmut, an Ruhe, an Liebe, an Großzügigkeit vorhanden ist, schenkst du her. Und das immer wieder – nicht nur einmal. Wieder und wieder. 4. Und *dann* schaue noch einmal hin. 5. Und wenn du dann immer noch den Eindruck hast, das Universum sei voller Übel, dann kannst du auch das in den Bodhipfad verwandeln. Nimm das ohne Widerstand. Nimm es als Herausforderung. Du kannst dann die Gelegenheit nutzen. Du weißt zum Beispiel, dass es viele Menschen gibt, die ähnlich fühlen wie du, und genau in diesem Moment bist du ihnen ja sehr nah, denn du hast die ganze Wut und den Ärger, die Bitterkeit und die Hilflosigkeit gerade sehr präsent. Und wenn du schon dabei bist, dann kannst du gleich auch die Bitterkeit, die Hilflosigkeit und die Wut von anderen, denen es genauso ergeht wie dir, mit reinlassen und schenkst Großzügigkeit und Gleichmut her. So wandelst du die Widrigkeit in eine wunderbare Gelegenheit, Mitgefühl zu üben. 6. So hast du die Verantwortlichkeit und die Freiheit zu dir genommen. Und wenn das halbwegs freudig, leicht, unverkrampft geht, dann kannst du vielleicht die Bitterkeit deines Feindes auch mit reinnehmen. Und dann schaust du wieder, und du wirst mit anderen Augen schauen. 7. Und jetzt kann Dankbarkeit aufsteigen für diese wunderbare Gelegenheit. So bekommst du deine inneren Wände trocken, und das ist eine Million Mal wichtiger als das Haus. Es ist wichtig, Prioritäten zu setzen! Denn sonst „wurschteln" wir immer im Außen herum, aber unser inneres Haus steht auf Sand. Trotzdem kann es sein, dass du dann immer noch zum Anwalt gehen musst, aber es wird einen völlig anderen Geschmack haben. Ich danke dir für das wunderbare Beispiel im Namen aller, denn ihr kennt das alle.

## Widriger Umstand „Langeweile"

Ich habe mich heute Mittag mit dem Phänomen Langeweile beschäftigt. Was ist Langeweile? Ich habe versucht, das zu eruieren, und habe dazu zwei Menschen befragt. Meine Art ist es, alles zu erforschen, aber bei manchen Dingen ist das inzwischen schwierig, weil ich sie nicht mehr von mir selbst kenne. Ich weiß nicht mehr, wann mir zuletzt langweilig war. So muss ich manchmal Leute fragen: „Wie ist denn das?" Ein weiterer wichtiger Punkt im Umgang mit widrigen Umständen ist: Ich will wissen, was genau das ist, was da so kratzig auf mich zukommt? Ich gebe mich nicht mit der grauen glatten Oberfläche der Langeweile zufrieden. Ich will nicht intellektuell, sondern existenziell wissen, was das ist. Kennt ihr diese Neugier des Erforschens? Sie ist sehr hilfreich. Langeweile heißt zunächst eine lange Weile, viel Zeit und nichts drin. „Langeweile" bezeichnet also eigentlich den Raum in der Zeit. Ein leerer Raum erscheint einem immer größer als ein gefüllter Raum. Und eine leere Zeit, in der gerade nichts passiert, erscheint einem länger. Für Polizisten, die irgendwo Wache stehen, sind zwei Stunden lang. Wenn ihr einen guten Film im Kino anschaut, sind zwei Stunden kurz. Dann frage ich mich: Könnte nicht die Langeweile eine versteckte Vorstufe von Stille sein? Zeit, in der nichts ist. Stille, Raum, keine Bewegung. Nur der Verstand ist das nicht gewöhnt. Der Verstand will Aktion und ständige Unterhaltung. Wenn man gerade keine Unterhaltung hat, dann schafft man ein Problem, um daran ein bisschen rumkauen und es wiederkäuen zu können. Versucht doch mal, Langeweile da sein zu lassen! Der normale Reflex bei Langeweile ist entweder einzuschlafen, zu fliehen oder die Zeit zu füllen. Versucht mal, die drei wegzulassen und dieses graue, nichts Sagende hereinzulassen, zu umfassen und zu durchdringen. Guckt doch mal, ob da nicht ein Schatz verborgen ist. Langeweile gehört zu den Dingen, von denen ich den Eindruck habe, dass der Verstand der meisten Menschen sie fürchtet wie der Teufel das Weihwasser und sofort wegrennen will. Und immer, wenn ich auf Phänomene stoße, die der Verstand fürchtet, habe ich das Gefühl, dass das eigentlich – im Sinne eures Ziels – interessante Phänomene sein müssen. Vielleicht gibt es eine Verwandtschaft der Langeweile mit der Stille, oder sie ist eine Brücke zur Stille. Aber, und das ist ein weiterer wichtiger Aspekt der Langeweile, sie hat auf der anderen Seite eine Verbindung zur Gleichgültigkeit. Dazu ist mir aufgefallen, dass einigen von euch im Satsang an bestimmten Stellen manchmal langweilig wird, zum Beispiel wenn jemand seine Geschichte länger erzählt. Insbesondere den alten Hasen wird es dann langweilig. Das ist ein interessantes Phänomen, denn ich frage mich: Wo seid ihr da mit eurer Aufmerksamkeit? Seid ihr bei der Geschichte oder seid ihr bei dem Menschen, der die Geschichte erzählt? Denn mich wundert, dass mir nicht langweilig ist. Jemand erzählt eine längere Geschichte, und manchmal ist das notwendig, und ich bin die ganze Zeit bei dem schlagenden Herz hinter der Geschichte. Ich höre die Geschichte auch mit Interesse und schaue mir die Vernetzung an, aber ich bin mit meinem Herz bei dem Menschen, und deshalb wird es mir nicht langweilig. Das ist das erste Resümee meiner vorläufigen Untersuchung. Wenn der Geschmack der Gleichgültigkeit auftritt, dann wird es wirklich langweilig. Unter Umständen kann auch noch Arroganz hinzukommen, die sagt, „was muss der so eine lange Geschichte erzählen …?", und dann wird es richtig giftig.

Wie kann man also die Widrigkeit der Langeweile in den Bodhipfad umwandeln? Trotzdem dableiben, nicht abhauen, innerlich nicht und äußerlich nicht, sondern dieses Gefühl der Langeweile, dem man normalerweise zu entgehen versucht, zur Abwechslung einfach empfinden, da sein lassen und es in der Tiefe erforschen, es zum Anlass nehmen für mehr Weite, für mehr Wachheit – und nicht zum Anlass für mehr Schlafen. Habt ihr Lust, dies auszuprobieren?

## Widriger Umstand „Überforderung"

Eine zweite Widrigkeit, die anscheinend im Moment bei manchen auftaucht, ist das Gefühl von Überforderung. Einer meiner Lehrer, Dheeraj, sagte dazu oft: „Zu viel heißt nicht genug!" Immer wenn man das Gefühl hat, es sei zu viel, dann ist es nicht genug, d.h., man hat gekniffen. Das ist hart, aber wahr, und es ist ein gutes Schwert und eine Möglichkeit, mit dieser Widrigkeit der Überforderung zu experimentieren: Nicht den Schwanz einziehen, nicht kneifen, nicht sagen: „Ich kann das nie." Sondern sagen: „Okay, fangen wir noch mal an, probieren wir es noch mal." Auch hier wieder erstes Kapitel, die grundlegende Übung: Die Bereitschaft, immer am Anfang zu stehen, immer wieder anzufangen und immer einen Schritt nach dem anderen zu tun, von genau dem Platz aus, an dem ich bin. Viele Geschenke lassen sich in diesem Gefühl der Überforderung finden. Das eine ist Mut, das andere Bescheidenheit. Vielleicht erkennt man auch, dass man versucht hatte, den siebten Schritt vor dem ersten zu tun, und jetzt einfach noch einmal von vorne beginnen muss. Das Gefühl von Überforderung ist auch manchmal Ausdruck von Widerstand. Der Verstand verschließt sich der Herausforderung: „Das geht nicht, es ist zu schwierig." Warum macht er das? Weil es hier für den dualistisch angelegten Verstand gefährlich wird. Dann macht der Verstand euch klein und sagt: „Du kannst das nie! Wie kommst du denn auf die Idee, Unangenehmes einzuatmen? Du hast ja einen Knall! Das überfordert dich! Und die schönen Sachen, die du gesammelt hast, willst du auf einmal herschenken?" Natürlich ist es eine Überforderung für den kleinen Geist, für das Ego. Aber das wolltet ihr ja eigentlich. Das sind wirklich wichtige Punkte, die immer wieder auftauchen werden, und mir ist es wichtig, mit euch darüber zu sprechen. Atisha schenkt uns die Werkzeuge und mir die Gelegenheit. Genau an solchen Punkten steht immer die Frage: Was will ich? Was wollte ich ursprünglich? Und dann taucht die Möglichkeit auf, sich wieder zu öffnen und wieder weicher zu werden, mehr weiches Fell zu kriegen, mehr Grenzenlosigkeit zu erfahren.

## Ich kenne keine Feinde

Ich selbst musste mich im Üben mit den Losungen dieses Kapitels nach einigen Jahren fragen: „Was sind Widrigkeiten, gibt es sie überhaupt?" Denn im Üben damit, im Immer-wieder-Entdecken von Schätzen und im Lernen daran, im Weicher-und-weiter-Werden dadurch und im Absorbieren von dem, was als Widrigkeit erscheint, und im Erkennen der Anteile von Projektion, die in Widrigkeiten versteckt sind, findet man irgendwann keine Widrigkeit mehr und fragt sich: Wo sind sie denn? Und genauso geht es mir mit dem Begriff „Feind". Das kenne ich nicht, habe ich nicht, geht nicht, kriege ich nicht geregelt. Das ist ein natürlicher Prozess, der sich genau durch diese Umkehrung und durch

Austauschen, durch Tonglen, durch Weisheit und Mitgefühl automatisch entfaltet. Wie geht es mir also jetzt mit so was? Kürzlich legte uns der Vermieter der Praxis einen neuen Mietvertrag vor. Ich habe ihn durchgelesen und hatte das Gefühl, dass es einer dieser Verträge ist, bei denen einer alle Rechte und der andere nur Pflichten hat. Wenn mir so was begegnet, dann schaue ich als Erstes, bevor ich handle oder spreche: Was geschieht jetzt dadurch in mir? Angenommen, in mir wäre dadurch irgendeine Form von Empörung oder Zorn oder Wut oder Hilflosigkeit aufgetaucht, dann hätte ich mich erst darum gekümmert. Das war aber nicht der Fall. Der nächste Schritt ist, zu überlegen, wie gehe ich jetzt praktisch vor. Und da habe ich es mir einfach gemacht, indem ich eine Anwältin beauftragte, die Verhandlung für uns zu führen.

Wesentlich sind diese zwei Aspekte: Erstens – und das ist der Punkt, der *immer* als Erstes dran ist – ich schaue, ob sich da irgendetwas in mir bewegt. Wenn das der Fall sein sollte, kann ich die Werkzeuge Atishas anwenden, kann unangenehme Gefühle einatmen und Freundlichkeit ausatmen, kann zurückkehren, kann still sein, kann sehen: aha Mietvertrag – kommt und geht. Praxis – irgendwann hat sie angefangen, wann sie aufhört, weiß ich nicht. Häuser, Mietverträge: Es sind Blumen am Himmel, wirklich Blumen am Himmel, nichts weiter. Was nicht heißt, dass ich mich nicht trotzdem um die Notwendigkeit dieser Blumen kümmere. Aber ich kümmere mich ganz von selbst im rechten Maß darum, und es wird nicht emotional sein. Ihr müsst das Wichtige zuerst machen. Dazu muss man natürlich feststellen oder für sich definieren: Was ist wichtig? Und jeder kann das für *sich* definieren, das ist eure Freiheit. Für mich stehen einfach Wahrheit und Liebe an erster Stelle. Und wenn es für euch auch so sein sollte, dann ist wichtig, erst festzustellen: Ist hier irgendwas in mir selbst zu erledigen? Und erst wenn das erledigt ist, kümmere ich mich um den Rest.

### Nichts jemandem anderem überstülpen

Wenn ich sage: „Ich finde nichts, was nicht nutzbar wäre!", dann meine ich damit Dinge wie Langeweile, das Gefühl von Überforderung, Schmerz, Schwierigkeiten oder Trauer, die ich erlebe – was auch immer an Widrigkeiten auftauchen mag, bis hin zur Thermoskanne, die ich nicht aufkriege. Es bezieht sich wirklich auf *mein* Erfahren und darf nie dazu führen, es jemand anderem zuzumuten. Irgendjemandem geht es schlecht. Er ist krank, Kinder verhungern in Afrika oder Menschen werden in Palästina erschossen. Da habe ich kein Recht, und auch Atisha gibt mir nicht das Recht, zu sagen: „Ja, wird schon zu ihrem Nutzen sein!" Versteht ihr mich? Das ist wichtig, das dient dem Training *meines* Geistes. Ich habe aber nicht das Recht, das jemand anderem – noch dazu aus der Ferne – überzustülpen. Wenn jemand kommt und direkt oder indirekt nach diesem Training fragt, dann werde ich, so wie hier, versuchen, darauf hinzuweisen. Wenn jemand kommt und einfach sagt: „Aua, Halsweh!", dann werde ich ihm einfach Medizin gegen Halsweh geben. Sonst kommt da nicht Mitgefühl, sondern Respektlosigkeit rein.

## Milarepa und die Dämonen

F: *Heute Nachmittag in der Meditation hat es sich angefühlt, als wenn ein Intercity mit 250 km/h über mich drüber gefahren wäre. Eine solche Bilder-, Film- und Gedankenflut habe ich selten erlebt.*

P: Ich glaube, du hast versucht, diese Flut zu sortieren. Es geht nicht darum, dass du diese Flut herausprojizierst und von dir weg bringst. Da ist diese Flut, und sie erscheint dir grauenvoll, sie erscheint dir unentrinnbar, sie erscheint dir tödlich, sie erscheint dir zu viel. Und trotzdem gilt auch hier: Es ist eine Projektion deines Geistes, nichts weiter.

F: *Das ist mir klar. Aber es nützt nichts, es überrollt mich.*

P: Dann lass es dich doch überrollen. Es gibt dazu eine Geschichte von Milarepa. Eines Tages kam er nach Hause in seine Höhle, und da war eine ganze Bande Dämonen. Die Dämonen haben seine Bücher durcheinander geworfen, haben sein Essen gegessen und alles umgeräumt, ein Chaos hinterlassen. Das war eine ganze Flut von lästigen Dämonen. Dann hat er sich gedacht: „Was machen wir jetzt?" Als Erstes hat er ihnen den Dharma gepredigt. Er hat ihnen von Mitgefühl und Projektion, von Nicht-Ich und von Befreiung erzählt. Das hat die Dämonen überhaupt nicht in ihrem Werk gestört, sie haben weiterhin geschmatzt und mit Schriften um sich geworfen und Ball gespielt. Also hörte Milarepa auf zu predigen und sagte zu den Dämonen: „Aha, es scheint so, als würden wir jetzt hier gemeinsam leben, dann müssen wir uns irgendwie einrichten." Daraufhin sind fast alle verschwunden, bis auf einen. Ein besonders hartnäckiger Dämon ist geblieben und tobte herum. Da hat sich Milarepa in das Maul dieses Dämonen gelegt und gesagt: „Friss mich!" Daraufhin ist dieser Dämon auch verschwunden.

## Widriger Umstand „Text vergessen"

Bei manchen von euch taucht der widrige Umstand auf: „Ich kann mir diesen Text nicht merken."

Erstens müsst ihr ihn euch gar nicht merken. Es geht ja nicht darum, es zu lernen, sondern etwas auszuprobieren. Und was wichtig für euch ist, bleibt automatisch hängen, sofern ihr es mehr „verherzt" als versteht. Ihr müsst euch also überhaupt nicht anstrengen, euch irgendetwas zu merken. Zweitens ist es so, dass das Hirn sich sowieso alles merkt. Nichts geht verloren. Es ist nur eine Frage des Zugriffs. Eigentlich ist das eine schreckliche Vorstellung: Alles, was du in deinem Leben je gesehen, gehört, erfahren hast, ist gespeichert. Wir haben nur nicht auf alles Zugriff, was sehr praktisch ist, denn das wäre eine ziemliche Informationsüberflutung. Es gibt einen Mechanismus, der auswählt und bestimmt, auf was ich jetzt zugreifen kann und auf was nicht. Natürlich verstecken sich in diesem Mechanismus oft auch Konditionierungen und Muster. Dann erlebe ich auf einmal eine Sperre, der Zugriff wird auf Grund irgendeiner verhärteten Struktur verweigert. Das heißt: Der Zugriff wird umso leichter, je mehr Entspannung da ist. Und drittens werde ich euch den ganzen Text Atishas nach dem Retreat zukommen lassen.

## Eigene Stärke entdecken und anwenden

*„Widrige Umstände in den Bodhipfad umwandeln"* ist ein so wunderbares Kapitel, weshalb wir uns jetzt schon relativ lang damit aufhalten. Hier liegt für jeden, der sich darauf einlässt, das Potenzial, seine eigene Stärke

zu entdecken. Eine Stärke, auf die man immer zurückgreifen kann. Und ihr könnt mit diesen Slogans Vertrauen entdecken, eine Stärke, eine Gewissheit, dass es möglich ist, mit allem umzugehen. Was auch immer passiert, es ist möglich, es umzuwandeln, es ist möglich, damit umzugehen, es ist möglich, die Natur von allem zu sehen. Und so ist es ganz wunderbar, wenn in diesem Üben und in diesem Entdecken der eigenen Stärke Widrigkeiten auftauchen, denn damit habe ich die Gelegenheit, es auszuprobieren. Diese Stärke ist in jedem von euch. Der ganze Text handelt davon, dass das alles in euch vorhanden ist: Die Natur des ungeborenen Gewahrseins, die Fähigkeit des Mitgefühls, die Kapazität der Alchemie des Herzens, die notwendige Stärke, der Mut. Alles ist vorhanden, wir bringen es hier nur zum Klingen. Ihr werdet darauf aufmerksam und entdeckt, was vorhanden ist. Nichts ist irgendwo draußen zu suchen, es ist alles schon da. Und Atisha gibt einfach Tipps, dies zu entdecken.

### 3.4. „Verwirrung und Hinderung als die vier Kayas anzusehen, ist der unübertreffliche Shunyata-Schutz."

Shunyata heißt Leere, und Kaya heißt Körper. Die vier Kayas sind die vier Körper. Das muss ich ein wenig erklären. Allerdings befinden wir uns hier an einem Punkt, an dem alle Worte nicht ganz richtig sind. Was ich hier zu erklären versuche, ist nicht wirklich mit Worten zu erfassen. Bitte beherzigt das beim Hören. Es ist nur ein Versuch, euch einen Geschmack der Kayas zu vermitteln. Es ist buddhistische Physik und Psychologie zugleich. So funktioniert die Welt draußen und die Welt drinnen. Und es ist sehr einfach. Man sagt dazu auch die vier Körper Buddhas, ihr könnt sie auch meine vier Körper nennen oder die vier Körper der Welt oder die vier Körper der Existenz. Es trifft auf alles zu. Der erste Körper heißt *Dharmakaya*, der Wahrheitskörper. Dharmakaya ist offener Raum, Leerheit. Der zweite heißt *Sambhogakaya*, der Genuss- oder Glückseligkeitskörper. Offenheit und Leerheit sind kein Vakuum. Eine Art Glitzern tritt auf. Da ist Freude drin, da ist ein Hauch drin – der göttliche Hauch voller Freude – Sambhogakaya. So kommt in diese Offenheit Bewegung rein, eine

Bewegung noch ohne Form. Auch Glitzern ist nur ein Wort, das ich benutze. Es ist nicht wirklich Glitzern, aber so etwas wie Glitzern. Kennt ihr das, wenn ein Windhauch in die Birken bläst? Aber auch das ist es nicht wirklich. Sambhogakaya ist wirklich ein Glückseligkeitskörper: Die Leere darf man um Himmels willen nicht als Abwesenheit missverstehen, sie ist vielmehr totale Anwesenheit – kein Vakuum, sondern Fülle. Diese Leere *muss* in das Flirren, in das Glitzern, in diese energetische, glückvolle, freudvolle Bewegung geraten. Es geht gar nicht anders. Und aus diesem ursprünglichen Hauch des Göttlichen, aus dieser glücklichen, glückseligen Beweglichkeit, aus dieser reinen Bewegung ohne Form – selbst das Wort Energie wäre hier sehr missverständlich – entsteht Manifestation: *Nirmanakaya*, der dritte Körper. Nirmanakaya ist Manifestation, Form jeder Art, alle Körper, die man als Körper kennt, Formen, Gedanken, Emotionen, auch Handeln. Alles, was entstehen kann, entsteht *daraus* – und zwar in jedem Moment neu. Um euch und in euch zugleich. Deshalb ist es Physik und Psychologie gleichzeitig. Physik erforscht die Welt draußen. Psychologie erforscht die Welt drinnen. Der vierte Körper heißt *Svabhavikakaya* und bedeutet einfach, dass diese drei Körper wiederum nicht von einander zu trennen sind. Alle drei miteinander sind Svabhavikakaya. Ihr habt die drei Körper, und dann die Nichttrennbarkeit dieser drei. Das ist praktisch anwendbar. Es kann keine Form geben, wenn da kein Raum ist. Es kann kein Gefühl geben, keine Erfahrung, keine Handlung, wenn da kein Raum ist. Aber auch die Raumhaftigkeit ist immer mit Manifestation verbunden. D.h. in unsere westliche Terminologie übersetzt: Gott kann nicht anders, als die Welt erschaffen. Er braucht gar keinen Grund dafür. Und die Welt ist auch nicht irgendwann, zu irgendeinem Zeitpunkt entstanden, sondern das Entstehen ist eine intrinsische, von innen her erfolgende Notwendigkeit, die ständig besteht und ständig geschieht. Es liegt in der Natur der Nichtsache. Versteht ihr mich? Könnt ihr das schmecken? Und diese Manifestation, genauso wie die Raumhaftigkeit, genauso wie der Glückseligkeitskörper der nichtsubstanziellen Bewegung geschieht die ganze Zeit wie in einem Fluss. Da ist nichts Statisches. Und alle Drei geschehen zugleich. Das heißt: Svabhavikakaya wirft euch, wenn ihr darüber kontempliert, ins Jetzt zurück, sobald ihr in die Versuchung geraten könntet, in die Vergangenheit oder die Zukunft zu gehen. Denn Svabhavikakaya ist die Gleichzeitigkeit und die „Jetzt-zeitigkeit" von all dem. Es ist wie bei einem Dreieck. Es hat drei Ecken, aber ein Dreieck ist es nur durch alle drei zusammen. Wenn du versuchst, eine Ecke herauszunehmen, hast du kein Dreieck mehr. So besteht keine Chance, sich in die Leere zu flüchten, genauso wenig wie in die Form. Es gibt keine Form ohne Leere und keine Leere ohne Form, und dazwischen pulsiert Sambhogakaya. So ist die Welt gebaut, und so seid ihr gebaut.

Jetzt lasst uns vor diesem Hintergrund nochmals widrige Umstände betrachten. Ein Klotz kommt auf euch zu – sei es im Außen oder im Innen, das ist egal, wie wir gesehen haben, dieselbe Gesetzmäßigkeit, dieselbe Struktur. Außen und Innen sind nicht zu trennen. Was ist dieser Klotz? Was ist diese Langeweile? Was ist diese Überforderung? Was ist diese Angst, sich etwas nicht merken zu können? Was ist diese Hinde-rung oder Verwirrung? Das sind alles die vier Kayas. Was euch als so hart, widrig und unüberwindbar und grausig und furchtbar und schreck-lich erscheint, sind in Wirklichkeit nichts anderes als die vier Kayas, denn es gibt nichts anderes. Alles, alles ist so gebaut. Wenn ihr solch einen Widerstand oder widrigen Umstand im Außen als die vier Kayas sehen könnt, ist das eine wundervolle Sache, denn sofort verschwin-det die Stabilität dieses Dings. Es wird als das erkennbar, was es ist.

Und jetzt ein eigenartiger Satz: „Der unübertreffliche Shunyata-Schutz." Shunyata ist die Leere, und welchen Schutz braucht die Leere? Es geht hier um Treue. Wenn ihr auf die eben beschriebene Weise, mit dieser Haltung, mit diesem Erkennen und diesem Erforschen auf das, was auch immer euch begegnet, zugehen könnt und ihr die Wirklich-keit, die Wahrheit, die Stille wieder in dem entdecken könnt, *das* ist Treue zu Shunyata.

F: *Ist diese Gleichzeitigkeit der Kayas auch für mich wahrnehmbar, wenn ich jetzt zum Beispiel die Berge sehe? Kann ich auch sehen, dass alles in jedem Moment neu geschaffen wird? Physikalisch kann ich es mir vorstellen. Aber meine Frage ist, ob ich es auch erfahren kann.*

P: Prinzipiell ja. Wenn ich es kann, warum sollst du es nicht können? Lade nicht die Last eines Ochsens auf eine Kuh, sondern fang da an, wo es einfach geht. Du bemerkst, wie der Atem mit jedem Atemzug entsteht und vergeht und wie sich der Atem mit dem deines Nachbarn vermischt. Du atmest das ein, was dein Nachbar gerade ausgeatmet hat. Seine übrig gebliebenen Sauerstoffmoleküle baust du jetzt in dein Hämoglobin ein. Und umgekehrt. Dann nimm den Tanz der Kayas in einer so einfachen Sache wahr, und dann ist es vielleicht als Nächstes mit Bäumen, Blättern, Jahreszeiten, Leben möglich. Und mit den Bergen hört es dann auf. Es geht nicht darum, in den Bergen ein Flirren von Sambhogakaya zu sehen. Das ist überhaupt nicht der Punkt. Es geht um die Tiefe in allem und um die „Jetzigkeit", die Augenblickhaftigkeit, die Flexibilität in allem. Nichts ist eingefroren. Es ist immer durchsichtig, und überall gibt es Lücken, die sehr nützlich sein können.

**Freude und Leid sind zwei Seiten einer Münze. Und was ist dann Glückseligkeit?**

F: *Zu den Kayas: Wie merkt man, ob man auf dem richtigen Pfad ist oder sich beim Meditieren wieder verläuft? Wenn Freude, Glück hochkamen, war das für mich immer ein Indiz dafür, auf dem richtigen Weg zu sein. Dann hatte ich das Gefühl: Jetzt bin ich in Meditation. Aber es kommt immer wieder zur Sprache, dass auch diese Freude, dieses Glück flüchtige Erfahrungen und Gefühle sind.*

P: Freude und Glück sind sicher ein Ausdruck von Entspannung, also ganz bestimmt die richtige Richtung. Das heißt aber nicht, dass sie immer da sein müssen.

F: *Es gibt Freude und Leid. Das ist ja eine Münze mit zwei Seiten. Diese Glückseligkeit des Sambhogakaya ist aber etwas anderes, oder?*

P: Das hat nichts mit der Münze zu tun, sondern Sambhogakaya ist im Schmerz und in der Freude gleichermaßen. Weil auch Schmerz ein Phänomen ist, ist er genauso aufgebaut. Wahrheitskörper, Freudekörper, Manifestationskörper, Alles-zusammen-Körper. Jedes Phänomen ist so, innen und außen. Also auch Schmerz.

F: Aber da ist ein ganz feiner Unterschied zwischen Sambhogakaya oder dem, was Osho Liebe nennt, und dieser „normalen", bedingten Freude.

P: Ja, da ist ein Unterschied. Sambhogakaya und das, was Osho und Jesus Liebe nennen oder was Liebe *ist*, ist völlig unabhängig von irgendwelchen inneren oder äußeren Zu- oder Umständen. Sie ist unabhängig von der Anwesenheit von Freude oder der Abwesenheit von Schmerz. Um bei Osho zu bleiben: Oshos Liebe oder Oshos Glückseligkeit waren bestimmt dieselben, ob er jetzt gerade Gelenkschmerzen hatte oder nicht. Das heißt, es gibt etwas, was kein „Etwas" und völlig frei ist. Es ist deine Natur, genauso wie Oshos Natur. Und diese Natur nennt Osho Buddhanatur. Eine Eigenschaft – wenn man das so sagen will – der Buddhanatur ist die Liebe. Das ist einfach so. Das ist eine bedingungslose und nicht fokussierte Liebe. Genauso ist auch die Glückseligkeit bedingungslos. Sie ist sehr fein und in allem enthalten. Mit „in allem enthalten" kommen wir jetzt zum Freudekörper. Er ist überhaupt die Ursache jeglicher Manifestation! Ohne das passiert nichts. Kriegst du einen Geschmack davon?

F: Wie kann ich bedingte und wahre Freude unterscheiden? Ich glaube, da gibt es keinen richtigen Hinweis, das kann ich wahrscheinlich nur spüren.

P: Du kannst es spüren. Und das, wovon Osho spricht, ist immer da, egal, was ansonsten los ist. Ein deutliches Zeichen dafür, dass Meditation passiert, ist, dass der Geist ruhiger wird. Das Geschnatter wird weniger, Lücken treten auf. Das ist sicherlich ein deutliches Zeichen, Entspannung, Pausen oder einmal auch eine große Pause. Dann – keine Worte. Wie soll ich dir mit Worten beschreiben, was zwischen den Worten ist?

F: Also es ist die richtige Richtung, es ist ein Indiz, dass Meditation passiert. Aber man geht trotzdem darüber hinaus, man geht tiefer.

P: Immer! Immer weiter, kein Ende. Du entspannst, im Geist auch, es tauchen Lücken auf – du lässt es zu, und du lässt dich in die Lücken fallen. Und dann schau, was passiert. Was dann passiert, wird sicher okay sein.

F: *Meine Unsicherheit kommt daher, dass diese Lücken äußerst selten sind, aber die Glückseligkeit oft da ist, und trotzdem noch Gedanken da sind ...*

P: Dann probier etwas anderes. Da ist diese Glückseligkeit – fühlbar. Fühl diese ganz, fühl die Glückseligkeit bis in jede einzelne Zelle, sodass jede Zelle davon vibriert. Und wenn du den Eindruck hast, jetzt sei alles voll davon, dann lass die Glückseligkeit los. Und dann schau, was passiert. Das ist ein ganz bewusstes Loslassen. Nicht, weil einem die Konzentration, die Gedanken abschweifen und es sowieso verschwindet, vielmehr ist es ein ganz bewusstes Loslassen. Das ist eine Methode, die Buddha gelehrt hat.

**Verstehen ohne Hirnkrampf**

F: *Ich versuche, das alles zu verstehen, und es geht nicht. Ist das ein widriger Umstand?*

P: Der Versuch, mit dem Gehirn verstehen zu wollen, was das Gehirn nicht verstehen kann, ist ein widriger Umstand, ja.

F: *Und jetzt sollte ich das in mein Herz nehmen?*

P: Du kannst in dein Herz nehmen, was fühlbar ist, zum Beispiel die Hilflosigkeit. Man atmet nie etwas Abstraktes ein. Tonglen geht nicht mit Gedanken, Wörtern oder Begriffen, sondern nur mit Fühlbarem. Es ist bestimmt manchen so ergangen, dass sie versucht haben, Gedanken oder Worte einzuatmen. Das geht nicht. Es ist immer konkret, ist fühlbar. Und du atmest deine Freude aus. Und das ist ein Wunder. Indem du das ausprobierst, wird echtes Verstehen möglich. Das nenne ich existenzielles Verstehen.

F: *Ah, ja, so kann ich Wunder an allem erfahren ...*

P: Genau, so hast du jetzt in zwei Minuten und ohne Hirnkrampf verstanden, was Atisha sagt.

F: *Ah – ich sitze hier und staune.*

P: Staunen ist so wunderbar. Dann hörst du mit den Ohren, und mit dem Mund auch noch. Das ist das, was das Staunen macht. Und dann geht es direkt ins Herz, wo Verstehen passiert.

F: *Gestern habe ich versucht, Kapitel 1 zu erinnern. Alles vergessen! Aber jetzt fühlt es sich wunderbar an.*

P: Genau! Damit jetzt zum Beispiel du zu diesem „Wunderbar" ge-langst, war es durchaus nötig, dich an den Kapiteln 1, 2, 3, 4 anzu-stoßen und „Ah" und „Hilfe" und „das geht nicht" zu sagen. Das heißt auch, *diese* widrigen Umstände, die dann auf die eine oder andere Art auftauchen, oder meine Unverschämtheit, euch mit so etwas zu konfrontieren, sind hilfreich.

F: *Alle widrigen Umstände sind hilfreich.*

P: Ja, wie man sieht. Weil dann kommt „Ahhhh" und das Wunder.

## Praktische Anwendung der vier Kayas

F: *Wie kann ich den Satz über die vier Kayas praktisch anwenden?*

P: Da sind z. B. ein Gedanke und die damit verbundenen Gefühle, und daran hängt ein Schwanz von Verhaltensweisen. Dieses ganze Ding erscheint dir als etwas Widriges und sehr Unangenehmes und Fes-tes. Und du hast das Gefühl, da nicht durchzukommen. Ein widri-ger Umstand. Wenn du es aber genauer betrachtest, siehst du, dass es nicht *ein* Ding ist. Es ist Gedanke, es ist Gefühl, es ist Handlungs-weise. So kannst du es schon einmal in deiner Beobachtung aus-einander nehmen, wodurch es schon weniger stabil wird. Und dann fragst du dich: „Am Anfang kam der Gedanke, dann das Gefühl und dann die Handlungsweise. Und wo kommt der Gedanke her?"

F: *Aus dem Verstand. Oder aus dem Ego?*

P: Nein. Beobachte! Ich will keine gewusste Antwort, sondern eine beobachtete. Wo kommt der Gedanke her? Wo fängt er an?

F: *Kann ich nicht sagen.*

P: Das ist die korrekte Antwort. Ja, du findest es nicht. Gedanken ma-chen „blubb blubb blubb". Wir haben zwar wiederum Gedanken-konstrukte, die sagen, dass dieser Gedanke aus meiner Vergangen-heit, aus dem Ego, aus dem „Mind" oder sonst wo her kommt. Aber auch dies ist ein Gedanke. Wenn du richtig nachschaust, kannst du nicht sagen, wo der Gedanke herkam: Er war plötzlich da, blubb.

Vor fünf Minuten war der Gedanke noch nicht da, jetzt ist er auf einmal da. Und in dem Sehen, ganz aktuell: „Gedanke, blubb", erkennst du: „Ich sehe den Anfang von Gedanken nicht." In diesem Erkennen taucht bereits Offenheit auf, tut sich eine Spalte auf. Oder wie geht es dir jetzt damit?

F: *Ja, da schließt sich kein weiterer Gedanke an.*

P: Genau. Das nennen die Tibeter ein Aufblitzen von Shunyata. Erst schien es sehr stabil und konstant und unausweichlich, und du schienst darin verfangen. Aber wenn du es genau beobachtest, blitzt auf einmal Shunyata, Offenheit, Dharmakaya auf. Dann kannst du weiter beobachten: Da ist Dharmakaya, diese Offenheit, die ich vielleicht nur andeutungsweise durch die Spalte wahrnehme. Aber immerhin. Wie kommt jetzt der nächste Gedanke da hinein? Dharmakaya blitzt in dieser Spalte auf, und dann beobachtest du und findest ganz automatisch Sambhogakaya – dieses Flirren oder die substanzlose Bewegung in Freude. Und daraus kommt die Manifestation, in diesem Fall die Manifestation von Gedanken. Und auf einmal ist das nicht mehr so erschreckend und so stabil, sondern einfach eine spezielle Form von momentaner Bewegung, von momentaner Manifestation. Genauso geht das mit dem Gefühl. Das ist die praktische Anwendung von: „Verwirrung als die vier Kayas ansehen, ist der unübertreffliche Shunyata-Schutz."

F: *Das hebt dieses An-die-Vergangenheit-gefesselt-Sein auf.*

P: Deshalb nennt Atisha dies eine vortreffliche Methode. Es hebt letztlich auch deinen Glauben auf, das immer wieder wiederholen zu müssen. Freiheit!

**Ihr seid intelligenter, als ihr glaubt**

Verstehen und Nicht-Verstehen sind immer noch ein Thema für euch. Eine Frau berichtete mir, dass sie im letzten Retreat den Eindruck hatte, gar nichts zu verstehen. In den folgenden Monaten jedoch merkte sie, dass immer zur rechten Zeit die richtige Erinnerung kommt, dass also Verstehen sehr wohl passiert ist. Nur passiert es oft auf andere Art, als ihr es erwartet. Ihr kennt vielleicht das Lernen in der Schule oder an der Universität. Das hat seinen Sinn und eine bestimmte Methode. Man bekommt eine Aufgabe und muss sie lösen, oder man muss etwas auswendig lernen oder analysieren und das Ergebnis dann dem Lehrer zeigen. Und Noten gibt es auch noch. Diese Art von Lernen kennen die meisten von euch, und viele hassen sie oder haben sie in schlechter Erinnerung. Es gibt aber auch ein anderes Lernen, Studieren und Verstehen. In den meisten spirituellen Traditionen ist immer auch studiert worden, bei den Christen genauso wie bei den Sufis und den Buddhisten. Das ist eine andere Art von Lernen. Erstens gibt es da keine Noten, zweitens keine Klassen, drittens hat jeder sein eigenes Tempo, und das ist okay. Viertens gibt es nichts zu verpassen, weil alles immer wiederkommt. Und für den einen ist diese Form, für den anderen jene Form geeignet. Es geht eigentlich um ganz simple Naturgesetze und um Wahrheit, nur immer wieder von einem anderen Aspekt. Für mich selbst ist studieren jetzt so, als ob ich trinken, essen, einatmen würde. Ich verdaue es irgendwie, ich lasse es in meine Zellen, ich experimentiere. Eine sehr ganzheitliche Angelegenheit. Ich denke dabei auch, aber das ist nur ein Teil des Ganzen. Ich bewege es in meinem Herz und lasse das Herz es bewegen. Ich lasse mich davon fressen und ich fresse es – beides. Es ist ein Verstehen aus der Stille heraus, nicht um irgendetwas aufzufüllen, nicht um irgendetwas endlich, endlich zu begreifen, sondern Verstehen mit viel Freude und viel Spiel dabei. Und es ist ein Verstehen, das immer am Anfang steht. Ich zum Beispiel komme jetzt im Lauf des Retreats wieder zu den vier Kayas. Ich kenne den Begriff seit 15 Jahren und habe ihn schon unzählige Male „gegessen" und „getrunken" und mich daran erfreut und schon vor längerer Zeit viel Hilfe und viel Erleuchtung dadurch erfahren. Und trotzdem, wenn ich jetzt wieder an diese Textstellen komme, ist es dasselbe Staunen, völlig neu. Nicht unbekannt für mich, aber trotzdem völlig neu. Und es ist auch jedes Mal eine neue Dimension des Staunens. Denen, die schon länger zu mir kommen, wird vielleicht auch auffallen, dass ich eigentlich oft dasselbe erzähle. Ich wechsle zwar häufig die Form, und das ist auch notwendig, weil der kleine Geist es sich sonst so leicht zu Eigen macht; aber die Botschaft ist immer dieselbe.

## Luzifer und der kleine Geist

Vor einigen Tagen haben wir kurz über den Geist, den Verstand und das Ego gesprochen. Eigentlich ist das die Geschichte Luzifers. Luzifer heißt „der Lichtträger". Er war einer der Erzengel und hatte die Aufgabe, das Licht zu tragen, das heißt die Widerspiegelung des göttlichen Lichts in der Form zu sein. Ein Bote des Lichts. Eine wunderbare Sache – und genau so ist es mit dem Geist auch. Unser kleiner individueller Geist hat diesen Funken, diese Widerspiegelung des großen Geistes, des Lichts, des Göttlichen, der Buddha-Natur, des No-Mind. Und das darf man auch nicht unter den Tisch kehren. Nur ist Luzifer diese Widerspiegelung des Lichtes zu Kopfe gestiegen, und irgendwann sagte er: „Ich bin die Quelle des Lichts, Gott interessiert mich nicht mehr. Ich bin der Herrscher." Das war das Ende seines Erzengel-Daseins. Und so ist er zu dem geworden, was man heute unter Luzifer versteht, ist etwas Übles, etwas Giftiges geworden. Aber er hat immer noch diese Widerspiegelung des Lichts, und das macht ihn auch so verführerisch. Aber er behauptet: „Ich, ich, ich, ich, ich." Und das verursacht das Übel. So wie ich es erfahre und wie es mir ergangen ist, funktioniert es nicht, diesen Luzifer oder diesen kleinen Geist, diesen „Mind" zu töten oder hinauszuwerfen. Das geht nicht, denn wohin soll ich ihn denn werfen? Es geht vielmehr darum, ihn in seinen egohaften Mechanismen zu verstehen und wieder hereinzuholen und an die richtige Position zu setzen. Dann kann er auch wieder seinen Job machen, nämlich das Göttliche widerzuspiegeln. Und das tut mein Luzifer, mein „Mind" jetzt gerade. Deshalb hört ihr hier Worte, was heißt, dass er nicht tot ist, sondern er macht seinen Job, mal besser, mal schlechter, aber er lernt. Aber er sagt nicht mehr: „Ich, ich, ich, ich, ich", sondern er spiegelt einfach. Versteht ihr? So ist das mit dem Geist. Wenn jetzt dieser kleine Geist, dieser abgespaltene Geist, der „ich, ich, ich, ich, ich" denkt, aus seiner Kleinheit und Beschränktheit heraus, das Göttliche zu verstehen versucht, dann ist Frustration vorprogrammiert; was ihn natürlich wütend macht. Man muss ihm sagen: „So geht es nicht." Manche Dinge kann und soll er auch verstehen, und da ist überhaupt nichts dagegen einzuwenden. Alles über einen Kamm zu scheren und zu sagen: „Verstehen wäre prinzipiell schlecht", wäre überhaupt nicht gesund.

Auch hier kommen wir mit solch lapidaren Aussagen nicht um den Tanz auf Messers Schneide herum. Ich liebe diesen wunderbaren, anmutigen, herausfordernden, wach haltenden Tanz. Wenn du der Messerschneide ausweichen willst, bei welchem Thema auch immer, musst du dich auf eine Seite schlagen. Und genau das ist bereits eine Falle des kleinen Geistes. Eine Teilnehmerin kam zu mir und sagte: „Ich weiß nicht, ob ich das mit den Kayas verstanden habe." Ich antwortete: „Nimm das zum Anlass für Übung und Meditation, denn alles ist Anlass für Meditation. Alles ist Anlass für Übung. Du hast das Gefühl: „Ich weiß nicht, ob ich es verstanden habe." Es gibt eine einfache Lösung – fragen. Aber man kann auch erst einmal in einer Introspektion nachprüfen: „Habe ich es wirklich nicht verstanden, oder ist das eine übliche Schleife, die ich immer wieder drehe?" Dieses: „Ich verstehe nicht, ich verstehe nicht, ich verstehe nicht", ist auch so eine Konditionierung. Ihr seid alle wesentlich intelligenter, als ihr glaubt. Ihr müsst es euch zugestehen." Das war der eine Teil meiner Herausforderung an diese Teilnehmerin und der andere war meine Bitte an sie, das Nicht-Verstandene als Frage zu formulieren, und zwar nicht nur für sich, sondern für alle – und damit auch das Mitgefühl gleich mit hereinzubringen, weil es ja immer Leute gibt, die sich nicht zu reden trauen. Also, was hast du nicht verstanden?

F: *Was ich verstanden habe, ist: Es gibt vier Kayas, vier Körper, und alle Erscheinungen in der Welt, die Formen, wie dieser Stuhl, ein Gefühl oder eine Erfahrung, sind Nirmanakaya. Ist das richtig?*

P: Ja, wobei es gar nicht um die Begriffe geht. Begriffe benutzen wir nur, damit wir miteinander reden können. Wenn ich Tomate sage, weißt du, was ich meine. Es geht nicht darum, wie das Ding heißt, sondern darum, was es ist. Was ist deine Wahrnehmung davon, wie die Welt draußen und drinnen gebaut ist?

F: *Manchmal geraten die Erscheinungen ins Wanken. Ich denke mir: Ja, da sind einfach auch diese Zwischenräume, dieses Pulsieren, das ich manchmal in meinen Gefühlen oder in meinen Gedanken wahrnehme … Sie sind eben auch nicht so fest, wie ich dachte. Und manchmal habe ich nach einem Satsang das Gefühl, geträumt zu haben, und ich denke: „Ich habe eigentlich nichts verstanden." Ich weiß nicht.*

P: In Wirklichkeit hast du offensichtlich sehr wohl verstanden. Und „ich weiß nicht" ist genau die richtige Basis für Verstehen. Ich sitze manchmal mit Atisha oben in meinem Zimmer und denke mir: „Oh, ich weiß nicht." Aber mit dem „ich weiß nicht" wird es wieder möglich einzusteigen. Dann ist neues Verstehen möglich, weil man kein Gewusstes zwischen sich und das Verstehen stellt.

F: *Ja, aber du bist immer so diszipliniert und weißt, wie du was studieren oder vertiefen kannst, und ich weiß es nicht.*

P: Es ist nur dann etwas zu tun, wenn die Notwendigkeit dafür besteht. Ich habe das Herzensbedürfnis, mit euch über diesen Text zu sprechen. Daher besteht die Notwendigkeit, dass ich ihn mir durchlese und auch eine gewisse intellektuelle Arbeit leiste, indem ich zum Beispiel vom Englischen ins Deutsche übersetze. Aber den Job hast du ja nicht. Dein Job ist jetzt nur, zu praktizieren, auszuprobieren und im Ausprobieren zu verstehen.

F: *Was kann ich denn mit den Kayas ausprobieren?*

P: Du schaust, was da eigentlich gerade in dir passiert, ein Gedanke, ein Gefühl, Unangenehmes oder Angenehmes. Dann schaust du, woraus das besteht. Mit diesen Kayas zu experimentieren, ist wie in ein Mikroskop zu schauen. Du beobachtest ohne Urteil. Du fragst dich: Wo kommt es her? Wo geht es hin? Was ist das für ein Tierchen? Wie ein Wissenschaftler. Allein schon in dieser Haltung und Herangehensweise tut sich ein Raum auf. Es ist nicht mehr so verstrickt und verwickelt. Auch ein Gefühl taucht eigentlich irgendwo aus dem Nichts auf, wenn man genau hinschaut. Plötzlich ist es da. Man glaubt zwar hinterher, es käme von dem oder dem, aber wenn man genau hinschaut, ist immer eine Lücke dazwischen. Da ist Raum und dieses Flirren, und diesmal wird daraus ein Gefühl. Das ist alles. Und das Gefühl verschwindet wieder. Und der Raum und die glückselige Bewegung des Raums und die Erscheinung und Verfestigung, in welcher Form auch immer, sind gleichzeitig – kein Hintereinander. Gleichzeitig und nicht zu trennen. Das ist alles. Hast du das verstanden? Und jetzt experimentiere damit, es als Werkzeug anzuwenden. Die Kayas sind eine so einfache und exakte Beschreibung der Außenwelt und der Innenwelt zugleich. Da ist Staunen, großes Staunen.

Und noch einmal: Wie experimentierst du damit? Indem du ein konkretes Ding, am liebsten etwas, was dich bedrückt oder stört, auf diese Weise betrachtest. Dann wird es durchsichtig. Verstanden hast du es, jetzt musst du es probieren, und dann kannst du mir sagen, wie es für dich ist.

### 3.5. „Die vier Übungen sind die besten Methoden."

In Tibet werden Verdienste ansammeln, schlechte Taten bereinigen, den Geistern opfern und den Dharmabeschützern opfern als die vier Methoden bezeichnet. Ich habe versucht, euch das zu übersetzen, und nachgespürt, was meine vier besten Methoden sind, mit widrigen Umständen umzugehen. Und das ist mein vorläufiges Ergebnis:

**1. Offen sein.** Der normale Reflex widrigen Umständen oder Widerständen gegenüber ist, zuzumachen, zu verleugnen, wegzulaufen, nicht hinzuschauen, zu verschieben, zu vermeiden. Was ja auch zunächst ganz natürlich ist, aber nichts bringt. Deshalb: Offen sein. Offen sein heißt auch nicht-wissend sein. Ich treffe auf einen widrigen Umstand; wenn ich mit einer vorgefassten Meinung oder mit vorgefasstem Wissen oder sofort mit alter Erfahrung – Erfahrung kann ich später eventuell hinzufügen –, wenn ich also gleich mit meiner alten Methode komme, kann ich die Aktualität nicht wirklich erfassen. Deshalb erst einmal Nicht-Wissen. Da ist ein Block, eine Widrigkeit, und ich weiß nichts drüber. Wenn ich von vornherein annehme, ich wüsste, kann ich nicht mehr forschen. Offen heißt immer anfangend. Wenn ich mich einem widrigen Umstand nähere oder er nähert sich mir und ich denke, ich wüsste vollkommen Bescheid, habe ich schon verloren. Also nicht-wissend und immer am Anfang stehend. Anfängergeist nennen die Zen-Leute das. Im Offensein ist auch Hingabe, gleich zu Anfang, auch Anerkenntnis und Ehrlichkeit, überhaupt zu sagen: „widriger Umstand". Manchmal hilft schon die Benennung. Also in dem Fall zu sagen: „Aha, ein widriger Umstand", nimmt schon etwas Druck raus, weil ich damit schon nicht mehr in der Geschichte bin, sondern bereits an der Sache selbst. Also ich sage: „Aha, ein widriger Umstand", ich bin absolut bereit zu lernen, bin berührbar, bin offen ihm gegenüber, wie unangenehm er auch sein mag – und er ist voraussichtlich unangenehm, da es sich ja um einen widrigen Umstand handelt. Ich habe gerade gemerkt, wie da schon Träume bei euch hochkamen, durch Offenheit das Unangenehme vermeiden zu können. Hingabe an was auch immer passiert oder passieren mag oder daraus werden mag, das ist die primäre Übung. Alles andere kommt danach. Es ist überhaupt sehr wichtig, immer den richtigen Schritt zuerst zu tun. Also erst die Offenheit, die Hinwendung an das, was mich da herausfordert. In dieser Offenheit liegen auch Großzügigkeit und eine Haltung des Gebens.

2. **Still sein.** Erst einmal entspannen, und zwar *trotzdem* entspannen. Dann beobachten. Still sein heißt nicht ausblenden, sondern still sein heißt, eingeblendet lassen, beobachten, aber ohne Urteil. Ich lasse die Offenheit bestehen, sehe etwas auf mich zukommen – oder es ist schon da. Es ist okay, es darf da sein, und ich beobachte es. Und ich fühle, was zu fühlen ist, und fälle kein Urteil, zumindest vorerst nicht. Still sein ist immer eine gute Übung. Im Stillsein hört der Kampf auf. Es gibt ja auch den Reflex, gegen widrige Umstände zu kämpfen. Still sein heißt zunächst einmal nicht zu kämpfen. Es kann sein, dass später Kampf nötig ist, aber das weiß ich ja jetzt noch nicht. Still sein bedeutet auch, in allem, was mir widerfährt, dem treu zu sein, was meine wahre Liebe ist. Das heißt, ich lasse mich nicht abbringen. Vergesst nicht, nur weil jetzt gerade irgendein Schlamassel kommt, wem oder was euer Leben, eure Liebe und eure Treue gilt. Das alles ist für mich im Stillsein enthalten.

3. **Umfangen.** Umfangen heißt, sofern es sich um Gefühle handelt, einfach hereinnehmen. Mit dem Umfangen kann aber auch ein Verdauungsprozess oder ein Analyseprozess anfangen, ein „noch genauer von innen schauen". Also, ich umfange diesen Widerstand oder dieses Widrige. Damit einverleibe ich mir das und kann es mir von innen aus der Offenheit und aus der Stille heraus anschauen und kann fühlen, was zu fühlen ist. Mit diesem Umfangen fängt dann auch schon das

4. **Durchdringen** an. Ich umfange und lasse es nicht als Stein irgendwo in meinem Herz oder in meinem Magen liegen, sondern ich lasse meine geistigen und seelischen Verdauungssäfte wirken. *Liebe* Ihr seid all dem nicht hilflos ausgesetzt. Man kann alles durchdringen. Manchmal ist das Durchdringen mehr als ein Sickern, manchmal ist es mehr als ein Schwertstreich. Das ist unterschiedlich. In verschiedenen Situationen braucht man auch unterschiedliche Energie oder unterschiedliches Werkzeug, aber das findet man heraus. Im Durchdringen wird meist der verborgene Schatz, der dahinter steckt, das Nutzbare daran, der Segen darin, offenbart. Und die Kayas werden in ihrem Spiel sichtbar, die Lücken sind da, die Stille ist da. Und so wird, was als Widerstand oder widriger Umstand erschien, zum Anlass von Übung, von Meditation, wird zur Herausforderung, zu etwas sehr Lebendigem. Absolut nutzbar, absolut brauchbar. Im Durchdringen geschieht Verstehen: Ich kann die Natur dieses Objektes, dieses Widerstandes oder dieses widerspenstigen Objektes verstehen, und allein dieses Verstehen ist schon so kostbar. Es reicht eigentlich schon als Schatz. Meistens gibt es aber noch irgendetwas Zusätzliches.

## Eine Zecke im Herz

F: *Ich habe ein Gefühl, als hätte ich eine Zecke mitten im Herz. Wie gehe ich damit um? Es ist eine uralte Zecke.*

P: Was will die Zecke? Sie ist ja auch ein Wesen. Eine Zecke ist ein lebendiges Wesen. Und zwar ein Blutsauger. Das heißt, dein Empfinden ist, dass in deinem Herz irgendetwas Kleines, Hungriges ist. Was braucht diese Zecke?

F: *Blut – im übertragenen Sinne. Sie verlangt, dass ich sie wahrnehme und annehme. Ich habe auch kein feindliches Gefühl ihr gegenüber.*

P: Unterhalte dich einmal mit der Zecke. Sage ihr: „Okay, anscheinend wohnst du jetzt schon lange in meinem Herz, tut mir Leid, dass ich dich immer übersehen habe. Du bist jetzt so lange schon Gast bei mir. Was ist dein Begehr? Was brauchst du?" Das ist ja übrigens eine der vier traditionellen Übungen – den Geistern opfern. Also, die

Zecke taucht in deinem Herz auf. Du nimmst diese Empfindung wahr – mit einem leichten Zwinkern im Auge. Das ist wichtig. Du trittst in Kontakt mit ihr und bist bereit, diesem Störenfried zu geben, was er braucht. Das heißt, den Geistern Kuchen opfern. Dazu gibt es einen wunderschönen Spruch: „Nicht nur musst du nicht gehen, sondern du kannst auch jederzeit wiederkommen, und jetzt nimm ein Stück Kuchen!"

F: *Das fühlt sich gut an.*

### 3.6. „Was auch immer dir unerwartet begegnet, verbinde es sofort mit Meditation."

Eine wunderbare Anweisung! Aber auch das, was einem nicht unerwartet begegnet, darf man sofort mit Meditation verbinden. Unerwartete Begegnung hat zweierlei Aspekte:

1. Für einen Moment steht der Verstand still, wenn etwas plötzlich passiert. Das sind sehr kostbare Momente, die man nicht verpassen darf und als das erkennen sollte, was sie sind, nämlich als eine Lücke in dem ansonsten manchmal so scheinbar festen Gefüge. In solchen Momenten seht ihr Shunyata, die Leerheit, den Hintergrund. Vielleicht ist es nur ein kurzes Aufblitzen, aber es ist sehr wertvoll, diesen kostbaren Moment zu schätzen und innezuhalten und für Meditation zu nutzen. So wird ein widriger Umstand wie zum Beispiel ein Autounfall, der einen erst einmal schockiert, zum Bodhi-Pfad verwandelt – sofort. Man sollte sich wirklich keine Gelegenheit entgehen lassen.

Der 2. Aspekt: Jemand sagt etwas zu euch, was Verletzung oder das Gefühl von Verletzung auslöst. Auch das ist ein plötzliches Ereignis. Man ist bester Dinge, und dann trifft einen dieses Wort und man fühlt sich verletzt und es gibt vielleicht nicht gleich die Möglichkeit zur Aussprache. Wenn es diese Möglichkeit zur Aussprache oder der Klarstellung gibt, ist es wunderbar, dann sollte man das auch tun. Aber manchmal ist diese Möglichkeit nicht sofort gegeben, und dann sitzt man da und brütet. Das ist ein sehr widriger Umstand. Da ist es sehr gut, ihn mit Meditation zu verbinden und das heißt in diesem Fall: Fühlen, was zu fühlen ist, aber die Geschichte abschneiden. Geschichte oder keine Geschichte macht den Unterschied zwischen Drama, zwischen Sich-im-Gefühl-Ertränken, und dem Fühlen, was zu fühlen ist. Fühlen, was zu fühlen ist, aber nicht ständig wiederholen: „Das ist mir jetzt passiert. Und das denkt der von mir. Wie kann der nur und was bildet der sich ein?" Schneidet alles ab, was auch immer da als Gedanken- und Geschichtenmühle abgehen mag und sich ständig wie eine Schallplatte im Kopf wiederholt! Dieses ständige Wiederholen der Geschichte und der Gedanken löst immer neue unnötige Emotion aus. Jede Umdrehung dieses Geschichtenrades füttert das Gefühl. So viel fühlen muss man auch wieder nicht. Schneidet das Selbstgespräch ab! Der alte Gedanke kommt vorbei, dann Stopp! Der Gedanke kommt wieder vorbei: „Ach der, was denkt der von mir?" Stopp, Stopp! So wird dieser Mechanismus im Lauf der Zeit müde. Wenn die Geschichte abgeschnitten und man offen ist für die Erfahrung, wenn man still ist, dann entdeckt man wieder die Lücken und kann die Raumhaftigkeit wieder da sein lassen und sieht: Ein Phänomen, es kommt, es geht.

## Schnelligkeit und Gelassenheit

F: *Wo bleibt dabei Persönlichkeit, Erbanlage, Temperament? Wenn man vielleicht aus einer temperamentvollen Familie kommt, wo immer alles sehr schnell geht in der Kommunikation zu Hause, dann hat man das ja in sich …*

P: Wer sagt denn, dass du langsam werden musst?

F: *Also muss ich „schnell meditieren" lernen?*

P: Natürlich muss deine Meditation mindestens so schnell sein wie der Rest. Die Meditation darf nicht nachhinken.

F: *Geschwindigkeit ist mir so oft im Weg. Ich liebe sie, aber sie verletzt auch sehr oft.*

P: Das tut Langsamkeit auch. Verhake dich jetzt nicht in eine Ablehnung der Geschwindigkeit. Ich glaube, ich bin auch eher relativ schnell. Von Natur aus bin ich ein temperamentvoller Mensch. Ich sehe da einfach kein Problem. Auch schnelle Menschen können ausgeglichen sein. Schnelligkeit kann sich absolut mit Gelassenheit paaren. Was glaubst du, wie schnell du dann erst wirst?

Meine Beobachtung ist eigentlich, dass ich jetzt eher noch schneller bin, wenn etwas zu tun ist. Wenn nichts zu tun ist, kann ich wunderbar sitzen und gar nichts tun. Aber wenn etwas zu tun ist, bin ich effektiver und schneller als früher. Und ich war immer schon schnell. Also da ist noch was rauszuholen. Schnelligkeit und Temperament gepaart mit Gelassenheit und Gleichmut sind ein ganz wunderbares Gespann.

# 4. Anwendung der Praxis im Leben und im Sterben

*4.1. „Wendet die fünf Kräfte sowohl im Leben als auch im Sterben an. Sie sind die Essenz der Herzunterweisung des Mahayana. Wichtig ist, wie man sich verhält."*

**Komm auf deine eigenen Füße!**

Ein Anliegen Atishas ist es, euch auf eure eigenen Füße zu stellen. In seinem Text gibt es keine Schnörkel, er liest sich fast wie ein Gesetzestext. Im Vergleich zu Milarepa beispielsweise gibt es überhaupt keine Poesie, aber er hat seinen Schülern sicherlich auch jede Menge Erläuterungen gegeben. Das sind Werkzeuge, aber das Wesentliche dabei ist, euch auf eure Füße zu stellen, jeden auf seine eigenen. Er gibt euch so viele Hinweise und Werkzeuge und rät: „Wenn das geschieht, dann probiere mal dieses", und so weiter. Dazu fiel mir heute noch einmal die Geschichte über den Rabbi und die Laternen ein. Der Rabbi hat eine Laterne und Licht, seine Begleiter haben zwar auch eine Laterne, aber kein Licht. Atisha setzt sich nun mit den Leuten hin und erklärt: „So, jetzt schauen wir einmal, wie das geht. Putzt erst einmal die Laterne! Und das geht folgendermaßen: Hier ist Putzmittel und ein Lappen, und jetzt probiert es aus und dann schauen wir, ob die Lampe sauber ist." Nach einer Weile schauen sie gemeinsam, und er sagt vielleicht: „Na ja, die Ecken hätte man noch ein bisschen genauer putzen können. Schaut mal, das macht man so, da könnte man auch Wattestäbchen dafür benutzen." Und dann lässt er sie wieder üben, und später schaut er wieder hin. Er zeigt ihnen, wie man Öl in die Lampe einfüllt, woraufhin seine Schüler eine Riesensauerei veranstalten und wieder alles geputzt werden muss. Er zeigt ihnen wieder, wie das geht, und sagt: „Da könnte man jetzt das benutzen, und wenn dies passiert, dann probiert einmal jenes aus." Er zeigt ihnen, wie man den Docht beschneidet und wann das nötig ist. Er zeigt ihnen, wie es ist, wenn eine Kerze rußt, und was man dann macht. Und irgendwann zeigt er ihnen, wie man das Licht anzündet, und dann fordert er sie auf: „Jetzt probiert einmal ein paar Schritte in den Wald hineinzugehen." Und da stolpern sie alle durcheinander und fallen hin, die Laterne ist wieder verloschen, und Atisha zeigt ihnen wieder: „In dem Fall macht man das so." Das ist Atishas Art. So kommen natürlich eine Menge Anweisungen zusammen, bis man das mit der Laterne und dem Gehen mit der Laterne versteht und weiß, wie man die Laterne am besten hält. Natürlich sind unter Atishas Begleitern und Schülern auch einige, die sagen: „Ach, es ist so nett, wenn du uns leuchtest, wir sehen doch den Weg und das ist doch so schön und gemütlich. Wozu muss ich denn lernen, wie man den Docht putzt?" Und da antwortet Atisha ihnen: „Vorsicht, ich werde dir nicht immer leuchten können!" Natürlich leuchtet er ihnen die ganze Zeit über, aber er meint: „Schau mal, dass du auf deine Füße kommst." Dies ist sein Ansatz, und so kommt dieser weise Text mit so vielen Punkten zustande, von denen ihr glaubt, sie euch nicht merken zu können.

Das vierte Kapitel mit der Überschrift „Anwendung der Praxis im Leben und im Sterben" ist sehr kurz:

### 4.1. „Wendet die fünf Kräfte sowohl im Leben als auch im Sterben an. Sie sind die Essenz der Herzunterweisung des Mahayana. Wichtig ist, wie man sich verhält."

Die fünf Kräfte sind: *1. Totalität oder Entschlossenheit 2. Gewöhnung oder Vertrautheit 3. weiße Samen säen 4. Zurückweisung 5. Widmung.*

Atisha sagt nicht: „Sucht die fünf Kräfte", sondern er sagt: „Wendet die fünf Kräfte an!" In manchen Übersetzungen heißt es auch: „Übt die fünf Kräfte!" Er sagt also: „In jedem von euch sind prinzipiell diese fünf Kräfte vorhanden." Damit fällt jede Ausrede weg. Die fünf Kräfte sind in jedem vorhanden, es ist nur eine Frage der Anwendung und der Übung.

# 1. Totalität, Entschlossenheit

Das hat aus meiner Sicht einen doppelten Aspekt.

1. Totalität: Ich mache einfach alles, was ich tue, ganz, ohne Rest. Das heißt nicht, dass bei mir nicht Briefe unbeantwortet blieben, das wisst ihr, aber wenn ich einen Brief schreibe, dann bin ich ganz dabei, und wenn ich keinen schreibe, bin ich nicht bei den Briefen. Bei manchen Menschen ist das oft umgekehrt, was zumindest sehr ineffizient und hinderlich ist für die Lebensenergie und die Ausrichtung, für den Respekt vor dem, was man tut und woran und womit man es tut. Osho sagte immer: „Tu alles, was du tust, so ganz und gar, dass du darin verschwindest!" Du isst und bist so total im Essen ohne Analyse, dass da kein Esser mehr ist, nur noch Essen. Das ist Totalität, unglaublich lebendig, unglaublich kraftvoll. Das ist eure pure Lebenskraft, auf eine ganz simple Art. Das ist der erste Aspekt von Totalität oder Entschlossenheit und sollte auch angewendet werden!

Der zweite Aspekt: Die Entschlossenheit für die Wahrheit, die Entschlossenheit für den Dharma, die Ausrichtung ohne Absicht. Wem oder was gilt mein Leben? Hier sind hundert Prozent notwendig. Zunächst braucht diese Entschlossenheit immer wieder Auffrischung. Sie schließt euer ganzes Leben ein, und gleichzeitig richtet sie sich ganz auf das Jetzt. Bei noch nicht so großer Übung in der Anwendung dieser Kraft der Entschlossenheit neigt sie dazu, sich gelegentlich abzuschwächen oder zu verschwinden. Dann ist erneute Ausrichtung nötig: Ich entschließe mich wieder. Ent-schließen ist ein eigenartiges Wort. Ich schließe etwas auf, ich ent-schließe und ent-schlüssele damit. Das ist eine starke Kraft. Was ist es, das den Entschluss immer wieder schwächer werden lässt? Prinzipiell erst einmal die alte Gewohnheit, die Angst, und diese kann sehr stark werden. Es geht ja um Kraft, um Kräfte und um Totalität – da kann einem schon einmal Angst werden. Dann zaudert man, und die Entschlossenheit lässt nach „na ja, gut, ein andermal ...". Und es gibt natürlich unglaublich viele Versuchungen der Ablenkung. Kennt ihr das? Mir fällt auf, dass ihr selbst jetzt in einem Retreat den Magnetismus der Ablenkung erfahrt. Ihr kommt mit der Entschlossenheit hierher: „Ich will's jetzt wissen, ich will mich dem stellen, ich bin bereit, offen zu sein." Und dann kommen Punkte, wo es vielleicht schwierig oder intensiv oder schmerzhaft wird, und dann auf einmal wird die Ablenkungsmöglichkeit, die sowieso immer vorhanden ist, groß und so verlockend. Das kann alles Mögliche sein. Wir versuchen hier ja sowieso schon die Ablenkung zu reduzieren, und doch ist sie da. Sie kann zum Beispiel gesellschaftlich sein. Entweder man fängt doch zu reden an, und wenn nicht, sucht man eine andere Form der gesellschaftlichen Ablenkung. Und da muss man sehr genau hinschauen. Ich sage damit nicht, dass ihr nicht nebeneinander sitzen und euch die Hand halten könnt oder euch beim Essen anlächelt oder zusammen esst, das ist wunderwunderschön. Aber hier existiert eine schmale Grenze, wo alles umkippen kann und ein Greifen nach dem anderen beginnt, weil man sich selbst nicht genug ist oder weil man Angst vor dem hat, was im eigenen Inneren gerade zu fühlen oder zu sehen wäre. Es kann auch das alte Spiel der Anziehung zwischen dem Männlichen und dem Weiblichen sein. Auch das ist ja etwas Wunderwunderschönes, aber auch da gilt es, genau hinzuschauen.

Wenn es aber hier schon so viel Ablenkung gibt, um wie viel mehr erst da draußen. Also ergreift die Gelegenheit, hier damit zu üben, denn hier ist es leichter. Es steht gerade an, etwas zu fühlen oder still zu sein, aber in der Ecke steht der Fernseher mit einem blinkenden Knopf, der euch auffordert: „Drück mich." Und da ist auch noch dies und das und jenes, die Freundin, die man anrufen könnte, um über das Gefühl zu reden, anstatt es zu fühlen … Immer wieder: neue Entschlossenheit, neue Treue, jetzt und jetzt und jetzt – immer wieder von Neuem. Lasst euch nicht entmutigen, es ist prinzipiell eine der Kräfte, die euch innewohnen, ihr könnt sie nicht verlieren, ihr könnt sie nur vergessen. Dann müsst ihr wieder anfangen. Aber es lohnt, sie zu kultivieren, zu stärken und sie zu üben, wirklich ausgerichtet zu sein wie ein Pfeil ins Unbekannte.

## 2. Gewöhnung oder Vertrautheit

Da fällt mir die Geschichte vom kleinen Prinzen und dem Fuchs ein. Der kleine Prinz trifft den Fuchs und möchte Freundschaft mit ihm schließen, und dabei ist er ein bisschen zu schnell. Und der Fuchs sagt: „Langsam, langsam, du musst mich erst zähmen. Du musst jeden Tag kommen, regelmäßig und immer zur selben Zeit. Ich warte ja dann auf dich. Und dann kannst du jeden Tag ein bisschen länger kommen. So zähmst du mich im Laufe der Zeit." Das bedeutet Gewöhnung oder Vertrautheit entwickeln. Eine große Kraft. Sie wirkt in beide Richtungen. Ihr kennt die große Kraft der Gewohnheit gut, oder? Jetzt könnt ihr genau diese Kraft, die euch bisher so oft in die Unbewusstheit zog, nutzen, indem ihr neue Gewöhnung, neue Gewohnheit in jenem Sinne schafft, in dem ihr euch ausgerichtet habt, wohin eure Entschlossenheit, eure Treue, eure Liebe geht. So erhält die Entschlossenheit neues Öl. Das heißt, wenn ihr die Wahrheit, die Stille, diese neue Haltung wirklich in eurem Leben mehr und mehr Fuß fassen lasst, auch wenn es manchmal unbequem ist, dann wird auch da Gewöhnung eintreten. Und irgendwann stellt ihr fest, es ist vollkommen normal und natürlich geworden und überhaupt keine Anstrengung. Genauso, wie es zum Beispiel nicht anstrengend war, immer auf den Einschaltknopf am Fernseher zu drücken, ist es jetzt nicht mehr anstrengend, nicht darauf zu drücken. Oder wie es vielleicht früher die Gewohnheit war, Unangenehmem auszuweichen, sich zu schützen oder abzulenken, wird es zunehmend zur Gewohnheit, sich zuzuwenden und zu öffnen und nicht zu fliehen. Das ist völlig natürlich, das Normalste von der Welt.

### 3. Weiße Samen säen

Dies ist einer meiner Lieblingsslogans von Atisha. In Atishas Sprache gibt es weiße Samen und schwarze Samen. Aus weißen Samen entstehen weiße Blüten, aus schwarzen Samen schwarze Blüten. Schwarze Samen sind zum Beispiel Zorn, Eifersucht, Neid, Gier, Hass, und sie bringen immer wieder Hass, Gier, Neid hervor, sie kriegen Kinder. Weiße Samen sind zum Beispiel Gewahrsein, Zuwendung, Liebe, Großzügigkeit, Stillsein, Mut, Freundschaft. Sie bringen weiße Blüten hervor, auch sie kriegen Kinder. Deshalb ist es günstig und vorteilhaft, weiße Samen zu säen und die schwarzen auszusortieren mit Hilfe von Lappen und Wattestäbchen und so weiter, so wie Atisha es erklärt hat. Das ist unsere Freiheit, und zwar jetzt. Die Blüten, die ihr jetzt in eurem Leben seht und erfahrt, sind das Ergebnis der Samen von gestern. Die Blüten von morgen sind das Ergebnis der Samen von heute. Und unsere Freiheit ist, *jetzt* weiße Samen zu säen. Das bedeutet Karma und ist gleichzeitig kreativer Umgang mit Karma. Der Begriff des Karmas gibt eigentlich Freiheit. Er bedeutet nicht, dass du gefesselt und gebunden bist, sondern er sagt: „Es liegt an dir! Was ist jetzt? Was machst du jetzt? Wie ist deine Haltung jetzt? Wie ist deine Ausrichtung jetzt? Wie ist deine Bereitschaft jetzt?" Das ist unglaubliche Freiheit, auch eine Freiheit der menschlichen Gestaltungskraft. Wir entscheiden uns jetzt, ob wir unseren Platz schön und sauber und freundlich gestalten, es liegt an uns. Wenn ich heute den Müll nicht raustrage, stinkt es morgen. Der schwarze Same der Trägheit heute führt morgen zur schwarzen Blüte des Stinkens. Wenn ich heute die Blumen gieße, fallen morgen die Blätter nicht ab. Das ist ein weißer Same.

Jemand schrieb mir heute in einem ansonsten wunderschönen Brief: „Weiße Samen säen, Vorsicht, im Hier und Jetzt nicht nötig!" Was diesen Satz angeht, braucht es eine leichte Kehrtwendung. Ich würde ihn vielmehr so formulieren: „Vorsicht, weiße Samen säen *nur* im Hier und Jetzt möglich." Weiße Samen in der Vergangenheit säen geht nicht, und in der Zukunft auch nicht. Weiße Samen säen ist nur im Hier und Jetzt möglich. Das ist wichtig, nur hier und jetzt. Welche Art von weißen Blüten dann daraus werden, werden wir sehen. Säen – jetzt.

## 4. Zurückweisung

Hier geht es auch darum, die Gewohnheit zu verändern, und zwar insbesondere die grundlegende oder die Wurzelgewohnheit von Ichhaftigkeit, aus der die anderen entstehen. Wenn ein egoistischer oder unwahrer Gedanke auftaucht – und jeder von euch erkennt ihn –, dann stoppt ihn, weist ihn zurück! Stopp! Möglichst schnell zurückweisen. Je länger man damit wartet oder damit herumtändelt und herumspielt, was ja manchmal verführerisch ist, desto größer wird die Kraft dieses Gedankens, und am Schluss kommt er auch noch mit Gefühlen daher. Dann wird es richtig schwierig. Mir ist aufgefallen: Wenn der Hund Josef in seinen „Film" geht und man ihn sofort stoppt: „Aus!", dann wird es ziemlich schnell friedlich, auch für Josef selbst, nicht nur für die Umgebung. Wenn man zu lang wartet, ist es viel schwieriger, ihn wieder aus dem neurotischen Film herauszukriegen. Und genauso ist es mit Menschen auch. Das ist Zurückweisung – die Ichhaftigkeit und das, was daraus erwächst, zurückweisen.

## 5. Widmung

Was auch immer sich an Gutem in mir angesammelt haben mag – angesammelte Verdienste sagen die Tibeter, Tugend sagen die Christen dazu –, ich horte es nicht. Es ist eine Haltung der Großzügigkeit in der Widmung all der weißen Blüten zum Wohl aller Wesen. Also auch die weißen Blüten nicht festhalten, ansammeln und aufhäufen. Der kleine Geist würde gerne sagen: „Jetzt habe ich doch schon so einen Haufen an Gewahrsein und so einen Haufen an Entschlossenheit und so einen Haufen von Nichtverhaftetsein." Nein, gleich wieder weg damit, und das heißt, einfach nicht geizig zu sein mit dem, was an Wohl und Güte und Freundlichkeit vorhanden ist. Nichts aufheben, nichts horten, nichts sammeln, immer loslassen.

## „Wendet die fünf Kräfte sowohl im Leben als auch im Sterben an."

Das Interessante ist auch: Das Ganze heißt „Anwendung der Praxis im Leben und Sterben. Das ist die Quintessenz der Anweisung des Mahayana." Das heißt: So wie ihr lebt, so sterbt ihr. Diese Beobachtung habe ich immer wieder gemacht: Menschen, die total gelebt haben, die zufrieden gelebt haben, sterben auch zufrieden. Menschen, die immer gekämpft und sich immer abgelenkt haben, haben es auch im Tod schwer. Das Üben und Anwenden dieser fünf Kräfte ist ein Segen fürs Leben, und wenn ihr sterbt, stehen sie euch auch zur Verfügung und helfen euch auch dann, dabei bewusst zu bleiben, ganz loszulassen, die Reste von Ichhaftigkeit zurückzuweisen, ganz zu sein und auch noch in der Kraft der Widmung zu bleiben. Eine der Anweisungen, die sich im Totenbuch der Tibeter ständig wiederholt, die sich an den Sterbenden oder an den schon Gestorbenen richtet, heißt: „Jetzt lass dein Mitgefühl so weit sein wie der Himmel." Auch im Sterben ist immer noch die Widmung, das Offenbleiben, das Nicht-um-sich-selbst-Kreisen.

Sterben ist eine Krisenerfahrung, bei der es ums Ganze geht. Beim Sterben in Mitgefühl so weit wie der Himmel zu sein, nicht um sich selbst zu kreisen, sondern in der Kraft der Widmung zum Wohle aller zu bleiben – welch ein Segen! Wenn ein Mensch in seinem Leben liebevoll, ausgerichtet, mittig, loslassend fröhlich war, kann er diese Kraft in diesem letzten Abenteuer anwenden – ganz natürlich, weil ja Gewöhnung da ist seit vierzig oder fünfzig Jahren.

## „Wichtig ist, wie man sich verhält."

Nur über diese Sätze nachzudenken – das wäre sinnlos. Sie sind für den Alltag. Euer Verstehen und eure Meditation zeigen und beweisen sich im Handeln und in der Haltung und im Leben. Sie sind dafür gedacht, sie zu leben, und dadurch verstärken sie sich. So entdeckt und stärkt und kultiviert ihr eure fünf Kräfte: Totalität/Entschlossenheit, Gewöhnung/Vertrautheit, weiße Samen säen, Zurückweisung und Widmung.

## Bewusstheit im Sterben

F: *Wenn ich beim Schlafen sterbe, dann bin ich gar nicht wach oder bewusst. Tagsüber bin ich mal mehr mal weniger wach, auch bei der Meditation ist das ein Thema. Oft drifte ich einfach ab und falle in diese dumpfe Meditation, wo zwar Ruhe, aber keine Aufmerksamkeit ist. Wie ist es also, wenn man im Schlaf stirbt? Wacht man da auf?*

P: Im Allgemeinen wünscht sich jeder, einfach einzuschlafen. Das ist die meistgewünschte Todesart. Wenn schon, dann abends einschlafen und morgens nicht mehr aufwachen. Es ist doch erstaunlich, dass auch hier durch mehr Bewusstheit und Bereitschaft, den Tatsachen zu begegnen, eine Kehrtwendung bewirkt wird. Und man sagt jetzt auf einmal: „Hoffentlich schlafe ich nicht gerade, wenn ich sterbe." Das finde ich wunderschön. Das ist einfach ein Anzeichen für deine Bereitschaft, wach zu sein, was auch immer passiert. Die meisten Menschen wollen gerne schlafen, wenn so etwas Dramatisches wie Sterben passiert. Du sagst, du würdest gerne wach sein. Super. Mache dir keine Sorgen. Du wirst genau den Tod bekommen, der zu dir passt, so wie du auch das Leben bekommst, das zu dir passt.

Das ist genau dasselbe wie: „Always keep a happy frame of mind."
Wir leben am selben Platz und unter denselben Umständen, und
doch leben die einen im Paradies und die anderen in der Hölle.
Wenn deine Ausrichtung, deine Zähmung und Gewöhnung in Richtung Bereitschaft, Wachheit und Offenheit geht und du allem, was
auf dich zukommen mag, aus vollem Herzen begegnest, dann wird
dein Sterben ein Fest sein. Egal, ob nachts oder tags.

## Erleuchtung und Tod

F: *Ist Tod und Erleuchtung das Gleiche?*

P: Hängt davon ab, was du jetzt gerade mit Tod meinst.

F: *Den Tod des Körpers. Da geht man durch Ängste, und das Ego stirbt
ja auch, wenn du stirbst.*

P: Vorsicht. Der Tod des Körpers bedeutet nicht automatisch Erleuchtung. Ein Buddha ist, solange er lebt, offensichtlich lebendig. Aber
sein Ego ist tot. Umgekehrt, wenn ein im Ego verhafteter Mensch
stirbt, dann ist sein Körper tot, aber das Ego bleibt lebendig.

F: *Meine Frage ist: „Wie geht es dir, wenn du stirbst, wenn dein Körper
geht? Wie geht es dann dir, wo du doch schon gestorben bist? Wie
fühlst du dich dann?*

P: Ich fürchte, das kann ich dir erst hinterher sagen. Weißt du, mein
Körper ist ja in diesem Leben noch nicht gestorben. Es bleibt span-
nend. Ich habe keine Ahnung, wie es mir gehen wird, wenn dieser
Körper stirbt.

F: *Also kann es sein, dass du dann auch noch Angst hast?*

P: Das kann ich dir jetzt nicht sagen. Aber du kannst, wenn es soweit
ist, vorbeikommen und nachschauen.

F: *Ich habe geglaubt, Erleuchtung und Sterben sei das Gleiche.*

P: Ja, da stirbt das Ego und das fühlt sich auch wirklich wie Sterben
an. Und doch ist da jetzt Leben – mehr als je zuvor – totales Leben.
Und wenn ich das von hier aus betrachte, dann muss ich schon
sagen, die Wahrscheinlichkeit ist groß, dass keine Angst da sein wird,
wenn mein Körper stirbt, aber sicher weiß man es nie.

## Untersuchung über Sterben und Tod

Ich habe den Eindruck, deine Frage von heute Vormittag nicht hinreichend beantwortet zu haben. Deshalb habe ich heute Nachmittag beim Sitzen eine weitere Untersuchung zum Thema Tod und Sterben gestartet und versuche nun, euch, so weit ich kann, zu berichten. Die Frage war, wie es mir mit dem Sterben gehen mag. Wie es mir damit irgendwann ergehen wird, kann ich nach wie vor nicht beantworten, weil jetzt nicht irgendwann ist und weil man nichts über morgen sagen kann. Ich habe heute Nachmittag einfach geschaut, wie es jetzt damit ist. Wenn ich die Elemente sich ineinander auflösen lasse, taucht, was mich angeht, kein größeres Problem auf und ich finde keine sonderliche Anhaftung an den Körper. Die Auflösung ist also nicht so schwierig. An bestimmten Punkten gibt es Momente, wo es sich anfühlt, als ob die Zellen kochen. Das ist objektiv unangenehm, aber in dem Moment noch nicht einmal als unangenehm zu beschreiben, sondern einfach als Phänomen.

Es gab auch einen Moment mit ziemlich rasendem Herzklopfen und einer sehr flachen Atmung. Etwas, was man im Nachhinein als Angst bezeichnen könnte, was ich aber in dem Moment auch nicht so hätte nennen können. Als ich dann in diesem Auflösungsprozess zurückschaute, war das Einzige, was Abschiedsschmerz auslöste, ihr. Da ist eine Art Bedauern. Aber dann habe ich euch in die tausend Arme von Avalokiteshvara geschickt und dann war auch das in Ordnung.

Was ich augenblicklich sagen kann, wenn ich mit Hilfe dieser Methode auch das, so weit möglich, untersuche und nachvollziehe, ist: Wenn man das Bewusstsein hinausschleudert, was – sofern keine Anhaftung da ist – ganz sicher im Samadhi und im Tod dasselbe ist, tanzt du in den Regentropfen. Und es bleiben eine unglaublich feine, unglaublich tiefe Stille und Schönheit. Aber ohne Objekt. Schönheit ohne Objekt. In diesem Sinne hast du Recht, als du ganz am Anfang gesagt hast: Erwachen und Tod sind identisch.

Es ist schwierig, davon zu sprechen. Aber ich versuche es: Wenn du ohne Form, ohne Körper bist, weder seiend noch nicht seiend, dann gibt es überhaupt keinen Grund, in einer Form, einem Körper zu sein oder sein zu wollen. Und umgekehrt ist es ja jetzt für dich auch so: Du bist in einer Form, in einem Körper, und es gibt keinen Grund, nicht in einer Form, nicht in einem Körper zu sein oder nicht in einem Körper sein zu wollen. Jetzt bist du mit Form, und es gibt keinen Grund, *nicht auch Form* zu sein. Wenn dieses „auch Form" nicht da ist, gibt es genauso wenig Grund, *auch Form* zu sein. Verstehst du? Nur die Schwelle dazwischen ist manchmal schwierig, und zwar in beiden Richtungen, hinwärts und rückwärts. Ist aber vielleicht auch Übungssache. Was mir das Rückwärts erleichtert hat, wart wiederum ihr.

Was vielleicht noch dazu zu sagen ist: Wenn du stirbst und es noch viele Klettverschlüsse oder viele unerfüllte Wünsche gibt, viel nicht Gelebtes, Nicht-Fertiges in dir, unerlöstes Karma, wie auch immer man das nennen will, dann wird alles Mögliche auftauchen. Aber das taucht aus deinem Geist auf, und es ist wichtig, dass du dir das merkst, dass was auch immer an Bildern und Tönen auftauchen mag, aus deinem Geist auftaucht und deshalb gar nicht zu fürchten ist. Es sind nur Spiegelungen.

# 5. Anzeichen des Geistestrainings

5.1. „Alle Dharmas stimmen in einem Punkt überein."
5.2. „Von den zwei Zeugen wähle den Hauptzeugen."
5.3. „Bewahre immer einen heiteren Geist."
5.4. „Wenn du trotz Ablenkung praktizieren kannst, bist du gut geübt."

Bevor wir ins fünfte Kapitel einsteigen, erinnert euch bitte nochmals daran, dass es jetzt immer wichtiger wird, im Sinn zu behalten, dass dieser Text ein wunderschönes Flechtwerk ist und der erste Faden hindurchläuft. Es kommen neue Fäden dazu, aber der erste Faden und die Fäden der bisherigen Kapitel sollten sichtbar und in eurer Aufmerksamkeit bleiben.

Anzeichen des Geistestrainings heißt: Woran kann ich sehen – Atisha ist sehr praktisch –, wo ich stehe? Was sind die Zeichen, wie kann ich das überprüfen? Wenn ich mehr und mehr die Essenz in allem wahrnehme, ist das ein gutes Zeichen. Wenn ich mehr die Verwirrung, das Durcheinander und die Widersprüchlichkeit wahrnehme, sollten wir wieder zurückkehren zu Kapitel eins und zwei. Üben, sich daran gewöhnen, noch vertrauter machen.

### 5.1. „Alle Dharmas stimmen in einem Punkt überein."

Was Jesus sagt, was Buddha sagt, was Lao Tse, was Sosan und Atisha und alle anderen Buddhas aller Zeiten sagen, stimmt vollkommen überein, und zwar in der zentralen Wahrheit, in der eigentlichen Aussage. Vielleicht mag es anfangs manchmal nicht so scheinen. Das hängt davon ab, wie der eigene Geist gepolt ist. Wenn der eigene Geist darauf gepolt ist, zu vergleichen, um Unterschiede festzustellen, wird er Unterschiede finden. Wenn der eigene Geist gelernt hat, still in der Mitte von allem, in der Essenz aller Dinge, in Alaya zu ruhen, wird er genau diese Essenz, genau die Wahrheit in den Worten Buddhas, in den Worten Jesu und in den Worten Lao Tses und aller anderen hören. Es ist immer derselbe Berg, immer derselbe Mond. Ich mag das Beispiel mit dem Berg gern. Es ist immer derselbe Berg, derselbe Gipfel. Und auf dem Gipfel haben Lao Tse und Buddha und Jesus und Ramana eine tolle Feier miteinander. Und zwischendrin zeigen sie: „Schau mal, da geht der Weg lang." Der andere kennt einen Weg auf der anderen Seite des Berges vielleicht besser, so wie *er* hochgekommen ist, und sagt: „Schau mal, da geht's lang." Das ist der ganze Unterschied. Der Gipfel ist absolut derselbe. Absolut derselbe. Und je mehr ihr in der Wahrheit seid, desto mehr nehmt ihr dieselbe Essenz auch wahr. Und ihr nehmt auch genauer wahr, in welchen Pseudolehren diese Essenz nicht spürbar ist.

## 5.2. „Von zwei Zeugen wähle den Hauptzeugen."

Der Begriff Zeuge – witness – ist den Sannyasins unter euch ein Begriff. Wenn man diesen Begriff Zeuge benutzt, stellt man irgendwann fest: Es gibt eine Instanz im Kopf, die sich auch Zeuge nennt, aber ein voreingenommener Zeuge ist. Er ist einer, der ständig urteilt und plappert. Aber Urteilen ist ja eigentlich nicht Aufgabe eines Zeugen. Er ist sehr geschwätzig und weiß zu allem etwas zu sagen. Er spaltet sich auch gern in mehrere, worauf man eine ganze Heerschar dieser urteilenden Pseudozeugen hat, die alle Recht haben. So kann man wunderbare Selbstgespräche führen. Es gibt aber auch den Hauptzeugen, den wahren Zeugen, der nicht urteilt, der nicht plappert. Er sieht auch alle diese Pseudozeugen und lächelt vielleicht sogar. Er nimmt sie einfach nur wahr – das Geplapper all der anderen in sich geteilten, sich widersprechenden oder sich gegenseitig bestätigenden Heerscharen von Pseudozeugen. Atisha sagt einfach: Von den zwei Zeugen wähle den Hauptzeugen, den eigentlichen Zeugen. Und bezeugen kann nur der, der nicht urteilt, der einfach nur beobachtet, was ist.

Das sind die Zeugen in einem selbst, und dann gibt es ja auch noch all die Zeugen draußen. Auch da gibt es letztlich zwei: Es gibt meine eigene Einschätzung, mein eigenes Zeugnis, und es gibt eine Menge Meinungen anderer Leute. Und dazu gibt es auch noch meine Meinung darüber, was die anderen meinen könnten. Auch da wähle den Hauptzeugen: Es ist der eigene, innere Zeuge. Egal, was irgendjemand von euch denkt.

Dieser plappernde, urteilende, innere Pseudozeuge ist eigentlich ein internalisierter äußerer Zeuge. Ihr nehmt im Lauf eures Lebens alle Meinungen auf, und dann reden sie in euch miteinander. Mama und Papa und der Nachbar und die anderen Leute des Sangha. Dieser Pseudozeuge ist immer außen. Der Eigentliche, der Hauptzeuge, ist ganz innen und ganz still. Vertraut diesem!

**Verbindlichkeit zum Lehrer**

F: *Ich wollte noch nachfragen: Du hast mal von der Verbindlichkeit von Schüler und Lehrer gesprochen. Ich meinte herauszuhören, dass Schüler nur einen Lehrer haben sollten. Ist das so?*

P: Es ist zumindest praktisch. Wie ich schon gesagt habe, alle Dharmas stimmen in einem Punkt überein. Sofern ein Lehrer tatsächlich aus der Wahrheit heraus spricht, ist es dieselbe Wahrheit wie jene, die ein anderer Buddha spricht, und dennoch wird die Ausdrucksweise sehr verschieden sein. Weil Buddhas nicht brav und nicht über einen Kamm zu scheren, sondern individuell sind und in ihrer Individualität auch unterschiedliche Werkzeuge und Methoden zur Verfügung haben, wird das immer ein bisschen verschieden sein. Die Wahrheit ist dieselbe, aber die Ausdrucksform ist unterschiedlich, und solange du nicht selbst in der Wahrheit gegründet bist, kann die Unterschiedlichkeit der Ausdrucksform verwirren. Deshalb empfehlen die meisten Meister, mit einem einzigen zu sein. Wenn du dann selbst vom Berggipfel schaust, kannst du alles anschauen und anhören und dich daran erfreuen, dass überall die Dharmas in einem Punkt übereinstimmen. Aber unterwegs ist es manchmal auch eine Versuchung, von einem Weg zum anderen zu springen. Du gehst mit einem Sufi-Meister, da geht es in erster Linie um Hingabe, das ist ein Bhakti-Weg. Und dann wird es an irgendeinem Punkt brenzlig. Und du sagst: „Na ja, da war doch noch der Zen-

Typ da drüben." Dann gehst du zu dem Zen-Meister. Das ist ganz spannend, und das Sitzen ist sehr friedlich, aber beim zweiten Koan geht es irgendwie ans Eingemachte, und der Meister ist vielleicht auch nicht mehr so freundlich wie am Anfang. Es gibt ja die Verliebtheitsphase, und dann gibt es die Phase, wo es zur Sache geht. Und dann sagst du dir: „Ach, da war doch noch dieser Advaita-Meister, da ist es bestimmt bequemer." Aber so bewegst du dich ständig hin und her. Wenn du dich so bewegst, bleibst du zwar in Bewegung, aber es ist ein ziemliches Durcheinander. Es kommt auch vor – so war es bei Atisha –, dass auf einem Weg mehrere Meister hintereinander kommen. Atisha war bei dreien. Aber er war bei allen dreien so lang, bis das, was da zu erledigen war, erledigt war.

F: *Ich könnte jetzt nicht sagen: entweder – oder. Das wäre nicht stimmig. Für mich ist das jetzt so ein Miteinander zwischen dir und meinem alten Lehrer. Also für mich ist es im Moment einfach stimmig.*

P: Was redest du dann? Wenn es für dich miteinander geht, ist es doch wunderbar.

F: *Du hast mich verunsichert.*

P: Von zwei Zeugen wähle immer den Hauptzeugen.

## Der Beobachter

F: *Ich habe in der Meditation versucht klarer zu erkennen, wer oder was der Beobachter eigentlich ist. Mein früherer Lehrer sagte immer, dass wir eigentlich der Beobachter seien. Ich habe aber keine Idee, was der Beobachter ist.*

P: Was geschieht, wenn du versuchst, das herauszubekommen?

F: *Ich merke, dass ein Teil vorhanden ist, der sich dessen bewusst ist, dass da etwas ist, was beobachtet. Aber ich kann das nicht greifen.*

P: Das spricht dafür, dass dein Lehrer Recht hatte. Denn was du bist, kannst du nicht greifen. Was du bist, kannst du nicht sehen.

F: *Aber was ist dann das, was bewusst ist, was beobachtet?*

P: Das ist – wie die Sufis sagen – Kabhira, der, der sich des Beobachters bewusst ist – ein Selbst-Bewusstsein im wahrsten Sinne des

Wortes. Ein ungetrenntes Selbstbewusstsein. Das Bewusstsein ist sich seiner selbst bewusst.

F: *Das heißt, es ist eigentlich eins, und ich nehme es nur momentan getrennt wahr?*

P: Richtig. Absolut korrekt. Und ein wesentliches praktisches Merkmal des wahren Beobachters, mit dem du ihn vom gewöhnlichen, plappernden Verstand unterscheiden kannst, ist, dass der Beobachter nicht urteilt. Es gibt jemanden, der sich Beobachter nennt, aber ein Kommentator und ein Beurteiler ist. Das ist der Nicht-Hauptzeuge. Und es gibt den Beobachter oder Zeugen, der einfach nur beobachtet. Ganz simpel. Simples Beobachten. Ohne Worte. Das sind die Zwei.

## 5.3. *„Bewahre immer einen heiteren Geist."*

Das ist so schön. Wenn ihr nur dies mitnehmen solltet, wäre das schon wunderbar! Und ich bin sicher, ihr nehmt viel mehr mit. Aber allein mit dem Satz „bewahre immer einen heiteren Geist" kannst du schon ein Leben lang beschäftigt sein. *Immer* ein heiterer Geist heißt, was auch immer passiert.

Also ist es erstens eine Aufforderung Atishas, zweitens ein Werkzeug und drittens – da es ja im Kapitel „Anzeichen des Geistestrainings" steht – auch eine Möglichkeit, zu sehen: Wo stehe ich? Das heißt, wenn ich auch in schwierigen Umständen einen heiteren Geist bewahre – ein gutes Zeichen. Wenn nicht, auch kein Problem: Dann gewöhnen, weiter üben, weiter vertraut machen, neue Entschlossenheit, wieder weiße Samen säen.

Der heitere Geist … Es ist so interessant zu sehen: Es sind hier mehr als hundert Menschen in derselben Situation, mit demselben Essen, derselben Landschaft, hören dieselbe Musik, hören dieselben Worte, und doch gibt es hundert verschiedene Arten, es zu erfahren. Das kann offensichtlich nicht am Draußen liegen, nicht am Essen, nicht an der Musik, kann nicht am Wetter liegen. Es muss an diesem Rahmen des Geistes liegen. Im Englischen heißt der Satz: „Always keep a happy frame of mind." „Frame" heißt der Rahmen. Es muss an dem Rahmen liegen, den man innen hat, in den man das vorhandene Bild einpasst. Es ist eine Frage der inneren Haltung.

Woher kommt die Heiterkeit eigentlich? Meiner Erfahrung nach kommt die Heiterkeit aus den Lücken, in denen Shunyata aufscheint, kommt aus der Raumhaftigkeit. Sie kommt aus der Meditation, ist wie ein Duft der Meditation, so wie Mitgefühl. Die Heiterkeit kommt aus dem Staunen über die Kayas, aus der Erforschung der ungeborenen Natur des Gewahrseins. Die Heiterkeit kommt aus dem Tonglen und ist immer da.

Ich habe kürzlich eine Biografie von Osho gelesen: „Diamanten auf dem Weg." In den Kapiteln über die erzwungene Weltreise Oshos fand ich seine Art, mit diesen doch widrigen Umständen umzugehen, so berührend. Ich denke, es ist wirklich ein widriger Umstand, wenn du im Flugzeug sitzt und nicht weißt, wo du landen sollst, weil kein Land dir Landeerlaubnis erteilt. Wenn sie schon irgendwo landen konnten, dann durften sie oft nicht einmal in die Lounges der Flughäfen. Oder sie bekamen erst ein Visum für zehn Tage, suchten ein Hotel und waren gerade eingezogen, als die Polizei kam und es hieß: „Fehler", Visum durchgestrichen, weg. Das sind echt widrige Umstände. An manchen Plätzen war Osho ein wenig länger. Osho und seine Begleiter hatten dann die Hoffnung, dass das vielleicht etwas werden könnte – zum Beispiel auf Kreta oder in Uruguay. Aber spätestens nach drei Wochen war auch das wieder vorbei. Wenn sie irgendwo hinkamen, hat Osho sich den Platz angeschaut, ist im Garten herumgelaufen: „Oh, da legen wir einen Teich an. Und dort könnten wir die Buddhahalle hinbauen. Eine Klimaanlage wäre nicht schlecht." Er war immer voller Begeisterung an dem Platz, wo sie gerade angekommen waren, und wenn sie ein paar Stunden später wieder weg mussten – kein Bedauern, immer dieselbe Heiterkeit. Am nächsten Platz wieder dasselbe. Es gab keinen Moment der Bitterkeit, keinen Moment der Verzweiflung.

Das sind die Situationen, wo die Anzeichen des Geistestrainings deutlich werden, in denen sich zeigt, ob der heitere Geist bewahrt wird oder nicht. Das ist so kostbar, und es ist auch etwas zum Üben.

Hierzu gehört auch, den Fokus weit zu halten, sich nicht nur auf das Unangenehme zu fokussieren, sondern *alles* wahrzunehmen. Also immer auch die andere Seite wahrnehmen! Von mir aus ist alles ganz beschissen, ihr seid krank oder habt euch gerade eine Rippe gebrochen oder das Auto ist kaputt oder die Frau ist davongelaufen. Die Vögel singen immer noch. Die Sonne geht auf, da ist Luft zum Atmen, da ist Lebendigkeit, alles ist da, und die fünf Kräfte, die fünf Stärken sind da, weil sie eure sind. Wenn ihr euch daran erinnern könnt, wird es euch leicht fallen, diesen heiteren Hintergrund, diesen heiteren Rahmen des Geistes zu erhalten. Was auch immer ist, es wird immer ein leichtes inneres Lächeln bleiben.

### 5.4. „Wenn du trotz Ablenkung praktizieren kannst, bist du gut geübt."

Ablenkende Gegebenheiten tauchen unvermeidlicherweise auf. Alles Mögliche kommt auf einen zu. Diese äußeren ablenkenden Gegebenheiten üben eine Magnetkraft auf euch, euren Geist, eure Aufmerksamkeit und auch eure Ausrichtung aus. Wenn man trotzdem in der Mitte bleiben kann, wenn man trotzdem in der ungeborenen Natur des Gewahrseins bleiben kann, ist man gut geübt. Wenn man trotzdem still bleibt, hat man gut geübt. Dann ist die Gewöhnung fortgeschritten. Die Ablenkung selbst wird, wenn sie mit einem heiteren Geist und in der richtigen Art wahrgenommen und aufgefasst wird, wieder zur Übung.

Und wenn Ablenkung auftaucht und ihr diese gar nicht bemerkt, euch darin verwickelt, aber ihr hinterher vielleicht ein schlechtes Gewissen habt, bringt das überhaupt nichts. Man muss hier zwischen schlechtem Gewissen und Reue unterscheiden. Reue ist sehr kostbar und hilfreich. Ablenkung taucht auf und der Magnetismus zu der Ablenkung hin setzt ein, und irgendwann merkt ihr es, irgendwann sind da wieder Gewahrsein, Achtsamkeit, Aufmerksamkeit: „Oh, da bin ich hineingetappt." Und dann Zurückweisung, das reicht. Jeder weitere Gedanke daran ist verschwendet, jedes Schuldgefühl unnötig. Einfach nur wahrnehmen: „Hineingetappt, Ablenkung gewesen." Wahrnehmen, zurückweisen, neuer Entschluss, weiße Samen säen, weiter gewöhnen.

### Ich-Stärke

F: Es heißt doch, man muss das Ich erst haben, bevor man es loslässt? Könnte es auch sein, dass man das Ich erst einmal stärken muss?

P: Exakt, man muss erst das Ich haben, bevor man es loslassen kann. Osho hat immer wieder betont, dass aus einer „Ich-Schwäche", wie die Psychologen sagen, der Sprung ins Unbekannte sehr schwer möglich ist. Das wird aber gerne versucht, denn diese Ich-Schwäche ist natürlich unangenehm, und dann hört man von Buddha oder von anderen: „Das Ich gibt es ja gar nicht." Es ist dann natürlich sehr verlockend zu sagen: „Ich brauche das Ich ja gar nicht." Aber das funktioniert nicht. Das ist auch wirklich meine Erfahrung mit Menschen: Es funktioniert nicht. Erst müssen die Füße auf den Boden kommen und die vorbereitenden Übungen praktiziert werden. Erst ganz ankommen und da sein, dann schauen wir weiter. Deshalb gab es in Poona all die therapeutischen Angebote. Erst einmal Primal, erst einmal die Mama-Kiste, dann die Papa-Kiste, erst einmal im Leben ankommen und das Ego sich kristallisieren lassen…

F: *Das heißt, Psychotherapie ist nicht ganz neben der Spur.*

P: Überhaupt nicht neben der Spur. Einfach das richtige Werkzeug zur richtigen Zeit. Du kannst dich natürlich in Psychotherapie auch totlaufen, immer weiter und weiter und weiter. Irgendwann muss man diese Medizin natürlicherweise auch wieder wegfallen lassen, wie jede andere auch. Aber an ihrem Platz zur richtigen Zeit ist sie überaus wertvoll.

## Aus der Kraft des Herzens leben

F: *Ich habe große Angst, Macht zu missbrauchen, und frage mich, wo die Grenze zwischen Führung aus Stille, aus Liebe heraus und Missbrauch von Macht ist. Ich habe viel mit Tieren zu tun. Das ist eine gute Übung für mich. Aber ich gerate dabei oft in diesen Zweifel. Ich rutsche oft in die Passivität, in ein „mich selbst Verleugnen" und in Angst vor Autorität.*

P: Auf dieser Münze steht auf der einen Seite Täter und auf der anderen Seite Opfer. Die ganze Münze ist falsch. Und du kannst nur die ganze Münze loslassen. Manche Menschen denken, die Seite des Täters sei die sichere Seite, und gehen in Richtung Machtausübung und eventuell auch Machtmissbrauch. Die anderen denken, auf der

Seite des Opfers sei die sichere Seite, und gehen in die Richtung, ihre Kraft nicht zu leben und zu zeigen, in die Richtung der Nichtpräsenz, oder sie lassen sich ausnutzen und auf sich rumtrampeln. Sie gehen auf die Seite des Opfers. Aber es sind zwei Seiten *einer* Medaille. Und keine der beiden Seiten ist sicher. Und eine führt zur anderen. Dein Platz ist weder auf der Opfer- noch auf der Täterseite, sondern einfach nur präsent zu sein.

Das ist das Herz. Und von da aus betrachtet ist es keine Frage von Macht oder Ohnmacht mehr, sondern einfach die Kraft, die sich im richtigen Augenblick auf richtige Art manifestiert. Und wenn sie nicht im Außen benötigt wird, spielt die Kraft in dir und ist glücklich. Sei einfach auf beiden Seiten aufmerksam, und wenn du merkst, du bist auf die Opfer-, auf die Ohnmachtsseite gegangen, komm zurück in die simple Präsenz! Und betrachte die Dinge genau, die dich angeblich so ohnmächtig machen. Betrachte sie auch im Sinne der Slogans. Genauso auf der anderen Seite: Wenn du in ein Machtspiel und in eine Manipulation hineingeraten bist, lass diese los und komme zurück in die simple gewöhnliche Präsenz! Und dann betrachte von da aus die Dinge! Wenn alte Gefühle aufgrund alter Geschichten hochkommen, gut, da will sich einfach irgendetwas auflösen und verbrennen. Dann „übe dich im Eintauschen, tue das, indem du auf dem Atem reitest". Tonglen, ohne dabei zu analysieren, ohne Bilder heraufzubeschwören. Wenn sich dabei die Geschichte entspinnen will – abschneiden! Bleibe nur bei diesem, sonst wird aus dem Fühlen ein Drama, das die Geschichte füttert. Die Geschichte ist nicht wichtig, nur die simple Präsenz.

Das war übrigens eine wichtige Frage, und es war schon manipulativ von deinem Verstand, sie dir immer zu entziehen. Du bist gestern zu mir gekommen und hast gesagt: „Ich habe die ganze Zeit schon eine Frage, aber sobald ich dich sehe oder hier im Satsang sitze, ist sie weg." Es gibt zweierlei Arten des Verschwindens von Fragen. Die eine ist wunderbar: Du sitzt im Satsang oder in Meditation und Fragen lösen sich auf wie Wolken am Himmel. Dann bleiben sie aber auch weg. Die andere Version: Die Frage ist die ganze Zeit da und quält dich, und sobald die Frage Pyar sieht, versteckt sich die Frage. Sobald Pyar aber um die Ecke geht, ist die Frage wie-

136

der da. Da bei dir das Zweite der Fall war, sagte ich dir: „Schreibe die Frage auf, damit sie nicht mehr entkommt. Komm mit dem Zettel zum Satsang, aber stelle die Frage."

# 6. Schwert des Geistestrainings

6.1. „Halte dich stets an die drei grundlegenden Prinzipien" (Treue, Einfachheit, Geduld)."

6.2. „Ändere deine Haltung, aber bleibe natürlich."

6.3. „Sprich nicht über schwache Glieder."

6.4. „Denke nicht über die Angelegenheiten anderer nach."

6.5. „Übe als Erstes mit der größten Verblendung."

6.6. „Gib jede Hoffnung auf Belohnung auf."

6.7. „Meide vergiftete Nahrung."

6.8. „Sei nicht so berechenbar."

6.9. „Mach keine schlechten Witze."

6.10. „Warte nicht auf eine Gelegenheit. Lauere nicht im Hinterhalt."

6.11. „Schlage nicht aufs Herz."

6.12. „Lade der Kuh nicht die Last des Ochsen auf."

6.13. „Versuche nicht, der Schnellste zu sein."

6.14. „Handle nicht verdreht." Oder: „Tu die Dinge nicht rückwärts."

6.15. „Mache Götter nicht zu Dämonen."

6.16. „Baue dein Glück nicht auf dem Schmerz anderer." Oder: „Nimm Sorge nicht in Kauf für unechte Freude."

## Moral und Tugend

Bevor wir mit Atisha weitergehen, ist es wichtig, Moral und Tugend tief zu verstehen. Am Anfang habe ich euch gesagt, dass es sehr wichtig ist – und das gehört zu den vorbereitenden Übungen Kapitel 1 –, ohne Konzept, ohne Vorurteil an Atishas Text heranzugehen. Wenn man den Text aus einer katholischen oder buddhistischen Konditionierung heraus angeht, werden einem diese Worte wie Moral erscheinen. Aber es liegt ein grundlegender und himmelweiter Unterschied zwischen Moral und dem, was Atisha Tugend nennt. Ich bleibe jetzt absichtlich bei dem Wort „Tugend". „Virtue" heißt Tugend auf Englisch. „Virtue" hat auch mit Stärke zu tun, sogar mit Männlichkeit. Es stammt von dem Lateinischen virtus, was Kaft, Stärke, Tapferkeit bedeutet.

Die meisten Menschen reagieren völlig unbewusst auf Gegebenheiten und Situationen. Sie sind sich ihrer eigenen Reaktionweisen nicht bewusst. So kochen die Gefühle hoch und sie sind ihnen hilflos ausgeliefert. Das Handeln und Sprechen dieser Menschen aus dieser Hilflosigkeit und Unbewusstheit heraus ist ein unfreies Handeln, ein Handeln aus Reaktion, nicht aus Bewusstheit. Sie folgen vielleicht moralischen Regeln, und so wird das Schlimmste manchmal verhindert, aber Tugend ist das nicht. Tugend erfordert Bewusstheit, erfordert Begegnen, erfordert Berührtheit.

Ihr müsst dabei immer das 2. Kapitel Atishas, die Zentrale Praxis im Hinterkopf behalten, sonst werden diese Slogans zu reinen Moralgesetzen: „Betrachte alle Phänomene, als ob sie Träume wären. Erforsche die Natur des ungeborenen Gewahrseins. Lasse selbst das Gegenmittel los. Ruhe in der Essenz, in Alaya, und dazwischen sei ein Kind der Illusion." Und Tonglen mit ebenfalls fünf Punkten. Wichtig ist in diesem Zusammenhang vor allem Punkt fünf: „Beginne das Training mit dir selbst." Ich habe euch schon darauf hingewiesen, dass dieser Schatz, diese Weisheit Atishas ein Flechtwerk ist. Wenn ihr jetzt beim sechsten Faden den ersten und zweiten Faden nicht beachtet, dann kommt Moral heraus. Die Tugend, die Atisha meint, erblüht und entwickelt sich auf höchst natürliche Art aus Erstens und Zweitens, sie ist eine Transformation von innen nach außen, die sich dann natürlich auch in eurer Handlungsweise, in eurer Haltung, in eurer Art zeigen wird.

## Transformation giftiger Emotionen –
## Der Same der Tugend mitten im Gift

Ich kann nicht leugnen, dass sich bei mir einiges geändert hat und dass manche Dinge, die mir früher selbstverständlich waren, einfach nicht mehr da sind, zum Beispiel Ärger. Ich kann ihn nicht mehr herzaubern. Mein Ärger ist nicht dadurch verschwunden, dass ich ihn weggedrückt habe. Natürlich habe ich das auch probiert, denn ich bin ja katholisch erzogen! Natürlich habe ich auch probiert, gegen den Ärger vorzuge-hen, weil ich gemerkt habe, dass Ärger eine Empfindung ist, die mir selbst weh tut, die mich und die anderen auch nicht gerade glücklich macht, oder? Aber das Wegdrücken hat nicht geholfen.

Ärger, so weit ich mich erinnere, ist etwas Einschnürendes oder Platzendes. Ein unangenehmes Gefühl, das ich immer gerne loshaben wollte. Wie versucht man, das loszuwerden? Eine sehr häufige Art und Weise ist: Ich mache den Auslöser im Außen zum Schuldigen. Ich werfe den Ärger entweder mental, häufiger auch verbal oder sogar körper-lich auf den Verursacher. „Du bist schuld, du hast mich geärgert." Nicht: „Ich ärgere mich" oder „In mir ist Ärger", sondern „Du hast mich geär-gert." „Warum ärgerst du mich immer? Benimm dich doch einmal an-ders!" Eine subtilere Form, Ärger loszuwerden, ist, dem Ärger Freund-lichkeit entgegenzusetzen. Es bohrt, platzt beinahe, und dann kommt das falsche Lächeln. Diese zweite Strategie nennt man Moral. Beides bringt überhaupt nichts. Es ändert nichts an dem bohrenden Ärger, er wird wiederkommen durch einen anderen Auslöser. Und soviel du auch dazu lächeln oder Gift spucken magst, es wird grundsätzlich nichts än-dern. Atishas Ansatz, mein Ansatz, und der Ansatz aller Buddhas und meine Erfahrung sind, Ärger sich ganz von innen heraus transformie-ren zu lassen. Dazu ist zunächst Ehrlichkeit notwendig.

Es ist notwendig, sich selbst und eventuell auch dem anderen Men-schen den Ärger zu- und einzugestehen und nicht zu versuchen aus-zuweichen, sondern auch da die empfindsame Stelle des Herzens zu-zulassen, ihn reinzulassen, ihn nicht rauszuwerfen und nicht zu unterdrücken, sondern ihm wirklich fühlend zu begegnen. Dieses Be-gegnen mag unangenehm sein, aber man entdeckt die Energie, die ei-gentlich darin steckt, die in der Ärger-Form nur „verzwirbelt", verbogen und gefangen ist. Man entdeckt das Belebende darin. Aber „Ärger" kannst du es dann eigentlich schon nicht mehr nennen, denn in deiner eigenen tiefen Begegnung verschwindet das Objekt, und du schaust diesen Menschen an, der den Ärger ausgelöst hat, und kannst dann nicht mehr sagen: „Ich bin ärgerlich auf ..." In der Wendung nach innen verschwindet das Objekt, und ohne Objekt ist Ärger nicht möglich, ist Hass oder Gier nicht möglich. Deshalb sagt Atisha auch: drei Objekte, drei Gifte, drei Samen der Tugend. Genau da, mitten in den Giften: der Same der Tugend.

## Tugend ist für Löwen, Moral für Schafe

Und das ist exakt das Gegenteil von herkömmlicher Moral, ist überhaupt nicht brav, ganz im Gegenteil. Übergestülpte Moral ist eine einfache, bequeme, aber tötende Angelegenheit. Du hast ein Set von Regeln, und da hält man sich halt dran, und damit ist man konform, passend; ziemlich ungefährlich, brav und unlebendig. Es erfordert kein Wachstum. Tugend in dem Sinn, in dem ich das Wort verwende und Atisha das Wort verwendet, ist etwas für Löwen, nicht für die Braven. Sie fordert die Braven heraus, zu ihrer eigenen Kraft zu finden. Tugend erfordert eigenes Wachstum, erfordert eigenes Begegnen. Moral ist dumm. Moral denkt nicht selbst, Moral fühlt nicht selbst, Moral rennt hinterher, Moral sucht Sicherheit. Tugend ist intelligent. Tugend ist auch nicht immer gleich. Moral wiederholt sich ständig, ist immer freundlich, immer nachgebend. Das hat Atisha nie gemeint, und ich meine das auch nicht. Tugend ist intelligent und in der Intelligenz echt und flexibel. Sie wird immer der Situation und dessen, was jetzt nötig ist, adäquat sein. Und das auf der Grundlage von Weisheit und Mitgefühl – Kapitel 2. Wir müssen es immer von da aus betrachten. Moral verschließt euch, Tugend ist entschlossen, Tugend ist offen. Wir alle haben ein ganzes Set von Moralitäten der unterschiedlichsten Art mitbekommen, egal, ob ihr in einem katholischen, protestantischen, atheistischen, kommunistischen oder buddhistischen Haus aufgewachsen seid. Wenn Rebellion gegen diese Moralität, gegen diese Dummheit auftritt, ist das wunderbar, das ist der Beginn der Intelligenz. Sei rebellisch, aber schau, gegen was du es bist. Seid rebellisch gegen das Tote, gegen das Verlogene.

## Gesunde Rebellion

Also da ist das Gift der Moralität oder der Macht, des Machtmissbrauchs und all dieser Dinge, und dann taucht eure Rebellion auf, die so wunderschön ist. Sie ist Kraft, ist der Beginn von Intelligenz, wenn ihr damit bewusst umgeht. Buddha war rebellisch, und ich bin's auch und Atisha auch, aber wir sind zugleich still und friedlich. Das ist ein Unterschied zwischen Rebellion und Revolution. Rebellion geht wieder nach innen und ändert auch innen etwas. Revolution versucht im Außen etwas zu ändern und erzeugt sehr oft viel Leid, ist meist eine blutige Angelegenheit. Und dann kommen Gegenrevolutionen, wieder viele Tote. Rebellion ist einfach lebendig und heißt: „Ich steh da, wie ich bin, bin mir der grundlegenden Gutheit in mir bewusst, und du kannst von mir denken, was du willst." Dann bin ich frei zu handeln oder auch nicht zu handeln, wie es gerade die Regung meines Herzens ist. Und Friedlichkeit ist inmitten der Rebellion. Sie bleibt immer noch wild, aber sie verliert ihr „gegen". Es bleiben die Kraft und die Freude. Die Rebellion und diese vielleicht anfangs kämpferische oder wilde Geschichte und wie dann auch wieder Zartheit reinkommt. Wenn Rebellion die Zartheit verliert, dann ist sie dabei, in Revolution umzukippen, und wird selbst zum Gift. Aber wenn die Zartheit des Herzens in der Rebellion enthalten bleibt und sogar mehr und mehr sichtbar wird ... Mal ist mehr die zarte Seite der Rebellion sichtbar, mal mehr die wilde Seite, aber immer sind beide da.

## Transformation giftiger Emotion

Dasselbe wie für den Ärger gilt natürlich für Eifersucht, Neid und alle anderen Gifte. Angenommen, da ist ein See von Neid und Missgunst. Moral setzt etwas obendrauf. Missgunst und Neid und das ganze Gift bleiben unten, und obendrauf setze ich einen schönen glitzernden Deckel. Das bringt überhaupt nichts. Aber was finde ich, wenn ich meinem eigenen Neidgefühl gegenüber die empfindsame Stelle meines Herzens öffne? Was passiert, wenn ich wirklich die Übung mit mir selbst beginne und meinen Neid einatme und Fülle ausatme? Das ist Transformation, das heißt weiße Samen säen. Nichts drüber packen, sondern es sich von innen heraus transformieren lassen. Es kann sein, dass es Zeiten gibt, wo ein Ausdruck dieser gestörten Emotionen wie Neid, Eifersucht, Ärger notwendig ist. Deshalb hat Osho Methoden wie die Dynamische Meditation erfunden. Nicht, weil er es als den optimalen Ausdruck menschlichen Seins empfunden hätte, dass Menschen Kissen klopfen und toben und schreien, nicht, weil es *darum* ginge, sondern um die Möglichkeit Transformation zu schaffen. Er hat allerdings auch gesagt, dass wenn diese grundlegende, liebevolle, tugendhafte Intelligenz in seinem Sangha zunimmt, dann irgendwann vielleicht der Zeitpunkt gekommen sein könnte, wo man Therapien und Katharsis weglassen könnte. Das war sein Anliegen. Therapie, Dynamische Meditation sind Methoden, um darüber hinaus zu kommen, um Transformation möglich zu machen – ja, es könnte schon passieren, dass ihr Neid, Ärger und Eifersucht dabei verliert. Also versucht das zu verstehen, lasst es euch tief verstehen, denn ich weiß, dass viele Menschen tiefe Verletzungen haben und tiefen Zorn gegen Moral in sich tragen. Seid euch darüber klar, wogegen der Zorn sich wirklich richtet. Die gesunde Rebellion geht gegen die Konditionierung, geht gegen das Unfreie, Unechte. Es kann aber passieren, dass man das Ziel der Rebellion aus dem Auge verliert, und dann geschehen falsche Verknüpfungen und man schüttet das Kind mit dem Bade aus. Man hat die Klarheit verloren. Das ist wichtig für die folgenden Sätze. Fast alle beginnen mit: „Mach dies nicht, mach das nicht", „Tue dies, tue das." Atisha formuliert es einfach so. Er geht dabei davon aus, dass die Kapitel eins bis vier inzwischen soweit verinnerlicht sind, dass er so sprechen kann.

Tugend braucht Wachheit. Tugend entsteht überhaupt erst aus Bewusstheit, Wachheit, bewusstem Sehen, bewusstem Begegnen, bewusstem Fühlen, Gewahrsein, mitfühlendem Gewahrsein. Moral braucht keine Wachheit. Sie ist schlafend. Wachheit und Gewahrsein sind wesentlich. Wir sind beim Schwert des Geistestrainings, das ist das sechste Kapitel.

### 6.1. „Halte dich stets an die drei grundlegenden Prinzipien." (Treue, Einfachheit, Geduld)

Über *Treue* haben wir in den letzten Tagen schon gesprochen. Ich habe die grundlegenden Prinzipien ein bisschen „eingedeutscht". Treue wird im Originalkommentar „die Gelübde einhalten" genannt. Nachdem die meisten von euch keinerlei Gelübde abgelegt haben, sage ich einfach „Treue", denn darum geht es.

*Einfachheit* ist wichtig. Der Kleingeist macht es gerne kompliziert. Der große Geist macht es einfach. Ja – auch einfach leben. Macht euer Leben nicht so kompliziert! Das Leben ist eigentlich recht einfach, und die Kompliziertheit, die man hineinbringt, kostet sehr viel Energie, sehr viel Zeit und sehr viel Aufwand jeglicher Art. Diese Energie und diese Zeit gehen natürlich der Meditation und der simplen Präsenz ab. Kompliziertheit zerstreut auch. Einfach das tun, was jetzt ansteht – fertig. Nicht so viele Gedanken über später machen. Nicht so viele Pläne, nicht so viele Sorgen – einfach.

*Geduld* spreche ich immer wieder an. Davon kann man nicht genug haben. Und sie kann auch immer noch weiter wachsen. Geduld mit euch, Geduld mit der Existenz, Geduld mit anderen Menschen, mit allem. Denn alles hat seine Zeit. Und in welcher Ausdehnung oder Zusammenziehung die Zeit sich gerade bewegt ist immer unterschiedlich. Manchmal kommt sie einem lang vor, manchmal kommt sie einem kurz vor. Geduld lässt euch, was die Zeit angeht, gleichmütig sein.

Drei grundlegende Prinzipien. Und Treue als Grundlage der Grundlage.

### 6.2. „Ändere deine Haltung, aber bleibe natürlich."

Es geschieht manchmal, dass sich bei jemandem etwas im Innen ändert und sich dann so etwas Künstliches, etwas Angeberisches einstellt, oder jemand blöde Sprüche klopft, die meist niemand hören will außer dem, der sie sagt. Der, der sie sagt, hätte natürlich gern, dass man sie hört und bewundert.

Zum Punkt der Einfachheit steht im Originaltext: „Kein skandalöses Verhalten." Es gibt sicher „Heilige", die ein etwas schrilles Verhalten an den Tag legen, indem sie sich „öffentlich mit Leprösen zeigen und mit Bettlern", wie es im Originaltext heißt. Das Problem dabei ist nicht, dass sie mit Leprakranken oder mit Bettlern zusammen sind, sondern dass sie das zur Show machen. Das Problem sind die Show oder sonstige schrille Verhaltensweisen. Diesen Begriff „nicht skandalös" habe ich mit Einfachheit, Natürlichkeit übersetzt. Und das wird im zweiten Satz noch einmal wiederholt und erläutert. Es geht darum, sich innen zu läutern und außen ganz normal zu sein. Dasselbe spricht Jesus ständig an, wenn er von den Pharisäern spricht. Die Pharisäer sind nach außen schrecklich heilig und innen „übertünchte Gräber", sagt er. Da stinkt es. Und sowohl Atisha als auch Jesus empfehlen das Gegenteil: Lieber außen stinken und innen duften. Abgesehen von der ganzen Prahlerei braucht manchmal das innere Wachstum auch eine gewisse Abgeschlossenheit, keine Demonstration im Außen. Es ist noch zu empfindsam, noch nicht stabil genug. Also einfach natürlich bleiben, ganz normal.

### 6.3. „Sprich nicht über schwache Glieder."

Es ist immer ein äußerst unterhaltsames und beliebtes Gesprächsthema, über die Fehler anderer zu sprechen. Tratsche nicht. „Leute ausrichten" nennt man das in Bayern. Was bei jemandem falsch ist und wie sich der Nachbar wieder schrecklich benommen hat und wie sie einen alle ärgern und was an den anderen alles nicht okay ist. Das ist einfach Energieverschwendung, ablenkend und bringt nichts. Was meine eigenen Fehler, meine eigenen schwachen Glieder angeht, ist Ehrlichkeit wichtig, aber man muss sich auch nicht darin herumsuhlen und herumbohren und noch einem anderem erzählen und noch mal auspacken und noch mal wiederholen, was man doch für ein schlechter Mensch ist. Einmal reicht. Fertig. Die Bewusstheit ist wichtig, nicht das Herumbohren.

### 6.4. „Denke nicht über die Angelegenheiten anderer nach."

Ja, wieso auch? Geht einen ja nichts an. Hilft auch keinem. Das ist aber eine beliebte Freizeitbeschäftigung des kleinen Geistes und dient oft einfach der Verbesserung des eigenen inneren Images. „So schlecht geht

es mir ja gar nicht, weil es dem XY ja noch schlechter geht." Oder umgekehrt: „So gut kann ich gar nicht sein, weil XY so viel besser ist." Da
kommt wieder dieses Gift des ständigen Vergleichens rein.

### 6.5. „Übe als Erstes mit der größten Verblendung."

Warum mit der größten Verblendung? Jeder weiß im Allgemeinen, was
seine größte Verblendung ist. Oft weiß man: Ah, der Neid packt mich
immer wieder oder die Gier oder die Verwirrung. Warum mit dem Größten, Schwersten anfangen? Weil da das größte Potenzial steckt. Unglaublich viel Kraftstoff wird daraus frei. Angenommen, da ist dieser
See von Neid, und ihr beginnt mit Gewahrsein, Offenheit, Ehrlichkeit
und mit Verstehen in ihn einzutauchen, mit tiefem und immer tieferem Verstehen, was da im Kopf passiert. Und wenn ihr das transformiert,
wird viel Energie frei, die man wieder für den ganzen andern Kleinkram
nutzen kann, der dann vielleicht noch da ist. Einfach deshalb empfiehlt
Atisha, mit dem größten Klotz anzufangen. An den kleinen Dingen
kann man sich anfangs leicht erschöpfen und auch verzetteln. Jeder von
euch weiß, wenn man ein Zimmer putzt, entfernt man erst den groben
und dann den feinen Dreck, das ist einfach praktisch.

### 6.6. „Gib jede Hoffnung auf Belohnung auf."
### Oder: „Gib jede Hoffnung auf Erfolg auf."

Das ist sehr wichtig und unterscheidet auch Moral ganz wesentlich von
Tugend. Moral verfolgt immer ein Ziel. Sei es, dass man einfach
angepasst und anerkannt in der Gesellschaft sein oder sich selbst auf
die Schulter klopfen will: „Wow, war ich wieder freundlich heute", oder
auf die Schulter geklopft werden will, oder sei es, dass man das Schulterklopfen auf das Jenseits verschiebt im Sinne eines Pluspunktes für das
Himmelreich oder das nächste Leben. Moral ist immer auf Belohnung
aus und von daher schon verlogen. Gib jede Hoffnung auf irgendeinen
Erfolg auf – dann ist da nur das Jetzt. Einfach nur Jetzt. Es geht nirgends
hin. Manche Menschen haben – was dieses Hoffnung-auf-Erfolg-Auf-
geben angeht – eine natürliche Begabung oder schon mehr Übung
damit, und für andere ist es manchmal so, dass sie viel rennen und
kämpfen müssen, um an den Punkt zu kommen, wo sie aufgeben kön-

nen. Das ist auch okay, es führt zum selben. Dazu habe ich eine Geschichte bei Osho gelesen: Ein Mann im alten Indien will mit allen Mitteln Erleuchtung erlangen. Er sucht den passenden Meister, der ihm Meditation beibringen kann. Er findet keinen, nirgends. Und er rennt und rennt von einem zum anderen. Dann erzählt ihm jemand, es gäbe den absoluten Super-Über-Meister. Er sei schon 300 Jahre alt und lebe irgendwo in den Himalajas versteckt. Er sei der größte Meister, aber sehr, sehr schwer zu finden. Wenn dieser alte Mann höre, dass jemand sich nähere, dann verschwinde er und gehe ins nächste Tal und man finde ihn wieder nicht. Das reizt den Sucher natürlich und er macht sich auf in die Berge und sucht und findet den Meister natürlich nicht. Jahrelang streift er durch den Himalaja auf der Suche nach diesem Meister. Das Geld geht ihm aus. Jetzt muss er einfach von dem leben, was dort wächst, und er wird immer schwächer. Er sucht weiter und strengt sich an und hofft, dass er endlich an das Ziel seiner Bemühung kommt. Eines Tages ist er so schwach, dass er sich dem Tode nahe fühlt. Er kriecht einen Berghang hoch und sieht eine kleine Hütte. Mit letzter Kraft krabbelt er dahin und stellt fest, dass die Hütte verlassen ist und es so aussieht, als ob sie schon eine ganze Weile verlassen wäre. Jetzt kann er einfach nicht mehr. Er legt sich hin. Und in diesem Moment fällt die ganze Anstrengung, Zielorientiertheit von ihm ab, fällt die Hoffnung auf Erfolg ab, denn jetzt hat er sowieso verloren. Jetzt kommt großer Frieden über ihn. Er liegt da, ist ganz glücklich. Auf einmal hört er etwas, er öffnet die Augen. Ein uralter Mann steht da und sagt zu ihm: „Ah, bist du gekommen! Hast du irgendeine Frage?" Dann sagt der Mann, der da liegt: „Nein, keine Frage." Dann sagt der alte Mann: „Dann hast du also Meditation entdeckt!" Da sagt er: „Ja." Das ist: Gib jede Hoffnung auf Belohnung auf.

### 6.7. „Meide vergiftete Nahrung."

Schokolade, meinst du? Das ist die typische Moralantwort. Das wird im Allgemeinen daraus gemacht: Dies darf man nicht, und das darf man nicht. Reine Nahrung, kein Fleisch natürlich. Für mich ist Nahrung, die von unglücklichen Wesen stammt – seien das jetzt Pflanzen oder Tiere – vergiftete Nahrung. Wir essen Pflanzen und Tiere, lebendige

Wesen. Wenn diese Wesen in ihrem Leben unglücklich waren, ist das giftige Nahrung. Ich spüre das und schmecke das auch. Und ich schmecke es auch bei Salatköpfen. Ein Aspekt, der besonders unsere Zeit betrifft! Vergiftete Nahrung ist auch Nahrung, die unter Ausbeutung von Menschen produziert und gehandelt wird. Diese vergiftete Nahrung ist nicht im Einklang mit dem Ganzen, ist entrissen und geraubt. Pflanzen und auch Tiere sind bereit, gegessen zu werden, aber Pflanzen und Tiere sind nicht bereit, unter unwürdigen Umständen zu leben. Das gilt für Hennen, für Karotten und für Salat. Salat möchte gerne Erde zwischen den Wurzeln spüren, nicht Styropor. Salat möchte Regen spüren und nicht eine Sprinkleranlage. Salat möchte die Sonne spüren und nicht eine Tageslichtlampe. Salat möchte leben, solange er lebt – dann darf man ihn essen. Versteht ihr? Das ist mein Verständnis was das Körperliche angeht. Es gibt aber auch noch geistige Nahrung. Da ist sehr viel Gift unterwegs. Ihr wisst selbst, was da alles an giftiger Nahrung unterwegs ist, und es liegt an uns, ob wir sie essen oder nicht. Ich muss mir nicht alles antun, sei es an vermeintlicher Unterhaltung oder an Sensationslust-Befriedigungsmaterial, sei das nun die Presse oder auch im Gespräch mit Bekannten und Freunden. Auch da kann es einiges an Gift geben – das Getratsche. Dieses einlullende, einschläfernde Gift. Kennt ihr das? Leute tratschen, klatschen über andere und über die Affären der anderen und all den eigentlich so langweiligen Kram. Man regt sich so schön auf. Geistiges Gift ist auch die Konditionierung, die man sich gegenseitig immer wieder zufüttert. In Beziehungen oder in gesellschaftlichen Strukturen, auch in Freundeskreisen, kann es immer wieder passieren, dass man sich gegenseitig diese giftige Nahrung zuführt, bewusst oder unbewusst den andern wieder in die Konditionierungsschleife bringt. Das muss man nicht essen. Dagegen kann man rebellieren.

### 6.8. „Sei nicht so berechenbar."

Ein moralischer Mensch ist berechenbar. Ein tugendhafter Mensch im Sinne Atishas ist nicht berechenbar. Was kann ich berechnen? Um irgendetwas berechnen zu können, brauche ich Daten. Daten stammen aus vergangener Erfahrung. Also weiß ich, wie ein Großteil der Menschen zu manipulieren ist – siehe Werbung. Ich kann mit Brüsten fast alles an fast alle verkaufen. In der Werbung tauchen Brüste an Stellen auf, wo man sich wirklich fragt, wo hier der Zusammenhang ist. So schön die Brüste sind, das ist nicht der Punkt. Aber es ist erstaunlich, was man mit Brüsten alles verkaufen kann, vom Auto bis zur Versicherung. Auch an Frauen scheinbar. Mit Penis verkaufen sie nicht so gut. Warum ist Werbung so einfach? Weil Menschen sich berechenbar machen. Die Werbeleute, die Politiker oder auch die Moralisten berechnen euch aus der Vergangenheit, und ihr benehmt euch immer gleich. Das ist wieder der Pawlow'sche Reflex. Die Konditionierung, die Nicht-Intelligenz, die Trägheit, selbst zu schauen, selbst zu wachsen, das Verbleiben in den Mustern macht berechenbar. Das sich in der Vergangenheit Bewegen, das Sicherheit Erstreben macht berechenbar. Atisha sagt: Sei nicht berechenbar, sei neu in jedem Moment, wild und frei. Nicht brav. Berechenbar ist brav. Und genau da hat es einen am Wickel. „Ich rechne mit dir." Sei nicht berechenbar. Alles, was du gibst, muss aus Freiheit kommen, nicht aus Kopfeinziehen und nicht aus Berechenbarkeit.

### 6.9. „Mach keine schlechten Witze."

George und Pete sitzen in der Kneipe bei einem Bierchen. Währenddessen läuft im Fernsehen eine Reportage über eine offensichtlich lebensmüde Frau, die aus einem der obersten Stockwerke eines Hochhauses aus dem Fenster gestiegen ist, auf dem Sims steht und sich überlegt, ob sie springen soll oder nicht. Die Reportage geht eine Weile weiter. Schließlich sagt George zu Pete: „Hey, wollen wir wetten, ob sie springt oder nicht? 20 Dollar. Ich wette, dass sie springt." Pete sagt: „O.k., ich wette, sie springt nicht. Abgemacht." Die Frau steht noch eine Weile auf dem Sims, schließlich hat sie genug und springt. Pete zieht seine Brieftasche, holt 20 Dollar raus, gibt sie George. Sie bestellen sich noch ein Bierchen und trinken weiter. Dann sagt George zu Pete: „Du, ich muss dir was gestehen. Die Sendung im Fernsehen war eine Wiederholung. Ich habe also schon gewusst, dass die Frau springt, ich habe die Wette also nicht ehrlich gewonnen. Die 20 Dollar gehören dir eigentlich wieder." Sagt Pete: „Behalte sie nur. Du hast die Wette ehrlich gewonnen. Ich habe die Sendung nämlich auch schon gesehen." „Ja", sagt

George, „wieso hast du dann gewettet, dass sie nicht springt?" Sagt Pete: „Also ich hätte nicht gedacht, dass sie so dumm ist, es ein zweites Mal zu machen."

Was ist ein schlechter Witz? Schlechte Witze sind Witze, die verletzend sind oder jemand auslachen. Sie sind auch gar nicht so lustig, eher bitter. Gute Witze deuten immer auf die Absurdität des Verstandes zurück. Das Lachen kommt zustande, weil die Absurdität plötzlich so wunderbar aufblitzt wie eben in diesem Witz. Wiederholungsfilm. Und man denkt, es würde anders laufen. Das kennt jeder von sich, das lässt euch lachen. Dieses Lachen ist gesund, denn man lacht eigentlich über sich selbst. Falls in euch ein schlechter Witz oder ein blöder giftiger Spruch aufsteigen sollte, dann schmeckt und spürt selbst vor dem Ausspucken die Bitterkeit oder die eigene Verletzung, die dahinter steckt. Wahrscheinlich spuckt man es dann nicht mehr aus. Spürt die Bitterkeit und übt dabei Tonglen mit euch selbst.

**Lachen ist Medizin**

Lachen ist so wichtig. Alle Buddhas lachen. Der kleine Geist kann – abgesehen von Zähnefletschen – nur auslachen oder hysterisch lachen. Eine feine Unterscheidung, die aber hörbar ist. Wirklich lachen kann er aber nicht. Er nimmt alles sehr ernst, insbesondere sich selbst. Das eine heilsame Lachen ist Lachen ohne Grund, das andere ist das Lachen über sich selbst. Im Lachen liegt auch ein guter Schlüssel, um aus dem Käfig herauszukommen, denn ihr könnt schwerlich herzhaft lachen und gleichzeitig in Konzepten denken. Ist euch das schon einmal aufgefallen? Es funktioniert nicht. Entweder erstarrt das Lachen zur Grimasse, oder das Denken hört auf.

### 6.10. „Warte nicht auf eine Gelegenheit. Lauere nicht im Hinterhalt."

1. Man will zum Beispiel etwas aussprechen und denkt sich: „Na ja, bei Gelegenheit sage ich es ihm." Und dann wartet man auf die günstige Gelegenheit, lauert im Hinterhalt. Aber was ist die güns-

tige Gelegenheit? Es ist der Moment, in dem der andere Schwäche zeigt, zum Beispiel wenn er müde ist. Wenn etwas zu sagen ist, wenn etwas zu klären, zu kritisieren ist, dann tut das direkt und zeitnah. Wartet nicht auf die passende günstige Gelegenheit, sondern äußert eure Meinung, Kritik oder was auch immer in gegenseitigem Respekt. Warum wartet man auf diese günstige Gelegenheit? Weil man Angst hat, das Scharmützel zu verlieren, und deshalb auf einen schwachen Moment wartet. Es ist wie in jedem Krieg. Aber wenn es um etwas zu kämpfen gibt, dann bin ich bereit zu gewinnen und bereit zu verlieren. Und wenn ich bereit bin zu gewinnen und bereit bin zu verlieren, dann kann ich direkt, gerade und sofort loslegen.

2. Außerdem ist das Warten auf die günstige Gelegenheit ein ständiges Verschieben in eine Zukunft, die es vielleicht gar nicht gibt. Das betrifft natürlich viele Lebensbereiche. „Bei Gelegenheit erledige ich das. Wenn ich einmal Zeit habe. Nächsten Monat." Diese Gelegenheit taucht dann häufig nie auf. Das heißt, wenn dieser Gedanke, auf die passende Gelegenheit zu warten, auftaucht, wäre es schön, innezuhalten und die darin versteckte eigene Mutlosigkeit oder das sich schwächer Fühlen wahrzunehmen und zu umarmen und zu schauen, ob da nicht genug Stärke auftaucht, um direkt, gerade und aufrichtig sein zu können. Im Lauern in einem Hinterhalt wartet man manchmal auch auf etwas, was man von vornherein in seinem Vorurteil festgelegt hat. Man kennt jemanden halbwegs gut, und man geht davon aus, dass er, wie man es gewöhnt ist, an einer bestimmten Stelle in ein bestimmtes aufgestelltes Fettnäpfchen tritt. Und in diesem Moment kriege ich ihn. Das heißt, ich gehe dabei von der Berechenbarkeit des anderen aus. Wie ist es, wenn man das Spiel umdreht? Jemand lauert im Hinterhalt auf euch, ihr seid aber nicht berechenbar und tretet auf einmal neben den Fettnapf? Dann ändert sich auch etwas. Also auch da gehören zwei dazu. Die Dinge gehören einfach direkt und in gegenseitigem Respekt geregelt. Dann ist es auch sofort möglich, wieder zusammenzukommen und sich einig zu werden.

### 6.11. „Schlage nicht aufs Herz."

In allen diesen Sätzen geht es viel um Auseinandersetzung. Was heißt, aufs Herz schlagen? Aufs Herz schlagen heißt zu sagen: „Du bist unwert." Aufs Herz schlagen heißt, auf deinem Wesen, auf deiner Liebe, auf deiner Wahrheit, auf dem, was du bist, herumzutrampeln. Anstatt einfach zu sagen, was Sache ist, wunderbar ist. Zu kritisieren, was man als einen Fehler ansieht, oder über Meinungen zu diskutieren oder auch zu kämpfen, ist wunderbar. Aber schlag nicht aufs Herz! In Auseinandersetzungen taucht vielleicht manchmal die Versuchung auf, aufs Herz zu schlagen, weil das eine empfindliche Stelle ist. Das ist dann keine Auseinandersetzung mehr, sondern ein K.-o.-Schlagen. Zu sagen: „Ich fühle mich da verletzt", oder zu sagen: „Das finde ich jetzt nicht so toll von dir", ist wunderbar.

### 6.12. „Lade der Kuh nicht die Last des Ochsen auf."

Erstens: Überfordere dich nicht! Also angenommen, du bist eine Kuh, dann kannst du nicht die Last eines Ochsen tragen, und wenn du ein Kalb bist, auch nicht die einer Kuh. Kälber brauchen kleine Bündel, Kühe ein bisschen größere und Ochsen können noch mehr tragen. Aber es heißt zweitens auch, dass jeder sein Eigenes nimmt. Und heißt drittens, wenn ich etwas mit dir auszumachen habe, wenn es zwischen dir und mir etwas auszutragen gibt, dann mache ich das mit dir aus und sonst mit niemandem. Es kommt leider häufiger vor, dass man es an einem Dritten auslässt, insbesondere wenn der eigentliche Konfliktpartner stärker ist. Dann kriegt es jemand ab, der schwächer ist. Das passiert häufig in Büros. Und dieser, der wiederum schwächer ist als ihr, macht es wieder mit jemandem, der noch schwächer ist – bis zu dem, der keinen Schwächeren mehr findet. Eigentlich handelt es sich bei allem hier um einen Aufruf zur respektvollen Direktheit. Und das kann nur in aller Freundschaft und Liebe passieren. Und noch einmal, wir betrachten das Ganze ja aus der Sicht des zweiten Kapitels, deshalb: Angenommen, irgendjemand sollte Grausamkeit in sich entdecken, dann versuche nicht, trotzdem nett und lieb und zärtlich zu sein, also etwas dagegenzusetzen, so wie man ein solches Gebot normalerweise auffassen möchte, sondern nimm es erst einmal in die eigene empfindsame Stelle hinein, und lass es sich von innen verändern. Also keine Ausweichmanöver in der einen oder in der anderen Richtung. Nicht indem man es auslebt, damit es einem dann ein bisschen besser geht bis zum nächsten Mal, und nicht indem man etwas Unechtes darüber setzt. Eigentlich ganz einfach.

## Sei nicht so brav

F: *Mir wurde heute Nachmittag schlagartig klar, welch große Angst ich vor meiner Kraft und Stärke habe. Ich folge einem inneren Impuls, es fühlt sich gut an, und dann kriege ich Angst davor, renne in die entgegengesetzte Richtung und fühle mich dann wie ein kleines, bedürftiges Mädchen. Ich merke dann, dass ich oft Doppelbotschaften aussende, worauf die anderen natürlich auch reagieren und mich schon wieder am Wickel haben. Kannst du mir ein Werkzeug dafür an die Hand geben?*

P: Klar. Einfach nicht so brav zu sein. Aus dem, was du sagst, bekomme ich das Gefühl, dass deine Hauptverblendung im Moment die Angst ist, allein dazustehen. Und da musst du an dir arbeiten, indem du Frieden mit deinem Alleinsein schließt. Du gehst ins andere Extrem, weil du das Alleinsein vermeiden möchtest. Damit machst du dich erpressbar.

F: *Ja, das stimmt. Ich weiß eigentlich gar nicht, was mir so Angst macht.*

P: Das musst du auch gar nicht wissen. Es reicht, die Angst zu fühlen – Tonglen.

F: *Ich werde es probieren. Danke.*

P: Du wirst es probieren müssen. Du kannst es auch immer aufschieben, auf die günstige Gelegenheit warten. Aber ich wüsste nicht, wie günstig die Gelegenheit noch sein sollte, was das Leben noch machen sollte, um die Gelegenheit so günstig zu machen, dass du dich mit deinem Alleinsein konfrontierst. Weißt du, wenn du allein sein kannst, wirst du entdecken, dass du nie allein bist. Weil du dir überall entgegenschaust.

## Wie werde ich die Filter der Projektion los?

F: *Du hast gesagt, wenn man sich geärgert hat und dann auf die Welt sieht, dann hat man einen bestimmten Filter. Das trifft doch gleichermaßen auch auf positive Erlebnisse zu?*

P: Klar. Wenn du verliebt bist, sieht die Welt wieder anders aus. Und das ist auch nicht die Wirklichkeit.

F: *Im Grunde genommen ist dann ein Hauptteil meiner Wahrnehmung Projektion, oder? Wann bin ich dann eigentlich nicht in der Projektion? Nur, wenn ich immer auf dem Grat wandere, oder?*

P: Genau. Die Welt ist immer neu. Und der Hintergrund bleibt derselbe, und die Dinge sind einfach, was sie sind. Sie sind aber immens lebendig und in ihrer eigenen Würde – jedes für sich. Und es ist dann nicht so, dass dir an einem Tag die Decke auf den Kopf zu fallen scheint oder die Bäume sich gegen dich verschworen haben und am nächsten Tag alles wunderbar ist und die Eichhörnchen mit dir tanzen. Es bleibt dieselbe Wirklichkeit. Im Jetzt, so wie es jetzt ist. Und das ist vieldimensional.

F: *Da habe ich eine Menge zu entdecken. Ist das auch noch ein Teil von Atishas Sätzen, kommt das mit den Projektionen noch einmal?*

P: Darum geht es eigentlich die ganze Zeit. Wir nehmen einen Filter nach dem anderen heraus. Zum Beispiel sind wir jetzt gerade bei Filtern, die mit Ärger zu tun haben. Atisha macht Vorschläge, wie man die entfernen kann: „Mach keine verletzenden Witze, lauere nicht im Hinterhalt, schlage nicht auf das Herz, lade der Kuh nicht die Last des Ochsen auf." All dies sind Ratschläge, wie du diesen Ärger-Filter entfernen kannst – aber immer aus dem Blickwinkel und unter der Voraussetzung von Kapitel eins und zwei: vorbereitende Übungen und zentrale Praxis. Also aus dem Gewahrsein und aus dem Mitgefühl heraus – zuerst für dich selbst und dann für die anderen.

Es geht die ganze Zeit um Projektionen: „Betrachte alle Phänomene als Träume. Erforsche die Natur des ungeborenen Gewahrseins. Ruhe in der grundlegenden Natur, und dazwischen sei ein Kind der Illusion." Dann: Geben und Nehmen löst auch die Illusion oder die Projektion von Ich und Du auf. So sieht die Welt wieder anders aus. Dann sagt Atisha immer: „Üben – in verschiedenen Variationen." Dann: „Widrige Umstände!" Wenn du die in den Bodhipfad verwandelst, so wie dort beschrieben, verschwindet wieder ein ganzes Set von Filtern, von Projektionen. „Verwirrung als die vier Kayas ansehen." „Die vier Übungen sind die besten Methoden: Offen sein, still sein, umfangen, durchdringen." „Was auch immer dir unerwartet begegnet, verbinde es sofort mit Meditation." Ein Samurai-Generalschwert. Einfach mal zwischendurch so eingestreut. Man könnte fragen, ob dieses eine Werkzeug: „Verbinde alles mit Meditation", nicht reicht? Und: *Wie* verbinde ich alles mit Meditation? Könnte sein, dass dazu wiederum alles andere nötig ist. Dieser Text ist ein Gesamtkunstwerk und eigentlich ein Gesamtwerkzeug. Ich würde nicht einen einzelnen Satz herauspicken. Das könnte fast schon wieder eine Projektion sein. Dann kommen „die fünf Kräfte: Totalität, Vertrautheit, weiße Samen säen, Zurückweisung, Widmung". Das stellt dich auf die Füße. Dann schaut die Welt wieder anders aus. „Der heitere Geist, von zwei Zeugen wähle den Hauptzeugen, praktizieren trotz Ablenkung, Treue, Einfachheit und Geduld." Und so weiter und so weiter. Atisha spricht nicht viel über die Projektionen, weil die ja ziemlich uninteressant sind, sondern er sagt, wie du sie loswirst.

F: *Das habe ich jetzt verstanden. Mich hat es einfach gerade geschockt, zu merken: Eigentlich ist der Hauptteil des Lebens die ganze Zeit Projektion. Und manche Projektionen sind besonders anziehend, zum Beispiel Verliebtsein!*

P: Richtig. Deshalb sagt man, dass ein Großteil der Menschheit in Illusion lebt, schläft, träumt, überhaupt nicht wach ist.

## Der Genuss, wenn die Subjekt-Objekt-Trennung verschwindet

F: *Woran merke ich, dass keine Projektionen oder Illusionen oder Filter da sind? Wie sieht die Welt dann aus?*

P: Grillen zirpen. Ihr werdet denken: „Ja, ja, bei mir zirpen die Grillen auch." Ich versuche einmal zu formulieren, wie das für mich ist: Es ist nicht so, dass ich keine Gefühle hätte. Aber es ist kein Filter da, auch nicht gegenüber den Gefühlen. Wenn Gefühle da sind, fühle ich Gefühle, und die Grillen zirpen. Wenn keine Gefühle da sind: Die Grillen zirpen. Und das Zirpen bleibt dasselbe.

Wenn ich auf die Berge oder hier auf den Raum und die Blumentöpfe oder auf euch oder auf die Gebetsfahnen schaue, dann sind das in meinem Erfahren keine Objekte, sondern Subjekte. Das heißt: Erstens ist es Subjekt im Sinn von Einheit, da ist keine Trennung. Da ist nicht „ich *und* die Welt", sondern da ist einfach, was ist. Kein Objekt. Nichts einzuverleiben. Kein Objekt der Begierde, kein Objekt der Ablehnung und kein Objekt der Gleichgültigkeit. Es ist immer dasselbe Interesse – Inter-esse ohne Objekthaftigkeit. Zweitens ist es auch Subjekt im Sinn von Vielheit. Ich nehme all die vielen Subjekte in ihrer Vielfältigkeit und Einzigartigkeit wahr, aber auch das als Subjekt und nicht als Objekt. Das heißt, ich mache nichts mit euch oder den Fahnen. Die Möglichkeit, mein Erfahren auf diese Weise zu formulieren, kam mir am Morgen bei der Meditation. Danach ging ich zum Frühstück und sah diesen Grießauflauf, der mir gestern Abend schon so gut schmeckte. Ich überlegte: Wie ist es denn da mit Subjekthaftigkeit oder Objekthaftigkeit? Und stellte fest: Auch der Grießauflauf – obwohl wohlschmeckend und in dem Moment noch nicht auf meinem Teller – wird nicht als Objekt, nicht als Mittel zum Zweck wahrgenommen. Trotzdem landete er auf meinem Teller und ich habe ihn sehr genossen. Wisst ihr, der Genuss fängt eigentlich erst richtig an, wenn diese Subjekt-Objekt-Trennung verschwindet, wenn da nicht mehr „ich und die Welt", „ich und du" oder „bist du mir jetzt gerade genehm oder nicht?", „passt du gerade in mein Konzept oder nicht?" sind. „Passt das Wetter gerade in meine Absicht oder nicht?" Da ist einfach Wetter und unglaublich viel Genuss. Natürlich sind trotzdem unter Umständen verschiedene Dinge Anlass zur Freude oder Anlass für Schmerz. Nur, obwohl zum Beispiel Grießauflauf Anlass zur Freude ist, habe ich kein Bestreben, diese Freude festzuhalten oder zu vermehren oder permanent zu wiederholen, sondern da ist diese Freude und ich atme sie aus. Wenn da ein Anlass für Schmerz ist, habe ich kein Bestreben, ihn zu vermeiden, alle möglichen Strategien anzuwenden, mich zu betäuben oder wegzulaufen oder dem Anlass eine auf die Nase zu geben, sondern es ist okay. Ich atme es ein. Und so bin ich, was ich bin, und ist die Welt, was sie ist. Alles ist, was es ist – jetzt! Und wird wahnsinnig einfach. Alles andere – sobald man in Subjekt und die drei verschiedenen Arten von Objekt trennt, das was man will, das was man nicht will und das, was einem egal ist – ist Illusion. *Das* ist die Illusion. Auch das Objekt der Gleichgültigkeit. In diesem Nur-Subjekt verschwindet die ganze Feindschaft, die ihr vielleicht manchmal gegenüber diesem oder jenem oder gegenüber der Welt empfindet. Auch der Gedanke, das Leben oder irgendjemand meine es schlecht mit euch, verschwindet. Keine Feindschaft, nur Freundschaft. Und es verschwindet das „Mittel-zum-Zweck-Denken". Selbst wenn der Schmetterling oder die Brise in den Blättern zum Objekt meines Entzückens werden, ist es schon Illusion. Eine gewisse Abhängigkeit fängt bereits an, eine Anhaftung. Denn dann möchte ich immer wieder auf dieselbe Art den Wind in den Blättern spielen sehen. Er spielt aber nie auf die gleiche Art. So mache ich ihn starr. Oder versuche mir das, was in ständiger Veränderung begriffen ist, mir handsam und passend, starr *vorzustellen.* Das ist die nächste Schicht der Illusion. Oder ihr schaut auf die Berge. Dann sagt man vielleicht: „Ja, ich sehe die Berge." Aber das ist ja nicht hinreichend. Was man da sieht, ist ja viel mehr als Berge. Es sind Berge *und* das Licht auf den Bergen. Es sind Berge *und* kein Schnee auf den Bergen, jetzt. Oder manchmal sind es Berge *und* Wasser auf den Bergen, wenn der Felsen nass und dunkel wird. Manchmal sind es Berge *und* Licht *und* Schnee auf den Bergen. Manchmal sind es Berge *und* Licht *und* Schnee *und* Wind – Schneefahnen. Und immer sagt oder denkt man: „Ich schaue die Berge an." Da ist so viel und der Gedanke nur ein winziger Ausschnitt. Es ist so unglaublich viel, und immer anders, und einfach das, was es ist, und kein Objekt. So ist meine Wahrnehmung oder mein Erfahren nach außen und nach innen, wenn man von außen und innen sprechen will. So geht es mir mit Bergen und mit Wäldern und mit Autos und auch mit körperlichem oder seelischem oder geistigem Erfahren. Es ist Subjekt und es ist eins und immer verschieden – und immer flüchtig. All das Erfahren im Außen und im Innen ist so wunderschön in seiner Subjektivität, in seiner Natur. Und dieses Wunderschöne und dieses absolut Spontane und Lebendige, sei es in der wilden, sei es in der sanften Form, ist nur möglich, wenn ich das, was auch immer jetzt ist, nicht zu einem Objekt meines Begehrens, meiner Ablehnung oder meiner Gleichgültigkeit mache.

## Was tun, wenn Objekthaftigkeit auftaucht?

Zurück zu Atisha. Atisha beantwortet im Moment die Frage: „Was mache ich, wenn die Objekthaftigkeit auftaucht?" Darum geht es bei dem Schwert des Geistestrainings zuerst. Und zweitens kann man all die Slogans, die wir gerade lesen, spätestens ab dem fünften Kapitel auf zweierlei Art nutzen. Erstens als Werkzeug und Hilfe: Wie gehe ich mit all diesen Filtern um, mit all dem, was mich in Subjekt und Objekt trennen lässt? Wie erkenne ich sie überhaupt? Wie bekomme ich einen Geschmack davon? Was mache ich damit? Zweitens sind sie sehr hilfreich, um nachzuprüfen. Wenn man sich diese Slogans ansieht, zum Beispiel: „Lauere nicht im Hinterhalt" oder „schlage nicht aufs Herz", sind das alles Dinge, die einfach nicht vorkommen werden, wenn ihr ohne Trennung seid. Dann geht das einfach nicht. Ihr könnt nicht im Hinterhalt lauern und könnt nicht aufs Herz schlagen und gleichzeitig ungetrennt sein. Das heißt, diese Slogans sind auch eine wunderbare Methode, um nachzuprüfen. Wenn ihr merkt, ihr lauert im Hinterhalt, dann ist es höchste Zeit, anzuhalten, zurückzukommen, die Trennung wieder aufzugeben, loszulassen, die schwarzen Samen loszulassen und ein paar weiße zu säen. Oder: „Lade der Kuh nicht die Last des Ochsen auf." Wenn man nicht die Verantwortung für sich selbst übernimmt, sondern sie nach außen projiziert, dann ist da eine Subjekt-Objekt-Spaltung. Das sind einfach sehr klare Wegweiser.

Was kann man jetzt machen, wenn zum Beispiel Begehren auftaucht? „Ich will das unbedingt" oder „ich will den oder die unbedingt". Dann bitte nicht moralisch vorgehen! Moralisch wäre: „Du darfst nicht begehren! Begehren ist böse." Darum geht es überhaupt nicht, sondern es geht um Wahrheit. Und es geht um die Beendigung von Leiden. Es geht nicht um falsch und richtig. Zu sagen: „Begehren ist böse", wäre ein sehr ungeschickter Ansatz. So arbeiten Religionen, und es funktioniert nicht. Wenn Begehren oder Ablehnung oder Gleichgültigkeit auftauchen, dann ist als Erstes ganz wesentlich Kapitel 2.10., Tonglen: „Beginne die Übung mit dir selbst." Das heißt zuallererst: Es ist okay. Da ist Begehren oder Ablehnung oder Gleichgültigkeit, und ihr nehmt durchaus die Schmerzhaftigkeit davon wahr, weil ja Bewusstheit bereits in euch wächst. Die meisten Menschen nehmen es gar nicht wahr. Aber ihr nehmt die Leidhaftigkeit dessen mehr und mehr wahr. Und trotzdem, es ist nun mal jetzt da, es ist okay. Es darf da sein. Das ist die absolute Basis. Und dann geht es darum, im Erfahren der Schmerzlichkeit dessen, ohne sich gleich auf das Objekt des Begehrens, der Gleichgültigkeit oder der Ablehnung auf die eine oder andere Art zu stürzen, einfach in dem Erfahren der eigenen Regung tiefer zu gehen. Tiefer zu gehen und zu verstehen, was da in einem selbst passiert. Wohlwollend fühlen. Wohlwollend beobachten.

## Richtig und Falsch

F: *Könntest du etwas zum Falschverstehen, Falschsagen, Falschmachen sagen? Oder zu „Missverständnis", wie Osho es formuliert?*

P: *Falschverstehen* in diesem Zusammenhang ist zum Beispiel, etwas als Moral oder als Gebot oder als ein „Falsch-Richtig-Ding" zu verstehen, was es nicht ist. *Falschsagen* ist lügen. Wenn man nicht sagt, was jetzt ist. Falschsagen wäre auch Folgendes: Man fühlt sich von irgendetwas verletzt, und dann sagt man „du bist doof". Das ist Falschsagen, denn die eigentliche Tatsächlichkeit ist „ich bin verletzt". „Du bist doof" ist bereits der Versuch, es dem Objekt anzuhängen. Mit „ich fühle mich verletzt" nimmst du es zum Subjekt. *Falschmachen*: Man wird nie alles richtig machen. Und was ist überhaupt richtig? Möglich ist immer wieder aus dem Moment heraus, aus dem direkten Schwingen in und mit dem, was jetzt ist, zu handeln – ohne Hoffnung auf Erfolg und ohne Festhalten an Vergangenem. Und das heißt aber nicht, dass dabei nicht auch großer Blödsinn herauskommen kann. Aber das macht dann nichts. Deswegen können trotzdem Tassen runterfallen und kaputtgehen, kann man die Suppe versalzen oder einen falschen Ton spielen – das macht nichts. Sobald du aber in dem Subjekt-Objekt-Denken handelst, um

dir etwas Bestimmtes einzuverleiben oder etwas Bestimmtes loszuwerden oder etwas Bestimmtes nicht sehen oder fühlen zu müssen,
kriegt das Handeln etwas Unechtes, Falsches. Es kommt dann nicht
direkt aus dem Herzen. Das ist Falschhandeln. Dann braucht es wieder Bewusstheit. Bewusstheit und Erfahren und Schmecken des Falschen, des Unechten. Es schmeckt nicht. Und in der Bewusstheit,
Bereitschaft, Offenheit, Ehrlichkeit und im Immer-am-Anfang-Sein
kommt tieferes Verstehen, ein besseres Sich-Einschwingen auf die
Gegenwärtigkeit ganz automatisch. Einfach durch Wachsen und
Bewusstheit, durch Intelligenz. Da lebst du die Intelligenz.

## Intelligenz

Jemand sagte zu mir: „Ich habe keine Intelligenz im Umgang mit Män-
nern." Was heißt das? Es heißt eigentlich, es gehen da Dinge vor, und
ich krieg es nicht mit. Es gehen Dinge vor, und ich weiß gar nicht, dass
sie in mir und mit dem anderen passieren. Es heißt, man ist dem hilflos
ausgeliefert. Irgendein Mechanismus setzt ein. Und dann passieren irgendwelche komischen Dinge. Das ist die Nicht-Intelligenz. In dem Fall
ging es darum, dass aufgrund von Erziehung und Konditionierung
sexuelles Begehren prinzipiell als schlecht angesehen wird: „Das darf
nicht sein." Jetzt regt sich etwas in diesem Menschen, in dieser Frau,
und sie kann es gar nicht wahrnehmen als das, was es eigentlich ist, weil
es ja nicht sein darf. So läuft das Ganze völlig unbewusst ab. Und sie
nennt es für sich selbst anders: Herzlichkeit zum Beispiel. Die sexuelle
Kraft läuft aber trotzdem und wirkt auf Männer, und sie weiß gar nicht,
wie ihr geschieht, und die Männer teilweise auch nicht. Die Männer
wiederum spüren da irgendetwas. Die weibliche Kraft ist eine ziehende Kraft. Die Männer spüren irgendetwas ziehen, und je nachdem, wie
sie veranlagt sind, sagen sie: „Ja, diese Frau turnt mich an." Oder, wenn
ihre eigene sexuelle Kraft auch nicht sein darf, dann werden sie zum
Beispiel zum großen Beschützer und sie empfinden es auch als
Beschützertum und wissen gar nicht, was wirklich passiert. Keiner weiß,
wie ihm geschieht, und irgendwann erwacht man in irgendeinem Kud-
delmuddel. Das ist Unintelligenz. Unintelligenz heißt einfach Unbewusstheit. Ihr müsst wissen, was passiert, und ehrlich damit sein und

zuerst für euch selbst spüren, wie es in euch ist, zunächst einmal ohne Objekt. Da ist zwar irgendwo ein Anlass, aber spürbar ist es ja doch in einem selbst. So kann ich da Licht und Bewusstheit hineinbringen und Intelligenz wird ganz von selbst einsetzen. Dann werden die Dinge einfacher.

## Begehren und Sehnsucht

F: *Für mich verschwimmt hier eine Grenze zwischen Sehnsucht und Begehren. Es ist ein Sehnen da und es ist auch ein Begehren da. Ich mache auch Tonglen damit. Ändern tut sich dadurch nicht viel, und die Frage, die jetzt daraus entsteht, ist: „Gar kein Sex mehr?" Läuft es darauf hinaus?*

P: Wieso soll es darauf hinauslaufen? Du bist ein Mann in den besten Jahren. Und da ist sexuelle Kraft. Warum willst du sie verleugnen?

F: *Ich verleugne sie nicht und will sie ja auch gar nicht verleugnen. Aber ich versteh da jetzt etwas anscheinend nicht.*

P: Praktischer bitte. Da sind Objekte der Begierde.

F: *Oh ja!*

P: Das große Problem daran ist, dass du, indem du die Wesen zu Objekten der Begierde in dir machst, die Schönheit dieser Wesen gar nicht wirklich sehen kannst.

F: *Ich betrachte die Wesen. Und ich nehme sie wahr, soweit ich sie wahrnehmen kann. Und gleichwohl tritt auch Begierde auf. Ist es dann das Begehren, was das Wesen zu einem Objekt macht? Ist das prinzipiell so?*

P: Sobald du etwas von dem Wesen brauchst oder du eng wirst durch dieses Begehren, setzt ein Tunnelblick ein. Damit machst du ein Objekt daraus. Lass uns einmal zwischen Sehnen und Begehren unterscheiden. So wie ich die Worte benütze – das ist eben immer eine Definitionsfrage –, ist Begehren etwas Zielorientiertes. „Ich begehre dies oder das oder den oder die. Oder alle miteinander." Und der Gedanke ist: „Wenn dieses Begehren erfüllt ist, dann bin ich zufrieden." Was sich übrigens meistens als Unsinn herausstellt oder nur eine kurze Geschichte ist. Eine eigenartige Sache, die jeder aus eigener Erfahrung kennt, aber man verdrängt es dann wieder: „Dieses eine Mal, wenn *dieses* Begehren erfüllt ist, dann bin ich glücklich. Diesmal schon!" Aber es erweist sich immer wieder als hoffnungslos. Das ist Begehren. Sehnsucht ist für mich etwas viel Weiteres. Sehnsucht ist nicht unbedingt objektgebunden, sondern eigentlich das ziehende Gefühl, wenn das Herz sich öffnet. Ohne spezielles Ziel. Und diese Sehnsucht ist etwas Wunderschönes, in sich selbst, wenn du es nicht wieder mit einem Ziel verknüpfst inklusive Erleuchtung usw.

## Sex – Liebe – Gebet

F: *Ist es prinzipiell so, wenn ein Mann eine Frau begehrt oder eine Frau einen Mann, dass sie sich gegenseitig zum Objekt machen?*

P: Bis zu einem gewissen Grad ja.

F: *Also Sex ist prinzipiell immer objektbezogen?*

P: Es liegt eine Transformationsmöglichkeit darin. Osho hat das einmal als den Weg von Sex zu Liebe zu Gebet geschildert. Aber der Sex ist die enge Stelle dabei. Sie ist nicht zu umgehen und notwendig, ist schön und absolut nicht auszulassen. Um Himmels willen! Aber es ist nicht das Ende, sondern es ist der Anfang.

F: *Das heißt, am Schluss bleibt Gebet?*

P: Wenn es gut läuft, dann ja. Und im Gebet gibt es kein Objekt, weder ein inneres noch ein äußeres. Auch kein Objekt im Sinne von innerem Kundalini-Erfahren oder Ähnlichem. Osho spricht immer wieder davon, dass es notwendig ist, Sexualität zu leben, solange sie da ist, und sie in einer vollen und liebevollen Art mit Bewusstheit zu leben. Um den Weg von Sex zu Liebe zu Gebet zu ebnen, ist die Bewusstheit absolut notwendig. Die Bewusstheit kann nur kommen, wenn es primär einmal in Ordnung ist. Wenn es nicht okay ist, dann werde ich immer sagen: „Sex? Ich nicht!" Annehmen ist ganz, ganz wichtig. Das ist – glaube ich – eine Hauptsünde der Religionen, aus diesem Thema das Annehmen herauszunehmen, weil sie damit die

Möglichkeit der Transformation wegnehmen. So geschieht Unterdrückung statt Transformation. Also, Sexualität soll in Freude, Bewusstheit und liebevoll gelebt werden. Ohne jemanden aufs Herz zu schlagen, bitte! Das kommt gerade in den sexuellen Kisten häufig vor. Aber Sex ist nicht der Endpunkt. Sexualität, abgesehen von ihrem biologischen Sinn, den man auch nicht vernachlässigen darf, deutet auf etwas hin! Sie deutet auf die Möglichkeit der Einheit und des Wegfallens von *Objekt* hin. Wenn man sie nicht selbst wieder zum Objekt macht und sich so im Kreis dreht. Darin liegt ein großes Potenzial für Transformation. Eine Diskursserie von Osho heißt: „From Sex to Super-Consciousness." Wobei manche Sannyasins dabei gerne nur die erste Hälfte gesehen haben: From sex to sex to sex to sex. Aber Sex ist nicht das Ende. Und er sagt auch, dass so Sexualität irgendwann auf natürliche Art wegfallen kann, wenn sie einfach rund und fertig ist, wenn sie auf diesem Weg von Sex zu Liebe zu Gebet verschwindet. Also, es wird zu „kein Sex" hingehen, aber nicht durch Unterdrücken. Gebet wird bleiben.

Mir selbst erging es so: Vor circa einem Jahr verschwand meine Sexualität. Nicht weil ich sie unterdrückt hätte, nicht weil ich tot im Bauch geworden wäre, sondern ganz im Gegenteil. Ich hatte Sex genossen. Aber jetzt tanzt die weibliche und die männliche Energie in einer solchen Schönheit und Harmonie, in Vereinigung in mir selbst, dass keinerlei Verlangen, keinerlei Bedarf nach außen besteht. Da ist kein Turn-On. Liebe und Gebet bleiben. Natürlich weiß ich nicht, ob dieses Wegfallen der Sexualität bei mir endgültig ist. Ich sage das deshalb dazu, weil ich es hier wie auch an anderen Punkten – wie z. B. Zorn oder Eifersucht – wichtig finde, keine endgültigen Aussagen über die Zukunft zu treffen, sich keiner scheinbar endgültigen Sicherheit hinzugeben. Denn wir wissen nichts über die Zukunft, und scheinbare Sicherheit vernebelt die Achtsamkeit. Dennoch ist mein Eindruck derzeit, dass Sexualität im Außen für mich einfach verschwunden ist und hier schon ein Punkt der Nicht-Rückkehr überschritten wurde.

F: *Du hast vorhin gesagt, dass Sex einmal natürlich wegfällt. Wie kann man denn das unterstützen?*

P: In dem Moment, da du versuchst, es zu unterstützen, um etwas loszuwerden, ist es nicht mehr natürlich, weil dann schon das Begehren reinkommt. „Ich hab das Begehren, dass meine Sexualität wegfällt." Das ist kein natürliches Wachstum. Angenommen, die Sexualität fällt im Wachsen deiner Klarheit, deiner Bewusstheit, deiner Liebe weg, wunderbar. Lass einfach deine Bewusstheit wachsen, deine Liebe wachsen! Das, und natürlich deine Treue und Ausrichtung auf das, was nicht vergeht, auf die eigentliche Kostbarkeit und Quelle der Freude, ist die beste Unterstützung.

## Der Sog des Außen

In einem Retreat und auch auf dem pfadlosen Pfad des Individuums gibt es immer wieder kritische Punkte, an denen die Möglichkeit besteht, sehr tief zu gehen. Gleichzeitig wird an einem solchen Punkt die große Versuchung auftauchen, davonzulaufen, eine Kehrtwendung zurück zur Sicherheit, zum Gewohnten, zum Alten zu machen. Auf einmal wird man von etwas im Außen angezogen. Das ist Attraktion im wahrsten Sinne des Wortes – es zieht euch. Das Objekt der Attraktion kann sehr unterschiedlich sein, und eigentlich ist es egal, was genau das Objekt der Attraktion ist – wesentlicher ist, diesen Mechanismus des Gezogen-Werdens zu durchschauen, den Mechanismus des Soges nach außen oder zum Unwesentlichen zu durchschauen und im Lauf der Zeit die eigene Verführbarkeit aufzulösen. Viel Feinheit und Tiefe tun sich auf für euch, und dann kommt immer wieder der Sog des Gröberen, des Oberflächlichen. Da gilt es, das Feine, das Tiefe, die Bewusstheit achtsam zu erhalten, den Sog als solchen wahrzunehmen, aber zu lernen, ihm nicht zu folgen. Anders formuliert: Was da draußen so attraktiv ist, können eure eigenen Gedanken sein, kann euer eigenes „Ja, aber" sein, kann irgendetwas da draußen sein, was auf einmal so wichtig wird, kann irgendjemand sein, der auf einmal so begehrenswert wird – das sind nur verschiedene Haken. Ob es jetzt dieser oder jener Haken ist, ist nicht so wichtig. Was zu betrachten ist, ist eigentlich die Öse in einem selbst, denn Haken werden immer auftauchen. Nur wenn da keine Öse in einem selbst ist, dann stören die Haken nicht weiter.

## Sex und Transformation – Sex und Natur

Sex ist, wenn all die damit verknüpften Geschichten und der Mangelwahn wegfallen, prinzipiell wunderbar. Und Sex ist genau an dem Punkt, an dem wir uns gestern Morgen befanden in mehrerlei Hinsicht ein Thema, das da auftauchen kann. Wir bewegten uns zu diesem Zeitpunkt – was die Verinnerlichung angeht, wenn man Oshos Worte „Sex, Liebe, Gebet" benützt – irgendwo zwischen Liebe und Gebet. Und dann kommt Pyar und redet auch noch von „kein Objekt". Das ist ein solcher kritischer Punkt, wie eben beschrieben. Für den einen oder anderen geht dann die Alarmglocke los: „Bis hierher und nicht weiter." Ihr schreckt zurück – und das ist höchst natürlich. Aber wenn dieses Erbeben im Moment einer Öffnung nicht als solches wahrgenommen und angenommen wird und irgendwo Haken und Ösen sind, dann wird der Haken die Öse packen und ihr werdet fliehen: „Da war doch noch das!", und schon ist man dem Gebet entgangen. Sex, Liebe, Gebet. Wenn es irgendwo gefährlich wird – und es wird gefährlich, das kann ich euch nicht verheimlichen –, kann es sein, dass man sich auf das zwar verwirrende, aber gewohnte Spiel besinnt.

Der andere, nicht weniger wichtige Aspekt ist: Es gibt auf dem ganzen Weg keine Möglichkeit, irgendetwas zu umschiffen. Was auch immer es ist, sei es Ärger, sei es Sexualität, sei es Gier, sei es Hass, man kann es nicht einfach entfernen, das funktioniert nicht. Nicht nur funktioniert es nicht, sondern es würde zu Unterdrückung führen und diese führt wiederum zu mehr Spaltung, mehr Unbewusstheit, mehr Gift. Es geht nur mittendurch und in einer Transformation darüber hinaus. Aber wenn ich sage mittendurch, heißt das nicht, jedem Begehren in Blindheit nachzugehen, sondern: Behaltet die Möglichkeit der Transformation zumindest im Auge, und versucht diesmal mit mehr Bewusstheit heranzugehen, nicht in den alten Schleifen. Wobei zu den alten Schleifen auch so eine Kompliziertheit zählt, zu der mancher Geist neigt. Und alles Mögliche ist mit dieser Sexgeschichte verknüpft, was nicht dazu gehört, aber aufgrund von Konditionierungen verknüpft wird: „Habe ich ein Recht, da zu sein? Bin ich anerkannt? Bin ich begehrenswert? Und warum wird ein anderer oder eine andere mehr als ich von dem Objekt meines Begehrens begehrt? „Es gibt 101.000 und

5,6 Milllionen und 37 verschiedene Möglichkeiten der Verwicklung. Für diese Verwicklung kann die Sexualität nichts, sondern sie ist ein Missverständnis, ist eine Verwicklung des Geistes. Diese Verknüpfungen beruhen nicht auf der höchst natürlichen Sexualkraft des Menschen und der Tiere. Unbewusstheit, Begierde, Mangelgefühl, Selbstwertprobleme und die mit diesen Punkten verbundene übermäßige Bedeutung, die der Sexualität im Leben gegeben wird, kommen erschwerend und weiter verwirrend hinzu. Es ist die alte Hoffnung. Das Schwert der Befreiung ist die Bewusstheit.

Ich bin dem Hund Josef so dankbar, dass er hier ist. Josef hat einen starken Beißtrieb, aber mit Hilfe seines Frauchens lernt er, damit umzugehen. Darum geht es. Jedenfalls kam sie heute Morgen und fragte, ob sie Josef kastrieren lassen sollte. Ob es dann vielleicht einfacher für ihn wäre, da es sich ja um ein Spiel zwischen zwei Rüden handelt. Ich hab zu ihr gesagt: „Das ist nicht der Weg." Kastrieren ist oft probiert worden, auch bei Menschen. Bei Menschen nicht chirurgisch, sondern indem man ein Zölibat einführt und damit Sexualität unterdrückt. Das ist nicht der Weg, denn der Sex geht im Kopf weiter. Sex passiert ja eher weniger häufig zwischen den Beinen als im Kopf. Es sind die Geschichten und Bilder in eurem Kopf. Und was die Sache noch verwirrender und unklar und auch gefährlich macht – und das kommt auch aus eurer Konditionierung – ist eine gewisse Unehrlichkeit sich selbst gegenüber, wenn diese Energie auftaucht. Wenn sie auftaucht, heißt das ja noch nicht, dass man sie ausleben muss, sie ist einfach da. Dann gilt es mit der Energie zu sein, und was dann im Außen daraus wird, steht auf einem andern Blatt und ist absolut sekundär. Aber erst einmal sich selbst gegenüber ehrlich sein und auch da Bewusstheit hineinbringen. Ich könnte mir vorstellen, dass es manche unter euch gibt, bei denen sexuelle Energie oder Verlangen in einer völlig unbewussten Art auftaucht. Ihr realisiert dann selbst gar nicht, dass da Verlangen ist. Dann sitzen einige Menschen des anderen Geschlechts bei euch, und auch diese wissen nicht, was vorgeht. Dann trifft ein unbewusst ausgesendetes Signal auf einen unbewussten Empfänger. Und im Allgemeinen treffen verschiedene Signale von verschiedenen Sendern gleichzeitig auf verschiedene Empfänger: ein Chaos. Jeder denkt, ich bin der Auserwählte – und keiner ist es. Das ist ein Riesenkuddelmuddel, in dem einfach Bewusstheit, Klarheit und Meditation fehlen.

Sexualität hat so viele Seiten. Zunächst einmal – und ich finde es sehr wichtig, das in Herz und Geist zu behalten – ist Sexualität eine Sache der Natur, eine Sache von Mutter Erde, ein Geschenk des Lebens, und es ist ein Geschenk dieser beiden Menschen, die sich da treffen, an das Leben. Es geht nicht nur um euch zwei. Sondern ursprünglich ist es ja ein Öffnen zweier Menschen gegenüber der Existenz, gegenüber der Möglichkeit neuen Lebens. Und diesen grundlegenden Aspekt der Sexualität haben wir in den letzten vierzig Jahren aufgrund gut wirksamer Verhütungsmethoden zum großen Teil vergessen. Ursprünglich ging es um Empfängnis und Zeugung, um das Zusammenkommen zweier Wesen in einer gemeinsamen Öffnung gegenüber dem Ganzen. Und mit diesem Bewusstsein erhält das eine ganz andere Färbung: Da tanzen nicht mehr zwei Egos umeinander: „Wie hab ich den meisten Spaß und wie hast du den meisten Spaß?" Gerade in der Sexualität ist die gesamte Existenz dabei. So heimlich kann man es gar nicht tun, denn es ist die Öffnung gegenüber der Möglichkeit neuen Lebens. Und das ist für mich absolut grundlegend. Natürlich benützt ihr Verhütungsmethoden, und das ist auch völlig in Ordnung. Es geht nicht darum, dass ihr jetzt jede Menge Babys kriegen sollt. Mir geht es um den Geschmack, versteht ihr mich? Sexualität bekommt damit eine andere, ursprünglichere und weitere Dimension. Damit ist es auch nicht mehr eure Privatsache. Es gibt sowieso keine Privatsachen, denn es geht uns immer alle an. Und das ist auch etwas, das ihr hier sehr stark spüren könnt. Es passiert was bei dem einen oder anderen, und es macht etwas mit allen. Es geht immer alle an.

**Erst die Wurzel, dann die Blüte**

Ein Pastor, ein Priester und ein Rabbi gingen an einem heißen Tag spazieren. Sie schwitzten und waren total erschöpft, als sie an einen kleinen See kamen. Der See lag recht abgeschieden, sie legten alle Kleider ab und sprangen ins Wasser. Erfrischt entschied sich das Trio, ein paar Beeren zu pflücken, während sie noch ihre Freiheit genossen. Als sie dabei über ein offenes Feld kamen, begegneten sie einer Gruppe Damen aus der Stadt. Die Männer rannten davon, um etwas für ihre Bedeckung zu suchen, wobei der Pastor und der Priester ihre Geschlechtsteile, der Rabbi dagegen sein Gesicht bedeckte. Nachdem die Damen vorbeigegangen waren und die Männer sich wieder angezogen hatten, fragte der Pastor den Rabbi, warum er sein Gesicht und nicht seine Geschlechtsteile bedeckt habe. Der Rabbi antwortete: „Ich weiß nicht, wie das bei euch ist, aber in meiner Gemeinde ist es mein Gesicht, an dem man mich erkennt."

So viel zur Ehrlichkeit. Da gibt es noch einen Aspekt zu diesem Thema der Sexualität: Jegliche Entwicklung, jegliches Wachstum bewegt sich bekanntermaßen von den Wurzeln zu den Blüten und nicht umgekehrt. Man befindet sich irgendwo zwischen Liebe und Gebet in seinem momentanen Wachstum und zieht sich dann wieder in die Wurzeln zurück, weil das Blühen noch zu gefährlich erscheint. Das ist schade und ist ein Abweichen von der ursprünglichen Ausrichtung. Wenn hingegen bei einem Menschen die Wurzeln noch nicht ausgebildet sind und die Grundlage nicht erfahren ist – auf welche Art auch immer, denn das Erfahren des ersten Chakras kann unterschiedliche Formen annehmen –, dann kann es nicht zu echten Blüten kommen. Mir begegnen auch immer wieder Menschen, die versuchen, die Sexualität zu umgehen, die versuchen, die Blüte vor den Wurzeln zu entwickeln – zum Beispiel indem sie Sexualität unterdrücken oder auch indem sie sie sublimieren und versuchen, ihren höchst natürlichen „animalischen" Anteil von vornherein auszuklammern und ihn gar nicht erst zu leben. Auch so wird echte Transformation erschwert. Es gibt aber auch Menschen, und das wird durch die Geschichte belegt, die ohne vorheriger allzu großer sexueller Aktivitäten zu absoluter Blüte gelangt sind. Auf welche Art auch immer die Wurzeln, die Grundlage, die Lebensenergie und die Qualität des ersten Chakras erfahren werden, ist nicht so wichtig, aber man kann es nicht auslassen. Man kann nicht bei der Blüte anfangen.

# Wahl und Treue

F: *Wenn ich viel im Satsang bin, dann bin ich einfach nicht so im Sex. Wenn ich Sex will, gehe ich in die Disco, dann bin ich einfach viel mehr im Sex. Dann ist das viel natürlicher. In Poona bin ich früher oft, wenn ich mich mit einer Frau verabredet habe, extra nicht zum Satsang gegangen, um meinen Sex nicht wieder abzuschwächen. Im Satsang oder im Darshan mit Osho ist man oft in so einer Weichheit, dass man gar nicht mehr so unbedingt eine Frau ins Bett bekommen will.*

P: Naja, das ist ein zweischneidiges Schwert. Anscheinend geht dir im Satsang oder im Diskurs mit Osho streckenweise das Objektbewusstsein verloren. Dir geht das „ich will sie ins Bett bekommen" verloren. Das „ich will sie kriegen" verschwindet in Meditation notwendigerweise irgendwann, und zwar gleichermaßen für Männer wie für Frauen. Und das ist wunderbar, denn schließlich geht es ja um Transformation. Dann kann es natürlich sein, dass es beim Sex nicht mehr so gut klappt. Dann ist es eine Frage deiner Wahl.

Was du da ansprichst, zielt tiefer als nur auf Disco oder die Alternative Satsang. Ich finde, wir müssen auch nicht unbedingt alle sexuellen Probleme und wer wie wo wann potent ist oder nicht besprechen – darum geht es nicht. Die Frage der Wahl ist ja allgemein, denn die Welt der Objekthaftigkeit gibt es im Sexuellen, im Materiellen, im Geistigen, gibt es im Zusammenhang mit Erfolg oder Beruf: „Ich und mein Erfolg", „ich und der Beruf", „ich und die Karriere", „ich und der Ehrgeiz", „ich und das Haus", „ich und das Auto", „ich und dieses und jenes und jenes und jenes", „ich und mein inneres Erfahren", „ich und mein spirituelles Erfahren", „ich und mein psychologisches Erfahren", „ich und die Emotion, die ich mag", „ich und die Emotion, die ich nicht mag", „ich und die Erleuchtung". All diese Objekthaftigkeit, auf welcher Ebene auch immer, hat eine unglaubliche Verlockung, weil ihr denkt – und ihr denkt es immer wieder –, dass das den Spaß ausmacht. Dass da, wenn es irgendwie vielleicht doch mal gut läuft, die Erfüllung zu holen ist. Oder ihr denkt, wenn dieses Objekt-Subjekt-Spiel nicht wäre, dann wäre es langweilig. Ich kann euch nur sagen: Dem ist nicht so. Aber aufgrund dieser Tatsache stellt sich euch immer wieder die Wahl. Wofür will ich wirklich stehen? Wo geht es hin? Will ich nach und nach die *ganze* Objekthaftigkeit fallen lassen? (Man könnte dazu auch sagen: das Ego fallen lassen.) Oder wollt ihr immer wieder zum Objekthaften gehen? Das ist eure Wahl. Immer wieder und wieder und wieder. Und Osho hat dazu an einer Stelle gesagt – prinzipiell, also nicht sex-bezogen –, dass man oft eine ganze Weile braucht, um eine gewisse Öffnung, Tiefe, Stille zu erlangen, eine gewisse Freiheit und Friedlichkeit zu erfahren. Und er warnt davor, dass dann das Objekthafte relativ schnell wieder greifen kann, wenn man sich darauf einlässt, und dann eins ins andere greift. Und die Gitterstäbe sind dann bald wieder in ihrer alten Position. Das ist auch mein Erfahren über die Jahre, über sehr viele Jahre. Und das fängt mal hier an, fängt mal dort an. Das kann mal dies sein, kann mal jenes sein. Aber der Sog, die Versuchung der Spaltung oder die Versuchung der Objekthaftigkeit sind ziemlich groß. Deshalb immer wieder die Wiederholung dessen, was Atisha, Osho und was auch ich sage: Es braucht Treue, es braucht Üben, es braucht Gewöhnen, Vertrautheit, es braucht Zurückweisen, es braucht Widmung. Und das ist wichtig. Wenn zum Beispiel das sexuelle Thema hochkommt, dann merke ich, wie es bei manchen einsetzt: „Endlich etwas Interessantes!" Merkt ihr das? Und das ist bis zu einem bestimmten Punkt in Ordnung. Aber dann muss man wieder zurückkommen – anhalten. Sonst ist man in diesem zugegebenermaßen oberflächlich betrachtet faszinierenden, aber in Wirklichkeit auf Dauer doch recht langweiligen Spiel im Kopf gebunden. „Mind fucking" ist eine spezielle Form der Selbstbefriedigung.

**Meditation und Nachmeditation**

F: *Was ist denn bei dir der Unterschied zwischen Meditation und Nachmeditation?*

P: Es gibt keinen! Das stimmt nicht ganz – in der Form ist ein Unterschied.

F: *Aber nicht im Empfinden oder im Sein.*

P: Es kann durchaus zwischen einer Meditationssitzung und der Nachmeditations-Nichtsitzung in der Form ein Unterschied bestehen. Nach dem Sitzen laufe ich herum, und in der Sitzung sitze ich, ein deutlicher Unterschied. Im Sitzen ist kein Handeln da. Jetzt zum Beispiel streiche ich mir über den Kopf und ich spreche und ich trinke aus dem Glas und bewege meine Hände und spiele mit den Zehen. Wenn ich sitze, dann sitze ich. Aber es gibt für mich in meinem Erfahren der Nicht-Objekthaftigkeit keinen Unterschied zwischen Meditation und Nachmeditation. Deshalb habe ich am Anfang spontan geantwortet: „Kein Unterschied." Aber natürlich ist ein Unterschied in der Form. In der Nachmeditation gibt es z. B. dieses wunderschöne Spiel mit der Subjekthaftigkeit in ihrer Vielfältigkeit der Form und der Erfahrung. Im Sitzen ist es mehr die Nicht-Objekthaftigkeit an und für sich, die aber alles andere in keiner Weise ausschließt. So ungefähr ist es für mich.

F: *Aber in meinem Alltag werden in der Regel „Knöpfe" gedrückt im Kontakt mit Menschen. Dann fällt es mir schwer, in Meditation zu gehen, weil ich da die Augen nicht schließen kann.*

P: Das ist Übungssache. Genau darauf reitet Atisha seit drei Tagen herum: „Verbinde alles, was dir unerwartet begegnet, sofort mit Meditation." Das kann ja nicht heißen, dass du dann die Augen schließt und OM singst, wenn vor dir ein Fels auf die Straße fällt! Sondern das heißt, du musst die Klarheit, die Bewusstheit und die Liebe, die du zunächst nur in den Meditationssitzungen erfährst, irgendwann aus dem Gefängnis befreien. Sie müssen dein Leben durchdringen, und zwar alles. Dazu ist immer wieder die Bereitschaft notwendig, genau an den Punkten, wo es zwickt, hinzuschauen, bewusst zu sein, liebevoll zu sein mit dir und mit anderen. Und genau da, wo es zwickt, damit zu spielen – mit genau der Klarheit und dem Verstehen, die sich dir in der Sitzung oder in den Sitzungen eröffnet haben. Verstehst du?

F: *Das verstehe ich schon. Ich dachte, jetzt meditiere ich einfach mit offenen Augen.*

P: Es ist nicht der Punkt, ob du die Augen öffnest oder schließt. Es ist die Idee dahinter. Und es ist ein natürlicher Prozess. Deshalb wird auch immer und in vielen Schriften beschrieben, dass es zunächst diesen Unterschied zwischen Meditation und Nachmeditation gibt. Und dann erfolgen unterschiedliche Tipps und Ratschläge der Meister, wie man das miteinander zu verbinden lernt und wie man mit den Situationen in der Nachmeditation umgeht. Das ist normal.

F: *Also, wenn ich in der Meditation wirklich entschlossen bin und die Dinge abschneide, die weißen Samen säe, dann kann ich darauf vertrauen, dass das irgendwann auch im Alltag so passiert.*

P: Ja, aber trotzdem braucht es auch *im* Alltag die Entschlossenheit und die Übung. Wenn du sie auf die Meditation beschränkst und in deiner Handlungsweise und in deiner Art, zu agieren und zu sein mit all dem, was dich umgibt, nicht praktizierst und überprüfst, dann befruchtet es sich nicht. Dann bleibt es steril.

### 6.13. „Versuche nicht, der Schnellste zu sein."

Ehrgeiz, Geiz mit Ehre, gieren nach Ehre, der Erste sein wollen. Ich frage mich: Ja, was genau bekommt man dadurch? Was ist die Hoffnung dahinter? Oder was ist die Furcht, wenn ich nicht der Erste bin? Wir müssen uns anschauen, was auch immer das für den Einzelnen sein mag. Was treibt einen da? Was ist die Peitsche, was der Motor? Es ist ein uraltes Muster. Angenommen, ihr wart fünf Brüder zu Hause. Der Schnellste kriegt das meiste Essen. Man kann beobachten, dass Söhne und Töchter aus Familien mit vielen Kindern häufig viel hastiger essen als Einzelkinder. Also herrscht da irgendwo die Angst, nicht genug zu bekommen, wenn man nicht schnell genug ist. Oder nicht gut genug zu sein, wenn man nicht schnell genug ist. Kein Lob zu kriegen, wenn man nicht tüchtig genug ist. Alles so ganz alte Konditionierungsschleifen. Es ist Zeit, diese langsam aufzulösen. Es steht an, das Rennen, das Streben und vor allem das Vergleichen aufzulösen, denn für jeden Schnellsten braucht es zumindest einen Zweitschnellsten. Für jeden Ersten braucht es einen Letzten. Das heißt, es herrscht immer ein Vergleichen innerhalb einer Gruppe, zumindest zwischen zwei Individuen. Bist du schneller oder bin ich schneller? Das Vergleichen ist giftig. Es gibt da eine Geschichte: Bodhisattvas sagen, sie wollen erst ins Nirvana eingehen, wenn alle anderen Wesen auch drin sind. Jetzt sind alle Wesen und alle Bodhisattvas im Nirvana bis auf zwei. Die stehen vor der Nirvana-Tür, und der eine sagt zum anderen: „Bitte nach Ihnen!"

Wenn man bemerkt, dass der Ehrgeiz auftaucht, besser sein zu wollen als der oder die neben mir, ist das auch ein Zeichen dafür, dass da Objekthaftigkeit vorliegt. Und dann kann man anhalten, einatmen und fühlen, was zu fühlen ist, und man kann untersuchen: Was soll das? Vielleicht hat man sogar schon festgestellt, dass Ehrgeiz das Leben zerstört, und trotzdem macht man es die ganze Zeit: Was steckt dahinter? Welches Gefühl will ich da nicht fühlen? Was oder wem versuche ich da wegzurennen? Oder wen oder was versuche ich da zu erhaschen?

### 6.14. „Handle nicht verdreht." Oder: „Tu die Dinge nicht rückwärts."

Das bedeutet einfach, rede nicht auf die eine Weise und handle auf die andere. Oder tue nicht so und rede anders. Lass das Handeln kongruent, stimmig sein. Es gibt Leute, die klopfen sehr gescheite Sprüche, aber in ihrem Leben sieht es ganz anders aus. Sie handeln verdreht oder sie reden verdreht oder beides. Das heißt auch: Manipuliere nicht! Manipulieren heißt wörtlich „mit der Hand drehen", an den Dingen rumdrehen. Also nicht im Handeln an den Dingen herumdrehen. Die Dinge nicht verdrehen, sondern gerade sein im Handeln wie im Sprechen. Verdreht zu handeln, heißt auch, den fünften Schritt vor dem ersten machen zu wollen. Das ist auch irgendwie verdreht.

### 6.15. „Mache Götter nicht zu Dämonen."

Götter sind ja angenehme Wesen. Wie macht man einen Gott zum Dämon? Wie macht man das, was eigentlich zum Genuss bestimmt ist, zum Leid? Indem man es festhält, indem man es starr macht, indem man giert oder hält. Dann kann das, was gerade eben noch einfach wunderschöner Genuss war, im nächsten Moment die Ursache für Leiden sein. So kann aus jedem Himmel eine Hölle werden. Geht ganz einfach! Umgekehrt ist es auch nicht schwierig: Loslassen! Wie macht man aus Dämonen Götter? Freundschaft schließen!

## 6.16. „Baue dein Glück nicht auf dem Schmerz anderer." Oder: „Nimm Sorge nicht in Kauf für unechte Freude."

Das ist sehr weit reichend, betrifft viele Lebensbereiche. Ziemlich unfreundliche Gedanken können da eine Rolle spielen, die man zwar nicht ausspricht, die aber irgendwo herumspuken. „XY nervt mich schon die ganze Zeit, steht mir im Weg. Wenn ihn doch endlich der Blitz treffen würde, dann käme ich an seine Frau ran oder an seinen Job." Das sagt man im Allgemeinen nicht laut, aber es spukt vielleicht gelegentlich im Kopf herum. Das ist der Versuch des Geistes, sein Glück auf dem Schmerz anderer aufzubauen. Jemand hat den Job, den ich gerne hätte, und wenn der jetzt richtig krank würde, dann könnte ich vielleicht den Job kriegen. Neid kann die Ursache solcher Gedanken sein. Ich will etwas haben, was ein anderer hat. Das wäre dieser Slogan auf der Gedankenebene.

In den Kleinigkeiten des Alltags ist es Rücksichtslosigkeit. Es stehen fünf Leute beim Essen in der Schlange, und man nimmt sich mehr vom Nachtisch als eigentlich ein Fünftel wäre. So versucht man, Süßes auf Kosten der anderen zu kriegen, die dann nichts oder weniger kriegen. Davon gibt es natürlich viele Beispiele, auch Vordrängeln an der Kasse gehört dazu.

Dann gibt es da auch noch die globale Ebene, die Ebene der Ausbeutung von Ressourcen, von Menschen, von Wesen, um unser Glück hier in der Ersten Welt anscheinend zu sichern. Daran denkt man nicht unbedingt, wenn man die Heizung aufdreht, Bananen isst oder Handys benutzt. All das gehört zu diesem Slogan. Es hat viele Ebenen. Geistige, emotionale, die kleinen praktischen und die großen globalen, die ihr alle kennt. Und natürlich die Ebene menschlichen Zusammenseins. Da gibt es diese Dreiecksgeschichten oder das Einbrechen in eine bestehende Beziehung. Ich habe in den letzten zehn Jahren sehr viele solcher Geschichten gehört, und ich kenne eigentlich keine oder nur äußerst seltene Ausnahmen, bei der Glück für alle daraus geworden wäre. Es ist zwar der Wunschtraum, zumindest von zwei der Beteiligten, aber es funktioniert nicht wirklich. Auch da wird versucht, Glück auf Kosten von jemand anderem zu sichern. Wobei es natürlich Situationen gibt,

174

wo eine Beziehung bereits zu Ende geht. Aber warum kann man dann nicht warten, bis sie wirklich zu Ende ist? Warum kann man nicht das eine fertig machen? Was ich da jetzt sage, ist nicht moralisierend gemeint, sondern einfach nur nackte Beobachtung einer großen Anzahl von Fällen.

Es gibt auch Geschichten von Eltern, die ihr Glück darin sehen, ihre Kinder zu halten, und das auch erreichen und damit viel Unglück für ihre Kinder produzieren. Wesentlich ist die Motivation. Mit welcher Motivation gehe ich an etwas heran? Ist es die Motivation, mir etwas zu verschaffen, oder gelingt es mir, meine Motivation zu weiten und im Sinne des Ganzen zu handeln? Im Sinne von allen oder im Sinne von „kein Objekt". Das alles sind nur Beispiele, und es geht hier nicht um die psychologischen Einzelheiten, sondern um das, was dahinter steht.

Die andere Möglichkeit der Übersetzung hier ist: „Nimm nicht Sorge in Kauf für unechte Freude." Das ist die andere Seite davon: Bei allem Glück, das man im Außen sucht, wird die Vergänglichkeit übersehen. Man steckt viel Anstrengung, viel emotionalen Aufwand, viel geistigen Aufwand, Zeit und Energie in etwas hinein – sagen wir in ein neues Auto –, von dem man denkt, es würde einen glücklich machen. Und die Freude, die dann sehr wohl auftritt, wenn man es endlich hat, ist insofern unecht, als sie nicht hält, was sie versprochen hat, ist zumindest dem Aufwand nicht adäquat. Sie hält nicht, sie ist so kurz. Und vielleicht hat man beim Sparen und Arbeiten für das neue große Auto wertvolle Zeit mit dieser Anstrengung verbracht, die man mit seinen Kindern oder unter einem Baum sitzend und die Wolken betrachtend hätte verbringen können. Und hinterher macht es nur Sorgen, Ärger und Scherereien. Also suche nicht Sorgen für unechte Freude. Unechte Freude – da geht es auch wieder einmal um diese Pseudosicherheit, von der man auch denkt, sie würde einem Freude bereiten –, die Absicherung, das Stabile, das aber einfach nicht echt ist. In derselben Zeit könnte man sitzen, sogar ohne Auto genießen, sogar ohne die Frau des Nachbarn. Das Genießen ist nicht wirklich abhängig von irgendetwas da draußen. Nur das übersieht man umso mehr, je mehr man sich in die Geschichte verwickelt.

# Schuld

F: *Kannst du etwas zum Thema Schuld sagen? „Baue dein Glück nicht auf dem Schmerz anderer auf." Es ist ja Fakt, dass wir oft Ursache sind für das Leid oder sogar den Tod anderer – ich brauche nur spazieren zu gehen und möchte nicht wissen, wie viele Wesen ich dabei zertrete. Oder so wie wir leben, hungern andere. Da herrscht ein ganz direkter kausaler Zusammenhang. In mir wird es dann neurotisch, weil ich das natürlich irgendwie zu vermeiden versuche, und das geht ja nicht. Und vor allem habe ich sehr gut beobachten können, wie ichhaft dieses Schuldgefühl ist.*

P: Es ist absolut unvermeidlich, dass wir Wesen töten. Irgendetwas anderes zu behaupten, ist Romantik, und Buddha war nicht romantisch. Wir atmen Wesen ein, wir treten auf Wesen und wir essen Wesen. Das ist ein höchst natürlicher Vorgang. Das ist das Leben selbst. Wir leben voneinander. Die Mücke ernährt sich von dir, und die Amsel ernährt sich von der Mücke. Irgendjemand frisst die Amsel, und du wiederum isst dieses Tier, dann fliegt die Mücke wieder heran und sticht dich. Das geht immer rund herum. Es ist ein natürlicher Vorgang, und wir müssen natürliche Lebensvorgänge von lieblosem, nicht-mitfühlendem Handeln unterscheiden. Eigenartig ist nur, dass wir uns gemeinhin auch vor dieser Tatsache des natürlichen Vorgangs des Essens und Gegessen-Werdens verschließen. Das Mitgefühl mit dem Wesen, das ich gerade esse – sei es eine Pflanze oder ein Tier – ist wichtig. Die Indianer sprechen ihre Dankbarkeit gegenüber dem Wesen aus, das sich für ihr Leben gerade von ihnen essen lässt: Eine gegenseitige Dankbarkeit und ein Wahrnehmen der Tatsache. In einem Supermarkt ist nicht mehr viel von lebenden Wesen wahrnehmbar. Wir sehen alles in viereckigen Schachteln oder in Gläsern und zerdrückt in Plastik, völlig denaturiert. Ich gehe nicht so oft einkaufen, aber wenn ich in einen Supermarkt komme, erschrecke ich jedes Mal, wie weit wir uns auch da von der Natur entfernt haben. Mindestens zwei Drittel der Regale sind voll mit Nahrungsmitteln, die nicht mehr als Pflanze oder Tier zu erkennen sind. Das ist eine eigenartige Geschichte, nicht? Die Nahrung heißt dann Snickers oder 1x1 Suppentopf. Das ist dann so eine komische Plastikpackung, die raschelt, wenn man sie schüttelt. Man weiß nicht so recht, ob das ein Musikinstrument oder etwas zum Essen ist. Das sind Themen, die zu Atishas Zeit überhaupt noch nicht aktuell waren, die aber für uns sehr aktuell sind. Ja, auch hier gilt es wieder, die empfindliche Stelle unseres Herzens zu öffnen! Und es ist etwas völlig anderes, wenn du Schnittlauch auf dem Balkon hast und du schneidest ihn ab, zerhackst ihn und isst ihn dann. Wenn du halbwegs bewusst bist, musst du dich eigentlich der Tatsache öffnen, dass du auch da zerstörerisch tätig bist. Das ist der ganz simple Anfang der Geschichte. Und in unserem Leben haben wir oft den Anfang verloren. Vielleicht haben wir deshalb so viele Neurosen mit diesen Schuldgefühlen, weil wir die biologische Basis verloren haben. Wir versuchen, Schmerz auszuweichen. Und das passiert auf beiden Seiten der Medaille, die du geschildert hast. Beide Seiten der Medaille sind ichhaft, klar. Das Schuldgefühl sagt dir: Hätte ich doch nicht, dann müsste ich jetzt den Schmerz nicht fühlen. Das wird aufgelöst, indem du direkt mit deiner Empfindsamkeit und deinem mitfühlenden Herz dabei bist. Dann taucht der Komplex nicht auf und du wirst auch nicht über den natürlichen Lebensprozess hinaus rücksichtslos sein. Es ist ein Unterschied, ob du Schnittlauch und Schnitzel isst (oder was auch immer dein Körper zum Leben braucht) oder ob du dir mit Ellbogen deinen Vorteil sicherst. Die Ellbogen sind das, was Atisha anspricht.

F: *Ich weiß, dass ich meiner Mutter Schmerz dadurch zufüge, dass ich jetzt hier bin.*

P: Das ist aber auch nur eine Seite. Sobald du in dieses Schuldgefühl reinkommst, siehst du nur noch eine Ebene. Ich weiß, dass du viel mit deiner Mutter zusammen bist und ihr ein sehr inniges, wunderschönes Zusammensein habt. Die Qualität, die du deiner Mutter mitbringen wirst, ist kostbar. Du baust in diesem Fall dein Glück nicht auf dem Schmerz anderer auf, du nimmst deiner Mutter nichts weg. Im Gegenteil, du schenkst ihr etwas. Du kehrst heim mit vielen Geschenken, und ich glaube, dass deine Mutter es durchaus wahrnehmen und auch schätzen kann, auch wenn sie es nicht ausspricht.

## Reue

F: *Was ist Reue?*

P: Weißt du, manchmal fühlt man Verzweiflung über etwas, das man getan oder gesprochen hat, oder auch über etwas, das man zu tun unterließ. Man nennt diese Art der Verzweiflung Reue. Reue ist auch so ein Wort, das einen unangenehmen Geschmack bekommen hat. Es ist von Religionen und Kirchen kaputt gemacht worden. Reue heißt: Ich verschließe meine Augen nicht, und ich verschließe mein Herz nicht. Reue heißt auch Umkehr. Fühlen, es verstehen, tiefer gehen mit dem Verstehen, mit dem Sehen, mit dem Erkennen, mit dem existenziellen Verstehen, was da überhaupt passiert. Und dann die Umkehr, der Entschluss: Ja, ich probiere es anders, ich will das nicht mehr, wenn ich gesehen habe, es ist nur Leid verursachend.

# 7. Richtlinien des Geistestrainings

7.1. „Lasse eine Absicht alles durchdringen."

7.2. „Eine Methode wird alles Falsche korrigieren."

7.3. „Sei geduldig, welche von beiden Möglichkeiten auch geschieht."

7.4. „Am Anfang und am Ende sind zwei Dinge zu tun."

7.5. „Beachte diese beiden, selbst unter Lebensgefahr."

7.6. „Übe dich in den drei Herausforderungen."

7.7. „Nehmt die drei hauptsächlichen Ursachen auf und schätzt sie."

7.8. „Achte darauf, dass drei Dinge niemals schwinden."

7.9. „Halte dabei drei Dinge ungetrennt beisammen."

7.10. „Übe ohne Vorliebe oder Abneigung. Es ist entscheidend, dies zu jeder Zeit, in jedem Fall und mit ganzem Herzen zu tun."

7.11. „Meditiere stets über alles, was Unwillen hervorruft."

7.12. „Lass dich dabei nicht durch äußere Umstände beeinflussen."

7.13. „Widme dich den wichtigen Dingen."

7.14. „Tu die Dinge nicht rückwärts."

7.15. „Wackle nicht."

7.16. „Übe aus ganzem Herzen."

7.17. „Befreie dich durch Beobachtung und
Untersuchung."

7.18. „Prahle nicht."

7.19. „Lass dich nicht von Eifersucht auffressen."

7.20. „Benimm dich nicht kapriziös."

7.21. „Erwarte keinen Dank."

### 7.1. „Lasse eine Absicht alles durchdringen."

Erst einmal muss ich wissen, was meine *eine* Absicht ist. So wie gestern jemand gesagt hat: „In meinem Leben geht es um Wahrheit." Das ist eine klare Aussage. Es ist gut, für sich eine klare Aussage treffen zu können, in welche Richtung meine Energie geht, wem oder was meine Hingabe gilt. „Wo geht es hin?" Das heißt nicht, dass ich wüsste, wo es hingeht, aber die Offenheit, die Intention, die Ausrichtung, die Treue ist gebündelt wie ein Pfeil, den man ausrichtet. Deswegen weiß ich trotzdem nichts vom Ziel. Der Pfeil, der da ausgerichtet wird, hat keine Ahnung vom Ziel. Wenn ich weiß, was meine Absicht ist, und es reicht, *eine* Absicht für ein Leben zu haben, dann lass diese Absicht alles durchdringen. Und bei diesem „Alles" gibt es keine Ausnahmen. Da gibt es kein „ja, aber". Was auch immer passiert, lass das ganze Leben durchdrungen sein von dem Einen! Wenn Ablenkung auftaucht, gibt es immer zwei Möglichkeiten: Ich kann die Ablenkung als Ablenkung nehmen und ihr folgen, oder ich kann die Ablenkung als Möglichkeit benützen, meine Bewusstheit, meine Aufmerksamkeit und meine Liebe wachsen zu lassen, indem ich daran lerne, mich nicht zerstreuen zu lassen und mich dem Sog der Ablenkung nicht zu ergeben, sondern mich trotzdem dem Einen zu widmen. Das sind zwei diametral entgegengesetzte Richtungen. Und diese eine Absicht, diese einhundert Prozent sind notwendig. Wasser kocht bei einhundert Grad, nicht bei achtzig.

## Hingabe und Erforschen

F: *Meine Ausrichtung ist irgendwie zweigeteilt. So als hätte ich angefangen, zwei Teppiche zu weben und diese nicht fertig gemacht. Oder als hätte ich zwei Töpfe auf Sparflamme kochen.*

P: Wohin geht deine Aufmerksamkeit, was sind die verschiedenen Dinge?

F: *Einerseits habe ich angefangen, Projektionen zu erforschen, andererseits sind da rumorende Gefühle. Aber sie sind nicht so stark, dass ich sie in den Bodhipfad verwandeln kann. Denn sie sind nicht unausweichlich.*

P: Gut, jetzt haben wir zwei Töpfe in deiner momentanen Beschäftigung, aber erst sag mir, was ist deine Grundausrichtung. Für wen kochst du das Essen?

F: *Meine Grundausrichtung dient dem großen Ganzen, aber auch da spüre ich eine Zweiteilung. Der Weg, wirklich meinem Herzen zu folgen, ist oft wie Poesie in mir. Manchmal frage ich mich, ob das zu romantisch ist oder ob es wirklich nur Hingabe ist. Und das andere Projekt ist, den Forschergeist weiterzuentwickeln.*

P: Stopp mal einen Moment. Die eine Ebene waren die zwei Töpfe: Der eine die Beschäftigung mit der Projektion, und der andere Gefühle, die dir nicht stark genug sind, um sie umzuwandeln. Dann hatten wir eine andere Ebene: Das eine ist der Weg von Bhakti, von Hingabe, das andere ist der Weg über das Erkennen. Das ist eine andere Ebene. Wohin willst du auf diesen Wegen? Was ist deine Ausrichtung?

F: *Ja, ich möchte einfach frei sein, so!*

P: Okay, dann schauen wir jetzt, wie wir diese zwei Töpfe und zwei Wege von dieser einen Absicht durchdringen lassen und gleichzeitig nutzbar machen können. Ich sehe darin überhaupt keinen Widerspruch. Du hast dein momentanes Projekt in den Dienst der eigentlichen Absicht, frei zu sein, gestellt. Das darfst du nie vergessen! Es geht darum, frei zu sein, und sonst um nichts. Es geht nicht um ein interessantes Spiel, nicht um Phänomene, nicht um Erfahrungen, nicht um Kundalini-Erfahrungen oder irgendetwas, es geht nur darum, frei zu sein. Und alles, was auch immer dir begegnet, was auch immer du ausprobierst, was auch immer in dir und außerhalb von dir passiert, dient dazu, frei zu sein. Dann kriegt das Durchschlagskraft. Okay? Lasse alles von einer Absicht durchdringen. Jetzt hast du da die Sache mit den Projektionen. Eine wunderbare Geschichte als Hilfe, um frei zu sein. Und du willst das erforschen. Das ist nun einmal etwas, das zu erforschen und weniger zu fühlen ist. Wenn du erforschen willst, brauchst du etwas zum Erforschen, brauchst du etwas, an dem du ausprobieren und schauen kannst, ob dein Erkennen so weit stimmt oder ob es da etwas zu korrigieren gibt. Dann tauchen Gefühle auf, der zweite Topf. Nimm genau diese Gefühle, seien sie stark oder nicht so stark, um daran die Sache mit der Projektion zu erforschen. Schau, was das ist! Was ist ein Gefühl? Wo kommt es her, wo geht es hin, wo fängt es an, wo hört es auf? Wie viel Substanz, wie viel Wichtigkeit hat es? Ist es echt? Nimm das ganze Gefühl zu dir, lass alle Projektionsflächen weg und schau, was dann passiert. Erforsche, was anders ist, wenn du nicht projizierst. Da gibt es ganz viel zu erforschen, was dir helfen kann, frei zu sein. Wenn du das anhand deiner eigenen Gefühle existenziell verstehst, dann taucht ein Stück Freiheit auf. Wenn du aber anfängst, dein jetziges Forschungsobjekt mit dem von gestern zu vergleichen und zu verknüpfen, dann hast du schon verloren, dann geht es nicht. Warum soll man ein nicht so starkes Gefühl nicht erforschen können? Warum muss immer alles so heftig sein? Warum ist nur das Heftige etwas wert?

F: *Ja, so eine mittelmäßige Belästigung kann man einfach vorbeiziehen lassen. Man muss sich nicht wirklich darum kümmern. Das Unausweichliche ist irgendwie fordernder.*

P: Aber gerade im Moment ist ja anscheinend auch das mittelmäßig Fühlbare unausweichlich. Es verfolgt dich ja, kommt wieder. Also, bring die beiden Töpfe und die beiden Wege zusammen. Natürlich sagt man, für die einen Menschen ist mehr Dhyana, Meditation, Erkennen – nicht mit dem Verstand, sondern dieses existenzielle Verstehen – der Weg, zu dem dann Mitgefühl hinzukommt, und für andere Menschen ist es mehr Bhakti. Aber so ganz zu trennen ist es nie. Und es gibt auch eindeutig Mischtypen. Wenn beides einfach in deinem Leben auftaucht, die Hingabe und die Fähigkeit des nicht-urteilenden Erkennens, wunderbar, dann hast du zwei Pferde, um sie vor deinen Wagen zu spannen! Du musst sie nur zusammenspannen.

F: *Sie brauchen sich also gar nicht zu widersprechen?*

P: Nein, überhaupt nicht. Hingabe kann dein Erkennen und dein Erforschen klären, und die Klärung und Erforschung können deine Hingabe vertiefen. So laufen die Pferde miteinander und deine Töpfe kochen miteinander. Wunderbar. Das Entweder-oder bringt der kleine Geist rein. Auch der Weg der Hingabe endet mit Erkenntnis, und es wird vielleicht auch dann noch das eine oder andere zu erforschen sein, oder? Und auch der Weg des Erkennens vereinigt sich mit dem Weg der Hingabe. Und es wird dann immer noch Hingabe nötig sein. Manchmal gibt es Wegstrecken, wo mehr das eine, mehr das andere vorherrschend ist, aber am Ende kommen sie zusammen. Also schaffe nicht Trennung und Widerspruch, wo keiner ist. Und erforsche praktisch, nicht theoretisch, wirklich mit dem, was praktisch ansteht, was jetzt ist. Immer das, was jetzt ist, zum Beispiel dieses Gefühl. Auch das sind vier Kayas, auch das ist ein Phänomen, flüchtig wie ein Traum, und auch da bleibt die Natur des ungeborenen Gewahrseins unverändert.

## Berg und Tal

F: *Ich habe noch eine Frage zur Ausrichtung. Die meisten Menschen schlafen und träumen. Und Buddha hat ja gesagt, du musst erst die Ursachen von Leiden erkennen, bevor du dich überhaupt auf den Weg machst.*

P: Du musst als Erstes erkennen, dass du leidest. Das ist die erste Wahrheit. Weil es sonst überhaupt keine Motivation gibt.

F: *Wenn ich jetzt mein Leben betrachte, dann finde ich, dass ich ein sehr glückliches Leben habe, und da kam mir die Frage: Kann es auch sein, dass ich den Ruf dabei vergesse?*

P: Erstens ist meine Wahrnehmung von dir, dass du den Ruf sehr wohl hörst und dich nicht von äußerem Wohlergehen in den Schlaf wiegen lässt. Vielleicht gibt es gelegentlich ein Nickerchen, aber das ist kein sonderlich tiefer Schlaf.

Zweitens nimmst du sehr wohl Punkte in deinem Leben wahr, an denen Leiden auftaucht. Trotz genügend Geld, trotz eines wunderbaren Mannes, trotz eines wunderschönen Berufes. Du merkst, wo Leiden auftaucht, das immer aus Ich-Verhaftung kommt. Leiden ist ja prinzipiell nicht ein Leiden an zu wenig Geld oder einem mangelndem Mann oder einer falschen Frau oder einem schlechten Beruf. Das Leiden ist Leiden an Unbewusstheit und prinzipiell Leiden an Ich-Haftigkeit, das sich dann auf unterschiedliche Art ausdrückt. Und ich weiß von dir, dass du das sehr wohl merkst, also auch diese Aufforderung wahrnimmst, wieder zu untersuchen, still zu sein, anzuhalten.

Und drittens kommt ja noch eine weitere Motivation hinzu. Die ursprüngliche Motivation für die Ausrichtung und Entschlossenheit ist die Feststellung: Durch diese Unbewusstheit und diese Verhaftungen taucht immer wieder Leiden auf, und das will ich für mich beenden. Im Lauf dieses Prozesses taucht eine weitere Motivation auf, und diese nennt man Bodhichitta. Es taucht die Motivation auf, nicht nur für sich, sondern für alle fühlenden Wesen Leiden zu beenden.

Viertens gehst du irgendwann auch darüber hinaus. Bodhichitta, das erwachte Herz, bleibt, mit dem Wunsch: Mögen alle Wesen Glück erfahren und die Ursachen von Glück. Und trotzdem sind irgendwann Ausrichtung und Hingabe in sich selbst so total, dass sie keine Motivation als Motor brauchen. Bodhichitta bleibt.

F: *In meinem Alltag erlebe ich diese duale Wahrnehmung: Gut, schlecht. Toll, mies. Das war einmal wieder erfolgreich, und da habe ich einmal wieder versagt. Begeisterung und Unlust. Da befinde ich mich doch wieder in der Dualität, oder? Ist da nicht irgendwo eine Öse?*

P: Die Öse ist dann da, wenn du sagst: „Das ist es" und „So soll das Leben sein." Wenn der Begeisterung nicht das Tal folgen darf. Die Öse ist dann da, wenn du im Tal sagst: „Mit mir stimmt etwas nicht.

Warum bin ich jetzt gerade nicht begeistert? Warum strömt meine Kundalini gerade nicht?" Ich glaube für dich ist es, wenn du im Tal bist, leichter zu sehen, ob da eine Öse ist.

F: *Ja, ich leide, wenn ich es nicht akzeptiere. Wenn ich meine, es müsste anders sein. Wenn ich meine, ich müsste jetzt anders drauf sein.*

P: Genau. Und dann strampelst du und versuchst wieder, auf die Begeisterungsseite zu gelangen. Da ist Ablehnung und da ist Gier. Da ist Leiden. Das heißt, das Leiden ist nicht die Tatsache des Tales, sondern das Leiden entsteht aus deiner Haltung dazu.

F: *Ja, genau. Diese Haltung ist dann für mich im Tal leichter zu erkennen. Denn im Strudel der Aktivitäten im Alltag, wo es mir eigentlich gut geht, ist offensichtlich kein Leiden. Und trotzdem frage ich mich: Ist da genug Bewusstheit?*

P: Da ist sehr wohl Leiden drin, nämlich genau der Keim davon. Nur ist er da nicht so leicht zu erkennen wie auf der anderen Seite. In dem Begeisterungstaumel ist Unbewusstheit und der mögliche Gedanke: „So soll es immer sein", oder die Idee: „So bin ich eigentlich." Und das ist Lüge. Insofern ist natürlich auch auf der Begeisterungsseite, auf der Freudeseite der Keim des Leidens. Er ist auf der Schmerzseite noch nicht einmal leichter zu erkennen, aber im Allgemeinen ist da die Bereitschaft größer. Sowie deine Bereitschaft da ist, wirst du es auch auf der anderen Seite erkennen.

F: *Ich muss auch mehr dafür sorgen, dass ich durch Meditation öfter nach innen gehe.*

P: Ich habe dir schon gesagt, dass ich glaube, dass die Kundalini-Meditation für dich gut wäre. Und ich glaube, du musst beim Sitzen auf deine eigene Zeit achten. Du hast einen Mann, der gerne und auch mal länger sitzt. Das muss nicht unbedingt dein Maß sein. Wenn du nach einer halben Stunde fertig bist, bist du fertig. Und wenn es für dich heute einfach nichts ist, dann lasse es. Du musst dein Maß finden und nach deinem Maß gehen, und nicht vergleichen, nie vergleichen.

## 7.2. „Eine Methode wird alles Falsche korrigieren."

Wunderbar. Eine Methode. Alle Methoden, sei es Nadabrahma (eine von Osho entwickelte Meditationsmethode), sei es Mantrensingen, sei es Satsang, sei es Dynamische, sei es Kundalini, sei es Za-Zen, sei es achtsames Gehen, was auch immer alle Meister aller Zeiten sich an Werkzeugen überlegt haben, alles ist Methode, um zur eigentlichen Methode zu kommen, die ganz einfach ist: Bewusstheit. Und Bewusstheit ist nur von Angesicht zu Angesicht möglich. Ich lasse zu, dass das Licht der Bewusstheit alles bescheint, dass die Sonne der Bewusstheit das Wasser erhitzt – direkt. Bewusstheit ist eine sehr direkte Methode, und alle anderen Methoden führen dazu, sie möglich zu machen. Was auch immer ihr von Athisha, von Sekito, von Sosan oder von Lao-Tse nehmt, es endet immer in Gewahrsein, in einem liebevollen Gewahrsein. Das ist die *eine* Methode.

## 7.3. „Sei geduldig, welche von beiden Möglichkeiten auch geschieht."

Das betrifft das ganze Leben. Entweder es passiert das eine, oder es passiert das andere. Entweder ich krieg sie oder ihn, oder ich krieg sie oder ihn nicht. Sei geduldig, was von beiden auch geschieht. Oder: Es gelingt, gewahr zu sein, oder es gelingt nicht – zu einem bestimmten Zeitpunkt. Sei geduldig, was auch immer geschieht. Dies betrifft alles. Die Geduld mit dem, was auch geschieht, löst die Gier und den Hass im Lauf der Zeit auf. Was auch geschieht, sei geduldig. Das geht mir hier auch so: Es ist möglich, dass bei euch Bewusstheit klarer wird, dass mehr und mehr Stille eintritt. Ist es zu einem bestimmten Zeitpunkt nicht möglich, dann werde ich damit geduldig sein. Diese Geduld trägt eine unglaubliche Zuversicht in sich. Meine Gewissheit ist, dass Bewusstheit und Liebe stärker sind als alles andere. Und deshalb ist Geduld weiter kein Problem, wenn ich weiß, dass Liebe und Bewusstheit die stärksten Kräfte sind. Der Rest ist eine Frage der Zeit, und Zeit habe ich. Und was mich betrifft, ist hier einfach die Treue, Entschlossenheit und Totalität, da zu sein. Und was auch immer im Ganzen oder im Sangha oder bei dem einen oder anderen auftauchen mag, meine Entschlossenheit ist da, mit euch mittendrin zu sein, ohne Abstriche.

### 7.4. „Am Anfang und am Ende sind zwei Dinge zu tun."

Am Anfang: Bewusstheit und Mitgefühl. Am Ende: Bewusstheit und Mitgefühl. Immer: Weisheit und Mitgefühl, am Anfang manchmal vielleicht noch als Same von Weisheit und Mitgefühl, als ein weißer Same. Dann irgendwann ein Sprössling von Weisheit und Mitgefühl, größerer Sprössling, kleines Bäumchen, großer Sturm vielleicht, aber immer noch: Weisheit und Mitgefühl. Und am Ende großer Baum: Weisheit und Mitgefühl. Am Anfang und am Ende, und auch dazwischen.

### 7.5. „Beachte diese beiden auch unter Lebensgefahr."

Was auch immer passiert, selbst unter Lebensgefahr, beachte diese beiden: Bewusstheit und Mitgefühl. Es gibt nichts Kostbareres als Wahrheit und Liebe. Das ist die Essenz. Dafür leben wir. Also, beachte diese beiden selbst unter Lebensgefahr! Damit kommen wir auch wieder zum Anfang zurück: „Lass eine Absicht alles durchdringen." Diesen Faden der Essenz, diesen Faden des Eigentlichen, diese Unendlichkeit eures Seins, die allem Leben den Geschmack der Freude verleiht. Deshalb, immer wieder, wenn es euch in die Illusion zieht, in das Greifen nach Erscheinungen, in die Hoffnung, aus den Blumen am Himmel sich einen Lebenssaft holen zu können, erinnert euch: Das sind Blumen am Himmel. Die Essenz und der Saft sind: Weisheit und Mitgefühl. Ohne Objekte.

## Meditation und Geduld

F: *Während der Meditation komme ich manchmal an eine Sperre. Es ist wie eine Verweigerung, ein Stopp, der sich darin äußert, dass sich der Kopf nach links und rechts bewegt, dann gibt es eine Anuskontraktion, und dann ist es vorbei. Wie kann ich damit umgehen?*

P: Mit viel Geduld. Das ist ein ganz natürlicher Prozess, der für jeden ein wenig anders aussieht. Du kannst zu einem gegebenen Zeitpunkt bis zu einem gewissen Grad entspannen oder zur Ruhe kommen. Oder ich kann auch sagen, deine Energie kann sich bis zu einem gewissen Punkt bewegen, und dann kommt ein Stopp, weil es da einfach noch nicht so weit ist. Da ist noch Garen oder Wachsen oder

Zeit nötig. Dann besteht deine Meditation jetzt genau darin, sitzen zu bleiben, wo der Stopp ist. Du gehst genau so weit, wie es geht. Und das gilt für jeden. Geht genau so weit, wie es geht, und bleibt da sitzen, ohne zu versuchen, den Stopp mit Gewalt zu durchbrechen, und ohne die Flügel hängen zu lassen und aufzugeben. Die Tür ist zu, dann setz ich mich halt vor die Tür, und vielleicht geht sie ja irgendwann auf, vielleicht auch nicht.

F: *Ich habe eben resigniert oder mir Vorwürfe gemacht.*

P: Weder resignieren noch Gewalt anwenden! Geh so weit, wie es geht, und genau an diesem Punkt – das ist ja ein sehr interessanter Punkt – genau an diesem Stopp-Punkt, da lässt du dich nieder.

### 7.6. „Übe dich in den drei Herausforderungen" – Erkennen, Innehalten, Durchschneiden

1. Herausforderung: *Erkennen.* Ihr geratet in irgendeine Schleife, in ein Muster, eine alte Schallplatte, in eine Aufwallung wie Neid oder Ähnliches. Die erste Herausforderung ist das, was da passiert, als solches zu erkennen. Das klingt jetzt so selbstverständlich, ist es aber gar nicht. Im Allgemeinen erkennt ihr nicht die Aufwallung als Aufwallung. Ärger wallt zum Beispiel auf, und ihr erkennt nicht als Erstes: „Oh, jetzt bin ich aber ärgerlich", sondern ihr sagt: „Du Depp!" Neid wallt auf und ihr bemerkt nicht: „Oh, jetzt bin ich gerade neidisch", sondern ihr sagt: „Die blöde Kuh!" Normalerweise wird das sofort hinausgeworfen. Deshalb ist es tatsächlich eine Herausforderung. Schallplatten können ganz harmlos anfangen: Grillen zirpen. Dann fällt euch ein, dass auch letzten Sommer die Grillen gezirpt haben, und danach, dass ihr mit diesem wunderschönen jungen Mann im Urlaub wart. Dann erinnert ihr euch, dass es ja ganz nett war mit diesem wunderschönen jungen Mann, er sich aber hinterher wie ein Schuft benommen hat. Schon kommt das Gefühl hinterher, und euch fällt ein, wer sich noch alles wie ein Arschloch benommen hat. Dann fällt euch eure Therapeutin ein, die gesagt hat, das hätte mit einer Vaterprojektion zu tun, woraufhin ihr über euren Vater nachgrübelt usw. Die Grillen sind inzwischen weit weg, dafür

ist euer Vater sehr präsent – die Schallplatte. Oft erkennt ihr so etwas nicht als Schallplatte, sondern seht es als Wirklichkeit. Das bedeutet die erste Herausforderung, und es ist eine große Herausforderung, denn es heißt da nicht: „Erkenne manchmal", sondern einfach „erkenne", was hier geschieht. Erkenne: „Ah, die Schallplatte wieder" oder: „Aha, ich bin ärgerlich" oder: „Ich bin traurig" oder: „Ich bin neidisch." Erster Schritt, erste Herausforderung: Erkennen.

2. Herausforderung: *Innehalten.* Das Erkennen ist – und das ist ganz hilfreich – oft ein Bezeichnen: „Ich bin ärgerlich, ah, die Schallplatte." Innehalten geht über das Bezeichnen hinaus, denn Bezeichnen stoppt die Schallplatte noch nicht. Du kannst sagen. „Ich bin ärgerlich, du Depp", und man bohrt weiter darin herum und lässt es weiter wallen. Innehalten! Mit dem Innehalten kommt Gewahrsein dazu, kühles Gewahrsein wie eine kühle Brise. Wir können anhalten. Anhalten ist ebenso eine Herausforderung wie das Erkennen. Das heißt, in diesem Anhalten zeigt sich eigentlich schon der Keim der Bereitschaft, es loszulassen. Vorsicht! Es könnte passieren, dass ihr den Knochen loslasst!

3. Herausforderung: *Durchschneiden.* Ich mag das Wort „durchschneiden". Schöner, sauberer Schnitt! Durchschneiden – dazu gibt es verschiedene Methoden, von denen wir in den vergangenen Tagen schon einige besprochen haben. Man kann es auch verschieden benennen: durchtrennen, loslassen oder auch transformieren. Osho hätte transformieren gesagt. Es ist dasselbe. Aber es funktioniert meist nicht auf einmal. Die Schleife wiederholt sich immer wieder, bis sie wirklich an der Wurzel durchschnitten oder zur Gänze transformiert ist. Dabei ist es hilfreich, aber auch eine eigene Herausforderung, die Schleife immer früher zu erkennen. Das Erkennen nach vorne zu verlegen.

Anfänglich erkennt ihr die Aufwallung – und seid schon mittendrin. Nach einiger Zeit erkennt ihr sie vielleicht, wenn sie gerade beginnt oder wenn der Gedanke davor auftaucht. Und irgendwann seid ihr in der Lage, sie zu erkennen, wenn sie sich eben am Horizont zeigt. Wenn das möglich ist – und das ist einfach

Übungssache und Sache von Gewahrsein –, wird das Durchschneiden, Transformieren, Loslassen sehr einfach. Die eigentliche Herausforderung also ist, früher zu erkennen, bevor sich das Muster so richtig eingehakt hat. Wenn man zu lange wartet, kommt man oft erst einmal nicht mehr raus. In diesem Fall muss man warten, bis es wieder von selbst vorbeigeht. Aber beim nächsten Mal solltest du es wieder und früher probieren. Hier ist ein steter Fluss von Achtsamkeit nötig, der euch begleitet. Ein Gedanke taucht auf einmal auf. Ihr sitzt und hört die Grillen, auf einmal denkt ihr an den letzten Sommer, und der ganze Schwanz kommt hinterher. Wenn ihr es erst während der Vaterstory bemerkt, seid ihr schon ziemlich weit hineingeraten. Wenn ihr es schon bemerkt, wenn die Grillen undeutlich werden, noch bevor der Gedanke an den letzten Sommer aufgetaucht ist, dann seid ihr wieder da.

Für Transformation braucht es natürlich oft Tonglen. Oft ist es nötig, die Natur der Dinge zu erforschen – auf unterschiedlichste Art –, direkt erforschend, nicht analysierend, nicht abtrennend. Und manchmal braucht es Zurückweisen. Diese dritte Herausforderung ist auch eine Herausforderung an euer Experimentieren, herauszubekommen, was wann besonders hilfreich ist. Das ist nicht unbedingt immer dasselbe. Ich mache immer wieder Vorschläge, und ihr habt vielleicht mitbekommen, dass ich in denselben Situationen verschiedenen Menschen oft einen ganz verschiedenen Vorschlag mache, was er jetzt gerade probieren könnte. Das könnt ihr auch selbst: Sehen, was bei diesem speziellen Muster, dieser Schallplatte, dieser Wallung ein geschicktes Mittel ist. Oder ihr experimentiert mit den Werkzeugen. Ihr habt ja jetzt eine ganze Kiste voll davon, genug zum Experimentieren für eine Weile.

## Die Wahrheit vom Leiden

F: *Manchmal denke ich mir, das Ego ist wirklich ein Schuft. Deshalb sag mir bitte: Wie geht „durchschneiden"? Ich hab mir jetzt schon den*

*Film als Film vorgestellt und mit der Schere durchgeschnitten, das
funktioniert, aber hast du da noch ein paar Zaubertricks?*

P: Du musst wollen.

F: *Ich bilde mir ein zu wollen.*

P: Wenn jemand sagt: „Das Ego ist wirklich ein Schuft", dann drückt
sich da eine gewisse Verzweiflung, aber auch eine Entschlossenheit
aus. Man kann seinem Ego Dharma-Vorträge halten: „Du verfolgst
mich jetzt seit 1.000.000 Leben und hast mir immer nur Ärger gemacht. Jetzt habe ich die Schnauze voll!" Das funktioniert manchmal, ja. Aber es muss echt sein. Nicht: „Naja, ich möchte mal den
Film durchschneiden." Deshalb ist in der buddhistischen Lehre die
erste Wahrheit, die Buddha lehrt, die Wahrheit des Leidens. Solange
dir das Leiden daran und die Ursächlichkeit des Leidens in dem nicht
klar ist, ist es nicht einhundert Prozent. Und deshalb ist nicht genug Feuer dahinter, nicht genug Entschlossenheit vorhanden, um
wirklich das Leiden an der Wurzel durchschneiden zu können.

### 7.7. „Nehmt die drei hauptsächlichen Ursachen auf und schätzt sie." – Buddha, Sangha und Dharma.

Buddha, Sangha und Dharma sind die drei Schätze und Kostbarkeiten.
Die beste Wertschätzung für diese drei Kostbarkeiten ist, sie aufzunehmen, einzusaugen, offen dafür zu sein. Diese Kostbarkeit kommt nicht
so häufig vor. Einer von euch hat neulich gesagt: „Das ist doch eigentlich Wahnsinn: Ein Drittel der Menschheit hat nicht genug Trinkwas-
ser, ein Drittel der Menschheit hungert, die meisten Menschen kommen
nie mit einem Meister in Berührung, und ich wohne in München,
alles ist bestens, und Pyar wohnt ums Eck." Auch die Kostbarkeit der
menschlichen Geburt an und für sich, die Kostbarkeit, in einem Land
zu leben, in dem es so gut wie keine materiellen Probleme gibt. Wir alle
haben genug zu essen und zu trinken und ein Dach über dem Kopf. Die
Buddhisten nennen das die Kostbarkeit, in einem zivilisierten Land zu
leben. Sie verstehen darunter ein Land, in dem Dharma, Wahrheit, in
welcher Form auch immer, ausgesprochen werden kann. Es gibt Län-
der, in denen das sehr, sehr schwierig ist. Das sind große, große Kostbarkeiten, die wir alle haben.

Die Kostbarkeit des *Buddha* ist die Lebendigkeit. Die Kostbarkeit des Buddha ist die Frische. Ich sitze hier ja nicht als Buch. Allerdings ist das auch die Gefährlichkeit des Buddha: In einem Buch könnt ihr mal eine Seite überblättern, etwas auslassen oder drüberlesen: „Das ist bestimmt für die andern gedacht." Ein Buch, in dem Dharma geschrieben steht, ist wunderbar, aber nicht so herausfordernd wie das Frische und Lebendige und oft nicht so lustig. Die Kostbarkeit des Buddha ist das Lebendige, das Frische, das Neue. Auch wenn ich hier jetzt mit euch mit einem uralten Text arbeite und auch gängige Kommentare dazu kenne, ist trotzdem das, was ich sage, absolut frisch – nicht unbedingt neu im Sinn von „neues Wissen", aber es kommt total frisch und neu aus meinem Herz. Und das gibt es immer nur einmal. Wenn ich, angenommen in drei Jahren, nochmal ein Atisha-Retreat machen sollte, wird es völlig anders sein. Es wird derselbe Text sein, es wird dieselbe Liebe sein zwischen Atisha und mir, es wird manches ähnlich sein, aber es wird völlig anders sein, völlig neu. Versteht ihr? Das ist die Kostbarkeit, das ist die Direktheit. Also, nehmt es auf.

Ihr erfahrt die Kostbarkeit des *Sangha*, genau jetzt. Sangha ist die Gemeinschaft von Menschen, die sich um einen Buddha bildet, oder eine Gemeinschaft von spirituellen Freunden, eine Gemeinschaft von Weggefährten. Ihr merkt aber auch, welch eine Herausforderung der Sangha ist, ihr merkt, wie da alles miteinander schwingt, viel deutlicher sichtbar, als es sonst sichtbar ist. Auch in München, auch in Bern, Basel, Zürich, überall schwingt alles miteinander, nur ist es euch nicht so sichtbar. Osho hat das Buddhafeld genannt. In einem Buddhafeld wird alles viel, viel deutlicher. Was sowieso vorhanden ist, wird auf einmal sehr deutlich und scharf. Manchmal kommt es euch zu scharf vor. Weil alle mit derselben Ausrichtung hierher kommen, ist alles, was geschieht, Potenzial zu Transformation, Potenzial zu mehr und mehr und noch mehr Gewahrsein, zu mehr und noch mehr Mitgefühl, mehr und noch mehr Erforschen: „Aha, jetzt brodelt es in mir. Jetzt passiert dies in mir, was ist das?" Oder eure Freunde haben euch euren „Knopf" gedrückt – wunderbar! Seid euren Freunden dankbar! Und in einer solchen Gemeinschaft passiert – auch wenn es vielleicht gelegentlich grob zugehen mag – alles doch prinzipiell in einer offenen und liebevollen Atmosphäre. Das gibt viel Raum und Möglichkeit zur Erforschung, zu Mitgefühl, zum Üben. Das ist sehr, sehr kostbar. Sangha ist auch gegenseitige Unterstützung, wobei die Unterstützung ganz unterschiedlich aussehen kann.

*Dharma*, die Wahrheit. Das ist klar.

## Ausrichtung und die drei Kostbarkeiten

F: *Ich sitze auf heißen Kohlen, seit ich dir meinen Brief gegeben habe.*

P: Du schreibst: „Einhundertprozentige Ausrichtung auf die Wahrheit kann ich bei mir nicht finden. Es gibt immer noch eine Zurückhaltung. Was tun? Ablenkungen sind oft noch so interessant." Zunächst ist dieses Wahrnehmen der Tatsache, so wie es für dich im Moment ist, schon ein Segen. Das ist der erste Schritt: Zu erkennen, zu sehen, okay, dass es sich nicht nach hundert Prozent anfühlt. Ich renne immer noch nach hier und da und dort, pick hier ein bisschen, dort ein bisschen, komm dann wieder zurück zu dem, was ich eigentlich will, aber ich gebe nicht wirklich alles dafür. Vielleicht hast du ja vor zwei Wochen noch gedacht, dem wäre nicht so. Zu erkennen, dass das Wasser nicht kocht, ist ein Segen, denn vorher kannst du das Feuer nicht hochdrehen, sofern du das möchtest. Kann ja auch sein, dass es okay für dich ist, mit den Nicht-hundert-Prozent. Möchtest du es?

F: *Das kann ich nicht klar mit „ja" beantworten. Ganz gut fühlt sich's auch nicht an.*

P: Das ist verdammt ehrlich. Und das ist wunderbar. Dann, würde ich sagen, gut, es ist so. Das sind keine hundert Prozent. Und du weißt noch nicht einmal, ob du derzeit nicht lieber in einer gewissen Ablenkung bleiben möchtest. Habe ich das richtig verstanden? Dann sei damit einverstanden. Ich bin damit einverstanden, weißt du. Ich habe Zeit, und irgendwann drehst du das Feuer schon hoch. Sei einfach da und genieße all das, was für dich da ist, nimm Buddha und Sangha und Dharma auf. Und schätze Buddha, Dharma und Sangha. Das ist die Basis. Trink Buddha und Sangha und Dharma. Und für mich bist du genauso in Ordnung und genauso dabei und ebenso willkommen wie alle.

F: *Mir tut es aber sehr weh.*

P: Was tut jetzt weh? Was ist der Stachel?

F: *Das kann ich jetzt gar nicht mehr sagen.*

P: Okay, ist einfach nur „weh". Oder ist es schon wieder vorbei?

F: *Ja, es ist im Moment schon wieder vorbei. Vielleicht ist es nur eine Idee, dass es nicht okay ist.*

P: Nur ein vorüberfliegender Stachel, ein kurzer Schmerz, und schon wieder vorbei, genieße es! Diese Idee ist sicher da. Ich sehe sie schon um deinen Kopf fliegen. Aber hier beginnt das Vertrauen zu Buddha: Wenn ich dir sage, es ist in Ordnung, kannst du es dann nicht in Ordnung sein lassen? Lass es gut sein, trink und iss und nimm Buddha und Sangha und Dharma auf und schätze sie. Lass dich davon nähren. Und ich bin ganz zuversichtlich und sicher, irgendwann wird das Feuer dazukommen, ganz automatisch. Und dann sehen wir weiter. Das ist absolut in Ordnung. Weißt du, wenn du jetzt einfach einmal damit übst: „Nimm Buddha und Sangha und Dharma auf und schätze sie", in dem Sinn, wie wir vorhin darüber gesprochen haben, dann zeigen sich darin bereits die hundert Prozent. Mache das hundertprozentig!

### 7.8. „Achte darauf, dass drei Dinge niemals schwinden" – Hingabe, Entschlossenheit, Dankbarkeit.

Auch das sind drei Kostbarkeiten, drei Pferde, drei Fahrzeuge, drei Grundlagen, drei Ursachen für euer Wachsen, für euer Aufwachen, für euch.

*Hingabe.* Hingabe richtet sich immer direkt an die Wahrheit, nicht an irgendwelche Personen. Hingabe an die Wahrheit. Das ist wichtig.
*Entschlossenheit.* Ausrichtung, Treue, Begeisterung, Feuer.
*Dankbarkeit.* Dankbarkeit ist ein Segen. Und es gibt so viele Ursachen, Gründe für Dankbarkeit in jedem Moment. So viele Geschenke, die ganze Zeit über. Das fängt beim Atmen an. Jeder Atemzug, ein Geschenk. Allein das ist die ganze Zeit da. Abgesehen von dem, was noch hinzukommt.

## 7.9. „Halte dabei drei Dinge ungetrennt beisammen" – Körper, Rede und Geist.

Machen wir es einmal ganz einfach. Körper, Herz und Geist sind beim lebenden Menschen eine Einheit. Wenn sich einer von den dreien absondert, ist das nicht gesund. Wenn der Geist sich von Herz und Körper absondert, dann befindet man sich in einem Wolkenkuckucksheim, ist nicht hier. Und wenn der Körper sich von Herz und Geist absondert, dann folgt man ausschließlich irgendwelchen körperlichen Erfordernissen und Bedürfnissen, die Intelligenz aber lässt dann zu wünschen übrig. Auch das Herz allein, auch das Gefühl allein steht nicht stabil. Wir brauchen einen klaren Geist und einen Körper, um zu leben. Ein Stuhl benötigt mindestens drei Füße, sonst fällt er um. Uns stehen diese drei „Hauptabteilungen", Körper, Herz, und Geist, zur Verfügung. Nutzt alle drei, und lasst sie schön beisammen. Sie bilden einen Einklang.

## 7.10. „Übe ohne Vorliebe oder Abneigung. Es ist entscheidend, dies zu jeder Zeit, in jedem Fall und mit ganzem Herzen zu tun."

Das heißt, übe, praktiziere, experimentiere mit allem. Wähle nicht aus: „Mit dem probiere ich's, mit dem probiere ich es nicht." Praktiziere mit allem.

„Es ist entscheidend, dies zu jeder Zeit, in jedem Fall und mit ganzem Herzen zu tun." Hier geht es um Geradheit!

## Meditation und Alltag

F: *Muss ich wirklich meditieren, oder reicht es, wirklich bewusst mit jeder Kleinigkeit zu leben?*

P: Das ist einfach. Wenn du alle möglichen Sachen machst – malen, abspülen, tanzen, spazieren gehen –, hast du ständig einen großen Input. Und solange die Übung nicht groß ist, wird der Input deinen inneren Verkehr beschleunigen. Du denkst über die Farben nach und darüber, wie man den Baum malen könnte, und das ist wunderschön und auch das kann ganz bewusst sein. Aber den Verkehr da oben zu verlangsamen, ist prinzipiell einfacher, je geringer der

Reiz ist, weil der Verstand mit dem, was durch die fünf Sinne hineingeht, arbeiten will. Also versuche doch, jeden Tag etwas zu machen, was ganz einfach ist, was eher schon langweilig ist, wie Tüten kleben.

F: *Der Witz ist ja: Ein bisschen Sitzen, so eine halbe Stunde, das mache ich ja sehr gerne. Nur mich dazu bringen, dass ich das tue!*

P: Tja, was braucht es, dass du zum Kühlschrank gehst und dir den Käse holst? Was braucht es, damit du dir morgens ein Frühstück machst? Das ist da nicht anders.

### 7.11. „Meditiere stets über alles, was Unwillen hervorruft."

Dinge, die Unwillen hervorrufen, können in euch oder um euch geschehen. In euch zum Beispiel alles, was ihr ablehnt: Ärger, Neid, Schmerz, Wallungen welcher Art auch immer. Und was an äußeren Geschehnissen Unwillen in euch hervorruft, wisst ihr selbst. Den einen stört dies mehr, den anderen stört jenes mehr.

Meditiere stets über alles, was Unwillen hervorruft. In den meisten esoterischen Zirkeln oder Meditationskreisen wird es umgekehrt versucht. Man schafft mit Weihrauchstäbchen und Duft und Kerzen eine möglichst harmonische Atmosphäre. Das ist wunderschön und kann sehr hilfreich sein. Die Atmosphäre ist dann sehr leicht und fein und man sinkt da so richtig hinein. Aber erstens: Was ist, wenn man wieder hinausgeht? Und zweitens: Wenn es still ist, ist es sowieso still, und wenn es friedlich ist, ist es sowieso friedlich. Interessant und kraftvoll wird es da, wo es erst einmal nicht friedlich ist. Im Negativen – nennen wir es einfach so – liegt das größte Potenzial. Der Weg, der häufig begangen wird, ist der Versuch, ein bisschen Freude, ein bisschen Nettigkeit, ein bisschen Freundlichkeit, ein bisschen Stille in sein Leben zu bringen. Aber das ist nicht gründlich genug. Atisha ist gründlich. Alle Buddhas sind gründlich. Gründ-lich, auf den Grund gehen. Denn erst, wenn du in der Tiefe der Traurigkeit die Freude entdeckt hast, in der Tiefe und unter der bitteren Schale des Ärgers wieder Mitgefühl gefunden hast, wenn du inmitten all der Wallungen und genau mitten in dem ganzen Mist Stille findest, erst dann breitet man die Stille nicht über einen Berg von Wallungen, Störungen, Unfriedlichem aus. Dann kann das Eigentliche, die Essenz, aus allem erwachsen und kann sich in allem zeigen und bekommt dabei tiefe, tiefe Wurzeln. Nur so werden sich die gröberen und feineren Schichten von Unfrieden auflösen. Immer nur mittendurch. All dies gilt für Dinge, die im Innen Unwillen hervorrufen, und Dinge, die im Außen Unwillen hervorrufen, in gleicher Weise. Alles andere ist falscher Trost, der manchmal angenehm und auch manchmal hilfreich als Überbrückung sein kann. Aber der falsche Trost ist nie hinreichend, denn der Unwillen kommt wieder.

In dieser Aufforderung Atishas liegt großes Potenzial, denn genau hier erweist sich die Unerschütterlichkeit. Sonst bleibt immer Zweifel, bleibt immer diese dumpfe Ahnung. Man hat sich zwar getröstet oder etwas Feines über das Grobe gedeckt, aber da ist die dunkle Ahnung, dass da noch etwas ansteht. Schon allein das bringt die Unruhe des Geistes wieder herein, vielleicht manchmal sehr undeutlich, aber wahrnehmbar. Ihr werdet immer bewusster, und damit wird euer Wahrnehmen klarer. Je bewusster ihr werdet und je tiefer und je stiller und je liebevoller, umso subtilere Bereiche, umso feinere Bereiche werden sich auch zeigen.

### 7.12. „Lass dich dabei nicht durch äußere Umstände beeinflussen."

Du bist gerade dabei, deine Traurigkeit zu fühlen, und dann geschieht im Außen etwas. Die Traurigkeit ist spürbar, sie ist nicht schon wieder von selbst vergangen, und dann kommt irgendetwas auf euch zu, sei es ein Schmetterling, ein netter Mensch, sei es die Möglichkeit, dies und jenes zu tun, um sich abzulenken. Lasst euch nicht rausbringen! Jetzt ist erst einmal die Traurigkeit dran. Und später kommt sicher noch einmal ein Schmetterling vorbei. Das ist keine Ablehnung des Schmetterlings, eigentlich sogar ein Respektieren des Schmetterlings. Den Schmetterling als Ablenkung von dem, was jetzt gerade mein Job wäre, zu missbrauchen, wäre nicht respektvoll dem Schmetterling gegenüber. Der Schmetterling will euch in eurer Schönheit begegnen, will euch in eurer Natürlichkeit begegnen, aber er will euch nicht ablenken.

### 7.13. „Widme dich den wichtigen Dingen.“

Ein Mathematikprofessor füllt während einer Vorlesung viele große Steine in ein großes Gefäß. Dann fragt er seine Studenten: „Sagt mir, ist das Gefäß jetzt voll?“ Sie sagen: „Ja.“ Er holt einen Sack mit kleineren Steinen und schüttet sie zu den großen in das Gefäß. Alle haben noch Platz. Dann fragt er wieder die Studenten: „Und, ist es jetzt voll?“ „Ja, jetzt ist es voll.“ Sagt der Professor: „Moment mal“, und er schüttet einen Sack Sand in das Gefäß. Und dieser hat auch noch Platz. Die Studenten staunen. Wieder die Frage: „Ist es jetzt voll?“ Sie sagen: „Aber jetzt ist es wirklich voll.“ Der Professor holt eine Dose Bier und kippt sie in das Gefäß, und auch das Bier hat noch Platz. Dann sagt er zu seinen Studenten: „So ist es auch mit dem Leben.“

Es gibt manchmal weise Professoren. Auch an der Universität kann man Weisheit finden. Füllt erst die großen Steine in euer Leben, die wichtigen Dinge. Wenn ihr zuerst Sand reinschüttet, haben die großen Steine keinen Platz mehr. Erst die großen Steine – die wichtigsten Dinge –, dann die am zweitwichtigsten, dann die am drittwichtigsten. Das Wichtigste immer zuerst.

Hier stellt sich natürlich die Frage: Was ist wirklich wichtig? Was ist mir das Wichtigste in meinem Leben? Jeder kann das natürlich für sich entscheiden. Und meiner Meinung nach ist da jede ehrliche Antwort, die ein Mensch sich selbst gibt und zu der er auch steht, nach der er auch handelt, absolut respektabel. Wenn er sagt: In diesem Leben, in meinem Leben, ist mir wirklich wichtig, eine Menge Geld zu verdienen, ich will reich werden. Wenn das ehrlich gemeint ist und seinem Entwicklungsstadium entspricht, werde ich nicht mit irgendwelchen spirituellen Dingen kommen, um diesen Menschen davon abzubringen. Zunächst ist das zu respektieren, es ist die jetzige Entscheidung und Ausrichtung. Das ist wichtig. Wenn ihr nach dem Retreat Menschen trefft, wird sich vielleicht die Versuchung, zu missionieren, oder auch eine Versuchung der Arroganz einstellen. Es ist sehr wichtig, dass wir uns gegenseitig – und jeder sich selbst – respektieren, so wie wir sind. Wesentlich ist vor allem, dass es ehrlich ist, ehrlich auch in dem Sinn, dass es kongruent ist im Leben und mit dem Handeln. Auch hier müssen Körper, Rede und Geist eine Einheit bilden. Wenn jemand sagt: „In meinem Leben geht es um Gott", aber er dann doch erst die „Geldsteine" in sein Gefäß füllt – dann ist es schief. Das ist verwerflicher, als wenn jemand gleich sagt: „Mir geht es um Geld." Denn die Ehrlichkeit, die Geradheit ist die Basis – was im Übrigen nicht heißt, dass man kein Geld verdienen kann, wenn es im Leben um Gott geht, nur um dem vorzubeugen. Jemand sagt: „In meinem Leben geht es um Gott." Und er ist wirklich in seinem Herz ehrlich damit. Das Leben geht weiter und an irgendeinem Punkt stellt er fest, dass er in etwas hineingeraten ist, sich jetzt doch um anderes mehr gekümmert hat. Dieser Mensch stellt vielleicht fest, dass er mit seinen Gedanken, mit seiner Ausrichtung, mit seinem Herzen bei etwas ganz anderem ist als bei seinem eigentlichen Vorhaben. Dann ist auch das respektabel. Es gab die ehrliche Aussage am Anfang, dann wurde er abgelenkt – und das wird zunächst immer wieder passieren –, dann erkennt er es und ist ehrlich damit. Dann kann er wieder zurückkommen und sagen: „Ah, da war doch noch etwas. Eigentlich ging es mir um etwas ganz anderes." Dann kann er sich und sein Leben wieder ausrichten. Das heißt Ehrlichkeit am Anfang, in der Mitte und am Ende. Auch da ist es absolut respektabel, Fehler zu machen, den Sand zuerst in das Gefäß zu schütten und es dann irgendwann zu merken. Dann schüttet man den Sand eben wieder aus und beginnt von neuem. Trotzdem muss man sich fragen: Was ist wirklich wichtig? Das ist eine Frage der Sichtweise. Wie weit schaue ich? Es gibt auch Menschen, denen ist alle zehn Minuten etwas anderes wichtig. Sie schauen nicht sehr weit. Jeder von uns weiß, dass dieses Leben in dieser Form kurz und begrenzt ist, und jeder von uns weiß, dass etwas bleibt. Das weiß jeder Mensch. Also wäre in meinem Erfahren oder Verständnis das wirklich wichtig, was nicht mit dem Sterben aufhört. Alles, was Form angenommen hat, ist wunderschön und zu genießen, aber offensichtlich kann man es nicht mitnehmen: Körper nicht, Häuser nicht, Autos nicht, Kinder nicht, Eltern nicht, Partner nicht – alles nicht. Auch all die Gefühle, all die Gedanken kann man nicht mitnehmen. Was bleibt, ist nur Bewusstheit oder Weisheit, und was bleibt ist Liebe. Die zwei, die untrennbar sind. Sie bleiben und sind für mich die großen Steine.

### 7.14. „Tue die Dinge nicht rückwärts.“

Diese Aussage ist sehr umfassend. Erstens: Ein Schritt nach dem anderen. Beim Hausbau fängt man beim Keller an, nicht beim Dach. Beginnt immer da, wo ihr gerade seid. Stellt euch die Frage: Wo bin ich gerade? Ganz realistisch, ganz pragmatisch. Dann könnt ihr einen Schritt tun. Und in diesem „Wo bin ich gerade?“ vergleicht nicht mit der Freundin, dem Freund, dem Partner, mit diesem und jenem in dem Sangha. Jeder ist da richtig, wo er gerade ist. Und nur von dort aus ist überhaupt irgendetwas möglich. „Du kannst 10.000 Meilen leicht zurücklegen, wenn du einen Schritt nach dem anderen tust“, sagt Lao Tse.

Zweitens: Tue nichts rückwärts. Spule den Film nie zurück! Das beobachte ich häufig. Irgendetwas ist schon vorbei, eigentlich längst erledigt. Aber dann wird es wieder aufgegriffen und noch einmal durchgekaut. Das nenne ich den Film zurückspulen. Ihr seid schon längst daran vorbei und wollt es noch einmal und noch ein weiteres Mal bedenken und besprechen. Nicht im Sinne einer Überprüfung. Überprüfung wäre wunderschön: „Ist es stimmig?“ In dieser Art des Filmzurückspulens aber betretet ihr wieder das Drama, das schon vorbei war.

Drittens: Und lasse die Dinge an ihrem Platz. Das Herz an seinem Platz, den Geist an seinem Platz und das Sein an seinem Platz.

### 7.15. „Wackle nicht.“

Nicht: Ja, nein – soll ich, soll ich nicht – stimmt das, stimmt das nicht – usw., usw. Wackle nicht! Ihr merkt, dass Atisha Punkte, die ihm wichtig sind, immer wieder wiederholt, immer ein wenig anders formuliert. Bestimmte Aufforderungen oder Herausforderungen kommen immer wieder, und das ist wunderschön. So auch diese:

### 7.16. „Übe mit ganzem Herzen.“

Teile dich nicht, sei nicht mit einem Ohr wo anders. Punkt 15 war: *Wackle nicht.* Punkt 16: *Übe mit ganzem Herzen.* Das Wackeln ist mehr eine Sache des Geistes, er hat diesen Wackelkontakt öfter: Dieses „Ja-Nein-Denken“. Dieses „Vergangenheit-Zukunft-Denken“. Dieses vielleicht, aber dann doch nicht. Das Herz wird manchmal auch durch dieses und jenes abgelenkt, mehr durch Dinge auf der gefühlsmäßigen

Ebene. Auch das Herz muss ganz sein – und kein Herz, das in zwei Richtungen rennt. Also übe mit ganzem Herzen! Wenn wir „üben" sagen, dann meinen wir oft bestimmte Übungsstunden. Wenn man zum Beispiel ein Pferd trainiert, dann trainiert man ein bis zwei Stunden am Tag und dann ist wieder Ruhe und am nächsten Tag wieder ein bis zwei Stunden, genauso wie man Grammatik oder Rechnen übt. So meint Atisha das nicht, und genau das ist mit dem ganzen Herzen *auch* gemeint. Das ist keine Übung für zwei Stunden am Tag, sondern für immer: mit ganzem Herzen. Was nicht heißt, dass ich nicht manchmal etwas vergessen könnte. In diesem Fall sollte man einfach von neuem anfangen. Prinzipiell ist diese Übung für den ganzen Tag gedacht, und das gilt auch für alle anderen Punkte.

### 7.17. „Befreie dich durch Beobachtung und Untersuchung."

*Beobachten* ist der erste Schritt, denn was ich nicht sehe, kann ich nicht untersuchen. Beobachten heißt, einfach still sein, schauen, was auf der Straße des Verstandes vor sich geht und was an Wallung oder Nicht-Wallung des Herzens, vielleicht auch was im Körper passiert. Aber auch das die ganze Zeit über, denn der „Verkehr" im Verstand geht weiter, auch wenn ihr gerade mit etwas anderem beschäftigt seid. Es geht hier darum, die Dinge überhaupt zu entdecken, die euch aus der Ruhe, aus der Stille und aus dem Frieden bringen. Sie schleichen sich ein, und sie schleichen sich logischerweise am liebsten da ein, wo man nicht aufpasst. Beobachtet den Straßenverkehr des Verstandes und den Wellengang der Gefühle ohne zu urteilen. Was kommt da so alles den ganzen Tag auf einen zu. Wenn man das einmal kontinuierlicher durchführt, wird einem überhaupt klar, was für ein Schrott das meistens ist. Und durch kontinuierliche Beobachtung werden auch die Wiederholungsmuster und die Lieblingsschleifen viel klarer. Es wird dann auch leichter, die Dinge zu erkennen, wenn sie am Horizont aufsteigen. Nicht erst, wenn ihr schon mittendrin sitzt und strampelt, sondern wenn der Wind aufkommt, muss man die Fenster schließen. Deshalb ist es wichtig, kontinuierlich zu beobachten, sonst merkt ihr es erst, wenn der Wirbelsturm euch schon das Haus abdeckt. Nicht-urteilende Beobachtung. Einfach nur: „Ah, das ist da."

Auch von *Untersuchung* haben wir schon ein paar Mal während des Retreats gesprochen. Beobachten ist das eine. Beobachten heißt: Wind kommt auf, Wind wird stärker, Wind hört wieder auf. Gut, ich konnte dabei still bleiben. Und der Wind ist wieder weg. Aber dann kommt der Wind wieder. Und dann kommt er wieder. Und jedes Mal könnt ihr wieder still dabei bleiben, dann geht er wieder – so weit, so gut. Aber bei den inneren Winden gibt es die Möglichkeit der Befreiung davon. Wie Atisha sagt: Befreie dich durch Beobachtung und Untersuchung, und was die Befreiung bewirkt, ist die Untersuchung. Dazu ist es nötig – immer noch nicht-urteilend –, tiefer zu gehen. Schauen, wo das herkommt! Was ist das? Was steckt da noch dahinter? Oft ist es eine ganze „Schicht-Torte" von Gefühlen oder Verhaftungen oder Missverständnissen. Mit Neugier, mit Wohlwollen tiefer und tiefer untersuchen. Manchmal ist dabei auch ein Augenzwinkern notwendig. Beobachten, untersuchen. Das heißt dann auch noch nicht, dass mit dem einmaligen Untersuchen der innere Sturm verschwunden wäre und nie wieder zurückkommen würde, aber auf jeden Fall ist es durch Untersuchen möglich, dass er prinzipiell verschwinden kann. Vielleicht ist noch tieferes Untersuchen nötig. Der Wind kommt wieder, man muss wieder hinschauen. Das Gefühl kommt wieder. Die Anhaftung taucht wieder auf: wieder beobachten und untersuchen.

## Analysieren und untersuchen

F: *Was ist der Unterschied zwischen analysieren und untersuchen?*

P: Analysieren ist ein auseinander schneidender Vorgang und erfolgt in der Zeit rückläufig. Wenn ich ein Efeublatt analysiere, dann werfe ich es in Salzsäure und schaue, was dann passiert. Ich zerlege es, schaue die einzelnen Zellen an, analysiere es chemisch und betrachte die einzelnen Bestandteile. Damit habe ich vom Efeu aber noch nichts verstanden. Ich kenne die Komponenten von Efeu, aber ich kenne Efeu nicht.

Untersuchen heißt, Efeu zutiefst kennen zu lernen. Wie wächst er? Wie fühlt er sich an? Aus welchem Boden kommt er? Wächst er im Schatten oder wächst er in der Sonne, wächst er gerade oder gedreht? Wird er von Bienen oder von Schmetterlingen oder vom

Wind befruchtet? Was ist der Efeu für ein Wesen? Wie lebt er? Wie sieht er im Winter aus? Wie sieht er im Sommer aus? Wie schaut er in Bayern aus? Wie sieht er in Nordrhein-Westfalen aus? Viele, viele Dinge sind dabei zu entdecken. Untersuchen ist sehr direkt, auch im Innern. Da ist erst einmal alles wichtig. Wie wächst das Ding? Wo kommt das Ding raus? Wie fühlt sich das Ding an? Was mag das Ding? Was mag es nicht? Wie bewegt es sich? Wie entsteht es? Wie vergeht es? Es bedarf auch einer direkten Kommunikation mit dem zu Untersuchenden. Besser kann ich es dir nicht erklären, denn alles andere würde dich wieder in die Analyse bringen. Probiere es aus.

F: *Kann man auch mit Hilfe der Gedanken untersuchen?*

P: Sie können durchaus mitspielen. Aber prinzipiell ist es etwas Direkteres. Gedanken können dabei einen gewissen Dienst tun, aber in untergeordneter Position. Allein schon Fragen zu stellen, erfordert Gedanken.

F: *Ja, und was heißt „befreie dich"?*

P: Befreie dich, heißt einfach: Sei frei! Es gibt dreierlei Freiheit: 1. Ich bin frei *von* irgendetwas. Also frei von Schmerzen oder frei von Schulden; oder auch frei von inneren Schmerzen, Schulden oder Fesselungen. Und man kann 2. frei sein *für* etwas. Ich bin frei, mich etwas zu widmen. Ich bin frei, mich für etwas einzusetzen. Mich hält da nichts, mich bindet da nichts. Und ich kann 3. auch einfach frei sein, ohne von und ohne zu. Einfach frei.

## Untertitel

F: *Mein Geist produziert bei allem, was ich sehe, Untertitel, zum Beispiel beim Spazierengehen sehe ich einen Schmetterling und gleichzeitig höre ich „Schmetterling", und manchmal buchstabiert mein Geist sogar: S - c - h ... Es ist ein ganz geschickter Schutz. Ein Schutzfilm wie eine Plastikfolie, die dann immer dicker wird.*

P: Dein System – und ich glaube, es ist bei vielen so – ist derart gebaut, dass es Sprechen und Benennen als wichtig erachtet. Bevor du sprechen gelernt hast, wie waren da die Schmetterlinge? Irgendwann ist aus irgendeinem Grund das Sprechen so wichtig geworden, nicht nur wenn man es tatsächlich braucht, wie gerade jetzt, sondern als ob es lebensnotwendig wäre, ständig alles zu benennen und zu bezeichnen. Und dann läuft es vollautomatisch in deinem Kopf ab. Irgendetwas lässt dich dann an den Worten festhalten. Deshalb: Wie wäre es für dich, nichts bezeichnen zu können?

F: *Nichts bezeichnen zu müssen ...*

P: Nichts bezeichnen zu *können*! Wir üben gerade untersuchen.

F: *Nichts bezeichnen zu können, da muss ich schlucken. Erst einmal nicht erstrebenswert. Ganz spontan gesagt.*

P: Aus irgendeinem Grund hat dein Geist das Gefühl, er müsste das Benennen ständig wiederholen und ständig üben. Und es würde irgendetwas Schreckliches passieren, wenn er nicht ständig sagt: Gras, Regen, Schmetterling, Haus, Baum. So wie du es bei deinen Eltern gelernt hast. In der Zeit, als du sprechen gelernt hast, bist du natürlich immer gelobt worden, wenn du nicht mehr Wauwau gesagt hast, sondern Hund.

F: *Na klar. Mein Vater war Lehrer.*

P: Ja, aber das haben auch Nicht-Lehrer-Kinder. Es ist ziemlich weit verbreitet. Mir ist einmal in einem relativ guten Restaurant Folgendes passiert. Auf der Karte stand „Artischocken" mit irgendetwas. Und ich wusste genau, ich habe das schon mal gehört. Ich wusste genau, ich kenne das, ich habe das schon gegessen, aber verdammter Mist, was ist das? Ich saß vor dieser Speisekarte und mir ist die Aubergine eingefallen, dazu kam ein Bild. Ich wusste nicht, ob das gemeint ist. Ich wusste mit „A" hat das irgendetwas zu tun. Und ich wusste nicht, ist dieses lilafarbene runde Teil gemeint oder ist Avocado, dieses grüne gemeint, an das ich mich auch erinnern konnte. Ich habe eigentlich zwischen diesem Lilafarbenem und diesem Grünfarbenem geschwankt. Und da stand Artischocke, und ich hatte einfach keine Ahnung, was das sein soll. Das hat mich in diesem Moment schon erschreckt. Es erzeugt eine große Unsicherheit. Ich habe es dann bestellt. Und als dann der Teller kam, war ich völlig perplex, weil ich mit dieser Pflanze nicht gerechnet hatte. So etwas löst eine große Verunsicherung aus, vor allem im Zwischenmenschlichen. Denn solange du allein bist, gehst du eben zum Kühlschrank und holst das grüne Ding raus, wenn du das grüne Ding willst. Aber sobald du mit Menschen zusammen bist, macht es unsicher.

Du hast viel Klarheit, und jetzt ist da so eine Kleinigkeit, die deinen Geist in Unruhe bringt, nämlich diese Untertitel. Du bist nicht eifersüchtig, du bist nicht ärgerlich, du wirst nicht neidisch, alles bestens, aber da sind diese Untertitel. Also müssen wir uns mit diesen beschäftigen und müssen sehen, wie dich das vereinnahmt. Und warum dein Geist nicht aufhören kann, ständig vor sich hin zu sagen: „Blonde Haare, braune Haare, Augen zu, Augen offen, Brille, Schmetterling ..." Befreie dich durch Beobachtung und Untersuchung!

F: *Mein Verstand hält mir oft Vorträge über Bewusstsein und Stille.*

P: Der Verstand selbst kommt nicht in die Stille. Er kann seinen Mund halten, aber er kommt nicht in diese Tiefe. Sagen wir so, er wird schon still, er gibt Ruhe. Aber in diese Tiefe kommt er nicht nach. Und wenn er noch so viel davon erzählt. Vielleicht ist dein Verstand neidisch? Kann man ja auch irgendwie verstehen. Jetzt hat er sein ganzes Leben lang für dich gesorgt, vom Kassenbuch bis zum Kühlschrank, vom Lesen bis zum Schreiben. Er hat sich die ganze Zeit abgerackert. Und jetzt hast du endlich so etwas Tolles entdeckt und er bleibt außen vor. Das ist schon gemein. Erklär ihm das. Bedanke dich bei ihm für all die Arbeit, die er für dich tut, und sag ihm: „Du kannst da nicht mit." Auch die Gedanken sind Kayas. Das heißt, du kannst auch damit auf dieselbe Art vorgehen. Mit demselben Werkzeug. Oder einfach kommen und gehen lassen – und irgendwann wird es ihnen langweilig.

### 7.18. „Prahle nicht."

Das ist sehr wichtig, insbesondere im spirituellen Bereich. Wenn ihr eure Freunde wiederseht, dann erzählt nicht: „Ich habe diese und jene Erfahrung gemacht." Oder jemand erzählt euch von irgendeinem Wunsch, dann sagt nicht: „Da stehe ich drüber." Es ist gut, den Mund zu halten.

Erstens: Was mit euch hier passiert, ist sehr subtil und sehr empfindlich, und manches ist noch klein. Es muss wachsen und stark werden, und im Erzählen und Angeben macht ihr es kaputt. Es geht sehr leicht kaputt. Das heißt nicht, dass man sich nicht in vorsichtiger Weise – da braucht es viel Achtsamkeit – mit einem spirituellen Freund austauschen könnte. Aber den sucht bitte sorgfältig aus. Schaut, bei wem die Gefahr am geringsten ist, in gegenseitige Prahlerei zu geraten oder eine neue Geschichte aufzubauen. Man macht es auch oft flach und banal, denn was da wächst, ist ja gar nicht auszudrücken und wird im Sprechen leicht zum Geschwätz.

Zweitens ist hier auch das spirituelle Ego angesprochen mit dem „Gib nicht an". Das spirituelle Ego ist eine recht schwer zu greifende Form von Ego. Dieses Ego ist genauso zerstörerisch, ist genauso Leiden verursachend wie jedes andere, nur schwerer zu packen, weil es sich so sehr mit spirituellen Dingen beschäftigt, weil es selbst so spirituell und so heilig ist. Das ist im Übrigen dann dasselbe in dem 20. Slogan:

### 7.20. „Benimm dich nicht kapriziös."

Das heißt: Sei ganz normal. Kapriziös ist künstlich, unecht, besonders „heilig" oder unecht.

### 7.19. „Lass dich nicht von Eifersucht auffressen."

Das ist natürlich die andere Seite der Prahlerei. Der eine gibt an, und der andere wird eifersüchtig. Das ist jetzt der Ratschlag für den anderen. Lass dich nicht von Eifersucht auffressen. Das betrifft nicht nur Beziehungskisten. Eifersucht ist ein viel weit reichenderes Thema. Sei nicht neidisch! Eifersucht und Neid liegen sehr nahe beieinander. Wenn Eifersucht auftaucht, dann lasse dich nicht davon zerfressen. Es geht recht schnell, dass Eifersucht oder Neid einen zerfressen. Sie nagen so sehr am Herz und machen bitter. Lass dich nicht zerfressen!

### Vergleiche nicht

F: *Ich bin oft wütend, z. B. beim Autofahren. Früher habe ich in meiner Meditation vieles durchdrungen, auch verstanden und sehr tief wahrgenommen. Irgendwie habe ich das Gefühl, es ist nicht mehr dasselbe und ich komme da mit meiner Meditation nicht mehr weiter.*

P: Vergleiche nicht. Vergleiche nicht gegenwärtiges Erfahren mit vergangenem Erfahren und nicht gegenwärtiges Erfahren mit möglichem zukünftigem Erfahren, sondern bleibe immer mit dem Gegenwärtigen. Selbst wenn das Gegenwärtige ein Gefühl von Steckenbleiben ist. Du weißt genau, da geht es weiter. Du weißt genau, da fehlt etwas. Du weißt genau, du bist bei deinen Bohrungen auf Granit gestoßen. Und du weißt genau, du bist nicht durchgekommen. Das gehört alles dazu. Verleugne das nicht! Also lasse dich nicht vergnüglich auf dem Granit nieder und denke: „So, das ist es jetzt." Aber das ist ja sowieso nicht deine Art. Das sage ich nur für andere. Das Zähe oder Schmerzhafte des Nicht-Weiterkommens absolut wahrzunehmen und auch anzunehmen und genau bei diesem Erfahren zu bleiben und es zu umarmen, dich darin zu umarmen und da sitzen zu bleiben, darum geht es. Irgendwann schmilzt der Granit unter dieser Kraft. Jetzt schlägst du dir den Schädel an dem Granit deiner Meditation ein. Und jede Kleinigkeit, die in deinem Leben passiert und dir widersteht, erinnert dich daran. Und dann lässt du daran deine Wut aus. Aber es geht um die Meditation.

Der nächste Schritt, um diese Situation umzudrehen, wäre vielleicht – wenn du den Dampf abgelassen hast, was dir gut getan hat –, dem Autofahrer, der dir die Gelegenheit gegeben hat, Dampf abzulassen, und dir damit eigentlich wohl getan hat, dankbar zu sein. Erstens transformiert es die Situation und zweitens wird deine Dankbarkeit, wenn sie ehrlich ist, den Autofahrer genauso verfolgen wie zuerst deine schlechten Wünsche und somit die Folgen deines Handelns auflösen. Und dann setze dich wieder hin und sei geduldig mit dem Granit.

## 7.21. „Erwarte keinen Dank!"

Was auch immer du für jemanden tust, alles sollte aus Fülle kommen, einfach aus der Großzügigkeit selbst. Wenn der Gedanke auftaucht, dass man gerne Dank hätte, oder wenn ihr merkt, dass ihr so ein komisches Gefühl bekommt, wenn sich jemand nicht bei euch bedankt, dann wäre es gut an dieser Stelle nachzuprüfen: Kam denn mein Geben aus Fülle und aus Großzügigkeit, oder wollte ich irgendetwas dafür? Und sei es nur bedankt zu sein oder gesehen zu sein oder bewundert zu werden. Wenn ihr keinen Dank oder sonst irgendeine Gegenleistung materieller, emotionaler, spiritueller oder sonstiger Art erwartet, dann seid ihr frei. Dann tretet ihr nicht in irgendeine Bindung oder irgendeinen Handel ein. Dann ist euer Geben frei und rund in sich, braucht nichts, und auch euer Nehmen ist frei, euer Annehmen schafft keine Bindung.

## Das Vertiefen von Achtsamkeit

Ich will euch erst einmal erzählen, wie es mir mit dem Satsang gestern Abend erging. Als das Thema Eifersucht und Neid aufkam, war ich in dem Moment nicht in der Lage, Eifersucht und Neid zu empfinden und von innen heraus zu beschreiben oder auszudrücken. In dem Moment hätte ich eigentlich innehalten und untersuchen müssen, was ich aber nicht getan habe. So ein kleines Ding, bei dem mir die Aufmerksamkeit abhanden kam. Und die Tendenz des kleinen Geistes, neue Probleme zu suchen oder wieder etwas zu finden, worauf man herumkauen kann, war sowieso als Schwingung im Sangha vorhanden. Und dadurch, dass ich an diesem Punkt nicht erst für einen Moment innehielt, ist mir auch hinterher eine Reihe von Dingen entgangen. Ich war auch nicht schnell genug, und so ist mir zum Beispiel entgangen, dass eigentlich keine wesentlichen Fragen gestellt wurden.

Letztlich ist auch das wieder nutzbar, um zu sehen, dass schon eine Kleinigkeit große Auswirkungen haben kann. Denn Mein-nicht-gründlich-genug-Sein hatte Auswirkung auf euch alle. So funktioniert das einfach. Das bedeutet, dass man nicht gründlich genug sein kann und es wichtig ist, wenn irgendetwas Eigenartiges passiert, nachzuprüfen: „Was war denn da?" oder „Was ist denn da?" oder „Was passiert da eigentlich?" Und dann kann man es wieder im Licht von Bewusstheit und Liebe sich auflösen lassen. Das ist die Kurzform der Anweisung von Atisha. Ich kann auch das wieder nehmen und in den Bodhipfad verwandeln. Alles kann man in den Bodhipfad verwandeln.

Und es gibt immer wieder die Versuchung für mich, auf alle eure Fragen im Einzelnen einzugehen. Und manchmal wäre es vielleicht geschickter und angebrachter, an irgendeinem Punkt aufzuhören. Bei mir ist dann die Versuchung, es noch einmal und noch ein zweites Mal zu probieren, ob ich nicht vielleicht doch noch durch einen Schleier bei einem von euch hindurchkommen kann. Auch wenn ich vielleicht längst sehen müsste, dass es jetzt gerade nicht geht. Wenn ich dieser Versuchung nachgebe, dann ist es ein Missverstehen von Mitgefühl. Mitgefühl kann durchaus „Nein" oder „Stopp" sagen oder „Jetzt nicht".

Ich bitte euch um Verzeihung für meine Unachtsamkeit. Diese Gelegenheit meiner Unachtsamkeit ergreift natürlich euer kleiner Geist, der schon an allen möglichen Stellen auf der Lauer liegt. Denn es ist nun einmal so in Retreats, dass es von Tag zu Tag gefährlicher wird für den kleinen Geist, für das Ego. Er verhält sich manchmal ganz still, aber er liegt auf der Lauer: Wo gibt es wieder etwas, wo man „picken" kann.

Ich werde euch nochmals den ganzen Text von Atisha vorlesen, von Anfang bis Ende, und dann werde ich euch die abschließenden Verse vorlesen. Die Gesamtheit des Textes oder dieser Sutren und die Kostbarkeit, die Atisha uns da zur Verfügung stellt, ist unglaublich tief und unglaublich fein, das habt ihr geschmeckt. Und ihr kriegt diese Kostbarkeit mit. Sie ist ein Schatz. Und mit einem Schatz sollte man sorgsam umgehen. Was heißt in diesem Zusammenhang „sorgsam umgehen"? Das heißt, nicht zuzulassen, dass der analysierende Geist sich den Text greift, auseinander zupft, innerlich darüber diskutiert und versucht, ihn sich „handlich" zu machen. Er wird es höchstwahrscheinlich versuchen. Versucht nicht, euch Atisha „handlich" zu machen.

Dieses „Handlich-Machen" wird durch das „Darüber-Sprechen" unterstützt. Ich denke, dass es deshalb die Tradition war, mündliche Unterweisung geheim zu halten. Draußen nicht darüber zu sprechen hat mehrere Gründe. Der eine ist, dass der, der spricht, dabei sehr in die Versuchung gerät, es sich durch das Sprechen intellektuell oder analysierend handlich zu machen, solange das Sprechen nicht wirklich aus totalem eigenen Erfahren und aus der Stille kommt. Solange es ein Sprechen *über* ist und nicht ein Sprechen *aus*, schadet ihr euch selbst. Und das andere ist, dass der Angesprochene oder der, mit dem ihr da diskutiert, nicht wirklich die Unterweisung bekommt, nicht den Schatz bekommt, sondern das vom Verstand Durchgekaute. Das heißt nicht, dass ihr gar nichts sagen dürft. Ich erzähle euch nur, wie die Tradition ist und welchen Sinn sie hat. Meine Art ist, zu versuchen, Verstehen zu ermöglichen. Meine Art ist nicht die, Regeln aufzustellen. Regeln mögen noch so gut und richtig sein, aber sie helfen nicht, weil Regeln sowieso gebrochen werden und Regeln aufgezwungen sind. Wenn aber Verstehen geschieht, sind keine Regel nötig, und ihr werdet von selbst sorgsam und vorsichtig sein. Sorgsam mit diesem Schatz umzugehen, heißt auch, ihn anzuwenden, mit ihm zu wuchern im Leben. Und ich bin sicher, dass euch die richtigen Slogans zur richtigen Zeit einfallen. Dann hört, untersucht, atmet!

Es gibt immer diese zwei Möglichkeiten, damit umzugehen: Die eine ist, zu versuchen, Atishas Text weich zu klopfen und ihn so hinzubiegen, dass er in mein Konzept passt oder ich trotzdem noch das durchsetzen kann, was ich will. Dieser Weg führt früher oder später ins Ego und in die Hölle, meistens früher. Und das war dann auch letztlich Thema des gestrigen Abends: Der Versuch des Egos, sich alles Mögliche zu greifen und sich zu Diensten zu machen. Nicht zu eruieren: Was sind die Erfordernisse des Moments, was ist jetzt zu fühlen, was zu denken? Welche ist die Aufforderung des Ganzen an mich, jetzt? Was ist der Tanz, was ist das Netz, was ist die Resonanz? Was ist jetzt? Und daraus in Hingabe zu handeln. Das ist Leben! In diesem Netz und dieser Resonanz ist jede einzelne Subjektivität, jedes Individuum mit enthalten und tanzt in dieser Resonanz. Jede und jeder von euch ist absolut gefragt in seiner Individualität, in seiner Kreativität des Moments. Was nicht gefragt ist, ist eure Persönlichkeit. Was nicht gefragt ist, sind Gier und Ablehnung. Gefragt sind Offenheit, Weite.

Der Weg, Atishas Text oder welche Sutren auch immer weich zu klopfen und der Versuch, sie handlich zu machen, führt in die Hölle. Der Weg in den Himmel dagegen heißt, sich selbst weich klopfen zu lassen, sich öffnen zu lassen.

Abschließende Verse:

Wenn die fünf dunklen Zeitalter in Erscheinung treten, ist dies der Weg, sie in den Bodhipfad zu verwandeln. Dies ist die Essenz des Nektars der mündlichen Unterweisungen, die auf die Tradition des Großen Weisen zurückgehen. Indem ich das Karma früherer Übung wachrief und von tiefer Hingabe angetrieben wurde, missachtete ich Unbill und Beschimpfungen und erhielt mündliche Unterweisung über das Auflösen der Ich-Verhaftung. Nun habe ich selbst im Tod nichts zu bereuen.

*Die fünf dunklen Zeitalter* sind zunächst dunkle Zeitalter in einem selbst. Mag sein, dass auf die eine oder andere Art in dem einen oder anderen dunkle Zeitalter anbrechen. Man sagt, dass die fünf Dunkelheiten über die fünf äußeren Sinne kommen. Sehen, Hören, Riechen, Schmecken und Fühlen. Es gibt noch einen sechsten inneren Sinn, den nennt man Denken. Das ist wunderschön, weil es die Verarbeitung des Ganzen ist.

*Was auch immer an Dunkelheit passieren mag, es trägt immer die Möglichkeit und die Herausforderung in sich, sie in den Bodhipfad selbst zu verwandeln.* Das ist die Grundaussage. Und dafür ist der ganze Werkzeugkasten da, den Atisha zur Verfügung stellt. Einfach nur dazu, das, was auch immer auftreten mag, nicht als Hinderung zu sehen, sondern als Herausforderung, als Möglichkeit, genau da noch größeres Potenzial, Tiefe, Weisheit, Mitgefühl zu entdecken, als Möglichkeit und Herausforderung, immer zu lernen und immer weiter und weiter und weiter zu gehen. Und selbst wenn im Außen dunkle Zeitalter anbrechen sollten, sind sie eine Herausforderung, genau das durch die Kraft von Bewusstheit, Mitgefühl und Liebe in den Bodhipfad selbst zu verwandeln. Ganz einfach.

Dies ist die Essenz des Nektars der mündlichen Unterweisungen, die auf die Tradition des Großen Weisen zurückgeht.

Und dann spricht Atisha das erste Mal von sich. Er stellt sich eigentlich vor. Wer hat denn das überhaupt geschrieben? Und er sagt von sich: *Indem ich das Karma früherer Übung wachrief* – das bedeutet, dass er weiß, dass er schon lange auf dem Weg ist und schon lange übt. Und manchmal ist es so, als ob man an frühere Übung vergangener Leben anknüpft. Man muss sich deswegen nicht daran erinnern, das ist völlig unnötig. Es reicht anzuknüpfen. Und dieses Anknüpfen ist viel tiefer und viel existenzieller als Erinnern, und man braucht dafür keine Past-Life-Gruppe. Alle, die hier sind, haben dieses Karma früherer Übung. Schließlich passiert so etwas wie hier relativ selten. Also müsst ihr gutes Karma haben und schon eine Weile auf dem Weg sein und schon auf das Reservoir und die Erfahrung früherer Übung zurückgreifen können. Das ist mir offensichtlich, egal, ob es euch gerade offensichtlich ist oder nicht. Dieser Schatz ist da. Es ist eine Frage des Wachrufens. Und das Wachrufen geschieht nicht durch Erinnern, sondern durch Jetzt-Praktizieren. Und in dem Praktizieren passiert automatisch die Verbindung. Ihr merkt: Da sind ja Wurzeln, es geht ja!

*Indem ich das Karma früherer Übung wachrief und von tiefer Hingabe angetrieben wurde* – das ist der Motor, Hingabe an die Wahrheit und sonst nichts –, *missachtete ich Unbill und Beschimpfungen.* Ich weiß nicht, was Atisha im Außen passiert ist. Das hat zwei Seiten und Aspekte. Erstens kann es natürlich passieren, und ein paar von euch haben auch solche Sachen einmal am Rande geäußert, dass wenn ihr euch wirklich mit tiefer Hingabe auf die Wahrheit ausrichtet und eine Veränderung in euch zu geschehen beginnt, diese Veränderung in eurer Umgebung unter Umständen Ablehnung auslöst, auch ohne dass ihr sprecht. Warum ist das so? Ein Großteil der Menschheit befindet sich in tiefem traumreichem Schlaf und will gar nicht aufgeweckt werden, weil es ganz schön ist, zu schlafen und zu träumen. Und auch das ist im Übrigen zu respektieren. Ganz wichtig! Wenn jetzt ein Mensch mehr Bewusstheit entwickelt, dann ist das für den Schlafenden so, als ob sich eine Fliege auf seine Nase setzt. Sie stört – und man schlägt sie im Halbschlaf tot. Das kann passieren und ist auch immer wieder passiert. Das ist einfach so. Darüber muss man nicht weiter nachdenken. Wichtig ist: *„Das missachtete ich."* Atisha hat sich davon nicht beirren lassen. Er hat weder zurückgeschimpft noch versucht, den anderen zu überzeugen. Er hat es nicht weiter beachtet und ist seinen Weg gegangen.

Der zweite Aspekt ist ein innerer Aspekt. Er betrifft eigentlich genau dasselbe, nur innen. Er zeigt sich als eigene Gewohnheit. Der kleine

Geist kann sich auch selbst beschimpfen: „Du Depp, was machst du denn da eigentlich. So ein Schmarrn. Solltest lieber ans Meer fahren." Das sind dieselben Beschimpfungen und dieselbe Unbill im Inneren. Und auch da *„missachtete ich"*. Atisha lässt sich nicht beirren. Er nimmt es wahr, aber glaubt dem nicht, folgt dem nicht. Weder indem er zurückschlägt, noch indem er dem nachgibt.

*Und erhielt mündliche Unterweisung über das Auflösen der Ich-Verhaftung:* Er schreibt und sagt tatsächlich Auflösen. Er sagt nicht, *Schwächen* der Ich-Verhaftung. Er spricht nicht von einer Pause von der Ich-Verhaftung. Er sagt: *Auflösen.* Auflösen ist ein scharfer Schnitt, denn aufgelöst ist aufgelöst. Er spricht von Endgültigkeit. Von Gültigkeit ohne Wenn und Aber, ohne Hintertürchen, ohne Rest, ohne Rückkehrmöglichkeit, ohne „das behalte ich mir noch": Auflösen! Und sagt dann:

*Nun habe ich selbst im Tod nichts zu bereuen.* Und er sagt damit, dass bei ihm nichts übrig geblieben ist. Aufgelöst.

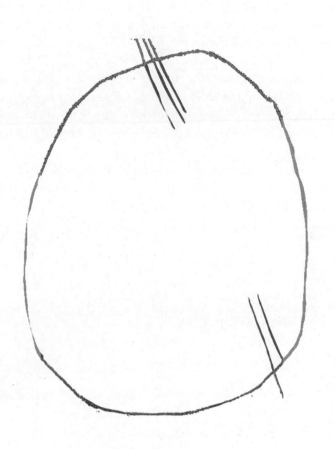

# II. Teil:

# Tieferes Verstehen

# 8. Die Basis

Seit dem ersten Retreat mit Atishas Text vor einem halben Jahr erfahre ich im Satsang und in Gesprächen mit euch, dass ihr den Text von Atisha und die darin enthaltenen Werkzeuge tatsächlich benutzt und ausprobiert. Ihr kaut darauf herum und wendet es an, ihr geht damit tiefer, und manchmal stolpert ihr auch darüber, stoßt euch daran, und manchmal sind auch Missverständnisse aufgetaucht. Das ist heilsam und notwendig und wunderschön – selbst das Sich-daran-Stoßen. Deshalb habe ich mich entschlossen, ein zweites Retreat zur Vertiefung anzubieten, damit wir uns das alles zusammen anschauen können.

Ich werde noch einmal durch den ganzen Text gehen, mit besonderer Betonung auf den ersten beiden Kapiteln. Denn da steht meiner Meinung nach eigentlich schon alles drin. Die Kapitel drei bis sieben sind in vielen Punkten eher eine Konkretisierung, Vertiefung, Ergänzung und Erläuterung.

Ich möchte erfahren, wie es euch mit Atisha erging, was euch hierher getrieben hat, warum ihr denselben Text nochmals hören wollt und dafür mitunter von Österreich bis zum Niederrhein gefahren seid. Wir werden sehen, wie wir weiter vorgehen. An manchen Punkten möchte ich auch weiterführende Aspekte einbringen, die ich im Sommer nicht erwähnt habe.

**Zunächst übe dich in den Grundlagen**

Zum Beispiel Kapitel eins: Zunächst übe dich in den Grundlagen. Ihr erinnert euch?

Entschlossenheit, Offenheit, Ehrlichkeit, Bereitschaft, immer am Anfang zu stehen, da bleiben, sich stellen, Konzepte loslassen, nicht immer um sich selbst kreisen, und ganz wichtig: Berührbarkeit – berühren und sich berühren lassen. Das betrachte ich als sehr wichtige Vorbereitung oder als Basis für den weglosen Weg.

Das war die „pyarige" Formulierung, die auch so stehen bleibt. Aber es gibt auch die traditionelle, tibetisch-buddhistische Formulierung, und im Prinzip sagt sie genau dasselbe, obwohl es in den alten Kommentaren scheinbar anders geschrieben steht, nämlich als grundlegende Gedanken, grundlegende Überlegungen und Übungen, worüber man sich erst einmal klar werden muss, weil man sich sonst gar nicht auf den Weg macht:

1. die Kostbarkeit der menschlichen Geburt.

2. die Realität des Todes und der Vergänglichkeit.

3. das Gesetz von Karma, d.h. von Ursache und Wirkung, und

4. die Leidhaftigkeit in Samsara, in dieser Welt der Phänomene.

**1. Die Kostbarkeit der menschlichen Geburt.** Diesen Begriff würde ich gerne noch ein bisschen weiter ausdehnen auf die Kostbarkeit der Existenz überhaupt, auf die Kostbarkeit des Ganzen, die Kostbarkeit all dieses Wunderbaren, der Blumen, der Vögel, der Sterne, der Venus da draußen, der Dunkelheit und des Lichts, des Winters und des Frühlings, des Niederrheins und des Wettersteingebirges, Australiens und Bayerns und Andromedas, der Bienen und der Schmetterlinge, der Ameisen und der Asseln und der Moskitos ... Und die Kostbarkeit dessen, was dazwischen ist – zwischen all den Schmetterlingen, Moskitos, Bienen, Sternen und Menschen – so kostbar! Und was dahinter ist und woraus es gemacht ist und wo es herkommt und wo es hingeht und was es umhüllt und durchdringt und was seine eigentliche Essenz ist und was es in der Form ist – so unendlich kostbar! Wir sollten vor all dem ganz viel Respekt haben. Und dann im Speziellen die Kostbarkeit der menschlichen Geburt. Der Mensch in seiner Spannung, und in dieser Spannung diese besonders kostbare Möglichkeit der Bewusstheit, diese besonders kostbare Möglichkeit, über die Begrenzung oder besser gesagt die scheinbare Begrenzung hinauszugehen. Diese scheinbare Begrenzung ist der Herrschaftsbereich von „mir". In dieser menschlichen Form liegt eine einmalige Chance, und es ist sehr wichtig, diese

Kostbarkeit zu ehren. Nicht um sich damit Stress zu machen, wir haben trotzdem viel Zeit. Das ist auch so ein Punkt, es geht nicht darum, Stress zu erzeugen, sondern eine gegründete Entschlossenheit in Geduld zu entwickeln.

Dazu ist es sehr hilfreich, sich immer wieder klar zu machen, dass wir nicht so verschwenderisch mit der Kostbarkeit da draußen und da drinnen, mit beidem, umgehen. Du sagst dann nicht mehr: „Später, nächstes Jahr, oder wenn ich dies und das erledigt habe." Nein, die richtige Einsicht in diese simple Grundlage bringt euch ins Jetzt, hierher. Kein Aufschieben! Ja? Trifft euch das? Noch nicht genug.

F:  *Wir verdauen ja noch.*

P:  So lange haben wir nicht Zeit. Das ist genau der Punkt! Wir können nicht bis nach dem Verdauen warten, denn wenn wir damit fertig sind, müssen wir aufs Klo. Vielleicht könntest du dann ja betroffen sein, aber inzwischen schreit das Baby oder du musst in die Arbeit oder bist müde. Wenn das dann erledigt ist, musst du dich um die Beziehung kümmern, und wenn das erledigt ist, hast du wieder Hunger. Dann isst du und musst wieder verdauen, und so kommst du nie zum Wesentlichen. So gehen die meisten Leben dahin. Hier geht es um eine innere Haltung, und um eine kleine 180° Wende. Deshalb ist es so wichtig, die Kostbarkeit der menschlichen Geburt zu beherzigen. Im Sommer habe ich in diesem Zusammenhang von Ausrichtung, Treue und Entschlossenheit gesprochen. Das Wichtige zuerst und gleichzeitig Geduld. Das heißt es, die Kostbarkeit der menschlichen Geburt zu ehren.

**2. Die Realität des Todes und der Vergänglichkeit** macht das Ganze noch ein bisschen brisanter. Diese Realität ist immens wichtig und wird doch immer wieder weggeschoben. „Alle sterben, nur ich nicht", ist ein irrationaler Gedanke, der in vielen Köpfen festsitzt. Das Verdrängen der Sterblichkeit verläuft im Geist auf zwei miteinander verknoteten Strängen: Der eine Strang ist die irrwitzige Hoffnung, dass es einen nicht trifft. Und der andere Strang ist die irrwitzige Angst, dass es einen doch treffen könnte. Diese beiden Gedanken jagen sich gegenseitig und verknoten sich. Beide Stränge sind überflüssig, die Hoffnung genauso wie die Angst. Diese beiden gehen immer miteinander, sind Geschwister, sind zwei Seiten derselben Medaille. Wo immer ihr hofft, fürchtet ihr auch, und umgekehrt. In Wirklichkeit ist es ganz einfach: Es trifft jeden. Könnte schon heute sein! Dann hätten wir jetzt noch maximal dreieinhalb Stunden zur Verfügung. Angenommen wir wüssten, dass wir heute um Mitternacht sterben, was würden wir dann jetzt tun? Was ist das Wesentliche, das noch zu tun ist? Was fehlt, damit unser Leben rund ist? Was kann unserem Leben jetzt noch Sinn und Fülle verleihen? Und genau das sollten wir immer machen. Ganz einfach. So verleiht diese grundlegende Übung die notwendige Dringlichkeit und Intensität. Wichtig ist dabei die Absichtslosigkeit nicht außer Acht zu lassen.

Zugleich ist es so immens wichtig, die Bewusstheit über die Vergänglichkeit der Form ins Leben hineinzubringen, in unser Wahrnehmen der Lebendigkeit hereinzulassen, denn erst die Vergänglichkeit verleiht dem Leben Lebendigkeit. Solange wir die Vergänglichkeit, unsere Sterblichkeit abschneiden, vertagen, unterdrücken, verdrängen, nicht reinlassen, nicht umarmen – solange leben wir nicht. Und das gilt für jeden Moment, denn die Vergänglichkeit geschieht nicht irgendwann, sondern in jedem Moment.

Viel Blödsinn würde auf diesem Planeten nicht passieren, wenn wir uns dieser simplen vier Tatsachen bewusst wären: Die Kostbarkeit der Existenz und der menschlichen Geburt, die Vergänglichkeit, das Gesetz von Ursache und Wirkung und die Leidhaftigkeit des Lebens in Samsara.

Wenn ich um meine Sterblichkeit weiß, wirklich weiß, was soll ich dann verbergen und wozu? Was überhaupt könnte ich im Angesicht der Sterblichkeit verbergen oder abgrenzen? Und womit? Wie soll ich das, was ich da denke, beschützen oder abgrenzen können, hinüberretten können? Das geht nicht. So entstehen aus dieser Einsicht über die Kostbarkeit und über die Endlichkeit Offenheit, Großzügigkeit – und auch Entschlossenheit und Dringlichkeit. Und gleichzeitig entsteht die Bereitschaft, immer am Anfang zu stehen und immer von da aus, wo ich gerade bin, einen Schritt zu tun. Immer von hier aus, und immer einen Schritt nach dem anderen.

**3. Das Karma**, das Gesetz von Ursache und Wirkung. Es ist eine einfache Tatsache, dass wir ihm nicht entkommen. Was auch immer wir tun, hat Folgen, und auch wenn wir nichts tun, hat das Folgen. Und was auch immer wir erfahren, ist die Folge von irgendetwas anderem – so ist das einfach. Was wir heute säen, wird morgen Frucht tragen, und die Frucht von heute ist das Ergebnis der Samen von gestern. Ihr erinnert euch? Kap. 4, Punkt 1c: „Weiße Samen säen"… Das ist die Bedingtheit in der Zeit – Ursache und Wirkung. Diese Bedingtheit und Kausalität betrifft nie nur uns, sondern betrifft immer das Ganze. Das ist eigentlich sehr einfach. Deshalb sind es ja die grundlegenden Übungen.

**4. Die Leidhaftigkeit von Samsara,** der man einfach nicht entkommt. Hier sind sehr viel Illusion und Täuschung zu Gange. Kürzlich kam jemand mit einer Netzhautblutung und allen natürlicherweise dazugehörenden Ängsten vor Blindheit zu mir. Er hatte die Illusion, den Wunsch, den Gedanken: „Wenn ich richtig gut wäre, am besten erleuchtet, dann könnte mir so etwas Schlimmes nicht mehr passieren." Aber so läuft der Hase nicht. Diese Art der Leidhaftigkeit, der Unannehmlichkeit, der Krankheit und Pleiten wird nicht aufhören, wenn du erleuchtet bist. Das wird in dieser Welt von Samsara immer so sein. Aber aus dieser Illusion entsteht sehr viel zusätzliches Leid. Allerdings benutze ich das Wort Leid etwas genauer. Unter Leiden verstehe ich etwas, das eigentlich überflüssig ist und aus dem Kampf, aus dem Widerstand gegen das, was ist, kommt. Leid entsteht aus Wunsch und Ablehnung. Leid entsteht, wenn ich den Schmerz, den ich gerade empfinde, nicht haben will, oder wenn ich mir etwas wünsche, was im Moment nicht vorhanden ist. Deshalb gibt es schon ein Ende des Leidens – nämlich wenn Gier und Hass enden. Aber Dinge wie Netzhautblutung, Krankheit, Pleiten oder Verlassenwerden bezeichne ich als Unannehmlichkeiten des menschlichen Lebens oder als Schmerz oder Traurigkeit – je nachdem. Und das bleibt. Unangenehm ist es trotzdem. Und dennoch wird es leichter, wenn wir bereit sind, unsere Anhaftungen, unsere Ichhaftigkeit aufzugeben.

# Gentechnik und die vorbereitenden Übungen

Ein Thema, das mich derzeit in diesem Zusammenhang beschäftigt, ist die Gentechnik und der Bericht über ein erstes geklontes Embryo. Ihr habt sicherlich davon gelesen. Ich bekam einen E-Mail-Artikel über Bienen. Inzwischen hat man herausgefunden, dass Bienen die Pollen von gentechnisch verändertem Mais nicht wirklich verdauen können. Daher haben sie in den Gebieten, wo solcher Mais angebaut wird – wie in den USA und in Kanada – nur noch die halbe Lebenszeit und schaffen es nicht mehr, sich fortzupflanzen, weil sie nicht alt genug werden. Deshalb sterben diese Bienenvölker aus, und so werden die Obstbäume nicht mehr befruchtet. In Amerika werden dann die gestorbenen Bienenvölker mit Importen aus Mexiko ersetzt, die sich dann zum Teil als Killerbienen erweisen. Und der windbestäubte, genmanipulierte Mais ist aber immer noch da.

Ja, wenn wir uns anschauen, was wir da machen, dann haben wir in diesem unserem Tun eigentlich alle vier Punkte der grundlegenden Überlegungen, Vorbereitungen und Übungen außer Acht gelassen:

Wir missachten die Kostbarkeit der Existenz, wir missachten die Kostbarkeit des Lebens: Wir greifen auf manipulierende Weise tief in die innerste Matrix des Lebens ein. Wenn wir auf herkömmliche Art Pflanzen kreuzen, dann sortiert die Natur das aus, was nicht gut ist. Wenn wir direkt in die DNS eingreifen, geschieht das auf eine derart gewaltsame Art, dass die Natur nicht viele Chancen hat. In dieser manipulierenden Vorgehensweise respektieren wir einfach die Kostbarkeit der Existenz nicht.

Beim Klonen von Säugetieren und Menschen wird beispielsweise das Ei sozusagen entkernt. Die DNS und der Zellkern werden herausgedrückt und ein anderer Zellkern, der aus irgendeiner Zelle der Mutter stammt, wird dann in diese Eizelle eingeführt. Daraufhin wird diese Zelle dazu gebracht, sich zu teilen. Man könnte diese Dinger tatsächlich auch in die Gebärmutter einsetzen. Das Ganze wird in der Medizin angewandt, um Stammzellen zu gewinnen, um eventuell die Möglichkeit zu haben, transplantierbare Organe wie Herzen, Lungen, Nieren, Nervengewebe zu produzieren. Schon jetzt werden Stammzellen gezüchtet, aus „überschüssigen" Embryonen, die bei In-vitro-

Fertilisationen entstehen. Das heißt, dass wir nicht einsehen wollen, dass unsere Körper vergänglich sind – wir tun alles, um unser eigenes Leben zu verlängern und uns vielleicht einbilden zu können, dass wir dem Tod entkämen, und wir tun das letztlich auf Kosten von anderem Leben. Auf diese Weise missachten wir die zweite grundlegende Vorbereitung, nämlich die Vergänglichkeit. Und wir missachten die dritte grundlegende Übung – das Karma. Wir manipulieren in den feinsten Strukturen des Lebens, ohne uns der Folgen für uns und für den Planeten wirklich bewusst und klar zu sein oder sie auch nur zu kennen. Und wir versuchen, uns selbst den schmerzhaften Aspekten des Lebens zu verweigern, und fügen dabei anderen umso mehr Leiden zu.

## Wir können uns nicht raushalten

F: *Ist das Hauptargument dieser Leute nicht, dass sie das menschliche Leid verringern wollen? Bessere Medizin, weniger Hunger …*

P: Vorsicht: Mir ist hier etwas ganz wichtig: Ich spreche bei diesen Themen absichtlich von „wir" und nicht von „diesen Leuten". Das ist wichtig, weil ich mich da nicht raushalten kann und mich selbst ständig fragen muss – und jeder von uns muss sich ständig fragen –, an welchen Punkten in meinem Leben ich die Grenzen des Respekts vor der Kostbarkeit überschreite oder an welchen Punkten in meinem Leben ich auf Kosten von etwas anderem die Vergänglichkeit des Körpers verdränge und mir ewiges Leben suche, wo es keines gibt. Und auch das ist Teil der vorbereitenden Übung.

Das halte ich für sehr wichtig, und es ist auch ein Aspekt des Slogans 3.2.: „Gib einem alle Schuld." Wir müssen zumindest hier als Menschen „wir" sagen. Wir vermasseln da eine ganze Menge. Und wir alle sind dabei. Und nur wenn ich da „wir" sage, kann ich anfangen, damit zu arbeiten, und nur wenn ich „wir" sage, lasse ich mich berühren. Wenn ich „diese Leute" sage, dann empfinde ich vielleicht auch Schmerz, aber ich versuche, mich rauszuhalten und auf eine neurtrale Seite zu schlagen. Und das sind ja eindeutig Themen, die die Menschheit angehen, von der wir ein Teil sind, jeder von uns – von der wir Gott sei Dank ein Teil sind, denn die menschliche Geburt ist ja eine Kostbarkeit.

Das ist genau das, was ich im Sommer als vorbereitende Übung der Berührbarkeit und des Berührens formulierte. Berührbarkeit und Berühren sind die praktische Umsetzung der Wahrheit der Bedingtheit, der Wahrheit, dass wir alle miteinander zusammenhängen und sich niemand ausschließen kann – von der Kostbarkeit nicht und von dem Mist auch nicht. Wir können uns gar nicht raushalten, womit dann Kapitel 2.6. bereits selbstverständlich ist: „Übe dich im Austauschen!" Berührbarkeit ist so wichtig. Sie ist die eigentliche Grundlage der Intelligenz. Es gibt Menschen, denen vieles egal ist. In einer Sendung über die Thematik der Gentechnik hörte ich Bauern sagen: „Ist mir egal, wenn es lukrativ ist, mache ich das." Das sind Menschen, die sich von diesem Thema gar nicht berühren lassen – in diesem Fall einfach aus materiellem Interesse oder auf Grund von dickem Wattepolster. Das sind arme Menschen, Menschen, die nicht berührbar sind, die sich abgeschottet haben, Menschen, die oft auch viel Angst haben. Es gibt auch Menschen, die in ihrer Unberührbarkeit recht abgeklärt wirken, aber man hat das Gefühl, irgendetwas stimmt mit dieser Abgeklärtheit nicht – es ist nur ein Schutzpanzer. Kennt ihr das?

Die Intelligenz geht verloren, wenn wir nicht in direkter Berührung sind. Und in der Berührbarkeit und dem Berühren wird die Kostbarkeit so klar, so ersichtlich, so fühlbar, so offensichtlich und so „herzklar". Aber das ist nicht verstandesmäßig zu erkennen, sondern zu fühlen, zu erfahren, zu erleben und zu leben. Das muss genau wie die Offenheit gelebt werden. Aus der Berührbarkeit kommen dann alle möglichen anderen Schätze: Tonglen, Einsicht, Disziplin, Geduld, Großzügigkeit, Offenheit, Ehrlichkeit.

## Die Verwobenheit des Textes von Atisha

Ich liebe an Atisha schon immer die Verwobenheit seines Textes, und ich möchte diese Freude mit euch teilen. Wo auch immer wir in dem Text beginnen, wenn wir dem Faden in der Praxis und im Gewahrsein wirklich folgen, kommen wir immer wieder zum selben Punkt. Wir können, wie gerade jetzt, mit den vorbereitenden Übungen beginnen – was immer ein gute Idee ist –, oder wir können mit „Gib einem alle

Schuld" anfangen oder mit „Lasse eine Absicht alles durchdringen" oder mit „Meditiere stets über alles, was Unwillen hervorruft", und stellen fest: Du kannst nichts außen halten. Oder „Widme dich den wichtigen Dingen", auch das hatten wir heute schon, als wir uns die Möglichkeit vergegenwärtigten, heute zu sterben. Damit kommen wir wieder zur Kostbarkeit. Ihr könnt an diesem Text nichts einzeln betrachten. Er ist wie ein Gewächs, wie ein Lebewesen, dem man nicht einzelne Glieder abschneiden kann. Alles hängt zusammen.

Mir ist es ein großes Anliegen, euch das näher zu bringen. Deshalb werde ich in diesem Vertiefungsretreat auch immer wieder zwischen den Slogans hin- und herspringen, werde gelegentlich weiter hinten stehende Slogans vorziehen und sie miteinander verweben. Da wir zusammen ja den Text von Punkt eins bis zum Ende schon einmal systematisch betrachtet haben, eröffnet sich uns nun diese wunderschöne Möglichkeit.

## Geduld und Dringlichkeit – Luthers Apfelbäumchen

F: *Wie kann ich Geduld und Dringlichkeit vereinbaren und zusammenbringen?*

P: Beschreib mir deine Dringlichkeit. Worum geht es da? Wo willst du hin?

F: *Es ist ähnlich wie bei der Gentechnologie. Viele Leute sagen: „Das ist eh schon zu spät. Du kannst eh nichts machen." Und mir geht es mit mir selbst auch oft so. Irgendwie schaffe ich es nicht, es ist so groß. Das bisschen, was ich machen kann, ist so winzig, weißt du. Ja, es geht darum, dass ich eigentlich gar nichts machen kann.*

P: Da ist eine Erwartungshaltung. Und die lässt deine Möglichkeiten so winzig erscheinen. Lass alle Hoffnung fahren!

F: *Wie geht das?*

P: Mir geht das so: Sei es jetzt hier oder in der Arbeit oder wenn ich Briefe schreibe oder wenn ich sitze, ich mache das *ganz*. Ich bin jetzt *ganz* da, bin ganz mit dir und ganz mit euch und mit allem, was hier ist. Ohne Rückhalt. Aber ich habe keine Ahnung, was mit dir oder mit euch oder mit uns oder mit dem Planeten weiter passiert. Mir geht es da wie Luther, der sagte: „Wenn ich wüsste, dass morgen die Welt unterginge, würde ich heute ein Apfelbäumchen pflanzen!" Wenn wir jetzt nur noch zwei Stunden und fünfzig Minuten leben sollten, weil ein Meteorit einschlagen wird, dann lass uns jetzt einen Apfelbaum pflanzen. Selbst dann könnte ich immer noch weiße Samen säen, einfach weil es die Erfordernis des Momentes ist und nicht um etwas Bestimmtes damit zu erreichen. Ich weiß nichts über die Zukunft. Zwar habe ich schon Bilder und kann auch manche Dinge extrapolieren. Ich kann Entwicklungen betrachten und mir überlegen, wo das hinführt, wenn das so weitergeht, klar, aber in meinem Handeln und in meinem Sprechen und in meinem Dasein bin ich einfach da, egal, was passiert. Verstehst du? Weil das Herz so ist. Und dann herrscht da unglaubliche Dringlichkeit aus der Liebe, aus der Hingabe und aus der Präsenz und viel Geduld. Aber es ist keine Dringlichkeit, die einen Handel oder einen Zeitplan in sich trägt.

F: *Ja, ich kann es halt nicht besser und ...*

P: Das ist wunderbar. Das ist das Loslassen: „Ich kann es halt nicht besser." Ich kann es auch nicht besser.

F: *Ich habe so ein Gefühl, zu versagen.*

P: Das Gefühl habe ich immer wieder. Gerade hier im Sprechen, und das ist gut und kostbar. Der Gedanke oder die Einsicht, „ich kann es halt nicht besser", taucht auf, und ein Gefühl, zu versagen. Wenn du da hineingehst, geschieht tiefes Loslassen, nämlich das Loslassen des Bildes von dir selbst, das immer verlangte, du müsstest stets gut und erfolgreich sein oder etwas Bestimmtes erreichen, gute Noten, Auszeichnungen kriegen, Karriere machen. Wenn du dieses Bild loslässt, kannst du nicht versagen. Das ist Punkt 6.6.: „Gib alle Hoffnung auf Belohnung auf!" Dringlichkeit, Entschlossenheit, Ausgerichtetheit – wunderschön. Aber all das passiert genau hier, genau jetzt, ist Präsenz, Ausgerichtetheit, Dringlichkeit, Entschlossenheit, Offenheit und die Bereitschaft, immer anzufangen. Genau jetzt. Wie ist es jetzt mit der Zeit und der Ungeduld?

F: *Ja, das ist jetzt alles nicht da. Aber jetzt sitze ich vor Pyar und das ist eine andere Situation.*

P: Nein, das lehne ich in dieser Form ab. Keine Ausreden! Du hast auch vor achteinhalb Minuten vor Pyar gesessen und da war es anders. Also ist irgendetwas bei dir passiert.

F: *Ich komme mir ein bisschen hilflos vor.*

P: Das ist wunderbar. Du bist damit eigentlich an einem anderen wichtigen Slogan aus dem 3. Kapitel über den Umgang mit widrigen Umständen, nämlich Punkt 5: „Die vier Übungen sind die besten Methoden." Zu diesen Übungen gehört die Zufluchtnahme. Und dazu gehört prinzipiell eine gewisse Hilflosigkeit im Hintergrund, die es möglich macht, tatsächlich Zuflucht zum Größeren zu nehmen und zu sagen: „Ja, ich kann es nicht besser."

## Kozen Daitos Zen-Geschichte

F: *Beim Bodhisattva-Gelübde kannst du einen unendlichen Zeitfaktor einbauen. Aber wo wir jetzt auf der Welt stehen, kannst du nicht mit der Ewigkeit rechnen, weil wir wirklich mit dem ICE gegen die Wand fahren. Und ich denke mir, vielleicht müssen wir ja gegen die Wand fahren, weil die Tiefschläfer sonst überhaupt nicht aufwachen.*

P: Wenn das große Ganze oder der große Geist, die Existenz, die große Intelligenz der Meinung ist, es sei absolut notwendig, dass wir jetzt alles Mögliche kaputtmachen, um die Tiefschläfer aufzuwecken, dann wird mein Sprechen hier vor euch diesen Plan der großen Intelligenz sicherlich nicht verhindern können. Also muss ich mich von diesem Gedanken nicht abhalten lassen, zu sprechen, wenn mein Herz mir zu sprechen befiehlt. Wobei ich ja nicht dumm bin. Mir ist absolut klar, dass es vollkommen lächerlich ist, was ich hier – politisch gesehen – betreibe, wenn ich die vielen Menschen da draußen bedenke. Es hilft wahrscheinlich nicht viel, fünfzig Leute aufzufordern, genmanipulierte Nahrung zu boykottieren.

Trotzdem, wenn wir uns immer von diesem Erfolgsdenken abhängig machen, befinden wir uns geistig genau auf der engen Schiene, genau auf *der* Schiene, die zu Gentechnik, zu Krieg, Ausbeutung, Sklaverei und Unterjochung führt. Denn dann sind wir im Effizienzdenken.

F: Ja, ich habe das vielleicht falsch verstanden. Ich habe das so verstanden, als ob es noch eine Chance gäbe.

P: Vielleicht gibt es ja eine Chance. Das kann ich nicht wissen. Es könnte einen Schneeballeffekt auslösen, auch mit fünfzig Leuten. Die Möglichkeit ist eins zu 1,6 Millionen. Aber angenommen, die Existenz setzt auf diese Eins und Pyar sagt: „Aber, hilft ja eh nichts." Was ist dann?

F: Ja, ich bin manchmal in pragmatischer Hinsicht vernagelt.

P: Nein, du bist nicht nur vernagelt, sondern du bist auch im Zen trainiert und du hast da schon viele Geschichten gehört, zum Beispiel Geschichten, wie sich Zen-Meister verhalten, wenn sie sterben. Das muss ja völlig verrückt für dich sein.

F: Die Geschichte vom Sterben des Zen-Meisters Kozen Daito ist diejenige, die mir am meisten Eindruck gemacht hat. Mit relativ jungen Jahren wurde er zum Meister, hat aber von seinem Meister den Auftrag erhalten, nicht gleich ein Kloster zu übernehmen, sondern erst noch zwanzig Jahre in den Slums von Tokyo zu studieren. Er lebte dort zwanzig Jahre lang in bitterster Armut und wirkte unter den Menschen, ohne als Zen-Meister erkannt zu werden. Aus dieser Zeit blieb ihm ein steifes Bein zurück, so dass er nicht mehr im Lotus-Sitz sitzen konnte. Später übernahm er einen Tempel oder ein Kloster in Kyoto. Als seine Zeit kam, zu sterben, rief er all seine Schüler zusammen, setzte sich, nahm das steife Bein und sagte zu dem Bein: „So, mein Leben lang bin ich dir gefolgt, jetzt folgst du mir!" Dann brach er das Bein, setzte sich in den Lotus-Sitz und starb.

Und ich merke gerade, dass ich zu sehr sein Sterben betrachtete und nicht die Zeit davor sah, all die Jahre mit dem steifen Bein ...

P: Und was er gemacht hat all die zwanzig Jahre seines Studiums und Wirkens im Slum, die ihn erst zu diesem Tod befähigten. Das war eine ziemlich hoffnungslose Geschichte in den Slums – aus der Sicht des kleinen Geistes.

F: Ja, aber bei ihm war ja der kleine Geist nicht mehr der Herrschende.

P: Das ist keine Ausrede. Und hier kommen wir wieder zu Atisha zurück. Auch hier geht es um das Umdrehen. Man darf nie sagen, „ach ja, Osho war ja erleuchtet. Klar, dass das bei dem geht, aber bei mir geht das nicht" oder „bei dem war ja der kleine Geist nicht mehr an der Macht". Damit beschränkst du dich selbst.

F: *Ich sehe einfach, was bei mir geht und was nicht geht.*

P: Darüber kannst du keine Aussage treffen. Du kannst nur eine Aussage treffen über das, was bei dir bis vor einer Sekunde ging. Und das ist die Vergangenheit. Lass davon nicht deine Zukunft und deine Gegenwart bestimmt sein. Jetzt ist das ganze Potenzial da.

F: *Ich bilde mir zumindest ein, dass ich tue, was ich kann.*

P: Das ist nicht der Punkt. Hier geht es um den Respekt vor der Kostbarkeit des Potenzials des Moments. Sobald ich zu mir sage: „Bei Meister Kozen Daito geht das klar, weil bei ihm der kleine Geist nicht mehr herrschend war, aber bei mir geht es nicht", respektierst du nicht die Buddhanatur in dir, und du stellst den kleinen Geist darüber. Wenn du sagst: „Bei Meister Kozen Daito ging es, warum soll es bei mir nicht gehen?", dann hat das einen völlig anderen Geschmack, dann ist das Ausdruck einer völlig anderen Haltung. Und das ist die Botschaft Atishas und Kozen Daitos und Oshos und Pyars und aller Buddhas. Und das heißt, die Kostbarkeit der menschlichen Geburt zu würdigen und zu ehren und zu sagen: „Da ist das Potenzial, zumindest als Potenzial, und da sind Menschen wie Meister Kozen Daito ..."

F: *Das ist jetzt etwas klarer. Ja, das ist vollkommen richtig ... Ich habe jetzt einen Geschmack davon bekommen.*


## Absichtslose Entschlossenheit – oder Engel tanzen auf einer Nadelspitze

Absichtslose Entschlossenheit gehört zu den vorbereitenden Übungen, die nie aufhören. Dieser Gedanke, „da kann ich ja eh nichts machen", taucht öfter in verschiedenem Kontext auf, ob in politischem, ökologischem Kontext oder in persönlichem oder spirituellem Kontext. „Da komme ich nicht weiter" oder „bin ich gut genug?" oder „kann ich das?". Die Erfahrung des Gegen-die-Wand-Rennens taucht auf. Und sie taucht sicherlich immer wieder im Leben auf. Die Strategien, damit umzugehen, sind unterschiedlich, sind individuell gefärbt. Manche rennen wie verrückt wieder und wieder gegen die Wand, manche geben gleich auf. Manche suchen eine Tür – unterschiedliche Strategien. Aber woher kommt überhaupt das Gefühl, gegen die Wand zu rennen? Es entsteht dann, wenn ich ein gegenwärtiges Tun oder Nicht-Tun von vornherein mit der Erwartung eines bestimmten Resultats verknüpfe. Wenn aber mein Handeln oder Nicht-Handeln, mein Sprechen oder Nicht-Sprechen jetzt aus der Selbstverständlichkeit der Einsicht und der Liebe entspringt, dann ist es ein Handeln an und für sich, wie westliche Philosophen sagen würden. Ein Handeln an sich und für sich, das diese Verknüpfung mit einem zu erstrebenden eventuellen Ergebnis überhaupt nicht nötig hat. Dann ist das Handeln frei und das Nicht-Handeln auch. Einfach jetzt, weil es gut ist.

Dazu gibt es zum Beispiel im Kapitel 6.6. einen äußerst wichtigen Punkt: „Gib jede Hoffnung auf Erfolg auf", und in Kapitel 7.8.: „Übe ohne Vorliebe oder Abneigung. Es ist entscheidend, dies zu jeder Zeit, in jedem Fall und mit ganzem Herzen zu tun." Punkt 11: „Meditiere stets über alles, was Unwillen hervorruft", zum Beispiel eventuell auftauchende scheinbare Hindernisse oder das Gefühl einer Begrenzung oder das Gefühl „da komme ich nicht weiter" oder „das funktioniert ja doch nicht". „Lass dich dabei", Punkt 12, „nicht durch äußere Umstände beeinflussen." Ups! Dann pflanzt man den Apfelbaum kurz vor Einschlag des Meteoriten, weil jede Bedingtheit in die Zukunft, jeder Effizienzgedanke und der Erfolgswahn wegfallen. Dann ist da eine immense Freiheit, der Schönheit und der Liebe *jetzt* Ausdruck zu geben, und zwar adäquaten Ausdruck – egal, was passiert. Dann ist auch eigentlich Kapitel 5.3. ganz klar: „Bewahre stets einen heiteren Geist." Aus dieser Sicht bleibt die Heiterkeit des Geistes – mit Wänden und ohne Wände, mit Erfolg und ohne Erfolg, egal, was dabei herauskommt. Das ist natürlich ein Tanz, ein Tanz fast schon nicht mehr auf Messers Schneide, sondern auf der Spitze einer Nadel, auf der bekanntlich viele Engel tanzen. Eine alte Frage der mittelalterlichen Theologen in Europa war: Wie viele Engel haben auf der Spitze einer Nadel Platz? Das ist der Platz der Engel, ja.

Jetzt gerade versuche und bemühe ich mich, so gut wie möglich, das zu formulieren, was mein Herz und der große Geist ausdrücken, in dem Bewusstsein, dass es nie gut genug ist, dass es nie wirklich geht, und in dem Bewusstsein, dass ich dabei auch permanent am Anfang stehe. Ich fange jeden Tag von vorne an. Ich habe überhaupt keine Ahnung, was dieses Sprechen wirklich bewirkt oder nicht bewirkt – bei euch oder anderen oder einer Fliege an der Wand. Aber ich habe in jedem Moment die Freiheit und die Möglichkeit, mein ganzes Herz mit all dem Brennen, mit aller Dringlichkeit, mit aller Geduld, mit aller Berührbarkeit und Verletzbarkeit in alles hineinzulegen: sprechen, nicht sprechen, sitzen, gehen, essen, schlafen, in alles. Ohne damit irgendwohin gelangen zu müssen. Gleichzeitig mit den allerbesten Wünschen. Wenn zum Beispiel ein Hindernis auftaucht, dann kann ich dieses Hindernis im wahrsten Sinne des Wortes einnehmen. Ich kann es hineinnehmen und damit einnehmen. Es ist auch nur eine Erfahrung, die kommt und geht. Ich kann sie erleben, fühlen, ohne mich davon wirklich behindern lassen zu müssen. Die Erfahrung eines Hindernisses hindert einen nur, solange man die Erfahrung von Hindernis nicht machen will. Klingt jetzt ein bisschen komisch, aber es ist so. Es geht hier insgesamt um eine große Kehrtwende. Eine Umwendung von der Begrenztheit des Ichs zur Unbegrenztheit, zur Unendlichkeit der Weisheit und der Liebe, die kein Ich kennt. Und es ist eine ständige Wendung, eine ständige Öffnung, ein ständiges Loslassen. Soviel zu den vorbereitenden Übungen.

# 9. Das Zentrum: Weisheit und Mitgefühl

**Absolutes Bodhichitta.**

*2.1. „Betrachte alle Phänomene als Träume",*

flüchtig und unbeständig, wie Blumen am Himmel. Das ist eine immense Öffnung, eine absolute Öffnung, absolutes Bodhichitta. Es geht um die Flüchtigkeit *jeglicher* Erfahrung, denn alles, was wir als solide Objekte, als Materie sehen, ist Erfahrung. Alles, was wir als Gefühle fühlen, ist Erfahrung. Was wir als Gedanken denken, sind Erfahrungen von Gedanken. Und alles bewegt sich, ändert sich, kommt und geht. Eine Grundtendenz des kleinen Geistes ist es, diese veränderlichen, flüchtigen Phänomene der Materie, der Emotionen, der Gedanken, der Handlung und des Bewusstseins fälschlicherweise und künstlich zu festen, stabilen Objekten zu verdichten. Das ist der ganze Trick, der da passiert und Illusion erschafft. Das, was flüssig, beweglich, veränderlich, sterblich, bedingt in der Kette von Kausalität ist, wird zu etwas Separatem, Eigenständigem, Festem, Verlässlichem umfunktioniert. Und natürlich sind wir dann ständig frustriert, weil sich immer wieder herausstellt, dass es so nicht ist. Daraufhin bildet sich die Schleife von Hoffnung und Furcht: Die Hoffnung auf das Nächste, das vielleicht fest, stabil, verlässlich, dauerhaft glücklich machend, erfüllend, befriedend sein könnte, und die Angst, dass es das eben nicht ist oder dass das, was ich zu diesem stabilen Objekt gemacht habe, mir verloren gehen könnte. Das ist in Kurzform das Leben in Verblendung.

Sobald ich aber diese absolute Öffnung in die Wirklichkeit hinein zulasse und das Flüchtige flüchtig sein lasse in all seiner Bedingtheit und Unzuverlässigkeit, wird es möglich, das, was dazwischen als Essenz durchscheint, als Echtes wahrzunehmen. Wir reihen dann nicht mehr scheinbar Stabiles an scheinbar Stabiles, sondern wir lassen die Lücken mehr und mehr Lücken sein und stopfen sie nicht mehr mit diesem und jenem zu. Die Lücken sind so segensreich: zunächst die Lücken zwischen den Gedanken, die Lücken in der Zeit und zwischen den Dingen, zwischen den Wogen der Emotionen. Diese Bardo-Momente, diese „Dazwischens" sind sehr kostbar, aber für den kleinen Geist manchmal zunächst erschreckend. Aber das macht nichts.

## Wachsamkeit

Es ist wichtig, ein Problem nicht in seiner Problemhaftigkeit zu schmälern, siehe als Beispiel Gentechnik oder Nachblutung aus einer Extraktionswunde. Da kann ich nicht sagen: „Sind halt Blumen am Himmel", sondern ich stille die Blutung. Und das ist ganz wichtig. Da ist Achtsamkeit in allen Richtungen nötig: Die Wachsamkeit und Offenheit, dass die Phänomene nicht mehr Stabilität kriegen, als sie haben oder ihnen zusteht, oder mehr Bedeutung, mehr Wichtigkeit, als sie tatsächlich haben, und die Wachsamkeit in die Richtung, dass man im Erkennen der Flüchtigkeit trotzdem den Respekt, die Ernsthaftigkeit und das Ernstnehmen einer eventuell vorhandenen Problematik innerhalb der Phänomene wahrt. Dann ist es rund. Sonst gerät man in die Shunyata-Krankheit.

### 2.2. „Erforsche die Natur des ungeborenen Gewahrseins."

Wenn man den eigenen Geist betrachtet, beobachtet man meistens den Inhalt des Geistes, richtig? Ihr schaut nach, was denke ich gerade, was fühle ich gerade, wie fühlt sich das an, wo geht der Gedanke hin und wo kommt er her? Andere Gedanken gesellen sich hinzu, zeigen sich als ein ganzes Netzwerk von Gedanken, aus den Gedanken kommen wieder Gefühle und aus den Gefühlen Gedanken und aus beiden zusammen Handlungen und so weiter und so fort. So betrachtet man gern und oft den Inhalt.

Hier geht es darum, den Geist *selbst* zu betrachten: „Erforsche die Natur des ungeborenen Gewahrseins." Betrachtet nicht den Gedanken, sondern sozusagen das Gefäß des Gedankens, welches nicht wirklich ein Gefäß ist. Betrachtet den Raum, in dem Gedanken oder Gefühle entstehen, betrachtet den Geist selbst und erforscht: Was ist das? Dieser Geist selbst, die wahre Natur des Geistes, hat sie einen Anfang, hat sie ein Ende? Gibt es da irgendwo eine Grenze, wo ich sagen könnte, das ist mein Geist, der hier in meinem Schädel Platz hat? Und du stellst fest: keine Grenze. All die *Inhalte* sind begrenzt und teilbar oder sind von Anfang an geteilt. Es sind Kleinheiten, die wir, wenn wir uns darauf fixieren und unser Glück davon abhängig machen, für etwas Großes halten, egal, ob wir gerade diesen oder jenen Gedanken oder dieses oder jenes Gefühl oder diese oder jene Erfahrung haben. Das Große, die wahre Natur des Geistes, ist untrennbar und hat keinen Anfang und kein Ende. Und dies gilt es zu erforschen. Wobei wir uns hier bereits im zweiten Kapitel befinden. Auch hier ist immer wieder die Erinnerung an die Grundlagen notwendig, sonst heben wir auf eine ungute Art ab, sonst kann es zur Flucht kommen. Immer wieder zurück, immer wieder zurück: Anfangen, Offenheit, Ehrlichkeit, Berührbarkeit, Berühren und die Kostbarkeit ehren.

F: *Ich glaube, ich habe mich mit dem Slogan „Erforsche die Natur des ungeborenen Gewahrseins" verlaufen. Ich erforsche das ungeborene Gewahrsein. Ich bin in mein Herz gegangen, wo Liebe ist, und habe versucht, weiterzugehen, aber dort war nur dunkler Matsch, nichts weiter.*

P: Bei der Liebe musst du nicht weitersuchen, Liebe ist Liebe. Beim Erforschen geht es um den Geist. Zum Beispiel kommt der Gedanke von „verlaufen" auf. Da sind einerseits die Fragen zu klären: „Habe ich mich verlaufen oder nicht, und wenn ja, wohin" und „wie komme ich wieder zurück", andererseits aber ist zu betrachten, was die Natur des Geistes ist, in dem dieser Gedanke auftaucht? Normalerweise betrachtet man den *Inhalt* des Geistes, die Gedanken, die Probleme, auch die schönen Gedanken, die wissenschaftlichen, die kreativen Gedanken, und damit beschäftigt man sich. Aber hier geht es sozusagen um die Hardware. Die Gedanken sind die Programme und die Texte und alles, was du auf dem Computer hast. Aber was ist dieser Computer? Was ist der Geist selbst, in dem das passiert? Tauchen Gedanken auf, lass sie kommen und lass sie gehen.

Aber betrachte einfach mal das Geistige selbst – und zwar nicht denkend, sondern einfach betrachtend. Hat das einen Anfang, hat das ein Ende, hat es eine Farbe, wo ist das genau? Was ist das, in dem diese Wellen des Geistes passieren, die man Gedanken nennt?

F: *Das ist die Leinwand ... immer dasselbe.*

P: Ja. Und das ist ohne Anfang und ohne Ende und vollkommen klar. Ich mag das Bild von der Leinwand nicht so gerne. Es ist okay, aber nur zweidimensional, so platt, so undurchsichtig und so unkristallen. Es ist viel größer als eine Leinwand und vollkommen klar, ohne jegliche Begrenzung. Du musst ihm keinen Namen geben. Es geht nicht darum, Namen dafür zu finden, sondern es geht auch da nur um die Wendung: weg vom Inhalt des Geistes hin zum Geist selbst, zur wahren Natur des Geistes, zur klaren Natur des Geistes.

### 2.3. *„Lasse sogar das Gegenmittel, die Medizin selbst, natürlich wegfallen."*

Wenn ich in der ungetrennten Betrachtung des ungeborenen Gewahrseins vollkommen versunken bin, dann ist es Zeit, die Medizin, das Gegenmittel, fallen zu lassen. Das heißt, spätestens jetzt muss auch der Gedanke, alle Phänomene als flüchtig und als Träume zu betrachten, *als Gedanke* wegfallen. Dieser Gedanke wird sonst zu einem neuen Kristallisationspunkt in einer neuen, etwas anders gestalteten, aber genauso illusionären Welt. Hier befindet sich die Weggabelung zu Spiritualismus und zu Advaitismus und zu allen diesen schwebenden Dingen.

F: *Ich kann mich in Meditation immer tiefer fallen lassen, aber nicht aktiv. Das Gegenmittel wird dann wohl automatisch wegfallen, wenn ich hier einfach so weitergehe.*

P: Es passiert nicht ganz automatisch, sonst würde Atisha es nicht erwähnen, und er ist sehr sparsam mit Worten. Ich kann den gesamten Text in einer Viertelstunde vorlesen, und er ist die komplette Essenz, die komplette Übermittlung der Weisheit eines Meisters. In fünfzehn Minuten! Wir können schon davon ausgehen, dass da nichts Überflüssiges drinsteht. Fiele das Gegenmittel von selbst weg, würde Atisha es nicht erwähnen. Er aber schreibt: „Lass das Gegenmittel gehen", und er schreibt das mit Absicht, weil da eine Tendenz ist, ab einem bestimmten Punkt des Wachsens in Bewusstheit an diesem Gegenmittel festzuhalten. Man muss wieder loslassen, es ist wichtig, dass Atisha daran erinnert.

### 2.4. „Ruhe in der grundlegenden Natur, der Basis, der Essenz von allem."

In dieser Basis gibt es keinen Boden, sie ist absolut grundlegend ohne Grund. In dieser Basis, in der Essenz von allem, gibt es kein Halten, kein Ich, kein Du, kein Herrschaftsgebiet. Absolute Öffnung. Deshalb verbindet Chögyam Trungpa diesen Abschnitt des zweiten Kapitels mit der Eigenschaft der Großzügigkeit. Da bleibt nichts. Es ist die Großzügigkeit des Nicht-Verstandes, und gleichwohl absolut gegründet. Es ist nichts Schwammiges, und es ist nicht nihilistisch. Es ist nicht die Ablehnung der Phänomenalität der Phänomene. Es ist nicht die Leugnung der Soheit der Dinge, sondern der tiefste erkennende Respekt vor der Natur jedes Phänomens – und das ohne persönliche Färbung. Der psychologische Aspekt der Traumhaftigkeit ist ja die persönliche Färbung, die wir auf die Dinge, Personen, Wesen und auf unser Leben projizieren. Diese persönliche Färbung ist wie die fünf Farben, Gelb, Rot, Weiß, Blau und Grün, die die gestörten Emotionen Stolz, Neid, Gier, Hass, Unwissenheit symbolisieren. Je nach Mischung dieser Färbungen bekommt man unterschiedliche Filter. Das ist alles. Wir müssen die Filter nur weglassen und einfach in der Essenz ruhen, von da aus alles betrachten.

### 2.5. „Zwischen den Sitzungen" – angenommen dieses Ruhen hat Pausen – „betrachte einfach alle Phänomene als Phantome."

Das ist sehr einfach, denn dann fängt man immer wieder an. Osho sagt in seinen Diskursen über Atishas sieben Punkte des Geistestrainings zu diesem 5. Punkt des absoluten Bodhichitta: „Mach weiter, diese Methode zu benützen, bis dieses Ruhen, dieses Sein in der Wahren Natur sich für immer gesetzt hat."[5] Das finde ich in zweifacher

---

[5] Osho: The Book of Wisdom, Rebel Publishing House, Pune, India 2001.
© Osho International Foundation. Erlaubnis zum Abdruck erteilt durch:
Osho International Foundation, Switzerland, www.osho.com

Hinsicht wunderschön. Erstens: Es kommt der Punkt, an dem es für immer passiert! Ganz wichtig! Es ist kein *ewiges* Hin und Her! Und zweitens: Bis dahin macht einfach weiter, fertig! Damit erübrigen sich eigentlich recht viele Scheinprobleme.

## Angst vor Versagen

Ich habe den Eindruck, dass Atishas Text und Unterweisung bei manchen von euch ein inneres Beben auslöst. Beben ist ja wunderbar, aber dann wird dieses innere Beben mit Angst vor Versagen oder der Angst, nicht zu genügen, verknüpft. Deshalb wollte ich euch über Versagen berichten. Heute Nachmittag während des Sitzens versuchte ich einen inneren Kontakt dazu herzustellen, was übrigens immer meine Methode ist, wenn ich etwas erforschen möchte. Ich tue das von innen – sprich, ich experimentiere, und das immer mit vollem Risiko. Auch dazu ist Tonglen sehr praktisch, weil man Kontakt mit und direkte Erfahrung von so viel Verwirrung und so viel eigenartigen Sensationen und Dingen bekommt, die man erforschen kann. Ich brauche dazu direkten Kontakt. Ich nehme einfach alles, was von diesem Beben und dieser Angst in der Luft ist, und fühle und erforsche es. Diese Angst vor Versagen – soweit ich das erforschen konnte – ist eine eigenartige Angelegenheit. Ich glaube, dass die Auswirkung und auch das Gefühl selbst bei westlichen und bei östlichen Menschen ein bisschen verschieden sind. Mein Eindruck ist, im Osten gibt es das nicht so sehr. Ich könnte mir vorstellen, dass es daran liegt, dass nicht die *Meister* des Westens, aber die Kirchen des Westens von einer grundsätzlichen Bosheit des menschlichen Wesens ausgehen. Grundsätzliche Verdorbenheit ist eine ziemlich hoffnungslose Angelegenheit. Im Osten gehen nicht nur die Meister, sondern auch die Organisationen – sprich Buddhismus und so weiter – von einer grundsätzlichen Gutheit im Kern der Menschen aus, die es nur zu entblättern oder freizulegen gilt. Das ist eine prinzipiell andere psychologische Voraussetzung. Der Osten hat in diesem Fall Recht. Die innerste Natur, der Kern, die Wesenheit, ist grundlegend gut, ist klar und liebevoll – in jedem Wesen. In Menschenwesen, in Bisamratten, in Fischen, in allen Wesen. Wir müssen uns nur immer wieder daran erinnern und Kontakt dazu bekommen. Und es ist ganz und gar logisch, denn wäre der innerste Kern verdorben, könnte nie etwas Gutes daraus werden, und ganz offensichtlich wird gelegentlich etwas Gutes daraus: Also kann der innerste Kern nicht verdorben sein. Das beweisen Jesus, Atisha, Osho oder Buddha, sie beweisen es in und mit ihrem Leben und haben es alle auch so gesagt – einschließlich Jesus. Paulus und manche seiner Nachfolger aber haben dann etwas anderes daraus gemacht, während die Mystikerin Teresa von Avila wieder von der „diamantenen Natur der menschlichen Seele, die lediglich von einem schwarzen Tuch bedeckt ist" spricht. Seht ihr den Unterschied? Ich sage euch, ihr habt die Freiheit, euch auf die andere Seite zu schlagen. Ihr müsst das alte Ammenmärchen nicht glauben! Und ihr müsst auch nicht glauben, dass diese Konditionierung tief in euren Zellen verankert wäre – das ist nur ein Gedanke. Wir brauchen nicht mal eine Teufelsaustreibung, nicht fünf Jahre Therapie, sondern nur eine Ausrichtung und innere Treue zu Dem. Das ist die Basis, ganz wichtig, nicht vergessen!

F: *Osho sagt, dass diese Konditionierungen tief im Knochenmark sitzen. Stimmt das nicht?*

P: Egal! Dann holen wir das Knochenmark raus. Wir lassen uns einfach nicht davon abbringen. Das ist die Haltung und die Methode: Wir lassen uns einfach nicht rausbringen. Das ist Atishas Haltung, das ist meine Haltung und auch Oshos Haltung. Das ist die Ausrichtung, das ist die Totalität. Wir können ewig herumtun, können immer wiederholen: „Ja, da ist eine tiefe Konditionierung, oh je, oh je! Das kriegen wir nie gebacken" – und stärken damit nur die Konditionierung. Wenn wir einmal kapiert haben, einmal logisch verstanden haben und vielleicht in einem Moment einer Übertragung oder in einem Moment der Meditation verstanden haben: „Ja, es gibt die klare Natur des Geistes und es gibt Mitgefühl, es gibt Bodhichitta und das ist mein Wesen", dann sollten wir auf dieser Schiene bleiben und uns nicht ablenken lassen. „Wackle nicht!", sagt Atisha und: „Lasse dich nicht durch äußere Umstände beeinflussen." (7.12. und 7.15.). Darin liegt eine gewisse Forderung – ich verwende das Wort absichtlich – und eine Herausforderung. Es ist *meine* Wahl, ob ich etwas als Zumutung oder als Herausforderung ansehe, ob ich etwas als unüberwindlich oder als „schaun wir mal" ansehe. Natürlich ist das Risiko des Versagens eingeschlossen – gut, dann versage ich eben. Und? Dann fange ich wieder an, und zwar so lange, bis sich das für immer gesetzt hat. Das ist die Herausforderung. Leider haben manche Menschen Furcht vor Totalität. Versagen ist kein Problem (man fängt halt wieder an), solange da die Totalität ist, alles einzusetzen! Jetzt erwidert natürlich ein Mensch mit Versagensangst: „Ich habe Angst, darin zu versagen, total zu sein." Richtig?

Dann gibt es noch eine wunderbare Möglichkeit: Wir können Tonglen einsetzen. Und eine weitere Möglichkeit ist 3.1.: „Wenn Übel die belebten und unbelebten Universen füllt, dann verwandle widrige Umstände in den Bodhipfad." Zum Beispiel Versagen oder die Möglichkeit von Versagen oder Nichtgenügen: Ich antworte darauf: „Gut, ich gebe alles, was in mir an Erfolg oder Möglichkeit des Erfolges vorhanden ist, her, und ich nehme alles, was irgendwo an Möglichkeit des Versagens und Misserfolgs und an tatsächlichem Versagen vorhanden ist, an." Das ist sozusagen freiwilliges Totalversagen, und wenn ich darin wieder total bin: „Huiiij!" Aber es ist kein Trick, es geht wirklich auf volles Risiko.

Es gibt eine Geschichte über einen Kadampa-Meister. Kadampa sind die Meister, die viel mit den Atisha-Losungen arbeiten. Er hat sein ganzes Leben lang darum gebetet, dass alles, was in ihm an Erfahren, Vertiefung und an meditativer Praxis vorhanden ist, für die Wesen in der Hölle bestimmt sein möge. Und er selbst wäre bereit, dafür im nächsten Leben als Höllenwesen geboren zu werden. Dafür sollten die Höllenwesen die Erfolge und das Nicht-Versagen seines jetzigen Lebens erhalten. Das meinte er absolut ernst, kein Trick. Als der Meister im Sterben lag, sagte er zu zwei Schülern: „Ich hab es wirklich ernst gemeint, aber es sieht so aus, als würde es mit der Höllengeburt nicht funktionieren. Ich sehe nur Blumen regnen und Düfte und Glückseligkeit." Er hat es wirklich ernst gemeint. Bis zum letzten Moment ist er davon ausgegangen. Mit solch einer Haltung kannst du wirklich einen heiteren Geist bewahren, in Versagen oder Nicht-Versagen. Es löst die ganze Angelegenheit auf.

## Keine Ausreden

Aber – und das ist wichtig – man könnte das auch als Ausrede für Trägheit oder Gleichgültigkeit benützen. Dann erliegt man Wut, Zorn und Neid immer wieder, weil man ja „alle Hoffnung auf Erfolg losgelassen hat". Das wäre ein Trick in die andere Richtung. Aber jeder Trick wird euch am Genick packen. Ja, es ist eine Herausforderung. Und jede Herausforderung ist für mich eine große Kostbarkeit. Ihr seid größer, als ihr denkt! Herausforderung ist unserer würdig und ist absolut Teil der Kostbarkeit der menschlichen Geburt, denn in dieser Kostbarkeit der menschlichen Geburt liegt die Möglichkeit der Transzendenz, die Möglichkeit der Transformation, die Möglichkeit des Hinübergehens über die Ichhaftigkeit. Und im Falle des Versagens fangen wir wieder von vorne an. Bis es sich endgültig gesetzt hat. Aber auch dieses „Fangen-wir-wieder-an" darf nicht zur Ausrede werden. Es ist immer ein beidseitig geschliffenes Schwert.

Die Angst vor Versagen trägt auch einen Hauch von Territorialität in sich. Jemand will etwas für sich verbuchen, selbst wenn sich das in die Pseudodemut des Nichtgenügens kleidet. Das ist ein gut verkleidetes negatives Ego. Und noch ein wichtiger Punkt: Wenn ich früher Osho oder Buddha oder all diese wunderschönen Wesen in ihrer Herrlichkeit des Verschwundenseins gesehen und dann den Gedanken hatte: „Da führt für mich kein Weg hin", dann kam mir als nächster Gedanke: „Scheiß drauf, allein zu sehen, dass es tatsächlich möglich ist, ist so gigantisch!" Osho zu sehen und Atisha zu erfahren oder Sahajo oder alle diese Wunder. Das sind Menschen, die Zeugnis ablegen von dem, was mir aus meiner damaligen Begrenztheit heraus als unmöglich erschien. Es ist aber ganz offensichtlich möglich! Und auch Osho fügt hinzu: „Es geht!" Und er sagte es nicht nur, er lebte es auch. Allein das hat in mir regelmäßig solch eine Explosion der Freude ausgelöst! „Gut, dann pack es an!", war dann die nächste Reaktion meiner Natur. Ob es in Versagen enden würde oder nicht, wusste ich natürlich nicht. Hier zeigt sich immer wieder die Kostbarkeit, zum Beispiel die Kostbarkeit, einem Buddha zu begegnen und zu sehen: „Ja es geht!" Und wenn es nur *einen* Buddha in 10.000 Jahren geben sollte und wir nur fünf Sätze von ihm hätten, aus denen zu ersehen ist: „Es geht", dann würde das eigentlich reichen, denn dieser eine Buddha, der fünf Sätze vor 10.000 Jahren hinterlassen hat, war ein Mensch wie du. Und wenn das für *einen* Menschen möglich ist, dann geht es prinzipiell und potenziell für jeden. Welch ein Reichtum! Und es gibt ja nicht nur einen Buddha in 10.000 Jahren, der dies beweist und bezeugt, es gibt mehr! Welche Fülle, welche Kostbarkeit! Und selbst wenn die Angst vor Versagen wieder auftauchen sollte, kannst du wieder sagen: „Ja, 100 Prozent!", wenn es dir ernst damit ist. Dann wird vieles so unwichtig. Das Wichtige tritt klar hervor, und ihr tut alles mit *einer* Absicht, wie ein Pfeil. Wenn so die Ehrfurcht und Freude an den Kostbarkeiten noch größer werden, dann greifen all die Werkzeuge Atishas noch viel besser. Sie werden immer handlicher – auch das ist Übungssache. Aber es ist nicht kostenlos, es bleibt schon was auf der Strecke an Egoismus, an Bequemlichkeit, an Jägerzaun-Romantik oder von diesem kleinen feinen Mein-Gefühl, auch die Idee von „*meine* kleine spirituelle Welt", wo alles so schön passt. Eigentlich ist der Angst damit jeder Boden entzogen.

### Dringlichkeit wird zu Präsenz

F: *Mir geht es um Dringlichkeit und um Geduld. Für mich ist das ein ziemliches Paradox. Der kleine Geist nervt mich oft mit diesem „du musst, du solltest!" und „es ist nicht mehr viel Zeit". Das Gute ist, dass ich mich mit dieser Dringlichkeit aufs Kissen setze, und dann fällt mit dem Eintauchen in Stille die Dringlichkeit als solche total weg. Übrig bleibt eine Dringlichkeit, die sich in Präsenz verwandelt. Dann ist nur der Augenblick dringlich, dann ist zu tun, was zu tun ist, und mehr geht nicht. Letztendlich finde ich da Geduld, aber das ist fast schon lächerlich, weil dieser Zustand pure Geduld ist. Da finde ich so etwas wie die Essenz von Geduld. Ist das richtig so?*

P: Absolut.

F: *Dann die vorbereitenden Übungen: Ich finde sie so unendlich. Also werde ich mein ganzes Leben in vorbereitenden Übungen stecken bleiben, weil sie nie aufhören. Jede dieser Übungen ist unendlich, und da habe ich ein eigenartiges Gefühl. Ich sitze wie ein trockener Schwamm da, und jedes Wort von dir fällt hinein, aber der*

*Schwamm wird davon nicht nässer. Oder man kann sagen, meine Aufnahmefähigkeit, mein Genuss erhöhen sich durch jeden Tropfen, der kommt, immer mehr. Und so geht es mir mit Offenheit, so geht es mir mit Ehrlichkeit und so geht es mir mit all diesen Begriffen. Jetzt geht es erst los, merke ich. Allein diese vielen Punkte der Vorbereitungen sind nie zu schaffen, aber es ist total schön, dass es nie zu schaffen ist.*

P: Ja, genau. Und man darf diesen Text gar nicht so linear sehen. Er ist kein Pfeil, sondern ein Gewebe.

F: *Ich dachte immer: Erst einmal muss dies erledigt sein, bevor das andere ...*

P: Egal, womit ich mich beschäftige, zum Beispiel 6.12.: „Lade der Kuh nicht die Last des Ochsens auf." Wenn ich an diesen Satz in dem Bewusstsein und der Übung des 1. Kapitels herangehe, dann gehe ich in die Tiefe dieses Satzes und verstehe und lebe, was wirklich gemeint ist.

F: *Also ist es wirklich dieses Immer-wieder-am-Anfang-Stehen.*

P: Ja, so ist die Natur. Sie ist in jedem Moment frisch. Anders könnten Bäume nicht wachsen. Wenn sie nicht in jedem Moment anfangen würden, würde nichts passieren.

F: *Dann kommt wieder der kleine Geist: „Das hast du dir ganz schön einfach gemacht. Da musst du aber schon noch viel tun", oder so. Wenn ich das aus der Tiefe betrachte – und die Möglichkeit oder die Wahl habe ich einfach –, dann sieht es ganz anders aus.*

P: Wie meistens steckt in dem, was der kleine Geist sagt, ein Hauch von Wahrheit, und das macht seine Aussagen so gefährlich. Wenn das, was er sagt, offensichtlich Mist wäre, gäbe es kein Problem. So aber ist es sehr wichtig, das im Sinne von 5.12.: „Von zwei Zeugen wähle den Hauptzeugen", zu unterscheiden. Die Aussage deines kleinen Geistes: „Du musst noch so viel machen, weil da etwas zu erreichen ist", war die Kurzform. Meist formuliert er komplizierter, damit man nicht so leicht draufkommt. Dann schau: Ja, fertig werden wir nie, da hat er Recht, da ist immer Anfang, und die Reise und die Entdeckung sind unendlich. Im zweiten Teil seiner Aussage hat er aber nicht Recht, weil er da behauptet, es gäbe irgendwo diesen Punkt mit einer Zielmarke: „Ab hier kannst du dich ausruhen, ab hier ist alles gelaufen." Das ist eine typische beschränkte dualistische kleine Idee, die der kleine Geist dann mit dem, was er über das Große weiß, verknüpft.

F: *Das ist die Idee von Erfolg oder von Effektivität.*

P: Hier trifft wieder Kapitel 6.6 zu: „Gib jede Hoffnung auf Erfolg auf." Was sagt denn da der kleine Geist?

F: *Manchmal sagt er: „Du spinnst jetzt total, so einfach geht es nicht." Mein kleiner Geist wehrt sich manchmal, weil ich ihn nicht mehr so ernst nehme. Ich sehe und höre ihn sehr wohl, er ist dauernd da, und gleichzeitig habe ich mich entschieden. Und da wirft er gelegentlich ein: „Du kannst mich nicht einfach im Regen stehen lassen."*

P: Lass ihn glücklich sein.

F: *Womit wäre er glücklich?*

P: Schließe ihn nicht aus, sondern lass ihn an seinem Platz. In manchen Bereichen hat er nichts zu suchen, weil er da einfach nichts versteht und damit nicht glücklich wird. Er verdirbt sich da den „kleinen Geist-Magen". Aber lass deinen Geist sich doch an Poesie erfreuen, die kann er bis zu einem gewissen Grad verstehen. Er kann sich an Intelligenz freuen, an Poesie, an Wissenschaft, manchmal an Buchführung, wenn sie stimmt. Und er ist eigentlich glücklich, wenn er seinen Platz einnimmt, wenn er nicht mehr der Herr ist, sondern der Diener.

## Relatives Bodhichitta – Tonglen

*2.6. „Übe dich im Austauschen, im Geben und Nehmen abwechselnd". 2.7. „Tu das, indem du auf dem Atem reitest." 2.8. „Drei Objekte, drei Gifte, drei Grundlagen der Tugend." 2.9. „Übe mit den Slogans in allen Aktivitäten und Situationen." 2.10. „Beginne das Üben des Austauschens mit dir selbst."*

Ich habe den Eindruck, Tonglen habt ihr aus dem Sommer-Retreat in euer Leben mitgenommen und damit experimentiert. Natürlich sind dabei immer wieder „Probleme" oder Missverständnisse aufgetreten. Das tiefste Missverständnis, das hier auftreten kann, ist, Tonglen als Trick zu benutzen. Der kleine Geist macht aus allem einen Trick, und ich merke es an eurer Aussage: „Jetzt habe ich Tonglen gemacht, aber es funktioniert nicht." Dann wurde es als Trick benutzt! Da ist kein Ergebnis zu erwarten! Also man „tongliert" jetzt nicht etwas weg, damit wieder alles in meine kleine Jägerzaun-Romantik passt! Das ist Missbrauch, und hier funktioniert Missbrauch – Gott sei Dank – nicht. Missbrauch funktioniert nie, hier aber ganz offensichtlich nicht. Ihr kriegt einfach eine Ohrfeige. Jedes Mal, wenn ihr eine Ohrfeige bekommt, will euch die Existenz einfach nur aufmerksam machen: „Versagt? Wieder anfangen, zurück zu Punkt 1." Das ist wunderbar! Also zurück zu Kapitel 1: „Übe dich in den grundlegenden Gedanken und vorbereitenden Übungen", dann zu Kapitel 2: „Betrachte alle Phänomene als Träume, flüchtig wie Blumen am Himmel." Komm zurück zur absoluten Offenheit. Wäre dein Tonglen aus dieser absoluten Offenheit gekommen, gäbe es da keine Frage nach einem Trick oder nach dem Funktionieren. Also wurde auch etwas übersprungen. Tonglen wurde eben mal schnell zwischen Frühstück und Mittagessen eingesetzt, um etwas zu glätten. Aber so geht es nicht! Also macht keinen Trick daraus. Es dient ja nicht dazu, sich Unangenehmes vom Leib zu halten. Das war nicht die ursprüngliche Motivation. Trotzdem schleicht sich das ein, a) weil sich solches einfach immer wieder einschleicht, solange der kleine Geist eine gewisse Machtposition innehat – also bevor es sich für immer gegründet hat, und b) weil man eben ein bisschen schlampig war und die absolute Offenheit und Unbegrenztheit übergangen hat. Der Weisheitsaspekt im relativen Bodhichitta ist die praktische Einsicht, dass es hier keinen Schutz, keinen Halt, keine Abwehr gibt, dass es hier nichts im Außen festzuhalten gibt, dass es hier kein Herrschaftsgebiet gibt und dass es hier kein Ich gibt. Aber von „keinem Ich" müssen wir gar nicht reden, denn wenn keine Abwehr, keine Gier, kein Sich-einverleiben-Wollen des Angenehmen, kein Abwehren das Unangenehmen und kein Herrschaftsgebiet vorhanden ist, dann ist „Ich" einfach nicht da. Die Tendenz des kleinen Geistes ist es ja auch, „meinen Hof schön sauber zu halten", rein, ohne Versagen, ohne Schuld, am besten ohne Verantwortung und natürlich ohne Schmerz oder Traurigkeit oder sonstiges Unangenehmes, aber voll mit reicher Ernte an Erleuchtung, Beziehung, Liebe, Reichtum, Erfolg und Angenehmem. Das ist der grundsätzliche Mechanismus des Ichs. Tonglen dreht das Ganze einfach um: Alles, was vielleicht an netten, schönen Dingen da sein mag, soll rausgehen. Und alles, was an nicht so Nettem, Unangenehmen draußen sein mag, nehme ich rein. Das ist eine kleine Kehrtwendung mit erstaunlichem Effekt. Sobald ich aber versuche, das als Trick zu benützen, und eigentlich versuche, mir damit wieder die netten Sachen „einzufahren" und die Unangenehmen „wegzutongeln", habe ich versagt. Dann sollte ich einfach dieses Versagen bemerken. Da gibt es nichts zu fürchten, sondern nur zu bemerken und dann das Versagen in mich hineinzunehmen. Und wenn Erfolg vorhanden ist, wird er hinausgesendet.

Weiterhin ist 2.10. sehr wichtig und wird gelegentlich vergessen: „Beginne das Üben des Austauschens mit dir selbst." Ihr müsst jetzt nicht gleich alle eure Nachbarn „betongeln", sondern erst einmal alles, was in euch zum Beispiel an Existenzangst, an Versagensangst ist. Sei es im Bereich der Emotionen, des Körpers oder im Bereich des Geistes.

Sufi-Mystiker würden Bodhichitta als „die restlose Auslieferung an das Unbekannte" beschreiben. Völlige, bedingungslose Auslieferung ohne Rest an das, was jenseits der Begrenzung meines kleinen Geistes ist, an das, wovon ich in diesem Moment gar nichts weiß. Atisha beschreibt dasselbe in mehr analytischer Form als absolutes Bodhichitta, absolute Offenheit. Und aus dem heraus kommt Mitgefühl. Mitgefühl ist der Duft davon, ist der Überfluss, die Folge und die Ursache, beides. In dieser absoluten, bedingungslosen Offenheit ist das Senden und das Empfangen etwas, was das ganze Wesen betrifft. Es geht durch alle Poren. Du atmest mit dem ganzen Wesen, nicht nur mit der Nase. Es frisst euch auf, mit Haut und Haar – eine ziemlich gefährliche Angelegenheit.

Ja und dann noch der Punkt: **„Drei Objekte, drei Gifte, drei Grundlagen der Tugend."**

244

Die drei Objekte sind: Das, was ich mag, das, was ich nicht mag, und das, was mir egal ist. Die drei Gifte sind: Gier, Hass und Indifferenz. Wie kommen jetzt die Samen der Tugenden – die drei Samen der Tugend heißt es ursprünglich – hinein? Genau durch dieses Austauschen. Übernehmt zunächst die Verantwortlichkeit, nehmt das Gift herein – projiziert es nicht. Selbst wenn es von außen kommen sollte, nehmt es trotzdem herein – keine Grenze. In der Bereitschaft, das alles hereinzunehmen und da sein zu lassen, ergeben sich für Gier, für Ablehnung oder für Ignoranz keine Möglichkeiten mehr. Ignoranz heißt: „Bleib mir vom Leib, es interessiert mich nicht." Wenn ich aber für alles offen bin, interessiert mich auch alles. Wenn ich wahllos bin in dem Sinn, dass ich einfach im Austauschen nehme, was da ist, dann besteht keine spezielle Anhaftung an das Eine und keine Ablehnung des anderen. So werden aus den drei Giften automatisch drei Tugenden. Aus Indifferenz wird klares Interesse, Anteilnahme, aus Hass wird Mitgefühl und aus Gier wird Großzügigkeit.

## Glorie und Freiheit des Menschen

F: *Ich hatte zunächst das Gefühl, schon für die ersten Slogans ein ganzes Leben zu brauchen. Und dann erlebte ich, dass ich einen Slogan einfach spontan annehmen konnte, ohne jedes Nachdenken. Hinterher beschlich mich die Angst, zu versagen. Dies war der Slogan 7.1.: „Lasse eine Absicht alles durchdringen." Das war für mich eine völlig neue Situation. Und manchmal hab ich mich mehr gedrückt, als dass ich dem Slogan und meiner eigenen Absicht nachgegangen wäre. Plötzlich wurde mir klar, wenn mir das gelingt, dann bin ich ja der „Gelinger". Und da erkannte ich wieder, dass Versagen sehr nahe an Gnade liegt, denn Versagen hat mich immer für andere Wege geöffnet. Wenn ich das Gefühl habe, zu versagen, oder Angst habe, zu versagen, ist das für mich ein ganz klares Zeichen: Ich bin nicht offen. Sind die Slogans nicht zur Erfolglosigkeit verurteilt, damit man für alle Möglichkeiten offen wird?*

P: Nein, sie sind nicht erfolglos.

F: Ich strebe ja Erfolg an, aus meinem Verlangen, aus dem kleinen Ich, das nur an Verlangen denkt. Es kann nur Erfolgsdenken kennen. Also muss es für das kleine Ich immer erfolglos sein.

P: Ja, aber geh jetzt nicht ständig vom kleinen Ich aus. Die ururalte Geschichte des kleinen Ichs kennen wir: noch eine Runde und noch eine Runde und noch eine Runde. Langweilig! Hier ist die Möglichkeit, und Atisha fordert heraus – dich auch. „Lass die eine Absicht alles durchdringen", ist erfolgreich in seiner Totalität, in der Bedingungslosigkeit, in der Hingabe, in der wirklichen Ausrichtung deines Lebens. In der Ehrung, in der Essenz der Kostbarkeit.

F: Auf einer CD sprichst du im Rahmen von Meditation: „Erinnert euch." Da hab ich gedacht: „Wie macht man denn so was?" Erinnern kann ich nicht befehlen.

P: Selbstverständlich!

F: Wie? Woran kann ich mich erinnern? Was ich mehr und mehr verinnerliche ist, dass die Gnade mich erinnert, mich darauf hinweist.

P: Und ich sage dir immer wieder, es braucht auch dich dazu.

F: Das ist ein Vorgang, den ich nicht steuern kann. Wer erinnert mich?

P: Und ich sage dir wieder, es braucht auch dich dazu. Meine Wahrnehmung ist so: Da ist immense Gnade, und es ist meine Sache, mich ihr zu öffnen, mich zu erinnern: Er-innern, nach innen gehen, und das da draußen zu lassen. Das ist meine Erfahrung. Ich erfahre und sehe uns als Menschen in Freiheit, in Verantwortlichkeit und Wahlmöglichkeit, immer wieder. Natürlich ist die Wahlmöglichkeit unterschiedlich groß, je nach Grad der Bewusstheit. Und im Rahmen dieser Wahlmöglichkeit wähle ich 100 Prozent für mehr Bewusstheit.

F: Das Bild ist schön. Mit dem Nach-innen-Gehen als Er-innern finde ich auch Erinnerung.

P: Natürlich, sie kann ja nur innen sein. Ich erfahre den Menschen in Glorie und in Freiheit. Und wirklich, mir ist völlig klar, und deshalb sitze ich auch hier, dass das Ausmaß der Freiheit, auch das Ausmaß der Glorie oder der Misere, zunächst unterschiedlich groß ist. Wenn da aber derzeit wenig Freiheit und große Misere herrscht, ist zumindest das Potenzial von Freiheit und Glorie gegeben. Das ist für mich so offensichtlich und einfach mein Erfahren, das ich auch so weitergeben möchte. Damit bin ich absolut eins mit Osho und Jesus und Buddha, aber uneins mit manchen zeitgenössischen Lehrern. Du bist in Glorie! Was ich dabei auch wichtig finde: Erst die Freiheit und Wahlmöglichkeit, die Möglichkeit meiner Ausrichtung, meiner Totalität, die Möglichkeit, „eine Absicht alles durchdringen zu lassen" oder nicht, macht die Hingabe zur Hingabe. Hingabe wird möglich aus Glorie und Freiheit und nicht aus Sklaverei, Fatalismus oder aus Unfreiheit oder „es geht ja nicht anders". Hingabe kommt aus der ganzen Glorie der Kostbarkeit der menschlichen Geburt, mitsamt ihren Spannungen, kommt aus Freiheit und Liebe. Was ich vorhin von den Sufis geschildert habe – die totale Auslieferung – hat nur dann Sinn, wenn es auch die Möglichkeit der Verweigerung gibt, und die gibt es. In jedem Moment gibt es ein Ja und ein Nein – es gibt eine Wahlmöglichkeit. Steht doch zu eurer Glorie, auch wenn sie unbequem sein mag! Sie passt nicht so recht in die „Jägerzaun-Einfriedung". Freiheit ist immer unbequem.

## Tonglen ist kein Trick

F: *Habe ich das richtig verstanden? Diese Trick-Haltung beim Tonglen ist eine Haltung des Bearbeitens. Gefühle werden ver- und bearbeitet.*

P: Und abends möchtest du deinen Schreibtisch leer haben.

F: *Wenn ich es richtig verstanden habe, ist eine Haltung des Gebetes richtiger. Ich habe bei Teresa von Avila über Schmerzen gelesen, wenn es darum geht, den Genuss von Gott anzunehmen oder ihn sich ergießen zu lassen. Sie sagt, man soll eigentlich für alles bereit sein. Das hat mich die letzten Wochen begleitet.*

P: Ja, so ist es. Es gibt eine Geschichte von einem früheren Leben Buddhas. In diesen Geschichten aus seinem früheren Leben als Bodhisattva erscheint dieses Thema häufig: Ein König war die hundertste Inkarnation vor diesem Buddha, und er war bereits ein Bodhisattva. Dieser König war sehr großzügig, und wer auch immer um etwas bat, bekam es. Ein Brahmane ärgerte sich darüber. Warum ärgert das jemanden aus einer organisierten Religion? Weil diese Haltung so direkt, ohne einen Handel ist. Da hat Organisation keinen Platz. Der Brahmane versucht den König hereinzulegen und bittet ihn: „Ich hätte gerne deinen Kopf!" Die Frauen und der Hofstaat des Königs reagierten natürlich entsetzt, denn sie wussten, dass der König fähig war, der Bitte des Brahmanen nachzukommen. Also versuchten sie, den König davon abzuhalten und ihn zu schützen. Sie boten dem Brahmanen allen möglichen Ersatz an, Edelsteinköpfe und sonstige schöne Gegenstände, und baten ihn: „Nimm doch das anstelle des Königs Kopf." Der Brahmane aber beharrte auf seiner Bitte. Schließlich willigte der König ein, ging hinaus, band seine Haare an einem Baum fest und schlug sich den Kopf ab. Der Brahmane nahm den Kopf mit. Da erschien Indra, der Götterkönig, der natürlich wusste, dass dieser König ein Bodhisattva war, und sagte zu ihm: „Du bist ein Bodhisattva, und so ist es kein Problem, den Kopf nachwachsen zu lassen." Da antwortete der enthauptete König: „Erstens schlug ich mir heute nicht das erste Mal, sondern das tausendste Mal den Kopf ab, und zweitens: Wenn ich mir ohne die Absicht, bei dem Brahmanen etwas zu bewirken, den Kopf abgeschlagen habe, und ohne die Absicht, etwas für mich zu bewirken, wie Bewunderung oder Verehrung der Minister oder eine Wiedergeburt in einem Götterreich – wenn ich es ohne jede Absicht getan haben sollte, dann soll der Kopf nachwachsen. Wenn nicht, dann nicht." Und dann wuchs der Kopf nach. Du siehst: Im Buddhismus sind sie da nicht zimperlicher als Teresa von Avila.

Noch eine Geschichte einer früheren Inkarnation Buddhas: Der Jüngere zweier Königssöhne übernimmt das Reich und der Ältere wird Einsiedler. Er bekommt den Namen Shantivada, „der Einsiedler, der sich durch Geduld auszeichnet". Der Einsiedler lebt und meditiert mit ein paar Schülern im Wald und ist sehr weise und geduldig. Eines Tages kommt der jüngere Bruder während einer Jagd mit seinem Gefolge und seinen Frauen in diesen Wald. Auf einmal bemerkt er, dass seine Frauen und sein Gefolge weg sind. Nach langem Suchen findet er sie um diesen etwas zotteligen, eigenartigen, verrückten Menschen versammelt und wird sehr eifersüchtig, und er erkennt auch nicht seinen Bruder in dem Einsiedler. Er hat das

Gefühl, dass dieser Einsiedler ihm seinen Hofstaat und seine Frauen abspenstig macht, und fragt: „Wer ist das denn?" „Der, der so große Geduld hat." Der König wird sehr wütend, nimmt sein Schwert und schlägt dem Einsiedler einen Arm ab. Dann fragt er ihn: „Hast du deinen Namen zurecht, bist du jetzt immer noch geduldig?" Der Einsiedler antwortet: „Ja." Daraufhin schlägt ihm der König den zweiten Arm ab und fragt: „Was ist jetzt?" Der Einsiedler erwidert: „Ja." Der König schlägt ihm den Kopf ab und fragt wieder: „Was ist jetzt?" Und der Einsiedler antwortet: „Ja". Wieder ein Bodhisattva, der auch mit abgeschlagenem Kopf noch reden kann. Der Enthauptete spricht dann ein Gebet für den König: „Ich wünsche mir, dass ich irgendwann einmal, wenn ich Buddhaschaft erreicht haben sollte, in der Lage sein werde, deine Verblendung so zu durchtrennen, wie du jetzt meine Arme und meinen Kopf abgetrennt hast." Viele Leben später, als Buddha Buddha war, war dieser ehemalige König tatsächlich einer seiner Hauptschüler. Das klingt alles sehr blutrünstig und schrecklich, und ich spüre, wie manche eurer Geister in Schrecken geraten oder auch in irgendeine Konditionierung, in irgendeine alte Geschichte. Aber in Wirklichkeit ist es so: Darin liegt unglaubliche Sanftheit, unglaubliche Kraft, Glorie und Freiheit, viel Geduld und Zeit und Strahlen und Friedlichkeit – und zwar für beide. In diesem Fall für den König, der seinem Bruder die Arme abhackt, und der keine 2.000 Jahre später Schüler bei Buddha ist und für den späteren Buddha, der Gelegenheit zur Übung von Geduld, Mitgefühl und Gebet hatte – ist das nicht wunderbar?

F: *Aber wenn mich jemand nervt, kann ich auch sagen: „Hau ab",*
*und muss nicht alles erdulden.*

P: Du kannst zumindest sagen: „Es nervt mich." Natürlich! Nein, das hat nichts mit Märtyrertum zu tun.

F: *Aber wenn innen Schmerz ist, dann kann ich nicht, „hau ab", sagen,*
*das geht ja nicht. Und da es nicht geht, ist es mehr ein: „Okay, ich*
*nehme es an."*

P: Richtig, weil alles andere dann ja Projektion wäre, ein Sich-davon-Schleichen und Sich-nicht-Stellen. Ich habe kürzlich gehört, jemand bietet ein Gruppenseminar spezieller Art an. Und dann kommt jemand, der sich wohl für etwas Besseres hält, und bietet dasselbe Seminar unter demselben Namen im selben Raum an, womöglich noch mit einem Hauch von „ich mach es aber besser". Und die, die das schon die ganze Zeit über anbietet, traut sich nicht, dieser anderen gegenüberzutreten und zu sagen: „He, was läuft hier eigentlich?" Und sagt dann, ja, das wäre ja dann das kleine Ich. Das ist ein Missverständnis! Nein, hier sind Präsenz und Mut zur eigenen Meinung nötig, kein feiges Erdulden. Wieder mal eine Messers Schneide ...

F: *Dieses Missverständnis habe ich oft, glaube ich.*

P: Es ist auch eine Frage der Art des Kommunizierens. In diesem Fall würde ich zum Beispiel vorschlagen, dass du von dir sprichst, also dass du nicht sagst: „Du bist ein Arschloch", sondern mitteilst, dass es dir weh tut. Dann hat der andere die Möglichkeit, darauf zu antworten. Und du projizierst nichts, sondern teilst mit, wie es dir geht. Ich mache das immer so und zeige mich auch, wenn Schmerz da ist. Was nicht heißt, dass ich ungeduldig werden würde. Es ist eine feine Gratwanderung.

F: *Ja. Gut. Ich werde Gelegenheit haben zu üben.*

## Die Bodhisattva-Haltung

Ich liebe dieses Gedicht von Santideva:

*„Möge ich Zauberstein sein.*

*Das große Schatzgefäß.*

*Die Zauberformel.*

*Die Heilpflanze.*

*Der Wunschbaum und die Kuh des Überflusses.*

*Wie die Erde und die anderen Elemente den unzähligen Wesen im unendlichen Raum dienen,*

*so möge ich in jeder Weise den Wesen nützlich sein, die den Raum bevölkern.*

*So lange, bis alle erlöst sind.*

*Möge ich der Hüter sein der Verlassenen, der Führer der Wandernden,*

*und das Boot, die Straße, die Brücke für die,*
*die hinüberwollen ans andere Ufer.*

*Möge ich Licht sein für die, die des Lichtes bedürfen.*

*Ein Bett für die, die eines Bettes bedürfen.*

*Und der Diener für die, die eines Dieners bedürfen.*

*Solange der Raum währt, solange es Wesen gibt,*

*möge es auch mich geben, um das Leiden der Welt zu lindern."*

Die Bodhisattva-Haltung trägt eine unglaubliche Leichtigkeit in sich. Sie ist nichts Schweres, manchmal kann sich vielleicht eine falsche christliche Auffassung oder Konditionierung – die wiederum nichts mit Jesus zu tun hat – zwischen euch und diese Leichtigkeit der Bodhisattva-Haltung stellen. Sie hat eine Freudigkeit und Leichtigkeit, und zugleich Ernsthaftigkeit. Es ist nicht Ernst, aber Ernsthaftigkeit. Das wird oft verwechselt. Ernsthaftigkeit geht zusammen mit einer Heiterkeit, die nichts wegwischt, überdeckt oder oberflächlich vor sich hinplätschert, sondern sehr, sehr tief geht. Sie kommt aus dem Bauch und aus dem tiefen Erkennen und Leben von Kapitel 2, Absatz 1: „Betrachte alle Phänomene als Träume", in ihrer Flüchtigkeit, in ihrer Schönheit, Kostbarkeit und ihrer Vergänglichkeit. Und dann: „Erforsche die Natur des ungeborenen Gewahrseins." (2.2.) Das alles liegt in der Bodhisattva-Haltung, denn wir müssen alles von diesem Standpunkt aus betrachten, sonst werden wir wahnsinnig. Ganz wichtig ist die Frage: „Woraus schaue ich?" Schaue ich aus der Natur des ungeborenen Gewahrseins, aus Alaya, aus der Essenz von allem, schaue ich aus der Gutheit?

Und auch das gilt es zu üben, bis auch das sich endgültig gegründet und gesetzt hat. Wenn jemand das Bodhisattva-Gelübde ablegt, verspricht er, das zu tun. Er verspricht, immer wieder zurück an den Anfang zu gehen, immer am Anfang zu stehen, die Grenzen der Egohaftigkeit aufzugeben und nichts für sich zu behalten. Und wichtig ist: Darüber muss man nicht reden. Es reicht, wenn du „ein Bett bist für die, die eines Bettes bedürfen", ohne Ankündigung: „Ich bin diejenige, die ..." Es ist ein nicht nur gelegentliches, sondern permanentes

Zulassen der weichen Stelle im Herzen, wie Chögyam Trungpa das nennt. Ein Zulassen des weichen Fells, der bloßen Füße ohne Strümpfe, ohne Schuhe. Offen für alles, zutiefst berührbar.

## Glückseligkeit der höchsten Vereinigung

Eine Teilnehmerin zeigte mir den bisher unveröffentlichten Text, den Osho bei ihrem Sannyas-Nehmen vor mehr als zwanzig Jahren zu ihr sprach. Er ist so wunderschön und gehört thematisch hierher.

Osho sprach zu ihr über das Leiden des Menschen an seiner Trennung von der Quelle, von der Entfremdung des Menschen von der Existenz. Der Mensch sei wie ein Baum, der sich von der Erde entwurzelt habe. In Wahrheit jedoch seien wir in der Existenz als Teil des Ganzen. In dem Moment, in dem das realisiert, verwirklicht werde, in dem Moment, in dem man dieser Einheit bewusst werde, tauchte große Glückseligkeit auf, ohne jeden Grund. Dies beschreibt er als die Glückseligkeit der höchsten Vereinigung. Bis dahin suche jeder, wünsche jeder – suche in Geld, Prestige, Macht und auch in der Liebe. All diese Suche im Außen gelte jedoch eigentlich dem großen einzigen Wunsch nach Wiedervereinigung mit der Existenz, so entstellt dieser Wunsch auch sein möge. Auch in der Liebe sei der tiefste Wunsch eine bestimmte Art der Einheit mit dem anderen zu finden, die Hoffnung, der andere könne ein Fenster zum Ganzen werden. Diese Hoffnung werde aber immer frustriert, weshalb jede Liebesbeziehung früher oder später scheitere. „Beziehungsliebe scheitert aus dem einfachen Grund, dass wir von ihr etwas erwarten, was durch sie nicht möglich ist. Das ist nicht der Fehler der Liebe. Es ist unsere eigene Erwartung, die frustriert wird. Liebe ist ganz wunderschön. Wenn wir aufhören, etwas zu erwarten, was jenseits der Beziehungsliebe ist, dann ist Liebe kein Missgeschick oder kein Scheitern." So suche der Mann durch die Frau und die Frau durch den Mann nach einer Tür in das Ganze und könne es aber dort nie finden – daher all die Frustration. Wohl gäbe es Frauen und Männer, wie Meera, Sahajo, Jesus oder Buddha, die Fenster in die Unendlichkeit seien. Diese würden sich jedoch nicht in einen Mann oder eine Frau verlieben, würden keine Beziehungsliebe eingehen, denn sie bräuchten das nicht. „Sie können all ihre Glückseligkeit und Freude regnen, aber sie können sich selbst nicht in gewöhnliche Liebhaber reduzieren. Das ist unmöglich." So werde in Beziehungen die Person gegenüber früher oder später als Wand empfunden, gegen die man anrenne, auch wenn die meisten Liebhaber versuchten, diese Wand zu polstern, zu tapezieren oder sonst wie angenehmer zu gestalten. In Wahrheit sei es unsere tiefste Sehnsucht, aus unserem Eingesperrtsein herauszufinden, wieder verwurzelt zu werden. Da diese Sehnsucht jedoch durch die so genannte Liebe, die Beziehungsliebe genauso wenig wie durch alle anderen Dinge im Außen erfüllt werde, seien viele spirituelle Menschen zu allen Zeiten vor der Liebe in Klöster geflüchtet, was auch nicht helfe. Einzig Verstehen helfe wirklich. Und er schließt mit: „Und die wichtigste Sache für einen Sannyasin ist, zu verstehen, dass wir all unsere Grenzen gegen das Ganze fallen lassen müssen. Und die grundlegende Grenze ist das Ego. Wenn wir in Begriffen von ‚Ich' denken, werden wir naturgemäß gespalten und zerteilt. Dann ist dort die Existenz als ein Objekt und wir sind das Subjekt. Abgetrennt. Wenn wir unser Ich verlieren, wenn wir ihm erlauben, zu schmelzen und in das Ganze hinein zu verschwinden wie ein Tautropfen, der in den Ozean hineingleitet und seine Grenzen verliert, dann fängt plötzlich das Leben an, sich in eine völlig neue Dimension zu bewegen. Es ist ganz, es ist total. Elend ist Trennung. Glückseligkeit ist Vereinigung."

Das ist absolutes und relatives Bodhichitta. Keine Grenzen. Und das ist die eigentliche, die einzige Zuflucht. Nur, in dieser Zuflucht hast du keine Chance zur Flucht.

## Die Glückseligkeit des göttlichen Weges

F: *Osho sagte mir: „Meine Sannyasins müssen lernen, wie man glückselig ist. Sie müssen innere Harmonie und Grazie entwickeln. Und was auch immer das kosten mag, man muss es bezahlen."*

P: Welche Herausforderung! Lernen, wie man glückselig ist auf dem göttlichen Weg. Die Glückseligkeit, von der Osho da spricht, ist die grundlose, bedingungslose Glückseligkeit, die von nichts im Außen oder im Innen abhängt. Nicht von einer Frau, nicht von einem Job, nicht vom Wetter, nicht von Retreat oder Nicht-Retreat, nicht von irgendeinem Menschen, noch nicht einmal von dir selbst. Deshalb ist das eine Glückseligkeit, die nicht wankt. Sie hat Vajra-Natur, ist unzerstörbar. Sie wankt nicht, und sie schließt nichts aus, nicht das eine und nicht das andere, nicht das Angenehme und nicht das Unangenehme. Darin liegen unglaubliche Grazie und Harmonie. Und das ist es, was Sannyasins lernen müssen. Und was auch immer es kostet, man muss es bezahlen. Hier spricht Osho von der Haltung und von der Ausrichtung, von Totalität und von hundert Prozent. „Was auch immer es kostet." Das ist wichtig, und es ist auch wichtig, sich dessen zur rechten Zeit zu erinnern, denn im Leben eines Sannyasins tauchen Situationen auf, die man als Versuchung bezeichnen könnte. Situationen, in denen die Frage auftaucht: „Strebe ich wieder nach dem, was Osho beschreibt als das Suchen nach Erfüllung und Befriedigung in Macht, in Prestige oder Beziehungsliebe und in tausendundeinen Dingen, die sich dir vielleicht anbieten, und vergesse ich darüber die Glückseligkeit des göttlichen Wegs? Oder strebe ich nach der Glückseligkeit des göttlichen Wegs und zahle, wenn nötig, mit allem anderen?" Im Endeffekt kostet es dich, und zwar mit Haut und Haar. Und genau das ist die Herausforderung, die deiner würdig ist.

Und noch etwas zur Glückseligkeit: Da, wo schon etwas ist, hat nichts Platz. Deshalb muss man immer wieder leer sein. Ganz leer ...

# 10. Das Wunder der Umwandlung

**Umwandlung widriger Umstände in den Bodhipfad.**

Wunderschön ist schon der erste Satz, der wie eine Lokomotive für das ganze Kapitel ist. Das ist bei Atisha übrigens öfter so. 3.1. **„Wenn Übel die belebten und unbelebten Universen erfüllt, dann verwandle widrige Umstände in den Bodhipfad."** Darin ist eigentlich alles enthalten, was für das dritte Kapitel benötigt wird. Wandle jeglichen widrigen Umstand, der auftauchen mag, um. Und meine Erfahrung ist, dass es nichts gibt, was nicht nutzbar wäre, nichts, was nicht in eine Gabe transformierbar wäre. Und das ist eine gute Nachricht. Nutze alles! Weiche nichts aus! Versuche nichts zu umgehen, sondern stelle dich dem, gehe rein, lade es ein, nutze und transformiere es.

*3.2. „Gib einem alle Schuld."*

Das ist auch einer der Sätze, der in den von falschen Heiligen konditionierten Geistern stets großen Widerstand hervorruft: „Ich muss alles auf mich nehmen, immer bin ich schuld." Nein, es heißt zunächst einfach, dass ich im Zweifelsfalle erst einmal die Verantwortlichkeit für mich übernehme, für mich und mein Erfahren. Mein Erfahren ist mein Erfahren. Wenn du Ärger erfährst, ist das dein Ärger. Da mag es irgendwo draußen einen Auslöser geben, aber offensichtlich ruft dieselbe Situation in verschiedenen Menschen verschiedene Reaktionen hervor. Nicht alle werden ärgerlich. Also kann es nicht wirklich der Auslöser da draußen sein, und somit ist es deine Sache. Sobald wir die Schuld, die Verantwortung übernehmen, ist sofort auch Freiheit da. Solange ich den ganzen Schrott projiziere und meinen Chef oder meine Frau oder meinen Mann umbringen will, habe ich keine Chance und befinde mich in einem ewigen Kreislauf. Ein Ärger erzeugt den nächsten.

Draußen ist ein Auslöser, dein Ärger kommt hoch, du wirfst ihn raus, dann wird der Nächste ärgerlich, du kriegst das wieder rein – das geht ewig hin und her, und da ist kein Ende. Wenn wir erst einmal die Verantwortlichkeit übernehmen, dann kann man auf einmal die Dinge auch besprechen. Es gibt ein Ende von Ärger, ein Ende von Eifersucht, von Neid und Arroganz. Und wenn ich dann schon die Schuld für mein Erfahren übernommen habe, dann ist es eigentlich schon egal, und wenn sich jemand dann damit gut fühlt, zu mir zu sagen: „Du bist schuld", dann ist es okay, dann werde ich nicht lange argumentieren, sondern nehme das auch noch mit. Das macht die Sachen einfacher. Was nicht heißt, dass man nicht zu sich stehen könnte. Nur der kleine Geist macht aus diesen Schuldgeschichten ein Problem, und es ist ein ewiges Hin- und Hergeschiebe von Schuld, und irgendjemand muss dann den Schwarzen Peter nehmen. Ob das dann ausgerechnet der wirkliche Schuldige ist, weiß man nicht. Vielleicht war es nur der Argumentationsschwächste oder der mit dem schlechtesten Anwalt. Betrachte ich es mit einem heiteren Geist, bleibt von dem ganzen Thema meines Erachtens nicht viel übrig. Ich finde jedenfalls nicht viele Reste.

## Wie Schuld verschwindet

Das Schuld-Thema verschlingt im normalen Leben sehr viel Energie, viel Geisteskraft, die man viel kreativer einsetzen könnte, viel emotionale Kraft und viel Zeit. Und wenn ich es mir genau betrachte – es bleibt nichts von dem Thema übrig. Dahin zu kommen, fängt damit an, dass ich zunächst das annehme, was man gemeinhin als „Schuld" bezeichnet, und hinterher stelle ich dann fest – aber das stellt man stets im Nachhinein fest –, dass es Schuld eigentlich gar nicht gibt. Aber solange ich dagegen ankämpfe und sage: „Nein, du bist schuld", gibt es Schuld, zumindest in der Erfahrung. Und noch einmal, das Allerbeste daran ist: Bei allem, wofür ihr die Verantwortlichkeit übernehmt, habt ihr auch immer die Freiheit und die Möglichkeit, damit zu arbeiten. Vorher nicht. Und deshalb ist das gleich der 2. Punkt in diesem Kapitel. Denn Schuld ist ja doch ein recht häufiger widriger Umstand oder macht widrige Umstände noch widriger.

### 3.3. „Sei jedem dankbar."

Wie schön! Sei wirklich jedem dankbar, auch dem, der dir gerade die Schuld zuschiebt! Allein schon deshalb, weil jeder so unglaublich kostbar ist. Völlig unabhängig von seinen oder ihren Taten, seinen oder ihren Verhaltensweisen, seinen oder ihren Schuldhaftigkeiten oder Unterlassungen ist unglaubliche Kostbarkeit in jedem. Sei nicht nur jedem dankbar – das würde ich gerne noch ein bisschen ausweiten –, sei einfach dankbar für alles: für die schönen Sachen und für die nicht so schönen Sachen. Für die schönen ist man ja sowieso dankbar, und aus den nicht so angenehmen kann man immer etwas lernen, kann man überhaupt wachsen, und man kann sie immer umwandeln! Allein schon die Möglichkeit der Umwandlung löst Dankbarkeit aus, es ist neues Material, neues Brennmaterial. Wenn man diese Disziplin geübt hat, kann man wirklich für jeden Tag dankbar sein. Für jeden Morgen, für jeden Abend, für jede Geburt und für jeden Tod, für jede Gesundheit und für jede Krankheit. Und wenn man das dann unter der Überschrift „Umwandlung widriger Umstände in den Pfad der Wachheit" betrachtet – welche Möglichkeiten. Da gibt es kein Ende des Potenzials.

### Feinde sind die besten Lehrer

Das gesamte Kapitel „Umwandlung widriger Umstände in den Pfad der Wachheit oder den Bodhipfad" wird von Chögyam Trungpa mit Geduld assoziiert. Sie ist hierbei der Zauberstein und die Kuh des Überflusses.

Bei Punkt 3: „Sei jedem dankbar", habe ich über die Kostbarkeit eines jeden Wesens gesprochen, und wie dankbar einen das von vornherein macht. Aber darin ist noch eine Kostbarkeit enthalten: Gerade wenn uns Menschen begegnen, die uns nicht mögen oder irgendwie stachelig oder aggressiv auf uns zukommen, trägt das eine ganz eigene Kostbarkeit im Zusammenhang mit der Disziplin des Geistes in sich. Genau diese Menschen und genau diese Situationen schenken uns die Möglichkeit und das Material, unsere Achtsamkeit, unsere Geduld, unser Mitgefühl, unser „alle Schuld einem geben" und unsere Verantwortlichkeit zu schulen. Sie schenken uns auch die Möglichkeit, uns zu überprüfen. Allein dieses in solch einer Situation sehen zu können,

ist schon so unglaublich kostbar. Macht es was in mir, und *was* macht
es in mir? Ändert das etwas an meiner tiefsten Friedlichkeit, ändert das
etwas an der Freude, oder nicht? Der Dalai Lama hat zu diesem Punkt
dem Sinn nach gesagt: Unsere Feinde sind unsere besten Freunde und
unsere besten Lehrer. Das ist sehr kostbar und Grund zur Dankbarkeit.
Diese Dankbarkeit mag zunächst aus der Sicht des kleinen Geistes
absurd erscheinen, aber da ist wieder die Kehrtwendung. Das, was zunächst als Widrigkeit oder Übel erscheinen mag, wird in den Bodhipfad
umgewandelt – es ist ganz einfach. Es ist immer diese Umstülpung. Und
dann bleibt eigentlich nichts übrig, was nicht umwandelbar wäre, nichts,
was nicht nutzbar wäre, was nicht Grund zu Dankbarkeit und Anlass
zum Wachsen wäre.

### 3.4. „Verwirrung und Hinderung als die vier Kayas ansehen, ist der unübertreffliche Shunyata-Schutz."

F: *Ich habe die vier Kayas nicht verstanden. Was können sie mir
bringen, was kann ich da lernen, wie kann ich sie anwenden?*

P: Der Slogan heißt ja: „Verwirrung und Hindernisse als die vier Kayas
betrachten, ist der unübertreffliche Shunyata-Schutz." Da herrscht
jetzt Verwirrung in deinem Leben. Der übliche Versuch, damit umzugehen, ist, den *Inhalt* der Verwirrung zu betrachten – das Thema,
das Objekt: „Was soll ich jetzt machen?" Das ist bis zu einem gewissen Grad auch sinnvoll, aber es läuft sich tot. Als Beispiel: „Welchen Beruf soll ich ergreifen? Muss ich Visitenkarten drucken oder
nicht? Ah, jetzt bekomme ich Angst. Ich betrachte die Angst. Wann
hatte ich die zuerst? Sie ist zum ersten Mal in der ersten Volks-
schulklasse aufgetreten, da hatte ich so eine böse Lehrerin usw." Das
ist der „Inhalt" der Verwirrung, und da kommst du vom Hunderts-
ten ins Tausendste. Damit kannst du tausend Leben durchhecheln
und kommst letztlich zu keinem Ende. Bis zu einem bestimmten
Punkt ist das ganz hilfreich, aber du findest fortlaufend die Ursache
für die Ursache für die Ursache für die Ursache bis zurück zu Adam.
Und jetzt rät Atisha: Mach es doch einmal anders herum! Betrachte nicht den Inhalt der Verwirrung oder das Thema oder das Objekt, sondern die Verwirrung selbst: Was ist das? Wo kommt sie her?

Woraus besteht sie? Was ist das Substrat? Und dann fügt er hinzu: „Verwirrung als die vier Kayas betrachten." Was sind die vier Kayas? Zunächst der Urgrund, *Dharmakaya*, die absolute Wahrheit, Weite, Offenheit, Glückseligkeit. Bei Glückseligkeit gerät bereits etwas in Bewegung. Freudige Bewegung ohne Form – *Sambhogakaya*.

F: *Ich versuche ja, die Verwirrung oder die Gefühle dabei zu spüren. Aber scheinbar schaffe ich es nicht.*

P: Es geht nicht *nur* darum, das Gefühl zu fühlen, denn damit bist du ja schon wieder beim Objekt. Das ist fein, eine gute Methode – aber hier benutzen wir jetzt eine andere Methode. Ich betrachte nicht das Objekt, sondern die Natur der Verwirrung selbst und führe sie zurück auf den Grund. Egal, welches Gefühl dabei herrscht. Gefühle fühlen wir, aber das ist das 2. Kapitel. Die Kayas sind 3. Kapitel. Ursprünglich – und das kennst du in manchen Momenten – ist alles in Ordnung, Buddha-Natur, No-Mind. Dann taucht zwangsläufig, denn das ist im *Dharmakaya*, im No-Mind, in der Buddha-Natur, im „Geist, der über den Wassern schwebt", im Logos bereits enthalten, eine ganz leichte, gluckernde, glückselige Bewegtheit in sich selbst auf. Eine Berührtheit, Bewegtheit und Freudigkeit, völlig grundlos in sich selbst. Das ist *Sambhogakaya*, der „Heilige Geist" im Christlichen.

Und aus dem erfolgt zwangsläufig Manifestation, es muss sich irgendwie niederschlagen – *Nirmanakaya*. In deinem Fall die Manifestation von Verwirrung. Wenn du dann diese drei, diese Dreifaltigkeit zusammennimmst – das ist *Svabavikakaya*, der „Alle-drei-zusammen-Kaya".

Jetzt betrachtest du auf diese Art dieses Phänomen „Verwirrung", das dir als Hindernis und als schrecklich erscheint – und dabei ist es völlig egal, *warum* du verwirrt bist oder welches Gefühl dabei herrscht. Aus dem Nichts kommt leichte Bewegung, dann Verfestigung, Materialisation und ebenso wieder zurückkehrend ins Nichts, sich auflösend in Wohlgefallen. Wenn du so die Natur von Verwirrung und die Natur von Hindernis selbst tief betrachten kannst – nicht theoretisch, sondern praktisch –, ist das dann „der beste Shunyata-Schutz", damit bleibst du im Gewahrsein. Und somit kannst du alles, was in deinem Leben an Angenehmem oder Unangenehmem auftaucht, als Übungsmöglichkeit benützen. Alles ist nutzbar!

F: *Wenn aber wieder eine Rechnung kommt, die ich nicht bezahlen kann, reißt es mich natürlich erst einmal raus. Das geht dann ganz schnell. Das ist dann einfach die Realität, oder?*

P: Die Realität ist eine Rechnung, die du nicht bezahlen kannst. Dass es dich herausreißt, ist Anlass zur Übung! Eine Rechnung, die man nicht bezahlen kann, bleibt unangenehm, aber das muss dich nicht herausreißen! Das ist ein wunderbarer Anlass zur Übung, zum wieder Anhalten und zum wieder Betrachten, wie sich dieses „Rausreißen" als Kayas entfaltet, oder zu betrachten, wie dieses „Rausreißen" auch „eine Blume am Himmel" ist! Oder du nimmst die Emotion, die bei dem „Rausreißen" auftaucht, hinein. Und wenn du schon dabei bist, kannst du die Emotionen aller Menschen, die heute Rechnungen gekriegt haben und sie nicht bezahlen können, gleich noch mit dazunehmen. Und gib allen Reichtum, die Fülle und Einsicht über all dieses Wunderbare her. So kannst du gut Rechnungen bezahlen – andere Rechnungen, die ausstehen ...

### 3.5. „Die vier Übungen sind die besten Methoden."

Eine dieser vier Übungen führt wieder zu vier Unterpunkten, und das finde ich so ein schönes Muster. Ich mag diese Muster, diese Unterteilungen in den tibetischen Texten. Im Sommer habe ich das so übersetzt:

1. Offen sein
2. Still sein
3. Umfangen
4. Durchdringen.

Erinnert ihr euch? Damit haben viele von euch experimentiert. Das Original heißt:

1. Verdienste sammeln
2. Schlechtes Tun ablegen

3. Den Döns opfern

4. Den Dharmapalas opfern.

### 3.5.1. *„Verdienste sammeln"*.

Im Sommer habe ich euch eine pyarige Übersetzung geliefert. Verdienste sammeln ist eine sehr paradoxe Sache. Jesus sagt das ja auch: „Sammelt Schätze im Himmel, wo die Motten sie nicht fressen und der Rost sie nicht angreift." Was meint er damit, und was meinen die Buddhisten mit „Verdienste sammeln"? Da herrscht viel Missverständnis, und daraus wird eine Art Ablasshandel wie bei uns im Mittelalter. Je mehr und je höher wir die Stupas bauen, desto besser, oder 100.000 von diesem Mantra oder 200.000 von jenem – wunderbar, wenn es echt ist. Wodurch wird es echt? Durch loslassen, denn eigentlich geht es ja bei diesen Geschichten – ob man nun Geld für eine Stupa oder den Bau des Kölner Doms spendet – darum, etwas zu geben. Sobald ich aber dieses Geben wieder auf einem himmlischen Konto, auf einem Nirvana- oder Erleuchtungskonto horte, ist es ja kein Hergeben mehr, sondern schlicht ein Handel. Das heißt, Verdienste sammeln kann eigentlich nichts mit Sammeln zu tun haben, es heißt nur so und ist ein Paradox. Es ist einfach nur die Haltung des Gebens, der Offenheit, des Nichts-Zurückhaltens. Halte nicht mal den Verdienst des Nichts-Zurückhaltens fest. Es heißt einfach nur, in einer gebenden Haltung offen sein, berührbar sein, nicht zurückhaltend sein.

### 3.5.2. *„Schlechtes Tun ablegen"*

hab ich sehr einfach mit „still sein" übersetzt. Wenn ihr wirklich still seid, nicht nur ohne Sprechen, sondern auch still *zwischen* den Ohren, dann ist schlechtes Tun unmöglich. Das heißt, das wäre eine sehr einfache Möglichkeit, schlechtes Tun abzulegen, sofern es einem leicht fällt, still zu sein.

Nachdem das nicht immer und nicht jedem so leicht fällt, wurde dieser Punkt im Original in vier Untergruppen aufgefächert. **Punkt 1** ist **Überdruss**, Überdruss am schlechten Tun. Nachdem du deine Frau zehnmal verprügelt hast, merkst du vielleicht: Irgendwie ist das nicht so toll, und es macht nicht wirklich glücklich. Das ist schon sehr wert-

261

voll, denn das kriegt nicht jeder mit! Das heißt, um zu diesem Überdruss zu kommen, muss bereits ein gewisses Maß an Bewusstheit, Ehrlichkeit und Offenheit am Anfang stehen, also ein gewisses Maß an grundlegender Übung vorhanden sein. Das muss euch vor allem im Umgang mit anderen Menschen oder mit so genannten Tätern bewusst sein. Überdruss, Reue heißt, dass man feststellt: Es ist nicht gut, es schmeckt nicht gut, es macht nicht glücklich, es tut mir weh, es tut den anderen weh, es macht mich dumpf, unklar, unbewusst. Bereuen ist ja auch so ein Wort, das von falschen Heiligen versaut wurde. Dabei ist es so etwas Kostbares: So kostbar ist die kleine Umwendung hier. Zur Reue ist natürlich notwendig, dass ich auch hier „einem alle Schuld gebe". Nicht dass ich sage: „Ja aber, ich musste ja meine Frau verprügeln, weil ...", sondern, dass ich es wirklich zu mir nehme, den Schmerz davon empfinde und mich wieder umwende, weg von dem schlechten Tun. Und daraus entsteht

**Punkt 2: die Entschlossenheit.** Wenn man wirklich die Bitterkeit davon wahrnimmt, muss eigentlich der Entschluss auftauchen: „Das will ich nicht mehr, es reicht." Das ist der Entschluss, damit wirklich für die Zukunft Schluss zu machen! Und fasst den Entschluss ohne zu wanken! Es geht trotzdem oft genug schief. Aber wenn man von vornherein sagt, wahrscheinlich geht es wieder schief, dann ist schon der Entschluss halbherzig, und dann geht es sicher schief. Das heißt, ungeachtet der Tatsache, dass man wieder ausrutschen kann, sollte man das nicht in den Entschluss mit einbauen! Lasst den Entschluss total sein: „Schluss, ich mag nicht mehr, es reicht mit den Faxen." Da man sich klar ist aufgrund von Ehrlichkeit, Offenheit und der Bereitschaft, immer am Anfang zu stehen, dass man hier ein bisschen Hilfe braucht, kommt als

**Punkt 3: Zuflucht.** Das heißt, sich dem Göttlichen, den göttlichen Freunden, den Buddhas, dem Meister, dem Sangha anheim zu geben – um Hilfe zu bitten, eine Hand zu nehmen, sich hier zu öffnen. Das ist ganz ganz wichtig, und die Hilfe ist immer da. Alle Freunde, die wilden und die sanften Freunde, sind da und unterstützen jeden. Zuflucht ist etwas Kostbares. Und dann erst als

**Punkt 4: Gegenmittel.** Anzuwenden sind diese je nach Problematik. Es gibt einige, die immer gut sind: Gebet und still sein, zum Beispiel.

### 3.5.3. „Den Döns opfern."

Ich nannte das im Sommer „Umfangen". Döns sind im Tibetischen kleine lästige Geister, die einen zwicken und zwacken, auch innen. Das sind zum Beispiel Hungergeister im Außen, die übrigens manchmal wirklich auftreten! Aber es sind einfach auch diese Dinge, die einen im Innen anstoßen und wachrütteln, sei es jetzt körperlich wie ein Zahn, der einem gezogen wird, oder sei es emotional. Irgendwelche Unannehmlichkeiten, die einem begegnen! Hier verlangt diese Übung: „Opfere den Döns." Also werft die Hungergeister nicht hinaus, sondern stellt ihnen was zum Essen hin. In Bayern stellt man für Geister manchmal ein Töpfchen mit Hirse aufs Fensterbrett. Diese Übung gibt es also nicht nur in Tibet. Aber auch bei den inneren Döns gilt: Die Unannehmlichkeiten des Innenlebens auf allen Ebenen nicht zu verbannen, sondern zu umfangen, heißt, den Döns zu opfern, sie nicht hinauszuwerfen, sondern hereinzunehmen. Das verwandelt auf ganz einfache Art widrige Umstände in den Bodhipfad. Und wenn draußen Geister auftauchen, dann bekommen sie Hirse, oder in Tibet Torma. Bei mir bekommen sie Hirse, und manchmal auch Katzenfutter.

Und nun die vierte Übung.

### 3.5.4. „Den Dharmapalas opfern."

Sie sind die Hüter der Lehre. Zum Beispiel Mahakala, ein wilder Kerl, aber ein netter Wilder, wirklich. Er sieht ziemlich fürchterlich aus, rasselt mit Schädeln und stampft auf Wesen herum, aber damit ist nur das Ego gemeint. Er hat ziemliche Krallen und ist dunkel und voller Feuer. Mahakala ist einer der Schützer des Dharma. Er trägt einen großen schwarzen Mantel, der eine ähnliche Funktion hat wie der blaue der Madonna. Er nimmt ihn gelegentlich und wirft ihn jemandem über, der es gerade braucht. Wenn Dharmapalas auftauchen, sind das heftige Erschütterungen. Der Kerl ist größer als ein Schloss. Und wenn er losrennt, dann wackelt es, und er ist laut!

Er taucht in eurem Leben auf und ist ein Schützer der Lehre. Diese Dharmapalas tauchen besonders dann auf, wenn ihr angefangen habt, euren Zeh in das Wasser des Dharma zu stecken, wenn ihr euch ein bisschen eingelassen habt. Und das habt ihr offensichtlich! Wenn ihr den Zeh jetzt wieder rausnehmt oder aus irgendeinem Grund, zum Beispiel weil es einfach keinen Spaß macht, wieder abhauen wollt, besteht jetzt die Gefahr, dass der Mahakala kommt und euch packt und beutelt. Das kann verschiedenste Formen annehmen. Es kann eine Krankheit sein, ein Verlust oder sonst eine Erschütterung. Aber eigentlich ist es nur ein freundlicher Stups, der manchmal ein bisschen heftiger sein muss, weil ihr so tief schlaft. Deshalb ist es eine gute Idee, diesem freundlichen Wesen zu opfern, indem ihr diese Erschütterungen im Leben als das seht, was sie sind: Nasenstüber der Dharmapalas. Seid deshalb nicht sauer, sondern dankbar. Das ist eigentlich alles. So wandelt man auch diese widrigen Umstände oder das, was viele Menschen dafür halten, in den Bodhipfad um. Die vierte Übung nannte ich „Durchdringen", weil das die Möglichkeit ist, tiefe Muster an der Wurzel zu durchschneiden, manchmal mit Hilfe von Nasenstübern, manchmal mit derselben Kraft, die durch Mahakala oder das Schwert von Manjushri oder einfach mit der Klarheit symbolisiert ist, und weil das die Möglichkeit ist, über das Umfangen noch hinauszugehen und das ganze Muster, die ganze Struktur und die Anhaftung, die dahinter steckt, zu durchdringen und an der Wurzel zu durchschneiden und endgültig zu beenden.

## Umkehr

F: *Mir geht es oft so, dass ich aufgrund meines Unbehagens, meines Grolls, meines Ärgers körperlich eine Energie abstrahle, die andere trifft. Die haben dann wiederum das Problem, dass sie sich im Sonnengeflecht verkrampfen. Was mache ich damit?*

P: Deshalb habe ich zu dir gesagt, du solltest noch ein bisschen weiter die „Dynamische Meditation" üben. Da ist viel für dich passiert und viel klar geworden. Du hast den Schmerz entdeckt, der unter deiner Aggression liegt, bist damit in Kontakt gekommen, konntest beginnen, ihn zu fühlen, und deine Aggressivität ist weniger geworden, weil du mehr an die Wurzel gekommen bist. Aber du schilderst eben, dass die Gewohnheiten der Aggressivität, und zwar auf allen Ebenen, die Gewohnheiten im Geist und im Gefühl und auch im Körperlichen noch vorhanden sind, und gelegentlich taucht die Aggressivität selbst auf. Das heißt, da ist noch etwas zu tun.

F: *Was mache ich mit dem anderen Menschen? Er sitzt ja dann betroffen da?*

P: Vorerst wird es wahrscheinlich so sein, dass du gelegentlich verletzend bist, weil das einfach noch nicht aufgelöst ist. Was dir jetzt möglich ist, ist dieses zu sehen. Wir sind da bei dem Punkt „Schlechte Taten ablegen". Du nimmst es wahr, und da ist Überdruss. Du sagst, dass du das eigentlich nicht mehr willst, und da ist Reue. Es tut dir selbst weh. Dann fasst du den Entschluss, eine Wende einzuleiten, du nimmst Zuflucht, was du jetzt gerade tust, und dann kommt das Gegenmittel, in diesem Fall: Dynamische Meditation. Und das machst du, bis es erledigt ist, mit Geduld und Zeit und Entschlossenheit. So wie Osho gesagt hat: "Use this method until it has settled forever." Das heißt, du machst einfach mit dieser ganzen Praxis in aller Tiefe und immer größerer Tiefe und im Moment mit diesem speziellen Gegenmittel weiter, bis es sich für immer gegründet hat – bis die Wurzel wirklich durchschnitten ist.

F: *Soll ich mich bis dahin von anderen Leuten fernhalten? Denn es gibt dann jedes Mal einen Krach.*

P: Das ist jedes Mal Herausforderung zur Übung, Herausforderung zum Innehalten, jedes Mal die Herausforderung, dieses Mal den Ärger nicht herauszuwerfen, sondern selbst zu fühlen. Jedes Mal die Herausforderung, den Schmerz und die Reue zu fühlen, wenn du trotzdem ausgerutscht bist. Und wieder zu lernen. Nicht vermeiden! Das ist nicht der Weg. Wenn du dich, solange Ärger in dir ist, in die Wälder zurückziehst und alle Menschen meidest, ist das Vermeidung. Das wäre genauso wie die Vermeidung des Lebens. Du musst mitten hinein und dich der Herausforderung stellen und mittendrin lernen. Du musst mittendrin an Bewusstheit, Weisheit, Mitgefühl wachsen, dann Offenheit, Bereitschaft, Hingabe, Berührbarkeit und Ehrlichkeit entwickeln. So ist der Weg.

F: *Die Gratwanderung ist dann, nicht in diese Schuldfrage abzustürzen, weil ich jemandem etwas angetan habe.*

P: Du hast ja jemandem etwas angetan. Dann fühle dich halt schuldig. Reue. Das ist ja heutzutage auch so etwas Verweichlichtes: Man darf sich nicht mehr schuldig fühlen. Sich schuldig zu fühlen, ist die größte Schuld, die man begehen kann. Aber manchmal ist man halt schuldig, warum sich dann nicht schuldig fühlen? Und damit meine ich etwas ganz Simples. Das hat nichts mit Erbsünde und Himmel und Hölle und all diesem Kram zu tun, mit dem das im Allgemeinen in euren Köpfen verknüpft ist, sondern ist eine simple Tatsache. Du hast jemanden geschlagen, es tut ihm weh und war nicht besonders schön. Und der Schmerz kommt auf dich zurück. Und er kommt genau jetzt zurück in der Form eines Schuldgefühls. Nimm dann dieses Schuldgefühl an. 3.2.: „Gib einem alle Schuld." Sei damit ehrlich und bereue. Das bedeutet, dass du die Frucht dieses Karmas jetzt isst. Du hast schwarze Samen gesät, und du isst die schwarze Frucht gleich auf, bevor sich ihre Samen weiter ausbreiten. Du nimmst es an, und dann säst du weiße Samen. Mit Geduld. Ja, es wird noch ein paar Kräche geben, rechne damit. Aber es ist viel passiert mit dir. Das ist wunderschön. Die Richtung stimmt. Also weitergehen. Das ist überhaupt ganz wichtig. So gehe ich auch in der Medizin vor. Nicht zielorientiert, sondern richtungsorientiert. Jemand hat chronische Migräne, dann kriegt er Medizin und dann kommt er nach sechs Wochen wieder. Dann frage ich nicht: „Ist jetzt alles gut?", sondern mir geht es darum, ob die Richtung stimmt oder nicht. Wenn das Kopfweh schlechter oder häufiger geworden ist, dann habe ich das falsche Mittel gegeben, dann muss man etwas ändern. Aber wenn sich etwas ein bisschen in Richtung „gesund werden" und weniger leiden geändert hat, dann bin ich zufrieden und versuche das auch dem Patienten zu vermitteln. Ja, die Richtung stimmt. Wir machen so weiter. Wie lange es dauert, weiß ich nicht. Das heißt, da ist eine Ausrichtung gegeben, aber nicht diese Zielbesessenheit. Es muss nicht heute Nachmittag erledigt sein.

F: *Ab und zu gerate ich auch in die Position jener Person, die von irgendwem Ärger abbekommt. Dann komme ich in die Rolle des Fühlens, des Wahrnehmens, des Einatmens usw.*

P: Was für ein Segen.

F: *Habe ich dann jedes Mal etwas damit zu tun, wenn mich das von außen trifft? Wenn ich dann tagelang mit verkrampftem Magen durch die Gegend renne? Ist das auch ein Teil von mir oder nicht? Auch*

*dann, wenn diese Attacke von außen auf mich zukommt und das ver-
ursacht?*

P: Dein verkrampfter Magen ist *dein* verkrampfter Magen, ja. Wenn
ich mir in den Finger schneide, tut es *mir* weh, auch wenn das Messer
irgendwo draußen war. Also hat es irgendwie mit mir zu tun. Ich
kann es nicht wieder rausschieben. Ich kann es nicht auf das Messer schieben. Das Messer ist immer noch ganz. Aber dafür brauchen
wir keine esoterischen Zusammenhänge, falls du darauf hinauswillst:
„Hat das mit mir zu tun, weil ...?" Sondern es hat auf eine ganz einfache Art mit dir zu tun, weil es dir widerfährt, weil du es fühlst. Und
es ist wunderbar, denn du lernst beide Seiten kennen. Das hat etwas Gutes.

## Umwandlung von Ärger

F: *Also, für mich ist es keine Schwierigkeit zu sehen, dass alles flüchtig
und vergänglich ist. Meine Schwierigkeit ist, die Emotionen aufzulösen.*

P: Sie sind auch flüchtig. Welche Emotionen zum Beispiel? Was ist die
vordringliche für dich?

F: *Ärger!*

P: 6.5.: „Übe mit der größten Verblendung zuerst." Deshalb musst du
schauen, wo es am schärfsten für dich ist: Du sagst „Ärger". Wenn
der Ärger schon da ist – nicht wenn er kommt –, ist er in aller Offenheit zu fühlen und dann zu untersuchen. Irgendwo muss da eine
Verklebung sein, ein Punkt, an dem du die Flüchtigkeit, die
Traumhaftigkeit nicht erkennst. Da muss irgendwo ein Punkt mit
Ich-Verhaftung sein, die zu dem Ärger führt. Es ist wichtig, diesen
Punkt zu erkennen. Du kannst nicht den Ärger direkt auflösen. Du
kannst ihn fühlen, beobachten, kannst ihn umarmen, aber wichtig
ist, ihn auch zu verstehen. Osho hat oft gesagt: „Verstehen löst letztlich auf." Und dieses Verstehen ist ein Daraufschauen mit allen dir
zur Verfügung stehenden Augen der Weisheit: Unterscheidend, spie-
gelnd, annehmend, aus der Vogelflugperspektive, von allen Seiten,
alles durchdringend. Untersuche dieses Phänomen „Ärger"! Das
wäre die eine Möglichkeit. Die andere: „Die vier Übungen sind die

beste Methode: offen sein, still sein, umfangen, durchdringen." Mit „durchdringen" meine ich in diesem Fall verstehen. Wenn du es wirklich verstehst, wenn du den Haken und die Öse und das, was dich da ergreift, findest, und das immer wieder, ganz ehrlich tust, dann löst sich die Öse irgendwann auf und der Haken kann nicht mehr greifen und Ärger wird dich nicht mehr quälen.

Oder vier Übungen in der traditionellen Ausdrucksweise: Erstens Verdienste sammeln, zweitens schlechtes Tun ablegen, drittens den Döns opfern und viertens den Dharmapalas opfern. Wobei Punkt zwei – schlechtes Tun ablegen – sich in Reue, Entschluss, Zufluchtnahme und Gegenmittel aufteilt. Deine Frage zielt eigentlich auf diesen Punkt „schlechtes Tun ablegen". Wie kann ich diese gestörte Emotion Ärger transformieren? Überdruss, Reue, ja, an diesem Punkt stehst du gerade. Eigentlich sagst du: „Das hat mir und anderen lange genug geschadet. Ich habe es satt!" Ich mag Ärger nicht mehr, und es tut mir Leid, dass er so viel Leiden verursacht hat und bis jetzt verursacht. Den Schmerz davon einfach zu fühlen und die Verantwortlichkeit dafür zu sich zu nehmen, ist Reue. Nicht den Auslöser oder das Objekt des Ärgers zu verändern, sondern zu sagen: „Ich ärgere mich."

F: *„Gib einem alle Schuld."*

P: Exakt. Zusammen mit dem Überdruss daran ist es diese Reue im besten Sinne, die eine Wendung verursacht, die dich ganz weich und weit macht, die diese weiche Stelle in dir aktiviert und vergrößert und empfindsamer und berührbarer macht. Das fühlt sich höchstwahrscheinlich gar nicht so gut an, vielleicht musst du weinen, aber daraus entsteht wieder eine Entschlossenheit: „Nein, nicht mehr!" Das heißt nicht, dass es tatsächlich nicht mehr passiert. Das ist wichtig, hier musst du den Satz 6.6.: „Gib alle Hoffnung auf Erfolg auf" mit hineinnehmen. Und so kommt dann, wenn du das als Ganzes nimmst und betrachtest, automatisch Punkt drei: die Zufluchtnahme. Du sagst: „Ich tue, was ich kann, aber ich bin hilflos." Wenn beides zusammenkommt, deine Entschlossenheit, deine Bereitschaft, auch dein wirkliches Bemühen, den Ärger für immer und ewig komplett loszulassen, und du trotzdem weißt, vielleicht geht es, vielleicht nicht, dann kannst du Zuflucht zu allen Buddhas nehmen. Die Reue, die Entschlossenheit und eine gewisse Hilflosigkeit kommen zusammen. So ein: „Okay, ich tue wirklich, was ich kann. Ich setze mich mit meinem ganzen Herzen und meiner ganzen Aufmerksamkeit ein, soweit es eben geht." Dann ist Zuflucht zum Größeren möglich. Zu Dharma, Buddha, Sangha. Oder zu den Dharmapalas, den Beschützern, oder zu den Engeln, zur Existenz oder einfach zum Göttlichen. „Okay, ich verspreche: Meinen Teil mache ich." Das ist wichtig. Das kommt zuerst. „Aber ich weiß, da ist trotzdem Hilflosigkeit." Und das gibst du ab. Du nimmst Zuflucht. So haben wir dieses dreifache Paket: Überdruss oder Reue, den Entschluss und die Zuflucht, die Unterstützung der ganzen Existenz. Dann erst kommen die Gegenmittel. Beim Ärger wäre dies zum Beispiel Freundlichkeit, aber eine echte, keine aufgesetzte – es muss immer echt sein. Oder ein guter Wunsch: Jemand ärgert dich, und du erinnerst dich im Rahmen dieses ganzen Paketes und im Zurückkommen in die Tiefe und Offenheit, dass es deine Schwester ist, dass es dein Bruder ist, deine Mutter ist, dein Vater ist, dein Kind ist, du bist. Und du wünschst ihm oder ihr alles erdenklich Gute und lässt gleichzeitig den Ärger, sofern noch vorhanden, einfach da sein und fühlst ihn, denn er hat gar nichts mit dem anderen zu tun. Es ist ja dein Ärger. Wenn du so damit verfährst, wieder und wieder, wird sich im Lauf der Zeit diese Energie, die sich jetzt bei dir noch als Ärger manifestiert, in das transformieren, was sie eigentlich ist, nämlich in echte Freundlichkeit. In Freundlichkeit, die durchaus auch mal Nein sagen kann. Dann wird es irgendwann keinen Ärger mehr geben.

## Heiliger Zorn

F: *Ich möchte mit diesen absoluten Gräueltaten, die jeder von uns täglich durch Medien erfährt, so gerne endgültig aufräumen.*

P: Gut, dass du das thematisierst, wir kämen sonst wieder in ein Land der Gleichgültigkeit, des Nicht-Mitgefühls und des Sich-Abschottens. Das wäre dann ein Sich-Zurückziehen in ein Land von „alles okay, alles bestens, alles wunderbar, mir kann keiner was, und du bist selbst schuld, wenn dir einer was kann". Das ist es eben nicht, sondern hier geht es einfach um die Dinge, die uns im Alltag begegnen, um das, was *mir* begegnet. Wenn ich aber, sei es unmittelbar neben mir, sei es in der U-Bahn, sei es in der Zeitung, beobachte, wie ein Mensch einem anderen Leid zufügt, dann ist das für mich kein Grund zur Dankbarkeit, sondern es ist einfach schmerzhaft, und das fühle ich. Manchmal, wenn es möglich ist, ist es ein Grund, einzuschreiten, irgendwas zu unternehmen, manchmal sogar Grund für heiligen Zorn. Das ist der Punkt, wo Jesus die Händler aus dem Tempel treibt oder die Pharisäer beschimpft. Ist der Unterschied klar? Danke für das Thema, es zeigt einmal mehr auf, wie exakt man sein muss, und zeigt mir einmal mehr, dass ich im Sprechen nicht exakt genug bin. Aber, Gott sei Dank, gibt es euch, die dann die richtigen Fragen stellen. Doch keiner von uns ist exakt genug.

## Umgang mit Nachrichten

F: *Ich sehe mir schon seit geraumer Zeit keine Nachrichten mehr an und lese auch keine Zeitung mehr, sondern ich nehme nur das auf, was mir erzählt wird. Trenne ich mich damit ab, soll ich mir wieder Nachrichten ansehen?*

P: Ich würde schon Zeitung lesen. Nachrichten im TV sind oft sehr selektiv, und nachdem die Programme von der Werbung leben, die vor und nach den Nachrichten kommt, sind die Bilder im Allgemeinen so aufbereitet, dass der kleine Geist sie einsaugt, damit man dann völlig unklar ist und Bier kauft, nachdem man gesehen hat, wie in Moskau ein Haus zusammenfällt. Zeitungen sind natürlich auch selektiv, aber nicht in diesem Maße. Also ich lese lieber die Zeitung. Manchmal schaue ich Nachrichten.

Natürlich können wir uns zu gewissen Zeiten zurückziehen und nach innen gehen und keine Nachrichten hören. Wenn wir aber keine Zeitungen lesen, weil wir Angst haben, uns dem auszusetzen, was auf der Welt geschieht – übrigens geschehen ja auch schöne Dinge –, das halte ich für nicht so gut. Das wäre wieder ein Versuch, sich abzuschotten und sich die kleine Jägerzaun-Oase zu schaffen, die es einfach nicht gibt. Sich abzuschotten, ist auch gar nicht nötig, denn je gegründeter ihr in Bewusstheit, Weisheit und

Mitgefühl werdet, desto mehr könnt ihr das lesen und fühlen, ohne in Panik oder in das „Wabbeln" des kleinen Geistes zu geraten. Das ist eine gute Übung! Und es hilft auch nichts, uns von dem, was uns als Menschen und uns als Planeten betrifft, abzuschotten. Auf der anderen Seite lockt die Versuchung – und der kleine Geist tendiert dazu –, ein großes Geschnatter anzustimmen oder in Panik oder Begeisterung auszubrechen, je nach dem, worum es sich handelt, wenn man Nachrichten sieht oder Radio hört und Zeitung liest. Ihr braucht also dabei Berührbarkeit und Offenheit – aber auch eine gewisse Coolness und Zentriertheit und die Bereitschaft, konsequent zu sein, wenn es eine Möglichkeit gibt, etwas zu bewirken. Sonst sind Nachrichten für den kleinen Geist, der wild auf Sensation ist, ein Missbrauch des Elends. Sie sind dann auch nur ein „Kick".

Hiermit kommen wir zu Punkt 3.6. **„Was auch immer dir unerwartet begegnet, verbinde es sofort mit Meditation."** Du liest etwas Erschütterndes in der Zeitung. Die alte Reaktion, das alte Muster wäre, es durchzukauen und in Panik zu geraten. Hier sagt Atisha: „Verbinde das sofort mit Meditation." Das heißt, sofort innezuhalten, was auch immer einem begegnet. Insbesondere wenn einem etwas aus heiterem Himmel begegnet, einen rauszubringen scheint, sich da nicht mitreißen zu lassen, sondern sofort innezuhalten, es einzuladen und es als das zu sehen, was es ist. Somit gehen wir zurück zu Kapitel 2: „Betrachte alle Phänomene als Träume, untersuche die ungeborene Natur des Gewahrseins, ruhe in der Essenz von allem und gleichzeitig übe dich im Austauschen, Senden und Empfangen abwechselnd, auf dem Atem reitend, mit sich selbst beginnend." Macht das wirklich mit allem, das wird mit der Zeit einfach ganz normal und natürlich. Und es ist *der* natürliche Umgang! Dann können wir uns von da aus, ruhend in der Essenz, offen und berührt, durchaus auch Gedanken machen. Diese Gedanken und diese Analyse werden wesentlich intelligenter, klarer und schneller sein. Es ist gar nichts dagegen einzuwenden, den Geist auch kreativ einzusetzen, nachdem wir das Geschehen mit Meditation fest verbunden haben. Dafür ist er nämlich da! Der Geist verblödet nicht, sondern er wird entstaubt, entrümpelt, geordnet, diszipliniert und damit effektiv einsetzbar.

F: *Von da aus wäre dann auch praktische Konsequenz, Handeln möglich. Sich zum Beispiel die Greenpeace-Liste über Genmanipulation zu besorgen und zu sehen, dass Ritter-Sport keine genmanipulierten Zutaten verwendet...*

P: Ja, das ist ein Beispiel für dieses Thema. Wir bleiben nicht bei der Theorie stehen, sondern müssen eine Umsetzung in unserem Leben finden. Und da erkennt man ja auch letztlich, wo man eigentlich steht, wie sich die Übung auf unser Sein, unser Dasein und auch unser Handeln auswirkt.

# 11. Leben, Sterben, Freude und Ausrichtung

## Lebendigkeit

F: Wenn ich von Menschen höre, die sich wünschen, nicht noch einmal inkarniert werden zu müssen, macht mich das ärgerlich.

Woran erkenne ich, ob meine Freude aus dem Größeren kommt oder eine Freude des kleinen Geistes ist? Wenn ich etwas gut gemacht habe, freue ich mich. Ist das dann die Freude des kleinen Geistes? Wenn ich ein Eichhörnchen auf dem Baum springen sehe und mich darüber freue, ist es die Freude des Großen, wie ist das?

P: Es ist ähnlich wie mit der Liebe, weißt du? Es gibt diese „kleine" Liebe – Osho nennt sie „Beziehungsliebe" –, die letztlich immer frustriert, aber trotzdem eine Widerspiegelung der großen Liebe ist. Sie kann überhaupt nur deshalb ansatzweise erfüllend sein, weil sie in der großen Liebe in euch Resonanz auslöst. Genauso ist es mit der Freude. Jede Form von Freude, auch wenn du dich an etwas erfreust, was du gut gemacht hast, ist ein Echo des großen Lachens oder des großen Lächelns, und dieses Echo erzeugt Resonanz in deinem großen Lächeln. Das empfindest du dann als freudig. Genauso ist es mit dem Eichhörnchen. Nur, das große Lächeln in dir, die göttliche Freude, die Glückseligkeit des göttlichen Wegs, ist nicht abhängig von Erfolg oder Nicht-Erfolg und auch nicht von Eichhörnchen – natürlich bei aller Schönheit von Eichhörnchen.

Aber diese Glückseligkeit ist noch umfassender, noch tiefer und nicht zu erschüttern. Das Echo der Freude resoniert in deinem Herz, in der Abteilung Freude. Solange du dich aber nur auf das Echo konzentrierst, wird die Freude immer verschwinden, sobald das Echo verhallt, wenn der Erfolg vorbei ist oder das Eichhörnchen tot vom Baum fällt. Dann kommt das Tal. Wenn du dich aber zur eigentlichen Quelle der Freude selbst zurückwendest und die Objekte der Freude als das siehst, was sie sind, nämlich schöne und doch flüchtige Phänomene, bedingt, kausal, verknüpft, dann kommst du im Lauf der Zeit zu der Glückseligkeit, die keinen Grund hat. Das nimmt der Freude an Objekten nichts weg und schmälert nicht den Wert des Eichhörnchens oder deines Erfolgs, ganz im Gegenteil. Nur: Etwas Großes ist groß, und etwas Kleines ist klein. Und was beständig ist, ist beständig, und was unbeständig ist, ist unbeständig. Das ist alles.

F: *Trotzdem kann ich die Vielfalt genießen.*

P: Natürlich. Oder hast du das Gefühl, ich genieße sie nicht?

F: *Doch!*

P: Weißt du, die Erfahrung und das Empfinden der Menschen ist verschieden. Du bist ein mit einer ursprünglichen Fröhlichkeit gesegneter Mensch, mit deinem Hüpfen und auch mit deiner Fähigkeit zur Aufregung. Auch das ist eine spezielle Form von Berührbarkeit. Aber das ist nicht bei jedem so. Und du bist manchmal wie ein junger Hund, und das ist wunderschön. Aber es gibt auch alte Hunde, und die denken manchmal: „Wäre gut, wenn Ruhe wäre.“ Ja, es gibt die Möglichkeit des Endes weiterer Inkarnation. Osho ist verschwunden, er hat sich in die Existenz aufgelöst.

Und trotzdem hat Osho auch in seinem letzten Leben die Vielfalt sicher genossen, aber noch mehr hat er die Einheit, „das Letztendliche, das Jenseitige“ genossen. Und er hat das Jenseitige und das Mysterium dessen in aller Tiefe weiter und weiter genossen, und er hat immer gesagt: „Es gibt kein Ende des Entdeckens im Jenseitigen, im ‚Beyond‘, und jenseits des Jenseits des Jenseits“. In seinem Genießen dessen und im steten Aufgehen darin, in seinem Darin-Verschwinden hat er, wie er sich ausdrückte, irgendwann eine Grenze überschritten, bei der er hinterher feststellte, dass es ihm nach dieser Grenzüberschreitung nicht mehr möglich war, wiederzukommen. Er geriet zu weit auf das andere Ufer. Deshalb pfeift er jetzt von den Bäumen und blinkt in den Sternen. Und du atmest ihn ein, mit jedem Atemzug. Osho ist in der Existenz vollkommen aufgegangen. Die Existenz hat dadurch gewonnen.

F: *Osho ist für mich auch spürbar, und zwar mehr als vorher, habe ich das Gefühl. Also, das finde ich auch nicht schlimm.*

P: Und was macht dich dann wütend?

F: *Ich habe Angst, dass da Lebendigkeit verloren geht.*

P: Was ist Lebendigkeit für dich? Was ist unlebendig in deinem Erfahren?

F: *Unlebendig fühle ich mich, wenn ich irgendwie sein möchte, wie ich gerade nicht bin. Oder wenn ich mir Bedürfnisse abschneide, die ich eigentlich habe. Wenn ich mir vorstelle, ich bin nur noch auf der Suche, auf dem Weg und das Leben spielt sich da draußen ab.*

P: Die Totalität macht dir Angst.

F: *Es ist beides. Ich habe auch eine Sehnsucht danach. Ich weiß um meine Unfreiheiten, ich spüre sie und ich habe einmal erlebt, dass der Vorhang weg war, und ich sehne mich total danach.*

P: Das ist der Punkt, wo Osho sagt: „Der Weg der göttlichen Glückseligkeit: Meine Sannyasins müssen lernen, wie man glückselig ist, wie man innere Harmonie und Grazie erreicht. Das ist unser einziger Job. Und was auch immer es kostet, man muss es zahlen." Diese Aussage ist eigentlich sehr lebendig. Dein dich Vergleichen macht dir immer wieder ein Problem, genau in diesem Vergleichen mit anderen Menschen geht die Bereitschaft, da zu sein, wo du bist, verloren – und damit deine Lebendigkeit. Geh du auf deine Art! Vergleiche dich nicht!

## Spaß vergeht – Freude bleibt

F: *Ich merke manchmal, dass auch ich Angst vor Totalität habe oder Angst davor, dass dann das Leben nicht mehr lustig ist. Ich habe Angst, diesen Weg wirklich ganz zu gehen. Ich weiß, dass die Stille nährend ist, aber zwischendurch erscheint in mir jemand anders, der Angst kriegt, dass dann kein Spaß mehr möglich ist, dass man dann eben immer so still und brav und ausgerichtet ist. Wenn du zum*

*Beispiel sagst: „Sylvester feiern wir nicht", dann denke ich, „ja, was
ist das für ein Leben, wenn man kein Feuerwerk mehr machen
kann?"*

P: Ich liebe Feuerwerke. Ich habe Feuerwerke schon immer gern gemocht und mag sie immer noch. Aber muss das jetzt ausgerechnet
am einunddreißigsten Dezember sein, wenn wir in Retreat sind? Ich
finde mein Leben schön. Tatsächlich stehe ich nicht mehr auf Disco oder Party. Und es gibt schon eine ganze Reihe Dinge, die viele
Menschen als Spaß bezeichnen, die mir aber ganz einfach keinen
Spaß mehr machen. Und das war ganz offensichtlich auch für Osho
so. Sein Leben war voller Freude. Aber tatsächlich hat er die letzten zehn Jahre seines Lebens hauptsächlich in seinem Zimmer verbracht. So viel Freude, so viel offensichtliche Freude, spürbar für
jeden, der ihm begegnete. Da reicht manches, was im Allgemeinen
als Spaß bezeichnet wird, einfach nicht hin. Genau das schilderte
gestern Osho anhand seiner Beschreibung von Beziehungsliebe im
Vergleich zu letzthöchster Vereinigung. Das gilt auch für den Spaß-
faktor. Du suchst höchstwahrscheinlich Freudigkeit, ja, die taucht
an Sylvester auf, wenn man ein Feuerwerk betrachtet. Das ist ja auch
wirklich wunderschön. Ich habe schon alles Mögliche an Sylvester
gemacht und fand es immer schön. Aber jetzt bin ich eben in Retreat
und finde das am schönsten, was die Schönheit eines Feuerwerks
nicht schmälert. Osho war da recht raffiniert: Er saß in seinem Zimmer und hat genossen, und damit die anderen nicht merken, dass
*das* eigentlich sein Spaß ist, hat er draußen eine große Party steigen
lassen, damit die Leute nicht Angst bekommen, dass auch sie irgendwann nur in einem Zimmer sitzen und glücklich sind. Er aber wäre
nie auf die Party gegangen, oder habt ihr ihn jemals in Poona auf
einer Party herumhüpfen sehen? Er hat es nicht jedem gezeigt, dass
er einfach in seinem Zimmer sitzt und glücklich ist, obwohl es offensichtlich war. Nur haben wir da oft nicht hingeschaut. Und natürlich ist nichts gegen Parties einzuwenden, und um Himmels willen, habt euren Spaß daran, an Feuerwerk und so weiter! Aber, seid
bitte tolerant gegenüber Menschen, die einfach in ihrem Zimmer
sitzen und glücklich sind und ihren Spaß haben.

F: *Ich spüre, dass das andere Glück mehr Boden hat. Und gleichzeitig kommt diese Angst, das Gewohnte loszulassen oder es sich nicht vorstellen zu können …*

P: Dazu hat Osho gesagt: „Was immer es kostet, du musst es bezahlen." Derselbe Osho, der draußen die Party steigen lässt! Er geht da ähnlich vor wie ich manchmal in der Praxis: Jemand kommt mit Asthma und benutzt ein Cortisonspray. Ich möchte ein homöopathisches Konstitutionsmittel geben, aber Cortisonspray und Homöopathie vertragen sich nicht so gut. Die Homöopathie wirkt dann einfach nicht so gut. Aber der Patient hat natürlich Angst, sein Cortisonspray wegzulassen. Und da sage ich: „Gut, dann machen wir das überlappend." Ich gebe das Mittel, wohl wissend, dass es nicht so gut wirkt. Aber ein bisschen wirkt es trotzdem. Und wenn es ein bisschen gewirkt hat, dann können wir ein bisschen von dem Cortisonspray weglassen. Dann wirkt es ein bisschen mehr, und dann lassen wir wieder ein bisschen von dem Cortisonspray weg. Das ist absolut legal. Wichtig ist nur, dass man dann eben nach und nach überprüft, ob man das Cortisonspray noch braucht. Und noch einmal, es ist nichts gegen Feuerwerk und Spaß und Party und Sex und alle diese schönen Sachen einzuwenden für den, der es mag. Absolut genussvoll und absolut fein, aber vergänglich.

F: *Aber genau der Zusatz „aber vergänglich" macht es für manche Menschen eng. Bei mir macht es da „Krk".*

P: Hilft nichts. Das alles ist wunderschön und genießbar und lebendig. Aber der kleine Geist hat nicht das Recht, zu behaupten, dass das, was Osho in seinem Zimmer lebt, unlebendig ist. Weil, verdammt noch mal, der kleine Geist es einfach nicht kennt, sich aber ein Urteil über das, was weit über ihn hinausgeht, anmaßt. Das ist wichtig. Als du sagtest: „Das macht ‚Krk', wenn ich sage, ‚aber vergänglich'", hast du da das Gefühl, ich nehme mit diesem Satz den Menschen den Spaß?

F: *Das könnte der kleine Geist annehmen. Ich kenne das von früher von mir, aus der Gewohnheit heraus habe ich geglaubt, dass mein Glück durch Kuchen, durch Bier, durch Frauen, durch Sex zu erfüllen wäre. Eine fast unendliche Schleife. Also, was tauschen wir ein?*

P: Ich habe echte Münze gegen falsche Münze eingetauscht. Und du?

F: *Ich bin auch bereit, immer wieder einzutauschen. Die Versuchungen dieser Welt sind für mich noch nicht weg. Die Attraktionen.*

P: Was genau ist die Versuchung in der Attraktion? Ist es die Tatsache, dass Eichhörnchen hüpfen und das schön ist, oder die Tatsache, dass ein Feuerwerk schön ist oder dass irgendein Spaß Freude macht? Was ist die Versuchung? Das Komische ist, dass früher Spaß eigentlich die Ausnahme für mich war. Spaß hatte ich zu bestimmten Gelegenheiten wie Sylvester oder bei irgendeiner freudigen schönen Gelegenheit, irgendeinem Event oder einem besonders schönen Tag oder einer Nacht mit meinem Mann oder im Urlaub, in der Freizeit oder nach Feierabend oder bei einem besonders guten Essen. Das war der Spaß. Und jetzt? Jetzt ist da Freudigkeit, und zwar die ganze Zeit. Sie ist nicht auf Urlaub, Feierabend oder bestimmte Ereignisse beschränkt, sondern permanent. Deshalb, glaube ich, reizen mich diese „Kicks" einfach nicht mehr, weil der Spaß sowieso da ist. Diese Freude ist die ganze Zeit da, sogar in unangenehmen Situationen. Und das als Spaß oder Freude zu bezeichnen, ist ziemlich flach, denn es ist atemberaubend, kostbar, überwältigend. Alles, was dann an wunderschönen Momenten wie der Sonnenschein jetzt oder der Nebel heute Morgen, Kälte oder Wärme, die Vögel oder die Skulpturen da draußen noch hinzukommt, ist nach wie vor absolut genießbar. Nur, wenn da keine Skulpturen sind und keine Sonne scheint und ihr alle weg seid und es nichts zum Essen gibt, ist die Freude immer noch da. Das ist der Unterschied. Und so ging es Osho. So saß er in seinem Zimmer und war glücklich, und er war glücklich, wenn er aus seinem Zimmer ging und mit seinen Sannyasins zusammen war. Aber „Kicks" hat er sich nicht mehr gegeben. Das sieht vielleicht für den kleinen Geist stinklangweilig aus, ist es aber nicht. Aber solange es euch stinklangweilig vorkommt, ist es auch okay. Ist ja kein Problem mit Sonne und Skulpturen und Eichhörnchen und Vögeln und Parties und Feuerwerk – ist ja wunderschön. Aber ich muss dazu sagen, bleibt euch der Flüchtigkeit bewusst. Das ist zweites Kapitel, erster Absatz: „Betrachte Phänomene als flüchtig, wie Blumen am Himmel." Und wenn ihr das nicht befolgt, ist es auch okay. Nur wird dann der Frust unendlich sein, wieder und wieder und wieder, denn diese Freuden erweisen sich eben als flüchtig. Jedes Feuerwerk hat ein Finale. Jeder Discobesuch endet. Jedes Trommel-Event hört auf. Jede noch so lange Liebesnacht hat ein Ende. Das Leben in dieser Form hört auf. Das Leben selbst bleibt. Jeder *Grund* für Freude ist vergänglich, Freude wäre immer da. Das Eigentliche ist immer da. Nur, je mehr wir es mit Uneigentlichem verstellen, desto schwerer ist es zu sehen. Je mehr wir an den äußeren Anlässen für Freude festhalten, desto mehr bleibt uns die permanente eigentliche innere Freude verborgen. Ich werde weiter locken und werde auch weiter darauf hinweisen, und ich werde weiterhin gnadenlos sagen, wie es ist. Und mir ist klar, dass da der kleine Geist immer wieder revoltieren wird. Ist in Ordnung. Das sitze ich aus.

## Wenn man auf Eisschichten trifft

Und noch ein Punkt: Ja, ihr geht tiefer. Und das Tiefergehen geschieht manchmal in Schichten. Es gibt weiche Schichten, sehr flüssige Schichten, breiig weiche Schichten und zwischendrin ziemlich harte Schichten. Da macht es dann „krack"! Dann setzt ihr auch mal auf, in eurem Erfahren. Und ihr ahnt wohl, dass es darunter oder darüber oder jenseits davon weitergeht, dass da ein weiteres Hinübergehen und Tiefergehen, tieferes Loslassen und Sich-Öffnen möglich ist. Aber zunächst setzt ihr auf. Dieses Aufsetzen verursacht unterschiedliche Emotionen, und die waren heute Morgen beim Sitzen sehr spürbar: viel Angst, auch ein bisschen Zorn und ein wenig Widerstand. Diese schöne Mischung. Aber diese Mischung von Widerstand, Angst und Zorn ist ja bereits Ausdruck der harten Schicht, die da auftritt. Und das ist ein völlig natürliches Phänomen. Bleibt dann einfach auf dieser Schicht sitzen. Irgendwann bricht man durch, wie man durch Eis bricht. Manchmal kann man auch ein bisschen hacken oder an die Stelle gehen, wo das Eis schon dünner ist. Aber irgendwann bricht man durch, bis zur nächsten Schicht. Das ist kein Problem, sondern ein natürlicher Prozess. Er wird euch immer wieder begegnen. Was mache ich mit so einer Schicht? Sie gehört wohl zu den Unannehmlichkeiten oder unangenehmeren Dingen, dann fühle ich es eben, lasse es da sein und sitze damit. Ich weiß aber, und ihr könnt es wissen, dass die Freudigkeit größer ist. Ihr könnt wissen, dass Liebe größer ist. Dazu habe ich noch einen Text gefunden, von einer Mystikerin: Juliana von Norwich. Sie beschreibt das eigentlich sehr exakt. „Danach ließ mich unser Herr erhabenes, geistliches Wohlgefallen in meiner Seele schauen." Das ist da, wo es flüssiger ist. „In diesem Wohlgefallen wurde ich von einem ewig währenden Geborgensein erfüllt, wurde machtvoll gefestigt und verlor alle Furcht. Mir war bei diesem Gefühl so froh und gut zumute, dass ich mich in Frieden, Behagen und Ruhe befand und nichts auf Erden war, was mich hätte betrüben können. Dies aber währte nur eine kurze Weile. Und dann wandelte sich mein Gefühl, und ich wurde mir allein überlassen. Bedrückt, überdrüssig meiner Selbst und ärgerlich über mein Leben, so dass ich kaum Geduld zum Weiterleben aufbrachte. Kein Wohlbehagen, kein Trost war da. So empfand ich es. Nur Glaube, Hoffnung und Liebe, die besaß ich in Wahrheit. Auch wenn ich sie nur wenig empfand. Und gleich darauf schenkte Gott mir wieder den Trost und die Ruhe der Seele und eine so gesegnete und mächtige Freude und Sicherheit, dass weder Furcht noch Kummer noch leibliche oder geistige Pein, die ich hätte erleiden können, mich um meine Ruhe gebracht hätten. Dann zeigte sich wieder die Pein in meinem Gefühl, und danach wieder die Freude und das Wohlbehagen, bald das eine, bald das andere, zu verschiedenen Malen, und es mag wohl zwanzig Mal so gewesen sein."

Durch zwanzig solche Eisschichten hindurch, und ihr Schlüssel ist „Glaube, Hoffnung und Liebe". „Gewissheit" mag ich lieber als „Glaube", eine Vertrautheit, die trotzdem dableibt, ein Vertrauen, eine Vertrautheit mit dem Göttlichen, die irgendwo als Geschmack vorhanden bleibt, auch wenn in dem Moment, wie sicher bei manchen heute Morgen, die Angst oder der Widerstand zu groß wird und alles wie verdunkelt erscheint. Und die Liebe. Juliana von Norwich hätte in dem Moment ohne Wohlbehagen und ohne Trost auch alles hinwerfen können, aber das tat sie nicht, sondern sie blieb in dieser Ausrichtung.

## Aus einem brennenden Herzen gesprochen

Ich möchte gerne ein paar der Slogans vorziehen, und zwar deshalb, weil sie zum Thema des Vormittags gehören und ich das Gefühl habe, dass da noch so einiges in der Luft liegt. Deshalb „**Kapitel 6. 16. *Nimm Sorge nicht in Kauf für unechte Freude. Kapitel 7.13. Widme dich den wichtigen Dingen. 7.14. Tu die Dinge nicht rückwärts. 7.15. Wackle nicht. Und 7.1. Lasse eine Absicht alles durchdringen.*"**

Wenn Atisha oder Buddha oder Jesus oder Pyar so etwas sagen, dann kommt das aus einem brennenden Herz, dann kommt das aus einem Überfluss von Freude, dann kommt das aus dem Bedürfnis oder dem Versuch, das zu vermitteln. Und wenn Atisha, Buddha, Jesus oder Pyar so etwas sagen, dann fließt das aus einem brennenden Herz, dann kommt das aus einem Überfluss von Freude, aus dem Bedürfnis oder dem Versuch, Wesen darin zu unterstützen, alles, was dieser Freude im Wege stehen könnte, beiseite zu räumen. Das Problem ist, dass es Menschen gibt, deren Herz nicht brennt und die diese Freude vielleicht gar nicht kennen, die aber Teil einer mit Macht verbundenen Organisation sind und die diese brennenden Sätze nehmen und, ohne es überhaupt zu merken, daraus etwas Totes machen, die aus diesem scharfen Skalpell eine plumpe Keule machen. Solche Leute sind manchmal Lehrer oder Priester – nicht alle Priester, nicht alle Lehrer natürlich – oder auch Eltern, auch ihr selbst seid vielleicht manchmal so jemand. Da wird sehr viel Schaden angerichtet. So sitzt viel Gift in eurem Geist, und dieses Gift bewirkt unter anderem das Gefühl, „da gibt es ja keinen Spaß" oder „diese Atishas nehmen mir etwas weg". „Alles ist ganz furchtbar oder schwer oder so schrecklich heilig" usw. Das kommt, glaube ich, wirklich zum großen Teil aus alten ererbten Missverständnissen. Die Lehrer oder Priester, die euch das so vermittelt haben, wussten es ja auch nicht anders. Und dadurch wird dann die Schönheit und Tiefe dieser Übermittlung und dieser Werkzeuge und dieser Wahrheit zunächst „versaut". Aber das soll euch nicht hindern. Ich glaube, ein großes Problem in allen Traditionen – seien sie christlich oder buddhistisch oder islamisch oder jüdisch oder indianisch – ist, dass nicht mehr das lebendige Wort, sondern Totes, nicht Erfahrenes gesprochen wird. Und dann wird viel rückwärts gemacht: Es sprechen oder sprachen Leute zu euch, die aus der Unterdrückung sprechen und nicht aus der Transformation. Das ist ein wesentlicher Unterschied. Das ist giftig. Es mögen dieselben Worte sein, und trotzdem ist es einmal Gift und einmal Medizin. Und hier ist es ganz wichtig, für sich selbst unterscheidende Weisheit zu entwickeln. Das heißt, wichtig ist: Schaut euch an und hört, wo die Worte herkommen, und prüft. Deshalb habe ich als Erstes gefragt: „Hast du das Gefühl, dass ich keinen Spaß habe?" Hätte ja sein können. So manche der Menschen, die euch irgendwann irgendwelche moralischen Regeln um die Ohren gehauen haben, haben offensichtlich wenig Freude und wenig Lachen, wenig Brennen und wenig Feuer, sind selbst arme Tröpfe mit viel Verdruss und mit viel Mangel. Sie verteilen dann ihre Armut statt Reichtum. Und Jesus, Atisha und auch Osho können sich nicht dagegen wehren, dass ihre Worte missbraucht werden. Das passiert immer dann, wenn ein Meister stirbt. Osho sprach über Texte alter Meister, und dadurch bekamen sie neues Leben. Das finde ich wunderbar, und es ist unter anderem auch mein Anliegen, diesen wunderbaren Übermittlungen, seien sie buddhistisch oder christlich oder aus der Sufi- oder aus der indianischen Tradition oder sonst woher, immer wieder Respekt zu erweisen, indem ich sie lebendig sein lasse. Und damit das passieren kann, wäre es wichtig, dass ihr auch von der richtigen Stelle her hört. Die richtige Stelle, von wo aus man hört, ist nicht der kleine Geist, sondern das große Herz. Denn der kleine Geist kann sich alles greifen und tut es auch hier immer wieder einmal und macht dann wieder den alten Mist daraus. Das ist schade und hilft niemandem. Dann passiert viel Missverständnis, was den Spaß und die Punkte von Atisha und mein eigenes Erfahren dazu angeht.

### 6.14. „Tu die Dinge nicht rückwärts." Oder: „Handle nicht verdreht."

Unterdrücken ist rückwärtiges Tun. Zum Beispiel: „Ich verzichte jetzt auf' Disco, damit ich meditativer werde." Das nennt man Entsagung und ist immer wieder praktiziert worden und wird immer noch praktiziert. Diese Unterdrückung führt nicht sonderlich weit, außer in Ausnahmefällen. Im Allgemeinen ist es notwendig, durch die Dinge durchzugehen, sie zu transformieren, indem ich hindurchgehe, aber in Bewusstheit hindurchgehe. Ohne Bewusstheit wird es eine ewige Wiederholung, und die haben wir jetzt schon ein paar tausend Mal gehabt. Das erfordert Bewusstheit, auch wenn es gerade noch so schön oder noch so fürchterlich ist. Dabei dürfen wir 2. Kapitel Punkt 1 nicht vergessen: „Betrachte alle Phänomene als Träume." Wenn ihr euch wirklich bewusst bleibt, sei es im Bett mit eurer Freundin oder eurem Mann, sei es in der Arbeit, in der Disco oder wenn ihr spazieren geht, dass alles kommt und geht, nichts bleibt, dann bringt das viel Klarheit und auch eine gewisse Distanz herein. Ihr könnt euch dann nicht mehr wirklich so betrügen.

Mir ging es so: Ich habe in meinem Leben Spaß an vielen Dingen gehabt, totalen Spaß an Sex, großen Spaß am Einkaufen, an Reisen, an Gesprächen, auch an Gequatsche – ganz normal, wie jeder. Und ich habe das nicht unterdrückt oder dem entsagt, um irgendetwas dafür zu bekommen, aber ich habe ziemlich früh dem Glauben an die Stabilität all dessen entsagt. Und was ich nie außer Acht gelassen habe, war meine Ausrichtung auf etwas mir völlig Unbekanntes, von dem ich aber wusste, dass es das geben muss, etwas, was bleibt. Ich habe es Wahrheit und auch Liebe genannt, und ich kannte es überhaupt nicht. Im Zusammensein mit Osho gab es ein paar Kleinigkeiten, die mich stutzig gemacht haben, unter anderem, dass Osho immer von „Zorba the Buddha" spricht und die ganze Zeit nur in seinem Zimmer sitzt. Und ich habe mich dann auch gefragt, warum die Partys in Poona besser waren. Was ist es eigentlich, was den Dingen in der Umgebung dieses Menschen noch einmal so einen anderen Glanz gab? Ob das vielleicht mit Oshos Sitzen in seinem Zimmer in Verbindung stehen könnte, und was „Zorba the Buddha" eigentlich wirklich ist? Und jetzt frage ich mich, ob Osho nicht vielleicht oft darauf gewartet hat, dass ihm irgendjemand draufkommt, dass der „Juice", diese lebendige Lebensenergie – um „sannyasisch" zu reden – viel viel einfacher zu haben ist, ohne großen Aufwand. Er hatte ihn permanent, und wir haben daran partizipiert und dabei vielleicht gedacht, es wäre die Disco. Ich bin ihm höchst dankbar dafür, dass er uns auf so raffinierte Art daran teilhaben ließ. Im weiteren Verlauf haben sich die Dinge – je mehr Ahnung in mir über die

Natur des „Juices" aufkam – angefangen zu ändern. Und nachdem mir die Natur von „Juice" wirklich klar war, haben sich die Dinge mit der Zeit ziemlich geändert. Es ist so: Man kennt diesen Spaß, der kommt und geht, und dann braucht man einen neuen oder einen stärkeren Spaß, oder nach dem Spaß kommt der Kater und man braucht Aspirin, und dann sucht man neuen Spaß. Nachdem ich etwas entdeckt hatte, was keinen Kater hervorrief und nicht kam und ging, ließ das Interesse an anderem Spaß, eigentlich an Ersatzbefriedigung, einfach nach. Und ich glaube, dass das ein sehr natürlicher Prozess ist, denn wenn du die Wahl hast, nimmst du im Allgemeinen das Bessere.

Allerdings ist es – zumindest anfangs – immer noch so, dass Versuchung auftaucht, einfach die Versuchung, den alten Pfaden zu folgen, den alten Pfaden dessen, was man als Spaß kannte, weil man es so gelernt hatte und nicht anders wusste. Und hinzu kam die Versuchung – und die war für mich eigentlich größer – durch andere Menschen, die dich wieder in das Alte reinziehen wollen, im Sinne einer Resozialisation. Da ist es von Vorteil, wenn man schon immer ein bisschen rebellisch oder vielleicht eigenbrötlerisch war. Immer dann, wenn man einen Geschmack des echten „Juices" entdeckt hat, ist es klug, danach zu trachten, die echte Münze nicht mehr gegen die falsche einzutauschen. Und wirklich, die Versuchung besteht, von innen wie von außen. Es ist völlig egal, wie groß die echte Münze ist, die der Einzelne von euch jetzt schon in der Hand hat. Tauscht sie nicht wieder gegen falsche Münzen ein! Das ist die Treue, die gefragt ist. Man kann das auch verraten. Und das echte Gold, der echte „Juice", der Nektar, Amrit, die wahre Befriedung, die endgültige Erfüllung, die wirkliche Freude ist so unwahrscheinlich kostbar, dass ich nicht bereit bin, irgendwas dafür einzutauschen. Ich weiß um die Unzerstörbarkeit dieser Kostbarkeit, ich weiß um die Präsenz dieser Kostbarkeit in jedem Moment, und ich weiß auch um die Präsenz dieser Kostbarkeit in jedem von euch. Und ich bitte euch einfach, wenn ihr nur einen Krümel davon einmal zu Gesicht bekommen habt – tauscht es nicht ein! In meinem Leben – und in jedem Leben natürlich – hatte das auch Folgen. Und was das angeht, war ich ein wenig naiv.

## Trunken vom göttlichen Wein

Und damit komme ich zu einem Brief, den ich heute erhielt. Es gibt Menschen, die mich schon viele Jahre lang kennen, nicht nur Nirdoshi, und die sich gelegentlich durch mich abgewiesen fühlen. Jemand schreibt hier in diesem Brief, sie fühle sich in ihrer Freundschaft abgewiesen. Weißt du, meine Freundschaft ist unverändert da, sie ist sogar viel viel größer geworden, nur ihre Form hat sich komplett geändert. Ich kann Freundschaft nicht mehr auf dieselbe Art wie früher leben, und ich bin auch nicht bereit dazu. Diese Kostbarkeit ist von einer unglaublichen Kraft und gleichzeitig von einer unglaublichen Zartheit, so zart, dass ich manchmal alles ganz vorsichtig anfassen muss. Ich kann es nicht beschreiben. Gleichzeitig ist die Wildheit meines Herzens unverändert, nur hat sich auch deren Form geändert. Mein Tanzen ist unverändert, nur die Form hat sich geändert. Mein Feiern ist viel größer und die Liebe sowieso. Aber es gibt Dinge, die ich nicht mehr kann, ganz einfache Dinge. Ich habe zum Beispiel immer Rotwein geliebt und liebe ihn immer noch, nur die Form sieht jetzt so aus, dass ich ihn aus Schnapsgläsern trinke, was nicht unbedingt meine Art war. Aber mehr geht einfach nicht, weil ich sowieso so betrunken bin. Ich bin ohne Unterlass so betrunken – aber ohne Kater –, dass ich um jedes bisschen Disziplin, die ich mir angeeignet habe und die ich mir von Lehrern und Meistern habe aneignen lassen, heilfroh bin, weil mich das jetzt befähigt, halbwegs anständig zu laufen. Ich kann euch nur empfehlen: Übt Disziplin, ihr werdet sie noch brauchen! Ihr braucht sie nicht nur jetzt, ihr braucht immer mehr davon! Und bei Atisha geht es um eine Disziplinierung des Geistes. So etwas Schönes, den Geist zu disziplinieren! Früher oder später werdet ihr jedes bisschen Disziplin brauchen, also trainiert! Aber ich vermisse den Wein nicht, weil ich wirklich betrunken bin – und *der Wein* ist so viel besser.

## Die Klarheit nicht verraten

So wie Pyar gestrickt ist, experimentiert Pyar gerne. Ich habe das immer gemacht, und es ist auch eine Form meiner Disziplin. Eine Methode, die ich von meinen Eltern gelernt habe, die Wissenschaftler

waren. Ich bin sozusagen in einem Labor aufgewachsen. In dem Schaf-
stall, den wir anfangs bewohnten, war das Labor meines Vaters unter-
gebracht, und ich bin immer mit dem Surren der physikalischen Geräte eingeschlafen. Vor ein paar Jahren besuchte ich ein Observatorium
irgendwo in der Wüste von Arizona, und da war genau dieser Ozon-
geruch, den physikalische Geräte absondern. Das war für mich so wohlig
wie ein „Zu-Hause-Geruch". Mein Vater hat auch mit mir Versuche
gemacht, das haben Physiker-Väter so an sich. Er war für meine Fütte-
rung zuständig und hat dann zum Beispiel experimentiert: Wie reagiert
das Baby auf Senf, wie reagiert das Baby auf Pfeffer. Sehr früh habe ich
also das Experimentieren auch passiv gelernt. Als experimentierender
Mensch habe ich dann auch zum Beispiel mit Wein experimentiert, als
es eigentlich mit größeren Mengen schon nicht mehr ging. Was dann
passiert: Du bekommst einen Kater, und es ist – auch auf anderen
Gebieten – Verrat. In dem Moment, da es für einen selbst mit irgendeiner dieser vergänglichen Freuden nicht mehr stimmt und man sich
trotzdem noch auf den Schein einlässt, ist es Verrat. Und das macht
dann Probleme, macht unklar, macht dichter. Das ist nicht gut. Aber
noch einmal: Das heißt nicht, dass irgendetwas an Wein oder an all den
anderen Dingen, von denen die Rede war, schlecht wäre. Es geht auch
hier einfach darum, an genau jenem Punkt des pfadlosen Pfads, an dem
der Einzelne sich befindet, der vorhandenen Klarheit hundertprozentig
treu und für den nächsten Schritt bereit zu sein. Nicht zurückgehen!

Tut die Dinge nicht rückwärts – das gilt auch in diesem Fall. Zunächst gilt es, die Sexualität oder andere Bedürfnisse nicht zu unterdrücken, sondern bewusst und freudig zu leben. Aber wenn irgendetwas
davon nicht mehr adäquat oder nicht mehr passend ist – dann geht nicht
zurück, weder aufgrund eigener innerer Muster, die euch packen wollen, noch aufgrund der Resozialisationsversuche eurer Mitmenschen.

## Manches verschwindet unterwegs

Und damit kommen wir zum anderen Punkt deines Briefs. Wir ihr wisst,
haben sich mein Mann Nirdoshi und ich getrennt, und er lebt jetzt mit
einer anderen Frau. Ja, man kann es durchaus so betrachten, dass ich
Nirdoshi zuerst verlassen habe. In meinem Empfinden war es allerdings

nicht so. Es ist dasselbe wie mit dir – meine Freundschaft ist da, nur die Form ist eine andere. Und auch da war ich wahrscheinlich ein bisschen naiv. Aus meiner Sicht war die ganze Liebe und auch Partnerschaft und auch Beziehung vorhanden, nur schaute ich dabei aus dem Ganzen, und wenn der Partner nicht aus dem Ganzen schauen kann, sieht es für ihn natürlich völlig anders aus. Für Nirdoshi hat es sicher so ausgesehen, als ob mit mir keine Beziehung mehr möglich wäre und dass man mit dieser Frau einfach keinen Spaß mehr haben kann, keinen Spaß in dem Sinn, wie er ihn früher mit mir und ich mit ihm hatte. Und das betrifft nicht nur die Sexualität, die eben auch nicht mehr da war, sondern ebenso gemeinsame Unternehmungen der einen oder anderen Art. Gemeinsames Fernsehen, gemeinsame Interessen oder gemeinsames Einkaufen. Sicherlich war ich in solchen Dingen oft auch abweisend, auch was Treffen und Besuche mit Freunden anging. Das ist dann wohl mein „ihn Verlassen". Ich habe mich nie von ihm rausbringen lassen, habe mich nicht resozialisieren lassen, weil mir zu jedem Zeitpunkt diese immense Kostbarkeit einfach noch kostbarer war, und dem gilt einfach meine Treue. Wobei er in meinem Herzen immer Platz gehabt hat. Also kann man das so sehen, wie du sagst, ich habe ihn verlassen – ja. Auf eine Art bin ich mit Gott fremdgegangen. Dazu stehe ich, und ich würde heute nichts anders machen. Kein Bedauern, überhaupt keines. Für mich nicht und für ihn auch nicht, denn er lebt jetzt sein Leben und hat Freude daran – wunderbar. Wo ich vielleicht auch ein bisschen naiv war: Ich hatte lange den Eindruck, ihn einladen zu können, ihn mehr teilhaben lassen zu können, als er teilzuhaben vermochte.

Für mich gilt auch weiterhin: Meine Ausgerichtetheit, meine Treue, mein Leben gilt Dem, was auch immer das kosten mag. Und ich habe riesige, riesige Freude, die stets zunimmt! Sie ist fein, aber auch wild und stürmisch. Und es ist offensichtlich so, dass ich in einem bestimmten Sinn „beziehungsunfähig" bin. In Wirklichkeit bin ich überhaupt nicht beziehungsunfähig, ich lebe auch in verschiedensten verbindlichen Beziehungen, aber ich bin unfähig geworden, die Beziehungsspiele zu spielen, die gewöhnlicher Weise für Beziehung gehalten oder für notwendig erachtet werden. Da ich um die Glückseligkeit und Kostbarkeit der letzthöchsten Vereinigung weiß, bin ich unfähig geworden, der Illusion einer Erfüllung in Beziehungsliebe hinterherzulaufen. Auch kann ich bestimmte Dinge wie zum Beispiel so ein Wortgeplänkel oder Geschichtenerzählen irgendwie nicht mehr gut. Und es fällt mir auch zunehmend schwerer, mich bei vielen Geschichten erzählenden Menschen aufzuhalten. Aber den Preis bin ich bereit zu zahlen. Es geht einfach nicht. Und es hat nichts mit fehlendem Spaß zu tun. Ihr bildet euch ja nur ein, dass das Spaß macht, und habt hinterher selbst Kopfweh.

### 6.16. „Nimm Sorge nicht in Kauf für unechte Freude."

Osho sagt zu diesem Slogan:

> „Jeder sucht nach Glückseligkeit, und fast jeder ist höchst erfolgreich darin, genau das Gegenteil zu finden. Ich sage fast jeder, denn einige wenige Menschen muss man da aus der Rechnung herauslassen – einen Buddha, einen Zarathustra, einen Lao Tse, einen Atisha. Aber sie sind so wenige, sie sind Ausnahmen, sie beweisen nur die Regel! Also sage ich: Fast jeder, der nach Glückseligkeit sucht, findet Elend und Leiden." Osho ist ganz schön heftig, oder? „Menschen versuchen, den Himmel zu betreten, aber in dem Moment, in dem sie angekommen sind, stellen sie plötzlich fest, dass es in Wirklichkeit die Hölle ist. Da muss es irgendwo ein großes Missverständnis geben! Das Missverständnis ist, dass diejenigen, die Vergnügen suchen, Sorge finden werden, denn das Vergnügen ist nur eine Verkleidung. Vergnügen ist Sorge, die sich hinter einem Vorhang verbirgt. Es ist eine Maske, Tränen, die sich hinter Lächeln verbergen, Dornen, die auf euch hinter Blumen warten. Diejenigen, die das sehen werden – und jeder kann es sehen, denn es ist ja offensichtlich so –, jeder erfährt das ja wieder und wieder, aber der Mensch ist das Tier, das nie lernt."[6]

---

[6] Osho: The Book of Wisdom, Rebel Publishing House, Pune, India 2001.
© Osho International Foundation. Erlaubnis zum Abdruck erteilt durch: Osho International Foundation, Switzerland, www.osho.com

Dann kommt ein langer Absatz über Aristoteles und darüber, dass er sich wohl darin irrt, dass der Mensch ein rationales Wesen sei. Osho fährt dann fort:

„Aber was Millionen menschlicher Wesen angeht, sind 99,9 % der Menschen nicht rationale Wesen – sie sind vollkommen irrational. Ihre erste Irrationalität ist die, dass sie durch irgendeine Erfahrung wieder und wieder gehen. Und nichts dabei lernen – sie bleiben dieselben. Wie viele Male bist du schon ärgerlich gewesen, und was hast du daraus gelernt? Wie viele Male bist du schon eifersüchtig gewesen, und welche Erfahrung hast du daraus gewonnen? Ihr macht weiter damit, euch durch Erfahrungen zu bewegen, ohne in irgendeiner Art davon bewegt zu sein. Ihr bleibt unerwachsen. Eure Art des Lebens ist sehr irrational und unintelligent. Die intelligente Person wird in der Lage sein leicht zu sehen, dass, wenn man Vergnügen sucht, alles, was man findet, Sorge ist. Und was sind diese Vergnügungen tatsächlich? Sehr fadenscheinige! Wie viel Leiden habt ihr kreiert und wofür? Jemand wollte ein größeres Haus, ein bisschen mehr Geld auf der Bank, ein bisschen mehr Ruhm, ein bisschen mehr Namen, ein bisschen mehr Macht. Jemand wollte Präsident werden oder Premierminister – alles fadenscheinig, denn der Tod wird das alles wegnehmen. Und das ist die Definition von fadenscheinig: Nur das, was nicht vom Tod weggenommen werden kann, ist real – alles andere ist irreal. Es ist aus demselben Zeug gemacht, aus dem Träume gemacht sind. Wenn du Dingen hinterherrennst, die vom Tod weggenommen werden, dann ist dein Leben ein Märchen, das von einem Idioten erzählt wurde, voller Klang, der nichts bedeutet. Du wirst nie irgendwelche Signifikanz erreichen. Und ohne Signifikanz, wie kann da ein Lied sein? Und ohne Signifikanz, wie kannst du jemals sagen, ich habe gelebt? Der Baum hat nicht geblüht, der Baum hat keine Früchte getragen. Noch nicht mal Blätter sind gekommen! Millionen werden als Samen geboren und sterben als Samen. Von der Wiege bis zum Grab ist ihre Geschichte nur ein Getrieben-Sein, eine Zufälligkeit. Und das letztendliche Resultat ist große Sorge. Die Idee der Hölle symbolisiert nur die große Sorge, die ihr durch euer falsches Leben erschafft. Was soll man also tun? Denkt an etwas Höheres, etwas, das jenseits des Todes ist, etwas, das nicht zerstört werden kann, etwas, das unzerstörbar ist, etwas, das die Zeit transzendiert. Dann wird Sorge nicht erschaffen werden. Wenn ihr nach dem Letztendlichen sucht, wird jeder Moment eures Lebens mehr und mehr friedlich, ruhig, still, kühl und duftend. Wenn ihr das Letztendliche sucht, wenn ihr die Wahrheit sucht oder Gott oder Nirvana oder wie auch immer ihr es nennen wollt, wenn ihr auf der Suche nach dem Tiefsten und dem Höchsten im Leben seid und nicht mehr hinter fadenscheinigen Dingen her seid, dann wird die Suche selbst eine neue Qualität in euer Wesen bringen. Ihr werdet euch verwurzelt und integriert fühlen, ihr werdet euch ganz fühlen und ihr werdet eine neue Freude in eurem Herz aufsteigen fühlen, die nicht von außen kommt. Die wahre Freude kommt nie von außen. Das Fadenscheinige kommt von außen. Denn der Tod kann nur das hinwegnehmen, was von außen kommt. Der Tod passiert nur außen, er passiert nicht innen. Tod passiert an der Außenseite, nie innen. Das Innere ist ewig. Dein Inneres ist jenseits des Todes und war immer hier und wird immer hier sein. Aber du bist dir dessen nicht bewusst. Du machst weiter damit, Schatten hinterherzurennen. Und das Wirkliche wartet auf dich, hineinzuschauen, dich nach innen zu wenden. Also, das Erste: Suche das, was tod-los ist, und früher oder später wirst du an die Tür des Himmels klopfen. Das zweite Ding ist: Warum überhaupt fadenscheinigen Vergnügungen hinterherlaufen? Diese Frau, dieser Mann – warum fadenscheinigen Vergnügungen hinterherlaufen, was ist das Rationale dahinter? Das Rationale ist, dass du dich bereits in Sorge befindest. Irgendwie möchtest du alles darüber vergessen, du möchtest dich selbst in Alkohol, in Sex, in Geld, in Machtpolitik ertränken, du möchtest dich irgendwo ertränken."[7]

---

[7]  Osho: The Book of Wisdom, Rebel Publishing House, Pune, India 2001.
© Osho International Foundation. Erlaubnis zum Abdruck erteilt durch:
Osho International Foundation, Switzerland, www.osho.com

Damit ist dann auch 7.1. **„Lasse eine Absicht alles durchdringen"** klar. Es geht um das Eine, und alles andere ist wirklich letztendlich fadenscheinig. Alles andere ist ein Windhauch vor dem Angesicht Gottes – was auch immer es sein mag. Ich muss vorsichtshalber dazusagen, dass das den Wert und die Schönheit all dieser wunderbaren Phänomene nicht schmälert, ganz im Gegenteil. In dem Moment, wo ihr euch nicht mehr ertränken und betäuben müsst, nicht mehr wegrennen, hinrennen, überhaupt rennen und Ersatzbefriedigung für das Eine suchen müsst, ist alles so, als ob ihr den Geliebten in allem und in jedem seht! Das ist so viel kostbarer als die alte Objekthaftigkeit der Dinge und Wesen.

### 7.13. *„Widme dich den wichtigen Dingen."*

Was ist wichtig? Ganz einfach, das, was nicht vergeht. Und das ist auch die eigentliche Disziplin hier, die Disziplin des Geistes, sich immer wieder zu erinnern: Moment mal, was ist wichtig, worum geht es hier eigentlich? Und sich immer wieder der Grundlagen, der Offenheit, der Berührbarkeit zu erinnern, das ist hier sehr wichtig, sonst könnte das zu einer Form von Trennung führen. Tiefe, tiefe Berührbarkeit, Ehrlichkeit, da sein usw. Dann Kapitel 2: „Betrachte alle Phänomene als Träume, untersuche die ungeborene Natur des Gewahrseins", dahin geht es. „Lasse das Gegenmittel von selbst fallen, ruhe in der Natur von Alaya." Und zwischen den Sitzungen, falls man doch mal wieder schlafen sollte: „Betrachte alle Phänomene als Träume." Und: „Übe dich im Austauschen, im Senden und Empfangen abwechselnd. Tu dies, indem du auf dem Atem reitest."

2.8. „Drei Objekte, drei Gifte, drei Tugenden" – das ist damit eigentlich auch sehr klar! Lasst uns noch einmal den Hintergrund der Sätze: „Nimm Sorge nicht in Kauf für fadenscheinige Freude" oder „lasse eine Absicht alles durchdringen" betrachten. All die Gier, all die Ablehnung, all die Ignoranz hat mit der Anhaftung an Dinge zu tun, die sowieso wertlos sind! Alles falsche Münzen, wertlos im Sinne von vergänglich, von bedingt, von kausal, und trotzdem höchst kostbar in dem Moment, wo ich sie in *ihrer wahren* Natur und aus *meiner wahren* Natur und mit der Liebe ansehe. So werden drei Objekte, drei Gifte zu drei Tugenden: Liebe, Großzügigkeit und Weisheit. „Übe mit den Slogans in allen Aktivitäten und Situationen – lasse eine Absicht alles durchdringen und wackle nicht." Wirklich in allen Situationen, in allen Aktivitäten. Das ist Disziplin – kein Urlaub davon, kein Feierabend, sondern in allen Aktivitäten und Situationen. „Und beginne das Üben des Austauschens mit dir selbst." Sehr wichtig. „Tu die Dinge nicht rückwärts." Auch da – übe das Austauschen zuerst mit dir selbst, tue es nicht rückwärts. Also dasselbe, was Jesus sagt: „Liebe deinen Nächsten wie dich selbst!" Ja, erst die Akzeptanz, der Respekt, die Würdigung, die Liebe, das Tonglen für *dieses* Wesen – und daraus der Überfluss, die Liebe, der Respekt, die Würdigung für alles. Nicht rückwärts anfangen! Alle diese Pseudoheiligen haben es rückwärts gemacht. Das ist das Problem! Und keiner hat es ihnen gesagt. Oder vielleicht hat es ihnen doch jemand gesagt, und sie konnten es nicht hören. So wird in dem Rückwärtstun aus Medizin Gift. Nicht unterdrücken! Aber wenn es an der Zeit ist, wirklich alles loslassen: Dann wackle nicht! Wackeln tut immer der kleine Geist: Für und wider und ja und nein und darf man und darf man nicht ...

**4. Kapitel: „Anwendung der Praxis im Leben und Sterben. Wende die fünf Kräfte im Leben und im Sterben an. Sie sind die Essenz der Herzunterweisung des Mahayana. Wichtig ist, wie man sich verhält."**

Dieses vierte Kapitel Atishas verknüpft Chögyam Trungpa mit der Paramita „Rechte Bemühung". Da sind wir schon beim Handeln, bei der Anwendung. Was sind die fünf Kräfte?

**Die erste Kraft ist die Entschlossenheit, Totalität.** Das ist eine große Kraft, die viel zu selten eingesetzt wird und die eigentlich das ganze Leben durchdringen sollte, weil nur in der Totalität Leben ist. Tue nichts halbherzig. Chögyam beschreibt das in Bezug auf die Praxis, dass man Meditation so übt, wie man sich benimmt, wenn man verliebt ist. Das hat diesen Geschmack, man ist einfach verliebt darin, dadurch sind die Totalität und die Entschlossenheit da. Was auch immer ihr tut, tut es total, mit ganzem Herzen und allen Fasern – keine halben Sachen! Das ist auch im Zusammenhang mit dem Slogan „Tue die Dinge nicht rückwärts" sehr wichtig. An welchem Punkt des pfadlosen Pfades auch immer ihr euch befinden mögt, genau *das* tut ganz. Wenn du tanzen gehst, dann tanze ganz, genieße es total und tue es so, dass da nur noch Tanzen ist. Wenn ihr arbeitet, dann arbeitet ganz, ohne dabei an etwas anderes zu denken. Wenn ihr esst, dann esst ganz. Wenn ihr sitzt, still seid, dann sitzt und seid nicht in Gedanken schon irgendwo anders. Seid immer mit ganzem Herzen, mit Totalität dabei. Was ihr nicht mit Totalität machen könnt, das lasst ihr besser! Es kommt dann sowieso nichts Gescheites heraus. Oder umgekehrt: Bringt die Totalität rein, das geht! Das geht wirklich, und das ist Leben. Und im Sinne von „tue die Dinge nicht rückwärts" ist es wichtig, durch alles hindurchzugehen und nichts zu unterdrücken. Totalität ist immens wichtig, um hindurchzugehen und zu einer Transformation zu kommen. Denn immer, wenn ihr etwas halbherzig tut – was auch immer –, bleibt ein Rest, bleibt etwas Unerfülltes, etwas nicht Gefühltes, etwas nicht Erfahrenes, etwas Zurückgehaltenes übrig – und allein schon dieser Rest verlangt die Wiederholung. Und dann macht ihr es wieder und wieder und macht es wieder halb und wieder halb, und da werdet ihr nie fertig. Totalität und Entschlossenheit gelten natürlich in erster Linie dem Dharma. Die Entschlossenheit hin zum Göttlichen, die Entschlossenheit hin zum Hinüber und über das Hinüber hinaus. Zum „Letztendlichen", wie Osho sagt. Zu dem, was der Tod nicht berühren oder hinwegnehmen kann.

## Totalität beim Sitzen

F:  *Ich erlebe oft beim Sitzen, dass in der stillen Phase Sätze hochpoppen, z. B. „die Überweisung muss ich machen". Jetzt sagst du: „Mache es ganz!" Heißt „mache es ganz", dass ich dann aufstehe, die Überweisung mache und mich wieder hinsetze?*

P:  Nein. Was machst du gerade: Sitzen oder Bankgeschäfte?

F:  *Okay, aber was Songtexte angeht, kann ich das nicht verhindern. Gut, sie kommen und sind da und manchmal sind sie nachher auch wieder weg. Ich kenne ja auch diese buddhistische Praxis des Benennens, also „Text, Text, Text", und dann wieder über den Atem zurückgehen. Dann kann es aber sein, dass der Text weg ist.*

P: Das kenne ich. Ich habe zu Hause an dem Platz, wo ich sitze, Notizzettel liegen. Ich benütze sie aber äußerst selten. Mir passiert das auch öfter, und manchmal untersuche ich ja auch beim Sitzen und gehe mit einem Thema tiefer, so wie neulich mit dem Thema des Versagens. Ich habe hier gesessen, und mitten in der Raumhaftigkeit war absolute Klarheit über diesen Mechanismus mit sämtlichen Verknüpfungen, alles ganz kristallklar. Und als ich wieder auftauchte, war es weg! Aber zumindest so viel, wie nötig war, kam dann wieder zur rechten Zeit. Wir müssen uns gar nicht so bemühen, uns das zu merken. Es kommt schon, wenn ihr es braucht. Und manchmal, vielleicht einmal im Vierteljahr, werfe ich ein Wort aufs Papier. Aber eigentlich sitze ich, und das total, und alles, was passiert, ist dann ein Phänomen innerhalb des Geistes, eine recht lockere und eine recht löchrige Angelegenheit. Aber gerade da passiert auch Kreativität – oft ohne Worte. Aber ich würde nicht aufstehen und die Überweisung machen.

## Die zweite Kraft: Gewöhnung, Vertrautheit

Die Entschlossenheit ist aufgetaucht, die Totalität ist in allem, was ihr tut, insbesondere in der Ausrichtung auf das Eigentliche, und jetzt geht es darum, sich zu gewöhnen. Das ist ein wesentlicher Aspekt der Disziplin. Ihr erinnert euch an die Geschichte vom Kleinen Prinzen und dem Fuchs. Die Qualität der Meditation, die Qualität dessen, was euch im Sitzen widerfährt, euer Erkennen des Flüchtigen als flüchtig und des Permanenten als permanent, diese Qualität, dieser Duft muss in alles einfließen. Sperrt die Meditation nicht in eine bestimmte Zeit ein. Sperrt Tonglen nicht ein, sondern lasst es alles durchwässern, düngen und durchdringen, was euer Leben ist. Lasst dabei auch zu, dass diese Qualität alles, was euch bis dahin wichtig war, vielleicht auch Halt war und Sicherheit gegeben hat, auflöst und wegwäscht. Und daran muss man sich vielleicht gewöhnen. Es bleibt nichts! Da der dumpfe Verdacht besteht, dass da nichts bleibt, versuchen manche Leute, Meditation einzusperren und zu begrenzen. Aber wenn die Totalität da ist, diese unbändige Kraft, wird das auf Dauer gar nicht gelingen. Und es geht ja hier auch um ein Geistestraining, geht auch darum, den Geist zu gewöhnen. Das geht! Er braucht manchmal ein bisschen Zähmung. Er kann sich an zeitliche Gegebenheiten gewöhnen oder er kann sich daran gewöhnen, exakt zu sein. Er kann daran gewöhnt werden, nicht oberflächlich zu sein. Er kann daran gewöhnt werden, ehrlich zu sein, und er kann sogar daran gewöhnt werden, Konzepte loszulassen bzw. gar nicht erst aufkommen zu lassen! Erstaunliches ist möglich mit dem menschlichen Geist, wenn wir ihn nicht mehr an die erste Stelle setzen oder uns von ihm beherrschen lassen, sondern ihn zähmen. Der Reiter fängt hier an, das Pferd zu reiten, und das Pferd reitet nicht mehr den Reiter. Das ist praktisch.

Es ist sehr wichtig, neue Gewohnheiten zu etablieren. Es gibt so viele alte Gewohnheiten, alte Muster, und es ist eine große Kraft im Leben, neue stillere, friedlichere, einsgerichtetere Gewohnheiten zu etablieren. Und an die kann man sich genauso gewöhnen, wie man sich an die alten gewöhnt hatte. So werden die alten Gewohnheiten im Lauf der Zeit verblassen, wenn man mit den neuen wirklich vertraut wird.

## Die dritte Kraft: Weiße Samen säen

Das ist eine unglaubliche Freiheit, die in diesen Tagen auch schon angeklungen ist. Ich kann weiße Samen säen oder ich kann schwarze Samen säen oder ich kann mich weigern, zu säen – je nachdem, wie meine Haltung ist, welche Haltung ich einnehme, welche Motivation ich einnehme, von wo aus ich schaue, mit welcher Motivation ich handle. Und dementsprechend wird irgendwann Frucht entstehen. Über das Wann wissen wir nichts. Manchmal reift Karma in zwei Sekunden, manchmal in tausend Jahren. Es ist ziemlich unerheblich, wie lange es dauert, aber es gibt eine direkte Korrelation. Auch dies betrifft ja wieder den Punkt 3.2. „Gib einem alle Schuld". Auch das, was einen völlig unvermittelt oder unverdient zu treffen scheint, kommt aus irgendwelchen Samen, die man wohl gesät hat. Das heißt, die Frucht anzunehmen und aufzuessen. Und jetzt weiße Samen säen. Das erfordert eine gewisse Disziplin. Wir sind hier ja auch im Kapitel „Bemühung". Wir müssen bereit sein, das, was wir als Leid verursachend erkennen, auch tatsächlich wegzulassen. Das, was ich als verunklärend, verwirrend, verletzend, lieblos, ablenkend, runterziehend weiß und erfahre, muss ich beiseite lassen und das, was ich als nährend und letztendlich glücklich machend und heilend erkenne, muss ich anwenden. Ganz einfach.

F: *Kann man schwarze Samen transformieren?*

P: Indem du die Frucht isst.

F: *Ich meine ist es möglich, durch Reue ...*

P: Das heißt ja bereits, die Frucht zu essen. Wenn du merkst, dass du schwarze Samen gesät hast, kannst du die Bitterkeit davon gleich annehmen, kannst bereuen und umkehren. Dann ist die Frucht bereits gegessen.

Da sind wir bei Punkt 5 des 3. Kapitels: „Die vier Übungen sind die besten Methoden, 2. Unterpunkt: Schlechtes Tun ablegen. Erstens: Reue, zweitens: Entschluss, drittens: Zuflucht, viertens: Gegenmittel."

## Die vierte Kraft: Zurückweisung

Damit meint Atisha die Zurückweisung des kleinen Geistes, Zurückweisung der Gedanken, die in die alte Ich-Schleife zurückwollen oder sich darin bewegen, Zurückweisung des Begrenzten. Also diesen Punkt betreffend ein ganz klares Nein, das in Wirklichkeit ein tiefes, tiefes Ja ist. Als Jesus in der Wüste versucht wird, sagt er: „Weiche Satan!"

Diese Zurückweisung betrifft auch die Resozialisationsbestrebungen der Umwelt, die ich bereits angesprochen habe, denn die Tendenz des kleinen Geistes, die Tendenz des Begrenzten, die Tendenz des Verstandes, der Muster, der Strukturen des Egos, uns zu vereinnahmen, wieder klein zu machen und uns wieder mit seinen Krallen zu packen, passiert in erster Linie innen, geschieht aber auch von außen. Ein Mensch, der sich an der klaren Natur des Geistes erfreut und einfach und offen ist, scheint für die Gesellschaft, für die Familie und auch für Freunde oft kantig, unbequem oder unpassend, er ist irgendwie sperrig, passt nicht in die Muster. Und es wird immer einen starken Sog geben – und dessen müsst ihr euch bewusst sein –, den Sog des Kleinen, den Sog des Begrenzten, des Egos, des sozialisierten Egos, den Sog der Gesellschaft, den Sog des Verstandes, der das Größere fressen will.

Hier müsst ihr Zurückweisung üben. Es ist wichtig, dass ihr darüber Bescheid wisst – kennt ihr das? Deswegen müsst ihr nicht unfreundlich oder harsch oder gar arrogant werden, sondern ihr bleibt einfach mit den weißen Samen, die ihr erkannt habt, mit der Totalität, mit der Offenheit und lasst euch nicht in die alten Spielchen verwickeln. Das habe ich gestern vergessen anzusprechen. Ein weiterer Punkt, an dem ich Nirdoshi verlassen habe, ist, dass ich nicht mehr bereit war, all die Beziehungsspiele zu spielen: Die Spiele von Brauchen und Gebrauchtwerden, die Spiele von Streit und Versöhnung, alle diese Spiele, die irgendwo Haken und Ösen brauchen. Die Spiele des Handels – „Ich gebe dir, gibst du mir" –, wo man sich gegenseitig einhakt, oder die von Schützen und Beschütztwerden. All dieses Zeug konnte und wollte ich ab einem bestimmten Punkt nicht mehr spielen. Ich hätte bis zu einem gewissen Grad durchaus noch spielen können, aber ich habe es nicht getan. Und das kann man wohl als ein „Verlassen" ansehen. Ich habe die Beziehungsstruktur verlassen, das, was im Allgemeinen bei vielen Menschen als „die Beziehung" empfunden wird, ich aber nicht als die Beziehung sehe. Aber hier fängt man dann unter Umständen an, aneinander vorbeizugehen. Ja, auch in dem Punkt war ich naiv. Ich sage euch das jetzt, aber das heißt nicht, dass ihr weniger naiv sein werdet. Versteht ihr, was ich meine? Beziehung ist für mich Offenheit, ist ein sich Begegnen jenseits von Spiel, vor allem jenseits von Brauchen oder von bestimmten Ritualen, ist einfach nur ein Zusammensein, ohne Inhalt, ein direktes Begegnen ohne Maske, ohne Versicherung, ohne Schutz und ohne Regeln, ehrlich und einfach, durchaus in Verbindlichkeit und einer Form von Treue, die tiefer als Sexualität reicht. Beziehung ist ein gemeinsames Tanzen, manchmal ein Nicht-Tanzen, ist Stillsein, ist manchmal Sprechen, ist manchmal Nicht-Sprechen, ist ein In-die-gleiche-Richtung-Schauen – aber ohne Kitt. Als Kitt bezeichne ich all diese oben genannten Beziehungsspiele und -strukturen, diese Haken-und Ösen-Spiele, die leider oft als das Eigentliche einer Beziehung begriffen werden.

Angenommen, eine eurer Ösen hat zu schrumpfen begonnen, sprich, irgendein Ego-Mechanismus funktioniert eigentlich nicht mehr richtig, das kann man manchmal durchaus als eine Dysfunktion erleben, als ob man nicht mehr richtig funktionieren würde. Gerade diese Haken-und Ösen-Geschichten haben ja oft nicht nur mit einem oder zwei Individuen zu tun, sondern mit einem ganzen Netzwerk von Individuen, das sich dann zum Beispiel Freundeskreis oder Familie nennt. Wenn ein Individuum eines solchen Beziehungsgeflechts bestimmte Haken und Ösen verliert, erzeugt das in dem Geflecht eine Erschütterung und Verunsicherung, und die anderen Individuen des Geflechtes reagieren im Allgemeinen mit verstärkten Haken-Auswürfen. Kennt ihr das? Und diese Haken-Auswürfe sind durchaus fähig, bei euch wieder Ösen zu erzeugen, wenn ihr euch darauf einlasst. Und deshalb braucht es da Zurückweisung. Und noch einmal: Das hat nichts mit Unfreundlichkeit oder Lieblosigkeit zu tun, sondern mit Treue und damit, zu wissen, wonach man trachtet. Wenn ihr aber sagt: „Nein, das Geflecht ist mir wichtiger", ist das eure Freiheit. Aber das ist dann einfach eine andere Richtung, die ihr einschlagt, und diese macht euch das Wachsen, das Darüber-Hinausgehen schwerer.

## Die fünfte Kraft: Widmung

Nie bei sich selbst stehen bleiben oder um sich selbst kreisen! Alles, was in mir an Kraft und Schönheit entsteht, dem Wohle aller zu widmen, ist selbst eine große Kraft.

## Alte Bäume und pudrige Schmetterlinge

F: *Ist Treue nicht ein an Vergangenem Hängen? Eigentlich ist Beziehung mit dieser Offenheit ja immer wieder neue Begegnung, was mit jedem möglich ist.*

P: Ja, aber es gibt schon auch alte Bäume. Wenn ich so einen alten, gewachsenen Baum betrachte, in einer gewachsenen Beziehung oder einer gewachsenen tiefen Freundschaft, dann ist dieser Baum doch in jedem Moment frisch und neu. Und es geschehen auch ständig neue Sachen mit einem Baum, neue Blätter, ein Specht hackt ein Loch rein, ein Vogel kommt und baut ein Nest auf die Äste. Vieles ist in jedem Moment völlig neu – der Wind bläst durch den

Baum, und er klingt jeden Tag anders. Das Licht ist jeden Tag anders, ist ständig frisch. Und zugleich ist da das Gewachsene, das seine Wurzeln durchaus auch in der Zeit hat.

F: *Manchmal gibt es kurze Begegnungen, manchmal längere, aber wenn Offenheit da ist, ist das wunderschön, und das ist eigentlich mit jedem möglich.*

P: Das, was du da beschreibst, ist wieder etwas anderes. Das ist eine ganz eigene, wunderschöne Qualität. Es gibt beides. Vertrautheit, wie wir ja vorhin schon sagten, ist ja auch eine große Qualität. Das ist eine Qualität, die dieser alte Baum hat, aber die ein Schmetterling nicht so hat. Dafür hat der Schmetterling mehr Leichtigkeit, mehr Grazie vielleicht, und etwas ganz Pudriges – wunderwunderschön. Es gibt beides. Wichtig ist aber, dass du, wenn du bestimmte Begegnungen mit Freunden von dieser Schmetterlingsqualität erfährst, dann dazu stehst und die Schönheit dessen respektierst und dass du, wenn du vielleicht eine Baumfreundschaft erfährst, dann nicht versuchst, sie zum Schmetterling zu machen – und umgekehrt. Lass einfach die unterschiedliche Qualität unterschiedlicher Erscheinungen – in dem Fall unterschiedliche Erscheinungen von Begegnung – so sein, wie sie sind, und genieße sie so, wie sie sind. Aber in jedem Fall bitte – soweit es dir möglich ist – ohne Kitt und ohne Haken und Ösen.

# 12. Zeichen der Klarheit

### 5.1. „Alle Dharmas stimmen in einem Punkt überein."

Das ist tatsächlich so. Jesus, Buddha, Atisha, Osho, LaoTse, Kabhir, Teresa, Sahajo – alle stimmen in der Essenz vollkommen überein. All die Widersprüchlichkeiten, die wir finden können, sind oberflächlich, was nicht heißt, dass wir nicht auch die Individualität der verschiedenen Traditionen und Religionen, die Individualität der verschiedenen Wege ehren. Die Tatsache, dass die Essenz, das Dharma, die Wahrheit dieselbe ist, bedeutet nicht, dass sich die Wege nicht unterscheiden. Und manchmal ist es klug, *einen* Weg zu gehen, und nicht fünf gleichzeitig.

### 5.2. „Von zwei Zeugen wähle den Hauptzeugen."

F: *Ich leite ein großes Unternehmen und ich bilde mir ein, dass ich in dieser Arbeit für die Menschen viel tun kann. Es ist ein Unternehmen für behinderte Menschen mit vielen Werkstätten und Wohnheimen. Das ist eine Arbeit, der ich mich gewidmet habe und die ich sehr gerne mache. Aber manchmal gibt es Situationen, in denen ich auch etwas tue, was den einzelnen Menschen sehr schmerzt oder verletzt. Ich glaube, das Härteste ist die Entlassung von Leuten. Und ich frage mich jetzt, ob es möglich ist, diese Arbeit zu machen und zugleich den Weg zu gehen.*

P: Wo kommt das Gift rein, oder was empfindest du als Hinderung oder Gift darin?

F: *Ich dachte zum Beispiel an einen Mann, den ich entlassen habe, weil er Gelder unterschlagen hat. Das hat ihn in ein ziemliches Elend gestürzt. Er findet keinen Job mehr, ist 50 Jahre alt und hat jetzt außerdem Probleme mit Alkohol. Ich möchte in diesem Unternehmen aber auch für Offenheit und Vertrauen stehen, und ich will keine Kontrollorganisation.*

P: Und gleichzeitig brauchst du natürlich ein sauberes Wasser.

F: *Ja, und deshalb, wer das Vertrauen missbraucht hat ...*

P: ... passt da nicht rein. Das kann in aller Menschlichkeit und Freundlichkeit sein, aber Mitgefühl heißt überhaupt nicht, dass du alles zulässt. Mitgefühl kann ein Schwert haben. Und das ist wichtig. Man kann so jemanden zunächst zur Rede stellen und versuchen, Bewusstheit zu wecken. Das weißt du alles – du leitest ein Unternehmen! Wenn das aber nicht geht und keine Bereitschaft da ist, dann würde ich nicht zulassen, dass das Wasser vergiftet wird.

F: *Es liegen viele Leichen im Keller dieses Unternehmens.*

P: Manchmal fühlt sich der, der die Leichen entsorgt, so als hätte er sie selbst umgebracht. Der Mensch, der altes Gift zu entsorgen beginnt, ist immer der Buhmann, weil die Leichen ja da so nett gestapelt waren!

F: *Alle haben es auch gewusst, verschiedene Leute.*

P: Ja, das ist aber unterdrückt, genauso wie bei unterdrücktem Zorn. Wir kommen hier zum 5. Kapitel, Anzeichen des Geistestrainings, Punkt 2: „Von zwei Zeugen wähle den Hauptzeugen." Dies ist hier der treffende Slogan. „Von den zwei Zeugen wähle den Hauptzeugen" hat mehrere Aspekte, von denen ich im Sommer nur einen erwähnt habe. Einer anderer wichtiger ist folgender: Es gibt als Zeugen ja immer den Beobachter hier oder das Göttliche Auge, und diese vielen Zeugen da draußen, deine Mitarbeiter, vielleicht ein Vorgesetzter, die Leichen, die Nachbarn, die Frau. Jetzt stellt sich die Frage, wen du als Hauptzeugen nimmst? Den Beobachter, in deiner eigenen Ehrlichkeit, die hier natürlich Voraussetzung ist (siehe Punkt 1, Übe dich in den Grundlagen – Ehrlichkeit), oder nimmst du als Hauptzeugen die Menschen draußen. Die Wahl, die du da triffst, hat gravierende Folgen. Wenn wir das Urteil der anderen als Kriterium nehmen, werden wir einen Schein aufbauen. Ich rede hier nicht von gesundem Spiegeln – wenn zwei Menschen sich in Ehrlichkeit und Offenheit spiegeln, ist das sehr förderlich und hilfreich –, sondern ich meine damit dieses Urteil der anderen und die Sorge, wie ich in den Augen der anderen dastehe. So kommen diese falschen Heiligen zustande, die wiederum das Gift in den Brunnen schütten und es dann so schwierig machen, einen derart schönen Text wie von Atisha zu vermitteln. So kommen jene zustande, die zum Beispiel ihre Aggression unterdrücken – und darunter brodelt es –, aber nach außen sind diese Menschen scheißfreundlich; sie unterdrücken ihren Zorn, ihren Stolz, ihre Eifersucht, ihre Gier, um gut auszusehen, um in den Augen der anderen etwas Bestimmtes darzustellen oder zu scheinen.

Das rührt daher, dass viele Menschen Angst haben, alleine zu sein. Und das macht von der Meinung anderer abhängig: Ich muss mich anpassen, ich muss mich beugen, ich muss mich so hinbasteln, dass es für die anderen passt, denn sonst könnte es ja passieren, dass sie mich nicht mögen oder ablehnen oder ich aus der Gruppe falle. Wenn du deine Individualität schätzen lernst und dich mehr und mehr in der Soheit, in der ungeborenen Natur des Gewahrseins gründest, immer mehr auch bereit bist, offen zu sein, berührbar, auch verletzbar, bereit bist, die Schuld anzunehmen, reinzunehmen, zu senden, dann wirst du unabhängig von diesen „anderen". Was nicht heißt, dass du nicht ein gesundes Spiegeln schätzt. Ich habe einfach den Mechanismus geschildert, wie die Leichen überhaupt in den Keller kamen und warum die anderen so darauf bedacht sind, dass sie im Keller bleiben. Und warum der, der sie rausholt und sie dann wirklich anständig bestattet oder entlässt oder wie auch immer, der Böse sein muss.

F: *Für einige gilt das. Einige haben Angst, und für viele ist es auch Hoffnung.*

P: Das wird deine Herausforderung auf dem Weg im Zusammenhang von 7.15.: „Wackle nicht", 5.2.: „Von den zwei Zeugen, wähle den Hauptzeugen" und deine Verletzbarkeit zuzulassen. Und das ist einfach auch das Umwandeln widriger Umstände in den Bodhipfad.

Wählt man den falschen Zeugen – nämlich den anderen –, ist man geneigt, einen Schein aufzubauen. Du empfindest zum Beispiel Ärger oder Wut, und dir ist wichtig, was der andere von dir denkt. Daher möchtest du nicht wütend erscheinen. Also wirst du über die Wut einen Mantel der Freundlichkeit legen, und es wird falsch sein. So kommen Leichen in den Keller. Du wirst immer alles Hässliche vergraben und bemänteln – übertünchte Gräber, die ziemlich stinken. So geht es den meisten Menschen fast immer. Man versucht, nach außen einen bestimmten Eindruck zu erwecken, eine bestimmte Fassade aufrechtzuerhalten, an die die anderen gewöhnt sind, die passt, die nett ist und die möglichst wenig Probleme macht – und darunter gärt es. Pharisäertum, falsche Heilige, falsche Münzen, viel Gift ist das. Was passiert, wenn ich den echten Zeugen, nämlich den Beobachter wähle? Meinetwegen kommt Ärger auf. Ich nehme ihn wahr und werfe ihn nicht raus, denn das muss gar nicht sein, weil wie wir ja schon festgestellt haben: Es ist *mein* Ärger. Kapitel 3.2.: „Gib einem alle Schuld." Ich fühle den Ärger und lerne die Mechanismen, wie er überhaupt aufkommt, zu verstehen, denn er muss nicht sein. Da ist irgendwo ein überflüssiger Knopf, den irgendjemand drückt. Durch das Beobachten, Fühlen, Verstehen, auch durch Überdruss daran und in dem Entschluss, es zu ändern, wird Ärger im Lauf der Zeit transformiert und *echte* Freundlichkeit entstehen, unter der es nicht kocht – eine echte Münze. Und was das Spiegeln zwischen zwei Menschen betrifft, dazu ist absolute Offenheit auf beiden Seiten notwendig. Sobald einer von beiden versucht, einen Schein von irgendetwas aufzubauen oder aufrechtzuerhalten, ist kein Spiegeln möglich, dann ist es Schein, nichts wert, ist Geschwätz.

Der zweite Aspekt der zwei Zeugen ist der urteilende Beobachter, der eine Abteilung des kleinen Geistes ist, und der reine Beobachter, die spiegelgleiche Weisheit, der eigentliche, wahre Beobachter. Osho zieht noch einen dritten Aspekt heran: Die Beobachtung des Inhalts des Geistes ist das eine. Das Zweite ist das Beobachten des Geistes *selbst*. Das Beobachten des Geistes selbst führt hinüber. Das Beobachten des Inhalts des Geistes und der Emotionalität gleichzeitig ist aber auch sehr notwendig.

### 5.3. „Bewahre immer einen heiteren Geist."

Wenn uns das in allen Situationen gelingt, wenn wir einen heiteren Geist bewahren, auch wenn wir körperlichen oder emotionalen Schmerz empfinden, wenn wir heiter bleiben auch in schwierigen

Umständen, heiter auch, wenn Stress auftaucht oder Probleme zu lösen sind, dann ist das wirklich ein Zeichen für große Klarheit. Es ist ein Zeichen, dass wir uns nicht mehr verwickeln lassen in all die Phänomene im Innen und Außen, in all das, was dort so wichtig erscheinen mag, in all das, was uns angenehm oder unangenehm ist. Die wahre Natur des Geistes *ist* heiter.

### 5.4. „Wenn du trotz Ablenkung praktizieren kannst, bist du gut geübt."

Wenn wir in der wahren Natur des Geistes bleiben und uns nicht davon wegbewegen, selbst wenn Ablenkung auftaucht – ja, das ist wirklich ein Zeichen, dass wir gut geübt sind und Stabilität entwickelt haben.

# 13. Der Wahrheit im Leben treu sein

Die meisten Punkte des sechsten Kapitels „Schwert des Geistestrainings" betreffen unser tägliches Leben und unseren Austausch, unser Zusammensein. Wie zeigt sich dieses Schwert im Leben und im Miteinander-Sein?

### 6.1. „Halte dich stets an die drei grundlegenden Prinzipien."

Hier gibt es drei verschiedene Triples. Das erste Triple erklärte ich euch im Sommer: *Treue, Einfachheit und Geduld*. Sehr einfach. Treue zu dem, was ich als die Ausrichtung meines Lebens erkannt habe. Einfachheit heißt, nicht so ein „Gedöns" um alles zu machen, und meint Einfachheit im Leben, die so viel Raum und Zeit schafft, so viel mehr Freude und die Möglichkeit, sich dem Wesentlichen zu widmen. Bei aller Treue, aller Ausgerichtetheit, aller Disziplin und aller Gewöhnung ist Geduld nötig, brauchen wir einen langen Atem. Ungeduld macht die Angelegenheit viel langsamer.

Das zweite Triple beinhaltet die drei großen Pfade des Buddhismus: Hinayana, Mahayana, Vajrayana. Sie entsprechen den drei Prinzipien: Achtsamkeit, Güte, verrückte Weisheit. Dabei ist es sehr wichtig – und das betrifft nicht nur den innerbuddhistischen Dialog, sondern trifft generell zu –, dass die einzelnen Wege mit ihren verschiedenen Schwerpunkten sich gegenseitig achten, denn diese drei Prinzipien haben die gleiche Wurzel. Manche Buddhisten der Hinayana-Schule halten die Vajrayana-Leute für völlig verrückt, und manche Anhänger des Mahayana bezeichnen Hinayana nur als eine Vorstufe. So geht das hin und her, und dasselbe passiert auch zwischen Anhängern Jesu und denen anderer Religionen. Anhänger zu sein bringt sowieso nichts. Jeder Weg hat seine Würde, seinen Wert und seine Berechtigung. Prinzipiell gibt es so viele Wege wie es Gehende gibt, lange Wege, kurze Wege. Der Weg der Ungeduld ist ein langer Weg, deshalb heißt es in Punkt 6.13.: „Versuche nicht, der Schnellste zu sein." Das hier ist kein Wettrennen, keine Karriere. Es gibt keine Karriere.

## Rose der Bewusstheit

Das dritte Triple, das ich wunderschön finde, stammt von Osho:

1. Regelmäßigkeit

2. Keine Zeitverschwendung (was nichts mit Ungeduld zu tun hat)

3. Nicht rationalisieren

Und dazu möchte ich euch Osho vorlesen, weil es so schön ist:

> „Was sind die drei hauptsächlichen Punkte? Der erste ist Regelmäßigkeit der Meditation. Erinnert euch, es ist sehr schwierig, Meditation zu erschaffen, und es ist sehr leicht, sie zu verlieren."[8]

Bereits im ersten Satz widerspricht er der These, man könne ja sowieso nichts machen, und Osho spricht mir damit aus vollem Herzen.

> „Es ist nicht leicht, Meditation zu erschaffen, und es ist sehr leicht, sie zu verlieren. Alles, was höher ist, braucht große Anstrengung, es zu erschaffen, aber es kann innerhalb eines Momentes verschwinden."[9]

Ich glaube, dass ihr das alle kennt.

> „Den Kontakt damit zu verlieren, ist sehr leicht. Das ist eine der Qualitäten des Höheren. Es ist, wie wenn man Rosen aufzieht. Ein kleiner heftiger Wind, und die Rose ist verwelkt, die Blätter sind heruntergefallen oder irgendein Tier hat den Garten betreten und die Rose ist aufgegessen. Es ist sehr leicht, Meditation

---

8/9  Osho: The Book of Wisdom, Rebel Publishing House, Pune, India 2001.
  © Osho International Foundation. Erlaubnis zum Abdruck erteilt durch:
  Osho International Foundation, Switzerland, www.osho.com

zu verlieren, und es war so eine lange Reise, sie zu erschaffen. Wann immer es den Konflikt zwischen dem Höheren und dem Niedrigeren gibt, erinnert euch immer: Das Niedrigere gewinnt leicht. Wenn du eine Rose mit einem Felsbrocken bewirfst, wird die Rose sterben, nicht der Fels. Der Fels mag sich nicht mal bewusst werden, dass da ein Zusammenprall war, dass er irgendetwas Schönes getötet hat. Und eure ganze Vergangenheit ist voll von Felsen, und wenn ihr anfangt, die Rose der Bewusstheit in euch wachsen zu lassen, gibt es 1001 Möglichkeiten, dass sie von euren alten Felsen zerstört wird: von Gewohnheiten, von mechanischen Gewohnheiten. Deshalb neue Gewohnheiten setzen. Ihr müsst sehr wachsam, sehr achtsam und sehr vorsichtig sein. Ihr werdet gehen müssen wie eine schwangere Frau. Deshalb geht der Mensch der Achtsamkeit sehr vorsichtig. Er lebt vorsichtig, und das muss ein regelmäßiges Phänomen sein. Es ist nicht so, dass du an einem Tag ein bisschen meditierst und es dann einige Tage wieder vergisst und eines Tages machst du es wieder. Es muss so regelmäßig sein wie Schlafen, Essen, Körperertüchtigung, Atmen. Nur dann wird die unendliche Glorie Gottes dir ihre Tore öffnen.

Der zweite Hauptpunkt ist: Vergeudet nicht eure Zeit mit dem Nicht-Essenziellen."[10]

Dem begegneten wir schon einmal mit den Slogans 6.16. „**Nimm Sorge nicht in Kauf für unechte Freude.**" und 7.13. „**Widme dich den wichtigen Dingen.**" Hier taucht es schon wieder auf: Tändelt nicht herum!

„Millionen Menschen verschwenden ihre Zeit mit Nicht-Essenziellem. Und die Ironie ist, dass sie wissen, dass es nicht-essenziell ist. Aber sie sagen: „Was sollen wir sonst machen?" Ihnen ist nichts bewusst, was signifikanter wäre. Menschen spie-

---

[10] Osho: The Book of Wisdom, Rebel Publishing House, Pune, India 2001.
© Osho International Foundation. Erlaubnis zum Abdruck erteilt durch:
Osho International Foundation, Switzerland, www.osho.com

len Karten, und wenn man sie fragt: „Was macht ihr da?" Dann sagen sie: „Wir schlagen die Zeit tot." Zeit totschlagen? Zeit ist Leben. Also schlagt ihr euer Leben tot, und die Zeit, die ihr totschlagt, kann nicht wiedergewonnen werden. Einmal gegangen ist sie für immer gegangen. Der Mensch, der ein Buddha werden möchte, muss das Nicht-Essenzielle mehr und mehr fallen lassen, damit mehr Energie für das Essenzielle verfügbar ist. Schaut einmal auf euer Leben. Wie viele nicht-essenzielle Dinge tust du und wofür? Und wie lange hast du sie getan und was hast du daraus gewonnen? Wirst du dein ganzes Leben lang dieselben dummen Muster wieder und wieder wiederholen? Genug ist genug! Wirf einen Blick darauf, meditiere darüber. Sage nur das, was essenziell ist. Tue nur das, was essenziell ist. Lies nur das, was essenziell ist, und so viel Zeit wird gewonnen und so viel Energie wird gewonnen. Und all diese Energie und diese Zeit kann man leicht in Meditation, in inneres Wachstum und in Beobachten investieren. Ich habe nie einen Menschen gesehen, der so arm wäre, dass er nicht meditieren könnte. Aber die Menschen sind mit närrischen Dingen beschäftigt, schrecklich närrisch. Sie schauen nicht närrisch aus, weil alle anderen genau dasselbe machen. Aber der Sucher muss aufmerksam sein. Nehmt mehr Notiz davon, was ihr tut, was ihr mit eurem Leben tut, denn um die Rose der Bewusstheit wachsen zu lassen, wird viel Energie notwendig sein. Ein Reservoir von Energie wird notwendig sein. Alles Große kommt nur dann, wenn du Extra-Energie hast. Wenn deine ganze Energie im Weltlichen verbraucht wird, dann wirst du das Heilige nie berühren.

Und der dritte Hauptpunkt ist: Rationalisiere deine Fehler nicht! Der Verstand tendiert zum Rationalisieren. Wenn du irgendeinen Fehler machst, sagt der Verstand, es musste so sein, es gab einen Grund dafür. Ich bin nicht verantwortlich, die Situation machte es so geschehen. Und der Verstand ist sehr klug im Rationalisieren von allem. Vermeide das Rationalisieren deiner eigenen Fehler. Denn, wenn du sie rationalisierst, schützt du sie. Dann werden sie wiederholt werden. Vermeide es, deine Fehler zu rationalisieren! Hör überhaupt vollkommen auf zu rationalisieren!

Vernünftig nachdenken ist eine Sache, Rationalisierung eine total andere. Vernünftig nachzudenken kann für einige positive Zwecke benutzt werden, aber Rationalisierung kann nie für irgendeinen positiven Zweck genutzt werden. Und du wirst in der Lage sein, es herauszufinden, wenn du rationalisierst. Du kannst zwar andere betrügen, aber du kannst dich selbst nicht betrügen. Du weißt, dass du gefallen bist, und anstatt Zeit damit zu verschwenden, zu rationalisieren und dich selbst zu überzeugen, dass nichts falsch gelaufen ist, setze lieber die ganze Energie dafür ein, achtsam zu sein. All diese grundlegenden Prinzipien sind dazu da, alle deine Energielöcher zu schließen, aus denen Energie abfließt. Ansonsten schüttet Gott weiterhin Energie in dich hinein und du hast so viele Löcher, dass du niemals voll wirst. Energie kommt, läuft aber sofort wieder hinaus."[11]

Schön, nicht? Ganz einfach! Es gibt auch noch ein viertes Triple, wie es in der tibetischen Tradition formuliert wird. Das erste davon heißt: „Die Gelübde einhalten." Den zweiten Punkt formuliert Dilgo Khyentse Rinpoche so: „Unser Verhalten im täglichen Leben sollte im Einklang sein mit der Art und Weise, wie wir den Dharma praktizieren." Und der dritte Punkt heißt hier: „Nicht mit zweierlei Maß messen." Das entspricht letztlich der Regelmäßigkeit, der Forderung, keine Zeit zu verschwenden und nicht zu rationalisieren. Nur drückt Osho es allgemeingültiger aus. Darum geht es wirklich, und das ist tatsächlich essenziell.

### 6.2. „Ändere deine Haltung, aber bleibe natürlich."

Also macht keinen auf heilig, auf meditativ oder erleuchtet, sondern seid ganz normal, vor allem draußen. Das heißt nicht, dass ihr jeden Quatsch mitmacht. Darüber sprachen wir heute Vormittag: Zurückweisung. Ihr müsst euch nicht in die Beziehungsspiele, in das Geschnatter, in all dieses Zeug, das euch nach unten zieht, wie Osho sagt, ver-

---

[11]  Osho: The Book of Wisdom, Rebel Publishing House, Pune, India 2001.
© Osho International Foundation. Erlaubnis zum Abdruck erteilt durch:
Osho International Foundation, Switzerland, www.osho.com

wickeln lassen. Ihr könnt aber trotzdem ganz natürlich sein und nichts Besonderes darstellen. Das bedeutet, „die innere Haltung ändern und natürlich zu bleiben".

### 6.3. „Sprich nicht über schwache Glieder."

### 6.4. „Denke nicht über die Angelegenheiten anderer nach."

Eine enorme Energieverschwendung, die gerne gemacht wird.

### 6.5. „Übe als Erstes mit der größten Verblendung."

Da ist das größte Loch, und es ist praktisch, das größte Loch zuerst zu schließen und sich dann den kleineren zu widmen. Das heißt, wenn ihr wisst – und ihr wisst es, jeder weiß es von sich –, mein Hauptfehler ist Ärger oder mein Hauptfehler ist Beleidigtsein oder mein Hauptfehler sind Minderwertigkeitsgefühle oder eine Besessenheit irgendeiner Art oder mich dauernd abzulenken, dann versucht, darauf die größte Achtsamkeit zu richten, das größte Licht, und lasst euch selbst nicht entwischen. Und dann beobachtet, umarmt, spürt, geht rein und lasst gehen, schneidet durch, und lasst euch – wenn nötig – ein wenig von den Dharmapalas schütteln.

### 6.6. „Gib jede Hoffnung auf Erfolg auf."

Das vereinfacht die Sache sehr. Erstens nimmt es einen guten Teil der Ungeduld. Warum ist man so ungeduldig? Weil man endlich den Kuchen will. Wenn man aber von vornherein sagt: „Mir geht es nicht um den Kuchen. Ich will gar keinen Kuchen, ich brauche keine Belohnung, sondern es geht mir um das Tun jetzt", verschwindet die Ungeduld. Der kleine Geist ist in allen Gebieten immer zielorientiert: wirtschaftlich, emotional, in der Beziehungsthematik und eben auch spirituell. Die Buddha-Natur kennt kein Ziel. Deshalb ist da so viel mehr Freiheit. Ich bin sogar frei, verrückt weise zu sein. Wenn du zielorientiert bist, dann hast du mit dem dritten Punkt der grundlegenden Prinzipien, der „verrückten Weisheit", keine Chance. Du kannst nicht verrückt weise sein *und* ein Ziel haben, das geht nicht. Verrückte Weisheit vergisst jedes

Ziel, vergisst aber *nicht* die Ausrichtung. Sie tut *jetzt* das Schöne, das Großzügige, das Überfließende, das Friedliche, lässt alles Unwichtige weg und kümmert sich nicht um Erfolg und Misserfolg. Deshalb schauen die verrückten Weisen so verrückt aus wie zum Beispiel in unserer Tradition der heilige Franziskus. Er ist ein klassischer verrückter Weiser. In den Augen des zielorientierten, rationalisierenden Geistes ist er vollkommen durchgedreht, in Wirklichkeit aber ist er absolut in Freude aufgegangen. Aber da gibt es nichts mehr zu verstehen. Da kann man nur sein und singen und tanzen und nackt sein und auch nicht fragen, wovon man morgen lebt. Franziskus warf seinem Vater die Kleider vor die Füße: „Mit mir nicht!" Buddha war genauso. Völlig verrückt, völlig eingenommen vom Göttlichen. Da bleibt kein Platz mehr für Erfolg und Ziel. Gib jede Hoffnung auf Erfolg auf!

### 6.7. „Meide vergiftete Nahrung."

Das betrifft nicht nur Materielles, sondern ganz wesentlich auch die geistige Nahrung, die man sich selbst im ständigen Wiederholen des alten vergammelten Zeugs zuführt, indem man sich das alte vergammelte Zeug anhört oder liest oder im Fernsehen ansieht, und das die alten Strukturen ständig wieder stärkt.

Eines dieser Gifte, das auch mit dem falschen Zeugen zu tun hat, ist Aufmerksamkeit-Bekommen. Das ist ein Suchtmittel, das einen dazu bringt, das zu tun, was in den Augen der anderen angemessen ist, eine Rolle zu spielen, damit man Aufmerksamkeit oder Anerkennung, Schulterklopfen oder Bestätigung jedweder Art bekommt. Das ist Gift, wenn es auf diesem Spiel, auf dieser Falschheit beruht, denn es stärkt die Egostruktur, es stärkt die Falschheit. Und zugleich ist es eines der Dinge, die euch von anderen abhängig machen und es euch schwerer machen, etwas zurückzuweisen, wenn Zurückweisung angebracht ist. Versteht ihr, wie das alles zusammenhängt? Es ist ein großes Ganzes. Wo immer ich beginne, kann ich mich prinzipiell durch alle 59 Punkte durchweben. Von hier kommen wir wieder zu Kapitel 1: Ehrlichkeit, Offenheit, Nacktheit. Dann hat das Gift keine Chance. Auf geistigem Gebiet finden wir viel Gift, viel Einlullendes, viel Einschläferndes – und auch viel Lüge. Wir brauchen hier einen wachen Geist um auszusuchen, was wir aus der Bücherei mitnehmen und womit wir erst gar nicht anfangen. Noch giftiger, weil mit Emotion und mit Sozialem bepackt, sind die zwischenmenschlichen Beziehungen.

### 6.8. „Sei nicht so berechenbar."

Dies folgt darauf ganz logisch, und zwar in mehrerlei Hinsicht. Was macht einen berechenbar? Berechenbar ist man, wenn man immer auf derselben Schiene läuft. Jeder weiß, dass du kreischst, wenn man dich am kleinen Zeh drückt, wenn du zehnmal so reagiert hast, dann rechnet jeder damit, dass es beim elften Mal wieder so sein wird. Auf dieser Berechenbarkeit beruht ein Großteil des gesellschaftlichen Konsenses, einschließlich Werbung und Politik und all den Machtspielen. Sie alle wären überhaupt nicht möglich, wenn ihr nicht berechenbar wäret. Und warum seid ihr berechenbar? Weil ihr euch selbst dadurch einen Vorteil ausrechnet: Als Gegenleistung erhaltet ihr Akzeptanz, gesellschaftliche Akzeptanz, eventuell sogar Karriere. Also, seid nicht berechenbar, folgt nicht euren eigenen Mustern und schon gar nicht solchen, die man euch von außen aufgedrückt hat, sondern seid authentisch in jedem Moment. Das kann für euch und für andere ein bisschen unbequem sein, aber es ist echt. Ihr werdet damit ein wenig unhandlich für die Gesellschaft, aber ihr werdet wahrer, echter, wacher und liebevoller, und im Grunde werdet ihr damit zuverlässiger im besten Sinne. Nicht berechenbar, aber zuverlässig.

### 6.9. „Mache keine verletzenden Witze."

### 6.10. „Warte nicht auf eine Gelegenheit."

### 6.11. „Schlage nicht aufs Herz."

Diese Punkte dürften klar sein.

### 6.12. „Lade der Kuh nicht die Last des Ochsen auf."

Das betrifft euch. Angenommen, ihr seid die Kuh, dann ladet euch nicht die Last des Ochsen auf. Angenommen, ihr seid in einer Situation eher der Ochse, sprich stärker, dann nehmt die schwerere Last und ladet sie nicht jemand anderem auf. Abwechselnd übernimmt man die Rolle von Kuh und Ochse. Man ist nicht immer Kuh oder immer Ochse.

### 6.13. „Versuche nicht, der Schnellste zu sein."

Kein Wettlauf, kein Ehrgeiz. Ehrgeiz ist großes Gift. Hier gibt es nichts zu gewinnen, keine Pokale, keine Diplome, keine Gehaltserhöhung, gar nichts.

### 6.14. „Handle nicht verdreht."

Ist sehr wichtig. Das heißt, sei gerade, aufrichtig. Lass dein Sprechen und dein Handeln übereinstimmen. Sprich nicht so und handle anders. Handle nicht so und sprich anders. Und manipuliere nicht. Immer schön geradeaus, direkt. Keine Tricks. Das Ganze ist überhaupt das Ende der Tricks.

### 6.15. „Mache Götter nicht zu Dämonen."

Heißt: Halte das Gute nicht fest. Wenn es doch einmal Kuchen geben sollte, halte ihn nicht fest. Runterspülen, loslassen, sofort loslassen. Sobald ihr etwas festhaltet, macht ihr eine Hölle daraus, oder es wird spätestens dann eine Hölle, wenn es euch trotz allen Festhaltens entrissen wird.

### 6.16. „Nimm Sorge nicht in Kauf für unechte Freude."

Darüber sprachen wir schon.

# 14. Hilfen auf dem weglosen Weg

Das 7. Kapitel Atishas „Richtlinien des Geistestrainings" bietet uns überaus wertvolle Hilfen und Anweisungen für alle Lebensumstände an.

**Hoffnung**

Hoffnung ist entweder „maskierte Furcht" oder „maskierte Ablehnung". Hoffnung ist zukunftsorientiert, und auf jeden Fall ist sie nicht im Jetzt. Ihr Inhalt bezieht sich auf die Zukunft, von der man nichts weiß, wodurch das Ganze schon ziemlich sinnlos ist. Hoffnung ist immer *auf etwas* orientiert. Wenn ihr in einen Zustand der Hoffnung geratet und in der Lage seid zu erkennen, dass das, worauf ihr hofft, absolut unsicher ist, dass ihr überhaupt nichts wisst, dass die Hoffnung eine Maske vor irgendetwas anderem ist, dann ist es klug, die Maske abzunehmen und zu schauen, was denn dahinter verborgen ist. Was ist die Furcht? Oder: Was will ich nicht haben? Zum Beispiel Krankheit. Dieses Spiel mit der Hoffnung aus einer Furcht heraus wird zum Beispiel in medizinischen Kreisen sehr intensiv gespielt und entsteht oft mehr aus der Furcht der Ärzte als aus der Furcht der Patienten.

Hinter der Hoffnung einer Frau zum Beispiel, dass sich der Mann ihr doch wieder zuwendet, könnte die Furcht versteckt sein, dass er sich ihr nicht zuwendet und sie alleine dasitzt, dass sich ihr vielleicht sogar nie wieder ein Mann zuwendet, und schon gar nicht ein so toller. Diese Furcht wiederum hat mit einer zugrunde liegenden Furcht vor dem „Für-sich-Sein" zu tun, hat aber auch mit der Illusion zu tun, das sei „der Mann", der Traumprinz. Das Zerplatzen dieser Illusion löst Furcht aus. Das heißt, um die Hoffnung loszulassen, muss man sich dem, was dahinter ist, stellen, muss das fühlen, das annehmen, muss den Döns opfern und die Dharmapalas ehren. Das ist eigentlich alles. Das gilt für den ganzen Hoffnungskram: Hoffnung auf Erfolg, Hoffnung auf Erleuchtung. Warum? Aus Angst vor dem, was jetzt ist, nämlich „simples Leben". Das ist die falsche Motivation am Anfang, und der falsche Anfang bewirkt den falschen Weg, und das Ganze wird zu einem Missgeschick.

Der Anfang ist unglaublich wichtig. Wie und aus welcher Haltung fange ich an? Angenommen, ich stelle in irgendeinem Zusammenhang fest, dass der Anfang nicht korrekt war, dann ist es sehr klug, nicht da weiterzumachen, wo ich mich gerade befinde, sondern zum Anfang zurückzugehen und erst einmal die Haltung, die Motivation, die Einstellung zu korrigieren. Deshalb sind diese Losungen ein wunderschönes Webwerk, bei dem immer ein Punkt zu allen anderen führt – und immer wieder auch zum Anfang.

F: *Was ist die korrekte Anfangsmotivation?*

P: Die korrekte Anfangsmotivation ist, die Kostbarkeit der menschlichen Geburt zu schätzen, die Kostbarkeit des Lebens zu schätzen, die Vergänglichkeit aller Phänomene zu sehen und auch zu schätzen, die Veränderlichkeit des ganzen Tanzes zu schätzen, die Leidhaftigkeit zu sehen und zu transformieren oder damit zu beginnen. Aber nicht indem ich Kostbarkeit wegwerfe. Das bringt nur neues Leid. Das Leben ist ein Geschenk: die Lebendigkeit, die Vögel. Aus dem Schätzen der Kostbarkeit, der Lebendigkeit des Lebens erwächst dann weitere Motivation, Mitgefühl und Weisheit zu entwickeln. Die Frage ist essenziell, und zwar essenziell für alle, denn, wie gesagt, wenn der Anfang nicht stimmt, haben wir ein Problem. Es gibt Menschen, die aus irgendeinem Grund nicht gerne leben, und du gehörst dazu. Ich habe dir gestern schon gesagt, dass das nicht wirklich ein Problem, sondern nur eine etwas verdrehte Sichtweise ist. Daraus resultiert verdrehtes Handeln. Dies fällt auch unter den Slogan 6.14.: „Handle nicht verdreht." Du benutzt Spiritualität dann, um das Leben zu vermeiden, und das kann nicht das Richtige sein, denn Spiritualität ist nur auf der *Grundlage* von Leben möglich, sie ist wie die Lotusblume. Wenn der Lotus versucht, den Schlamm zu vermeiden, dann wird das mit der Blüte nichts. Wenn aber die Blüte versucht, sich in den Schlamm zurückzuversenken, wird es auch nichts. Es braucht die Wurzel *und* die Blüte. Aber die

Blüte ohne Wurzel gibt es nicht. Das Leben ist kostbar in all seinen Ausdrucksformen. Wenn ich die Geschichten von meinen wilderen Freunden erzähle, etwa von jenem, der sich den Kopf abhackte, dann ist dieser Mensch, der in einem späteren Leben Buddha genannt wurde, nicht des Lebens überdrüssig. Er hat sich nicht den Kopf abgeschlagen, weil er Suizid begehen und nicht mehr leben wollte, sondern er war voller Leben und voller Liebe zum Leben. Wenn er sich den Kopf auf Grund von Lebensunlust abgeschlagen hätte, welche Gabe wäre das gewesen? Das wäre Müllentsorgung und nicht Großzügigkeit! Oder auch ein Franziskus, der alles stehen und liegen und hinter sich lässt und ohne alles, ohne Beziehung, ohne Geld und ohne das, was gemeinhin als Spaß verstanden wird, lebt, ist nicht lebensfeindlich, sondern ganz im Gegenteil: *Weil* er alles weglässt, was sich zwischen ihn und das Leben stellen könnte, ist er zutiefst freudig.

So wie eine Teilnehmerin dieses Retreats sagte: Barfuß. Allem begegnend. Das ist die Offenheit und Berührbarkeit, die so wichtig ist. Oder wie Buddha, der den Königspalast verlässt, weil er die Leidhaftigkeit erkannt hat. Er macht das nicht, um dem Leben auszuweichen, sondern um zur Blüte des Lebens zu gelangen. Das heißt, dein Job besteht jetzt darin, am Anfang zu beginnen, das Leben willkommen zu heißen, *dich* im Leben willkommen zu heißen und von da aus sich alles transformieren zu lassen. Ich spüre deine große Sehnsucht danach.

### 7.1. „Lasse eine Absicht alles durchdringen.“

Dies bedeutet in diesem Zusammenhang auch: „Heilige dein Leben.“ Es ist nicht so, dass man das Leben wegwirft, um zum Heiligen zu kommen, sondern dass man das Heilige das Leben durchdringen lässt, so dass alles heilig wird. Wie ich euch schon gesagt habe: Lasse jede deiner Handlungen Meditation sein, sogar das Telefonieren. Das Leben heiligen, das Eine, die Göttlichkeit, die klare Natur des Geistes, das Mitgefühl das ganze Leben durchdringen lassen, so nehme ich alles herein. Der Anfang, die Mitte und das Ende – alles ist ein großes Ja. Wenn der Anfang ein Nein ist, wird es schwierig zum Ja zu kommen. Deshalb: Am Anfang, in der Mitte und am Ende ein großes Ja. Das wäre die Zusammenfassung der 59 Slogans in drei Worten.

## 7.2. „Eine Methode wird alles Falsche korrigieren."

Das ist einfach. Diese eine Methode ist Bewusstheit, Achtsamkeit. Ehrliche Achtsamkeit.

## 7.3. „Sei geduldig, welches von beiden auch geschieht."

Erfolg – kein Erfolg. Leben – Sterben. Was von beiden auch geschieht, das ist in Ordnung. Sei geduldig.

## 7.4. „Am Anfang und Ende sind zwei Dinge zu tun."

Ganz einfach: Weisheit und Mitgefühl. Zwei Dinge.

## 7.5. „Beachte diese beiden auch unter Lebensgefahr."

Das heißt wiederum nicht, das Leben wegzuwerfen, sondern das Leben zu schätzen. Wenn aber mein Leben in Gefahr ist und ich die Wahl treffen muss, werde ich für Wahrheit und für Mitgefühl einstehen. Die Ausrichtung ist auf Weisheit und Mitgefühl, und dafür ist das Leben da. Allein das schon heiligt das Leben, weil es uns befähigt und ermöglicht, Weisheit und Mitgefühl zu entwickeln und zu leben. Ohne Leben geht es nicht. Und Weisheit und Mitgefühl sind die Essenz; sie heiligen das Leben, ohne sie ist das Leben nur eine leere Hülle. Also ist die Wahl klar.

## 7.6. „Übe dich in den drei Herausforderungen."

Dabei geht es um den Umgang mit gestörten Emotionen. Die erste Herausforderung ist, sie zu erkennen. Bei vielen Menschen ist es so, dass Zorn oder Neid auftaucht und daraufhin Handlung aus Zorn oder Neid passiert, und sie merken gar nicht, was passiert – ein vollautomatischer Ablauf. Also besteht die erste Herausforderung darin, herauszufinden, was passiert: Achtsamkeit. Die zweite Herausforderung besteht darin, eigentlich noch schneller, noch früher zu erkennen, was passiert, nicht erst, wenn das Kind schon ins Wasser gefallen ist. Und im dritten Schritt nimmst du es wahr, *bevor* das Kind sich dem Wasser nähert und kannst schon da einschreiten, innehalten, bis sich alles beruhigt hat. Das wäre die eine Sichtweise. Erkennen, früher erkennen, noch früher erkennen – und nicht nur erkennen, sondern natürlich stoppen.

Eine andere Möglichkeit, diese drei Herausforderungen zu verstehen, über die wir im Sommer sprachen, ist: Erkennen, Stoppen, Durchschneiden.

F: *Wie geht Stoppen? Stoppe ich das Gefühl, indem ich es fühle oder indem ich verstehe, woraus es entsteht?*

P: Das Verstehen ist sicher mittelfristig wichtig, aber das Stoppen ist zunächst nicht ein Stoppen des Gefühls, sondern du stoppst *dich selbst*.

F: *Wie mache ich das?*

P: Welches ist dein hauptsächliches Gefühl? Enge? Furcht?

F: *Vielleicht so ein Gefühl des Ausgeschlossen-Seins, woraus dann die Enge entsteht. Ich kann aber nicht weg und muss sitzen bleiben, und dann merke ich, es wird immer größer.*

P: Das Sitzen-Bleiben ist super. Da kommt ein Gefühl von Beengtheit hoch, und dein Impuls ist erst einmal, der Beengtheit zu entkommen. Das wäre Rennen. Stoppen heißt, dass du dich dem Gefühl von Beengtheit stellst. Du versuchst nicht, das Gefühl von Beengtheit zu beenden, sondern du beendest dein Rennen und hältst inne, mitsamt dem Gefühl. Kein Versuch von Vermeidung. Und fühle es, bis es ganz zu Ende gefühlt ist. Ein Gefühl von Enge gehört in den Bereich der Phänomene und ist an und für sich unbeständig. Es wird irgendwann zu Ende sein. Das Innehalten ist ein Aufhören, wegzulaufen.

F: *Wenn ich irgendwo bleiben muss, wo ich nicht weg kann, fängt es mich zu jucken an.*

P: Ja, du fährst aus deiner Haut. Das heißt nicht, dich nicht in eine bequemere Position zu bringen, wenn es die Möglichkeit gibt – warum nicht. Aber wenn die Möglichkeit nicht gegeben ist, dann musst du da sitzen bleiben. Wenn du dann aber innerlich dagegen kämpfst, dann fängt das Leiden an.

# Lernen

F: *Tonglen wird bei mir immer anstrengend. Ich gerate so in den Verstand, denke dann zum Beispiel: Unruhe ein, Ruhe aus.*

P: Es geht nicht darum, Worte ein- und auszuatmen.

F: *Ich versuche dann schon, es mit einem Gefühl zu verbinden. Ich komme so schnell in die Worte, weil ich es mir vorzustellen versuche.*

P: Du musst es dir nicht vorstellen, wenn es da ist. Was ist an Material da, das wir jetzt benützen können?

F: *Berührtheit oder Traurigkeit.*

P: Schön, ich würde sagen, das ist schon mal was zum „Senden". Eine Feinheit, eine Berührtheit in deinem Herzen. Und gib dem keinen Namen! Lass einfach das durch all deine Poren ausströmen. Einfach das, was da ist.

F: *Ich möchte mich immer versichern, dass ich auch wirklich etwas Positives aussende. Ich muss also gar nicht schauen, was es ist, sondern einfach einatmen und ausatmen?*

P: Du musst nicht den Anspruch erheben, alles richtig zu machen. Und 6.6.: „Gib alle Hoffnung auf Erfolg auf." Ganz natürlich einatmen, ausatmen, hereinnehmen, rausgeben. Das einzig Neue, zunächst Ungewöhnliche, aber auch höchst Natürliche daran ist, dass man das Wohlige abgibt und das Stachelige hereinnimmt.

F: *Ich glaube es liegt daran, dass ich nicht sicher weiß, was ich da jetzt einatme und was ich ausatme, und dass ich versuche, es für mich zu definieren.*

P: Du musst nicht kategorisieren, aber du weißt genau, was wohlig ist und was nicht. Das weiß jeder, das spürt man ja. Mehr braucht es nicht. Versucht nicht, damit irgendetwas aktiv zu ändern. Aber es wird sich dadurch etwas ändern. Es ist wirksam, aber nicht aufgrund einer Aktivität. Du kannst dabei entspannen. Du musst dich nicht anstrengen, und wenn Anstrengung auftaucht – das ist ja auch ein enges, krampfartiges Gefühl –, dann kannst du auch das reinlassen und Weichheit, Sanftheit rauslassen. Und verbinde es mit dem Atem, weil das auf der körperlichen Ebene das Korrelat ist. Im Einatmen nehmen wir rein und im Ausatmen geben wir raus. Und das machen wir in diesem Rhythmus, seitdem wir auf der Welt sind. Deshalb ist es gut, „auf dem Atem zu reiten". Das ist der natürliche Fluss. Wie fühlt sich das jetzt an?

F: *Es ist schon besser. Aber ich merke, ich versuche, mich immer zu versichern. Da bin ich kurzatmig. Ich habe Angst, dass etwas Falsches rauskommt.*

P: Dann könnte man etwas lernen.

F: *Ja, aber wenn ich es nicht merke?*

P: Wenn bei dir Offenheit ist, merkst du es. Jetzt sind wir wieder bei den Grundlagen, bei der Bereitschaft, berührt zu sein und zu berühren. Kein Vermeiden, sondern da sein und sich stellen. Wenn etwas schief laufen sollte, wirst du es spüren. Wenn du dann damit offen bist und es mit Achtsamkeit und nichtanalysierendem Untersuchen hereinnimmst, dann wirst du lernen. So funktioniert Lernen. Lernen geschieht nicht, indem man von vornherein versucht, alle Fehler zu vermeiden. Dann kann man nicht lernen. Das ist auch eine Disziplin des Geistes, weil es den Geist unter die Herrschaft des Herzens stellt, und damit haben die Dinge die richtige Proportion. Wenn der kleine Geist versucht, das Herz zu beherrschen oder zu beeinflussen, kommt große Anstrengung raus. Das wäre zum Beispiel so ein Fehler, wunderbar, und du siehst daran, dass dir der Fehler nicht entgeht, denn du spürst es. Und dann kannst du lernen. Also ist alles von A bis Z ganz wunderbar, inklusive der Anstrengung. Du kannst auch die Anstrengung selbst wieder als Material und Übungsobjekt für Achtsamkeit und fürs „Austauschen" benützen. Anstrengung ist ja auch ein Phänomen, das kommt und geht. Weiter nichts. Die Verwirrung, die dabei auftaucht, kannst du als die vier Kayas ansehen. Du kannst die Anstrengung auch als widrigen Umstand betrachten und in den Bodhipfad verwandeln. Du kannst die Verantwortung dafür auf dich nehmen. Du kannst einen heiteren Geist bewahren trotz der Anstrengung, und wenn du trotz Ablenkung praktizieren kannst, bist du gut geübt. Die Anstrengung ist auch eine Ablenkung. Bleib trotzdem in der Mitte gegründet. Das heißt: Innerhalb dieser Praxis ist alles, was auftaucht, nutzbar und in den Bodhipfad zu verwandeln. Es gibt also keine Hindernisse und keine Ausreden. Ist das nicht wunderbar?

## Von Rosen und Dornen

F: *Ich verstehe den Unterschied zwischen „zurückweisen" und „verdrängen" nicht so richtig.*

P: Gefühle verdrängt man. Beim Zurückweisen geht es um Gedanken.

F: *Ich spüre immer Angst, die ich aber nicht haben will. Da setzt, wenn ich nicht aufpasse, ein Automatismus ein, doch wieder zu verdrängen.*

P: Also lass das Gefühl herein und fühle das Gefühl, und weise den Gedanken zurück, der sagt: „Wenn ich das annehme, könnten die widrigen Umstände noch zunehmen."

F: *Und das geht?*

P: Das geht. Es gibt Geschichten über Heilige. Zum Beispiel: Mohammed lebte in der heißen Wüste, und es wird erzählt, ihm sei immer eine Wolke gefolgt, die ihn beschattete. Über Buddha wird erzählt, wenn es im Monsun sehr stark regnete, formte eine große Kobra mit ihrem Hals eine Art Regenschirm. Oder von dem Gründer der Jainas, Mahavira, wird gesagt, dass für ihn Rosen keine Dornen gehabt hätten. Das sind Versuche einer Beschreibung dessen, wie es einem Menschen, der in Frieden ist, mit widrigen Umständen ergeht. Nur sind die Beschreibungen natürlich sehr missverständlich. Tatsächlich war da keine Wolke, die Mohammed gefolgt wäre. Er war der Sonne genau so ausgesetzt wie alle anderen auch. Da war auch keine Kobra, die Buddha vor Regen geschützt hätte. Er ist genauso nass geworden wie alle anderen. Und die Rosen hatten für Mahavira Dornen wie für alle anderen. Nur, Mohammed war mit der Hitze der Sonne, mit dem Brennen und dem Durst und dem Kopfschmerz in Einverständnis. Und natürlich hätte er einen Schatten aufgesucht, wenn einer da gewesen wäre. Wenn es keinen Schatten gab, war er damit in Einverständnis und kämpfte nicht innerlich gegen die Erfahrung von Hitze, Durst und Kopfweh. In dem Nicht-Kämpfen, in dem Reinnehmen, in der Hingabe und in dem

Innehalten darin hat er den Schatten der Friedlichkeit, den Schatten der unzerstörbaren Freude, die Kühle des inneren Friedens trotz der Hitze und des Unangenehmen nicht verlassen. Buddha war zwar durchnässt und hat wahrscheinlich wie alle anderen auch Schnupfen bekommen und schrecklich gehustet und geschnieft, was zwar nicht geschrieben steht, aber sicher so war. Er hat dabei nur die Trockenheit und Gesundheit in der Mitte seines Herzens nicht verlassen. Mahavira ist natürlich wie jeder andere auch von Dornen gestochen worden, nur hat er dabei nicht vergessen, den Duft der Rose wahrzunehmen. Das ist der ganze Unterschied, und so werden widrige Umstände zum Bodhipfad und irgendwie zu einem ganz eigenen Quell von Nektar.

F: *In widrig steckt das Wort Widerstand drin. Widrig verschwindet irgendwie mehr und mehr. Was nicht heißt, dass es nicht Umstände gibt, die ich lieber vermeiden würde oder die ich als schmerzhaft empfinde oder die mich traurig machen.*

P: Das ist mit widrig gemeint: unangenehm, schmerzhaft. Das sollte man auch so stehen lassen. Denn diese Qualität von „widrig" ist nun mal widrig.

F: *Und es bleibt ja trotzdem schmerzhaft, traurig oder löst Wut aus.*

P: Je offener du wirst, je größer deine weiche Stelle durch Praxis und deine Bereitschaft wird, umso empfindsamer wirst du natürlich. Also ist es so, dass für Mahavira nicht nur die Dornen genauso vorhanden waren wie für jeden, er hat sie sogar stärker gespürt. Und Mohammed spürte die Sonne stärker brennen als seine Anhänger. Und Buddha hat den Regen und den Schnupfen und das damit einhergehende Kopfweh stärker gespürt als seine Schüler. Die Empfindsamkeit wird größer. Aber das macht nichts. Im Gegenteil, das ist wunderbar.

**Immer neu**

F: *Ich fühle meinen Körper nicht richtig. Ich frage mich, ob ich da etwas abtrenne. Ich habe schon noch Empfindungen, aber mein Erleben ist anders geworden. Bin ich da „ausgespaced"? Ich weiß, dass es sich früher anders angefühlt hat. Ich merke nur den Unterschied.*

P: Da hinten steht Schilfgras im Sonnenlicht. Unser Wahrnehmen und unser Erfahren von Phänomenen – Schilfgras im Sonnenlicht, geschnittenes Holz – ist auch ein Phänomen und auch veränderlich. Man kann zum Beispiel farbenblind werden. Wenn ich erwarte, dass mein „Wahrnehmen" immer dasselbe ist, dass ich genau auf dieselbe Art berührt bin, auf die ich es gestern war, dann nehme ich das Schilfgras, wie es heute ist und wie der Tanz zwischen mir und dem Schilfgras heute ist, nicht mehr war, und genau dadurch würde ich die Berührbarkeit jetzt verhindern. Das heißt: Dir steht das Vergleichen mit der Erfahrung von gestern im Weg. Und das betrifft das Erfahren von Natur, das Erfahren von Menschen, das Erfahren von Gefühlen, das Erfahren der Meditation – das alles ist veränderlich. Und die Berührbarkeit, die Aktualität und die Kostbarkeit sind immer frisch, immer ungekannt.

## Das Mysterium in der Suppenschüssel

F: *Ich habe das Gefühl, dass es sehr viel gibt, an das ich nicht herankomme.*

P: Das kommt schon. „Versuche nicht, die Schnellste zu sein."

F: *Ich habe das Gefühl, ich sitze noch zehn Jahre zu deinen Füßen und ...*

P: *Und? Ist das so schlimm hier? Entschlossenheit, eine Absicht, keine Zeitverschwendung, geradeaus und Schritt für Schritt, genau von dem Punkt, an dem du gerade stehst.*

F: *Ich habe das Leben immer als Strafe empfunden und weiß, dass es eigentlich eine Gnade ist.*

P: Und wie ist dein Empfinden zum Leben jetzt?

F: *Es berührt mich innen.*

P: Das ist wunderbar. (Pyar nimmt eine Suppenschüssel, in der große und kleine Blumen arrangiert sind.) Schau mal: ein ganzer Planet in der Suppenschüssel. Schau mal! Kann das Strafe sein? Schau mal! Da! Und da! Und wieder ganz anders. Ja. Und da. Und noch einmal eine dritte Sorte Moos, nein vier Sorten Moos. Was für ein

Wunder! Und Schneeglöckchen und Gänseblümchen wachsen auch schon. Kann das Strafe sein?

F: *Wer macht dann diese Vorstellungen von Strafe?*

P: Dieser kleine Geist, dem du seit undenklichen Zeiten gefolgt bist. Aber gleichzeitig ist da die klare Natur des Geistes, von der du zumindest eine Ahnung hast, und diese schaut auf dasselbe mit anderen Augen und sagt: „Ey, boh!" Etwas ganz Einfaches: „Ah, bei dieser Blume ist der Pollen rausgefallen." Was für ein Wunder. Und die Frage und die Entscheidung ist dann einfach nur: „Wem folge ich?" Folge ich dem kleinen Geist, der sich beschränkt, der urteilt, der vergleicht und die Wahrheit nicht sieht, die Schönheit nicht sieht, das Wunder nicht sieht, das Mysterium nicht sieht und das Jenseits, das unendliche Mysterium schon gar nicht sehen kann? Wenn ich nicht in der Lage bin, *dieses* Wunder zu sehen und zu respektieren und davon hingerissen zu sein, dann bin ich zehnmal nicht in der Lage, das große Mysterium hereinzulassen. Also fangen wir *damit* an. In dieser Suppenschüssel ist ja außer diesem wahnsinnigen Wunder von Grashalmen und Gänseblümchen und vier Moossorten auch noch das große Mysterium vollkommen enthalten, und genau in dem Hingerissen-Sein über dieses Wunder tut sich eine Tür auf zum Letztendlichen, zum „Beyond". Das ist ganz einfach. Keine Strafe. Große Möglichkeit. Großes Wunder.

### 7.7. „Nehmt die drei hauptsächlichen Ursachen auf (Buddha, Dharma, Sangha) und schätzt sie."

F: *Wieso ist Buddha, Dharma, Sangha eine Ursache?*

P: Das ist eine Übersetzungsfrage. Osho ist für mich Ursache großer Freude, Anlass zu großer Verehrung und großer Dankbarkeit, war immer eine Herausforderung, tiefer zu gehen und zu lernen. Ursache ist ein Impuls. Die Sangha ist ein Impuls und der Dharma sowieso. Das heißt, alle drei sind ursächlich für viel Segen.

### 7.8. „Achte darauf, dass drei Dinge niemals schwinden (Hingabe, Entschlossenheit, Dankbarkeit)."

### 7.9. „Halte dabei drei Dinge ungetrennt beisammen."
### (Körper, Rede und Geist.)

Das ist natürlich auch eine mögliche Versuchung: Körper, Rede und
Geist nicht beisammen zu lassen. Dann galoppiert der Geist schon mal
davon oder in eine andere Richtung. Der Körper leidet, und die Rede
ist wieder eine andere. Es muss kongruent sein, auch da. Und alle Teile, die uns ausmachen, müssen mitkommen. Körper, Rede und Geist.
Wir können den Körper nicht einfach entsorgen. Irgendwann schon,
natürlich, wenn es Zeit ist. Aber vorerst genießen wir diese Wunder.

### 7.10. „Übe ohne Vorliebe oder Abneigung.
### Es ist entscheidend, dies zu jeder Zeit, in jedem
### Fall und mit ganzem Herzen zu tun."

Da gibt es nichts zu deuteln. Zu jeder Zeit, in jedem Fall und mit ganzem Herzen. Da bleibt kein Rest. Da bleibt eigentlich kein Raum für
irgendetwas, außer „Dem".

### 7.11. „Meditiere stets über alles, was Unwillen
### hervorruft."

Ganz wichtig. Angenommen das Leben ruft in dir Unwillen hervor,
dann meditiere über das Leben. Und für diese Meditation ist es notwendig, dich hineinzubegeben. Es ist ein In-der-Mitte-Sein, nicht ein
„Mich-Raushalten". Meditiere über alles, was Unwillen hervorruft, egal,
ob innen oder außen. Und das verbinden wir wieder mit Achtsamkeit,
Mitgefühl, Freude und Dankbarkeit.

### 7.12. „Lasse dich dabei nicht durch äußere Umstände
### beeinflussen."

Ihr meditiert über Ärger oder das schlechte Essen, oder ihr meditiert
über Leben oder über euren Unwillen – projiziert dabei nicht. Es ist
nicht irgendwo da draußen. Der Unwille ist immer innen. Äußere
Umstände sind angenehm oder unangenehm, nass oder trocken, heiß
oder kalt. Fertig. Lasst euch nicht ins Schwanken bringen.

### 7.13. „Widme dich den wichtigen Dingen."

Die wichtigen Dinge sind die, die nicht vergehen. Dennoch kann man die Phänomene in ihrer Vergänglichkeit schätzen. Es ist eine Frage der Balance. Das eine Extrem wäre, alles Vergängliche oder das Leben selbst wegzuwerfen oder zu unterdrücken. Das andere Extrem ist, sich daran festzuhalten oder es zu hätscheln. Ein mittlerer Weg ist der angemessene. Aber was wichtig ist, ist wichtig, und was nicht so wichtig ist, ist nicht so wichtig. Und die Reihenfolge ist bedeutsam. Wem gebe ich welche Priorität in meinem Leben?

### 7.14. „Tue die Dinge nicht rückwärts."

Ein weiterer Aspekt davon ist: Der Lotus entwickelt sich aus dem Schlamm. Erst der Schlamm, dann die Wurzeln, dann der Stängel, Blätter, Blüte. Wir können nicht bei der Blüte anfangen, sondern nur bei den Wurzeln. Zunächst ist es notwendig, die Wurzel zu entwickeln und das Grobe auch zu leben und zu genießen. Alles andere wäre Unterdrückung und produziert traurige, falsche Heilige mit viel Zorn, viel unterdrückter Sexualität und viel Schrott im Untergrund, der früher oder später gelebt sein muss. Umgekehrt, wenn in unserer Übung sich das Gröbere im Lauf der Zeit hin zum Feineren entwickelt hat, dann tue die Dinge nicht rückwärts, indem du dich wieder dem Schlamm widmest, wenn eigentlich die Zeit für die Blüte gekommen wäre. Also in beiden Richtungen, so wie wir bei Osho gestern gelesen haben. Es braucht viel Energie, diese Rose wachsen zu lassen. Erschlage sie nicht mit den alten Felsbrocken, mit dem Groben. Wenn die Dinge sich transformieren und fein werden, dann ist es wichtig, diese Feinheit zu ehren und wertzuschätzen und sie nicht der Grobheit preiszugeben.

*Ah, wie köstlich der halbe Apfel*

### 7.15. „Wackle nicht."

### 7.16. „Übe aus ganzem Herzen."

### 7.17. „Befreie dich durch Beobachtung und Untersuchung."

Das hatten wir in vielen Aspekten und Varianten in diesen Tagen.

### 7.18. „Prahle nicht."

Ganz wichtig! Stell dich nicht dar. Gib nicht an: Ich war jetzt bei dem Fortgeschrittenen-Retreat. Ich bin dazu eingeladen worden. Ihr wart einfach nachsitzen!

F: *Aus welcher Kraft kommt das Prahlen?*

P: Aus Schwäche. Keine Kraft.

F: *Und aus welchem Gift? In mir ist ein Programm von Bescheidenheit, mit dem ich groß geworden bin. Und manchmal spüre ich in mir ein Prahlen-Wollen, das ich aber wieder zurückpfeife.*

P: Falsche Bescheidenheit ist genauso Prahlen wie Großsucht: „Schau, wie bescheiden ich bin!" In der Mitte ist Natürlichkeit. Das Gift ist, dass man irgendetwas nach außen darstellen muss oder will. Es hat mit den zwei Zeugen zu tun. Prahlen hat immer damit zu tun, dass ich den Zeugen draußen suche. Prahlen wartet auf Applaus, falsche Bescheidenheit auch. Das heißt, ich verlasse mich und warte auf die Bestätigung des Zeugen draußen. Warum? Weil ich mich selbst hohl fühle oder mich nicht wahrnehme ohne das Gegenüber, ein Gefühl von Nicht-Zentrum. Wenn du in deinem eigenen Zentrum sitzt und den wahren Zeugen hörst, dann musst du weder prahlen, noch auf falsche Art bescheiden sein.

F: *Dann ist das wie ein Indikator, nicht in der Mitte zu sein.*

P: Ja, und zwar beides. Die falsche Bescheidenheit genauso wie das Prahlen. Alles, was auf Applaus aus ist. Setze dich in deine Mitte, ändere deine Haltung und bleibe natürlich. Falsche Bescheidenheit ist ja auch sehr unnatürlich. Prahlen ist auch unnatürlich. Das sind zwei Extreme. Die Wahrheit ist gegründet.

### 7.19. „Lass dich nicht von Eifersucht auffressen."

### 7.20. „Benimm dich nicht kapriziös."

Das wäre eigentlich dasselbe wie 7.18. „Prahle nicht." Nur jetzt in meinem Handeln, in meiner Gestik oder Mimik. Punkt 6.2.: „Ändere deine Haltung, aber bleibe natürlich" weist in dieselbe Richtung.

### 7.21. „Erwarte keinen Dank."

## Abschließende Worte

**Wenn die fünf dunklen Zeitalter in Erscheinung treten, ist dies der Weg, sie in den Bodhipfad zu verwandeln.**

Diese fünf Zeitalter sind nicht nur auf die großen Kalpas, die Zeitalter der Weltgeschichte, zu beziehen, sondern auch auf die individuellen Zeitalter innerhalb eines Lebens.

**Dies ist die Essenz des Nektars der mündlichen Unterweisungen, die auf die Tradition des Großen Weisen zurückgehen. Indem ich das Karma früherer Übung wachrief und von tiefer Hingabe angetrieben wurde, missachtete ich Unbill und Beschimpfungen und erhielt mündliche Unterweisung über das Auflösen der Ich-Verhaftung. Nun habe ich selbst im Tod nichts zu bereuen.**

## Ausklang

Ich freue mich sehr, dass ihr tiefer geht im Verstehen, tiefer geht in Stille, Meditation und Mitgefühl. Ich freue mich sehr, dass ihr bereit seid, die Kunst der Umwandlung widriger Umstände in den Bodhipfad zu erlernen. Wisst ihr, es ist meine tiefste Überzeugung, dass diese Werkzeuge Atishas dem einzelnen Individuum, vor allem aber auch dem Ganzen, allen Wesen und diesem schönen blauen Planten hilfreich sein können. Atisha spricht in seinen letzten Worten von dunklen Zeitaltern. Darüber haben wir bereits im ersten Atisha-Retreat gesprochen. Wenn ich mir unsere gegenwärtige Situation als Menschheit betrachte, sehe ich, dass es immens wichtig ist, alle vorhandene Dunkelheit in den Bodhipfad zu verwandeln. Ob wir uns in einem solchen dunklen Zeitalter befinden, weiß ich nicht. Sicher ist jedoch, dass unsere Lage kritisch ist. Ervin Laszlo schreibt in seinem Buch „Macroshift", dass wir uns in einer kritischen Phase der Umwandlung befinden, die er Macroshift nennt. In dieser Phase nehmen Spannungen und Ungleichheit zu, und viele Menschen versuchen krampfhaft, am Alten festzuhalten, während gleichzeitig andere nach Alternativen suchen. Seiner Meinung nach wird sich in den nächsten Jahren entscheiden, ob dieser Macroshift einen erfolgreichen Abschluss findet oder aber auf vermehrte Krisen zusteuert. Der Erfolg hängt davon ab, ob eine kritische Masse an Individuen bereit ist, ihre Geistesverfassung, Weltanschauungen und Werte zu erweitern. Ähnlich schreibt Duane Elgin in seinem Buch „Ein Versprechen für die Zukunft, eine hoffnungsvolle Vision für das Fortbestehen unseres Planeten" von unserer Möglichkeit des evolutionären Absturzes oder evolutionären Sprungs.

Wenn wir die ökologische Situation, unseren Umgang mit Ressourcen, die wirtschaftliche Situation, die politische Situation in vielen Ländern betrachten, wenn wir offen sind, die vielen Ungerechtigkeiten und Leiden, die wir uns gegenseitig im Großen und im Kleinen antun, zu sehen, dann dürfen wir nicht in Mutlosigkeit verfallen. Vielmehr ist es ja so, dass trotz all dem in jedem Wesen die Buddha-Natur, die wahre Natur des Geistes klar scheint, und in jedem Wesen Liebe und Mitgefühl vorhanden sind. Es gilt nur dies zu ent-decken, zu leben, den Geist zu schulen und zu klären. Und hier kommt es auf jeden Einzelnen an. Jeder Einzelne ist wichtig, denn Geist lässt sich nicht trennen. Die Bewegung und der Beweggrund unseres Geistes haben Auswirkungen auf alles. Freundliche Gedanken ebenso wie unfreundliche, Stille ebenso wie innerer Lärm, Friedlichkeit ebenso wie Hass. Genau deshalb ist es so wesentlich, uns wirklich auf die wahre Quelle des Glücks, auf die wahre Kostbarkeit auszurichten, uns wirklich den wichtigen Dingen, dem Unendlichen zu widmen mit ganzem Herzen und ganzer Aufmerksamkeit. Denn wenn wir von Moment zu Moment aus dieser Kostbarkeit herausschauen und aus ihr unsere Motivation beziehen, dann werden nicht nur wir selbst glücklich sein, wir werden auch unfähig sein, gierig, voller Hass oder Eifersucht zu sein oder zu handeln. Wir können dann Erfolg oder Misserfolg im Außen, Anhäufung von Besitz im Außen oder Beziehungdramen nicht mehr so ernst nehmen. Wir können dann nicht mehr um uns selbst kreisen, fallen nicht mehr auf die Finten des kleinen Geistes herein, der uns weismachen will, uns sichern zu müssen oder etwas da draußen zu brauchen. Daher wird unser Handeln friedlich und freundlich sein. Und für all dies ist die Grundlage von Verstehen, Praxis, Ausrichtung, Treue und Meditation unabdingbar. Nur durch solche tiefe innere Umwandlung in uns selbst kann es zu einer grundlegenden Änderung im Sinne des Ganzen kommen. Auch hier sind sich Buddha, Jesus, Osho, Atisha und ich vollkommen einig. Und genau hier können uns all die Slogans Atishas helfen. Wir können Tonglen üben, wir können in der Natur des ungeborenen Gewahrseins ruhen, ohne die Augen oder das Herz gegenüber dem Leiden anderer oder einer eventuell vorhandenen Notwendigkeit eines Handelns zu verschließen. Wir können lernen, widrige Umstände zu verwandeln. Vor allem können wir unseren eigenen Geist klären, können uns den wichtigen Dingen widmen, können eine Absicht alles durchdringen lassen. Wir können einfacher leben, da wir dann wissen, wo wir zu Hause sind, da wir dann glücklich sind ohne Grund, ohne Brauchen, ohne Festhalten, ohne Sicherheit.

# Sieben Punkte des Geistestrainings von Atisha – die Slogans:

**I.** „Zunächst übe dich in den Grundlagen, Vorbereitungen."

**II.** Die zentrale Praxis – Realität und Traum

2.1. „Betrachte alle Phänomene als Träume." Oder: „Denke, dass alle Phänomene wie Träume sind."

2.2. „Erforsche die Natur des ungeborenen Gewahrseins."

2.3. „Lass sogar das Gegenmittel, die Medizin selbst, natürlich wegfallen."

2.4. „Ruhe in der grundlegenden Natur, der Basis, der Essenz von allem, in Alaya."

2.5. „Zwischen den Sitzungen betrachte Phänomene als Phantome." Oder: „Zwischen den Sitzungen sei wie ein Zauberer."

2.6. „Übe dich im Austauschen, im abwechselnden Nehmen und Geben."

2.7. „Tu das, indem du auf dem Atem reitest."

2.8. „Drei Objekte, drei Gifte, drei Grundlagen der Tugend."

2.9. „Übe mit den Slogans in allen Aktivitäten und Situationen."

2.10. „Beginne das Üben des Austauschens mit dir selbst."

# III. Umwandlung widriger Umstände in den Bodhipfad

3.1. „Wenn Übel die unbelebten und belebten Universen füllt, dann verwandle widrige Umstände in den Bodhipfad."

3.2. „Gib einem alle Schuld!"

3.3. „Sei jedem dankbar!"

3.4. „Verwirrung und Hinderung als die vier Kayas anzusehen, ist der unübertreffliche Shunyata-Schutz."

3.5. „Die vier Übungen sind die besten Methoden."

3.6. „Was auch immer dir unerwartet begegnet, verbinde es sofort mit Meditation."

# IV. Anwendung der Praxis im Leben und Sterben

„Wendet die fünf Kräfte sowohl im Leben als auch im Sterben an. Sie sind die Essenz der Herzunterweisung des Mahayana. Wichtig ist, wie man sich verhält."

# V. Anzeichen des Geistestrainings

5.1. „Alle Dharmas stimmen in einem Punkt überein."

5.2. „Von den zwei Zeugen wähle den Hauptzeugen."

5.3. „Bewahre immer einen heiteren Geist."

5.4. „Wenn du trotz Ablenkung praktizieren kannst, bist du gut geübt."

# VI. Schwert des Geistestrainings

6.1. „Halte dich stets an die drei grundlegenden Prinzipien (Treue, Einfachheit, Geduld)."

6.2. „Ändere deine Haltung, aber bleibe natürlich."

6.3. „Sprich nicht über schwache Glieder."

6.4. „Denke nicht über die Angelegenheiten anderer nach."

6.5. „Übe als Erstes mit der größten Verblendung."

6.6. „Gib jede Hoffnung auf Belohnung auf."

6.7. „Meide vergiftete Nahrung."

6.8. „Sei nicht so berechenbar."

6.9. „Mach keine schlechten Witze."

6.10. „Warte nicht auf eine Gelegenheit. Lauere nicht im Hinterhalt."

6.11. „Schlage nicht aufs Herz."

6.12. „Lade der Kuh nicht die Last des Ochsen auf."

6.13. „Versuche nicht, der Schnellste zu sein."

6.14. „Handle nicht verdreht." Oder: „Tu die Dinge nicht rückwärts."

6.15. „Mache Götter nicht zu Dämonen."

6.16. „Baue dein Glück nicht auf dem Schmerz anderer." Oder: „Nimm Sorge nicht in Kauf für unechte Freude."

# VII. Richtlinien des Geistestrainings

7.1. „Lasse eine Absicht alles durchdringen."

7.2. „Eine Methode wird alles Falsche korrigieren."

7.3. „Sei geduldig, welche von beiden Möglichkeiten auch geschieht."

7.4. „Am Anfang und am Ende sind zwei Dinge zu tun."

7.5. „Beachte diese beiden, selbst unter Lebensgefahr."

7.6. „Übe dich in den drei Herausforderungen."

7.7. „Nehmt die drei hauptsächlichen Ursachen auf und schätzt sie."

7.8. „Achte darauf, dass drei Dinge niemals schwinden."

7.9. „Halte dabei drei Dinge ungetrennt beisammen."

7.10. „Übe ohne Vorliebe oder Abneigung. Es ist entscheidend, dies zu jeder Zeit, in jedem Fall und mit ganzem Herzen zu tun."

7.11. „Meditiere stets über alles, was Unwillen hervorruft."

7.12. „Lass dich dabei nicht durch äußere Umstände beeinflussen."

7.13. „Widme dich den wichtigen Dingen."

7.14. „Tu die Dinge nicht rückwärts."

7.15. „Wackle nicht."

7.16. „Übe aus ganzem Herzen."

7.17. „Befreie dich durch Beobachtung und Untersuchung."

7.18. „Prahle nicht."

7.19. „Lass dich nicht von Eifersucht auffressen."

7.20. „Benimm dich nicht kapriziös."

7.21. „Erwarte keinen Dank."

## Abschließende Worte

Wenn die fünf dunklen Zeitalter in Erscheinung treten, ist dies der Weg, sie in den Bodhipfad zu verwandeln. Dies ist die Essenz des Nektars der mündlichen Unterweisungen, die auf die Tradition des Großen Weisen zurückgehen. Indem ich das Karma früherer Übung wachrief und von tiefer Hingabe angetrieben wurde, missachtete ich Unbill und Beschimpfungen und erhielt mündliche Unterweisung über das Auflösen der Ich-Verhaftung. Nun habe ich selbst im Tod nichts zu bereuen.

# Glossar

**Advaita** (Sanskr.) Nicht-Zweiheit. Keine Dualität. Keine Trennung. Die Lehre von der Nicht-Zweiheit.

**Advaitismus** Ein von mir erfundener Begriff, den ich benutze, um das Missverständnis aufzuzeigen, das entsteht, wenn aus Advaita ein neues Konzept, eine neue scheinbare Sicherheit, eine neue Dualität erschaffen wird, oder wenn Advaita missbraucht wird in Sätzen wie: „Es ist sowieso alles in Ordnung" oder „Ich muss nichts tun."

**Alaya** (Sanskr.) Wörtlich: Heimat. Der Urgrund des Geistes ohne Urteil.

**Avalokiteshvara** (Sanskr.) Bodhisattva des Mitgefühls.

**Bardo** (Tib.) Wörtlich: Dazwischen. Zustand zwischen Tod und Leben. Es gibt auch das Bardo des Schlafes, der Meditation usw.

**Bhakti** (Sanskr.) Bhakti-Yoga ist der Weg der Hingabe und Liebe.

**Bodhichitta** (Sanskr.) Erleuchtungsgeist. Die Vereinigung von Weisheit und Mitgefühl. Auf der relativen Ebene ist es der Wunsch, Buddha-schaft zum Wohle aller Wesen zu erlangen, auf der absoluten Ebene die direkte Einsicht in die letztendliche Natur des Selbst und der Phänomene.

**Bodhisattva** (Sanskr.) Der Begriff Bodhisattva wird in der buddhistischen Terminologie auf dreierlei Weise gebraucht:

1. Verkörperung der Qualitäten des Buddha-Prinzips. Verkörperung von Weisheit, Mitgefühl usw.

2. Ein Wesen, das Erleuchtung erlangt hat und aus Mitgefühl auf das Eingehen ins Nirvana verzichtet, um zum Wohle aller Wesen wirken zu können, bis alle Wesen Erleuchtung und Selbstverwirk-lichung erlangt haben.

3. Ein Praktizierender auf dem Weg zur Buddhaschaft, der sich in Weisheit und Mitgefühl übt und gelobt hat, Erleuchtung zum Wohle aller Wesen zu erlangen.

**Brahmane** Hinduistischer Priester

**Chakra** (Sanskr.) Rad, Energiezentrum

**Chassidismus** Eine mystische Richtung des Judentums.

**Chögyam Trungpa** Bekannter tibetischer Lehrer und Meditationsmeister. (Siehe Bibliografie)

**Darshan**  Zusammensein mit dem Meister

**Dharma**  (Sanskr.) 1. Lehren der Wahrheit, 2. Alle Phänomene

**Dharmakaya**  (Sanskr.) Dharma, die Wahrheit, Kaya, der Körper. Der Wahrheitskörper, die absolute Buddha-Natur, die absolute Wirklichkeit. Der offene Raum.

**Dharmapala**  Dharma-Beschützer

**Dheeraj**  Einer meiner Lehrer in Poona, bei dem ich eine Heilmethode erlernte.

**Dynamische Meditation**™  Von Osho entwickelte Meditationstechnik in fünf Phasen. Die ersten drei sind aktiv, dann eine Stille-Phase, dann Tanzen.

**Hinayana**  Kleines Fahrzeug. Das Ziel ist Befreiung von Leiden, Eingehen in Nirvana.

**In-Vitro-Fertilisation**  Künstliche Befruchtung außerhalb des weiblichen Körpers.

**Jainas**  Eine in Indien entstandene Religion mit sehr hohen ethischen Idealen.

**Juice**  Saft. Wird im „Sannyas-Jargon" benutzt für Lebendigkeit, Freude.

**Kadampa**  Meister und Nachfolger der von Atisha begründeten Überlieferung.

**Kalpa**  Weltzeitalter.

**Karma**  Sanskritwort mit der Bedeutung Tat, Handlung, Aktivität. Wird auch verwendet für die Konsequenz und Auswirkung einer Handlung, für das Prinzip von Ursache und Wirkung.

**Kaya**  Körper – insbesondere Buddha-Körper. Man spricht von drei Buddha-Körpern: Dharmakaya, der Körper der letztendlichen Wahrheit; Sambhogakaya, der Körper der Freude; und Nirmanakaya, der Körper der Manifestation.

**Koan**  Ein unlösbarer Ausspruch, der im Zen verwendet wird, um dem Schüler zu helfen, über den dualistischen Verstand hinauszugehen. Z.B.: „Lass mich das Klatschender einen Hand hören!"

**Kundalini**  Lebensenergie

**Lao Tse**  Chinesischer Meister des Taoismus

**Logos**  (Griech.) Der Sinn, das Wort, Lehre, Geist.

**Mahakala** (Sanskr.) Ein Dharma-Beschützer. Wird als dunkle zornvolle Gottheit dargestellt.

**Mahavira** Begründer der Jaina-Religion. Indien, 6. Jahrhundert vor Chr.

**Mahayana** Eine der Hauptrichtungen des Buddhismus neben Theravada (auch Hinayana genannt) und Vajrayana. Der Name bedeutet Großes Fahrzeug und steht für das Ziel, vielen bzw. allen Menschen den Zugang zum Nirvana zu ermöglichen. Die Einheit von Weisheit und Mitgefühl wird betont. Es ist das Fahrzeug der Bodhisattvas. Das Ziel ist, Erleuchtung zu erlangen zum Wohle aller Wesen.

**Manjushri** Bodhisattva der Weisheit

**Milarepa** Tibetischer Meister. Schüler von Marpa. 11. Jahrhundert.

**Nadabrahma™** Von Osho entwickelte Meditationstechnik, die mit Klängen und langsamen Armbewegungen arbeitet.

**Nihilistisch** Alles verneinend.

**Nirmanakaya** Körper der Schöpfung, der Manifestation. Aus der Freude des Sambhogakaya entsteht Manifestation, Schöpfung.

**Osho** Mein geliebter Meister. Verließ seinen Körper 1990.

**Paramita** Wörtlich: Zum anderen Ufer führend. Eigenschaften eines Bodhisattva: Großzügigkeit, Disziplin, Geduld, Bemühen, Meditation und Weisheit.

**Prajna** (Sanskr.) Weisheit

**Ramakrishna** Indischer Heiliger und Meister (1836 bis 1886).

**Ramana Maharshi** Indischer Meister (1879 bis 1950).

**Sahajo** Indische Mystikerin. 18. Jahrhundert.

**Samadhi** Tiefe Meditation. Einsicht in die ursprüngliche Natur des Geistes und Ruhen in ihr.

**Sambhogakaya** Körper der Freude. Mit Freude entsteht Bewegung. Buddha-Natur in Bewegung.

**Samsara** Welt der Phänomene. Welt der Illusion.

**Sangha** Gemeinschaft, die sich um einen Meister entwickelt. Gemeinschaft der Menschen, die ernsthaft nach Wahrheit fragen, die den Dharma üben.

**Santideva** Buddhistischer Meister, 9. Jahrhundert. Sein bekanntestes Werk ist „Eintritt in das Leben zur Erleuchtung".

**Satori** Zweifelsfreies Erkennen der Wahrheit und Sein in Stille, das aber nicht anhält.

**Satsang** Sanskrit-Wort. Sat bedeutet Wahrheit, Selbst. Sangha bedeutet die Gemeinschaft. Das Sein in der Wahrheit, im Selbst ist überall und jederzeit. Satsang oder formeller Satsang heißt aber auch, in Gegenwart eines zur Wahrheit, zum Selbst erwachten Menschen zu sein, der in der Stille, in der Wahrheit ruht und aus der Stille, aus der Wahrheit spricht. So kann eine Transmission von Stille, von Wahrheit, von DEM geschehen.

**Shunyata** (Sanskr.) Leere

**Sosan** Chinesischer Zen-Meister, gestorben 606 n. Chr. Von ihm stammt das „Shinjinmei", das zu den Basiswerken des Zen-Buddhismus gehört.

**Sutra** Heilige Schrift

**Svabavikakaya** Die Totalität aller drei Kayas.

**Torma** Opfergabe.

**Vajra** Diamantkeil. Symbolisiert die Unzerstörbarkeit und Reinheit der Buddha-Natur, des Friedens.

**Vajrayana** Das diamantene Fahrzeug ist ein Aspekt des Mahayana. Die Lehren und Praktiken basieren auf Mantras und Tantras.

# Bibliografie

**Buber, Martin:** Die Erzählungen der Chassidim. Manesse Verlag. Zürich 1996.

**Chödrön, Pema:** Beginne, wo du bist. Aurum Verlag. Braunschweig 2000.

**Dilgo Khyentse Rinpoche:** Die sieben tibetischen Geistesübungen. O.W. Barth Verlag. München 1996.

**Elgin, Duane:** Ein Versprechen für die Zukunft. Verlag J. Kamphausen, Bielefeld 2004.

**Jamgon Kongtrul:** The Great Path of Awakening. Shambala. Boston 1987.

**Laszlo, Ervin:** Macroshift. Insel Verlag. Frankfurt am Main und Leipzig 2003.

**Juliana v. Norwich:** Offenbarungen von göttlicher Liebe. Johannes Verl. Einsiedeln/Freiburg. (Vergriffen)

**Osho:** Der Rabbi und die Katze. Osho Verlag. Köln 1999. Originalausgabe: Osho: The True Sage, Pune, India 1976. © Osho International Foundation.

**Osho:** The Book of Wisdom. Rebel Publishing. Pune, India 2001. © Osho International Foundation.

**Rilke, Rainer Maria:** Ich, das Gold, das Feuer und der Stein. Reclam Verlag. Leipzig 2001.

**Santideva:** Eintritt in das Leben zur Erleuchtung. Diederichs-Verlag. München 1997.

**Shunyo, Ma Prem:** Diamanten auf dem Weg. Innenwelt Verlag. Köln 2002.

**Teresa von Avila:** Die innere Burg. Diogenes Verlag. Zürich 1979.

**Trungpa, Chögyam:** Erziehung des Herzens. Arbor Verlag. Freiamt 2000.

## Kontakt / Information

Informationen über Pyar, über Satsang mit Pyar und auch über CDs, Videos und DVDs erhaltet ihr:

**Website:**
**http://www.pyar.de**

oder

**E-Mail:**
**pyar@gmx.de**

oder

**Pyar Troll**
**Postfach 71 08 10**
**81458 München**

# Satsang mit Pyar

## CDs:

Während ihrer Satsangwochenenden spricht Pyar über unterschiedliche Aspekte und Themen aus unserem Leben. Einige dieser Themen werden für Audio-CDs zusammengefasst.

Die CD-Reihe erweitert sich kontinuierlich.

## Videos und DVDs:

„Pyar – Eine Welle erinnert sich Ozean zu sein"
Dokumentation mit Ausschnitten aus Satsang und Pyars Leben.

Trilogie „Der Mut zum Nicht-Wissen" über ein Lied von Milarepa.

Trilogie „Die wahre Sicht der Dinge".
Drei Satsangvideos über grundlegende Fragen und Antworten.

Weitere Videos/DVDs in Vorbereitung

Bestellungen über
www.Pyar.de,
silenceMedia@gmx.de oder
silenceMedia, Postfach 710811, D-81458 München

# Pyar Troll

# STILLE

„Stille und Leben, Spiritualität und Welt, Göttlichkeit und Menschlichkeit, Leere und Fülle sind nicht zu trennen. Das Mysterium ist unendlich – immer weiter und weiter und tiefer und tiefer."

Eine deutsche Mystikerin lehrt die Essenz der Religionen – hier und heute. Sie spricht aus der inneren Autorität eines Wissens, das sich nicht zwischen zwei Buchdeckel einsperren lässt. Und doch ist dieses Buch eine Schatztruhe. Wer es aufschlägt, wird an der Hand genommen, um Frieden und Stille zu erfahren und im Alltag umzusetzen.

In diesen Gesprächen mit Suchern und Schülern herrschen Klarheit, Wärme, absichtslose Kraft, Freude ohne Grund, und Liebe, klar und mitfühlend, unbegrenzt und bodenständig.

Pyar Troll: Poesie der Stille – Tanz des Lebens | 320 Seiten | ISBN 3-933496-66-7

**J. Kamphausen**     www.weltinnenraum.de